KB261473

10만원으로 시작하는 주식투자

10만원으로 시작하는
주식투자

초판 1쇄 발행 | 2018년 2월 2일
초판 4쇄 발행 | 2020년 9월 2일

지은이 | 최기운
펴낸이 | 박영욱
펴낸곳 | (주)북오션

편 집 | 이상모
마케팅 | 최석진
디자인 | 서정희 · 민영선
본문디자인 | 조진일
일러스트 | 이정헌

주 소 | 서울시 마포구 월드컵로 14길 62
이메일 | bookocean@naver.com
네이버포스트 | m.post.naver.com ('북오션' 검색)
전 화 | 편집문의 : 02-325-9172 영업문의 : 02-322-6709
팩 스 | 02-3143-3964

출판신고번호 | 제313-2007-000197호

ISBN 978-89-6799-356-6 (13320)

* 이 도서의 국립중앙도서관 출판예정도서목록(CIP)은 서지정보유통지원시스템
  홈페이지(http://seoji.nl.go.kr)와 국가자료공동목록시스템
  (http://www.nl.go.kr/kolisnet)에서 이용하실 수 있습니다.
  (CIP제어번호: CIP2018000850)

10만원으로 시작하는 주식투자

최기운 지음

북오션

"왜 주식투자를 해야 할까요?"라는 질문은 이제 의미가 없다. 투자는 대세이고 그중에서 주식투자는 오히려 다른 분야보다 가진 것 없고 힘없는 개인들이 하기에 좋은 사업 아이템이자 투자 대상이기 때문이다.

그런데 많은 사람들이 주식투자에 대한 잘못된 편견과 걱정 때문에 섣불리 나서지 못하는 경우가 많다. 잘못하면 손실이 날 수도 있는데 너무 위험한 것 아닌가, 돈이 없는 데도 시작할 수 있을까, 나 같은 생초보가 고수들 틈에서 살아남을 수 있을까, 한국 증시는 과연 장래성이 있는 것일까, 무슨 종목을 언제 사서 언제 팔아야 할까 등등.

하지만 아쉽게도 초보자를 위한 주식 서적들은 대부분 너무 원론적이거나 교과서적인 내용으로 가득 차 있다. 사정이 이렇다 보니 초보자들이 알고 싶어 하는 궁금증들에 대해서는 시원한 답을 주지 못한다. 게다가 주식투자로 누구나 크게 성공할 수 있다고 말하는 서적들은 거의 다 주식투자의 원리나 올바른 투자 철학을 가르쳐주지 않은 채 '대박'이라는 달콤한 말로 투기꾼을 양성해 패가망신의 구렁텅이로 내몰기도 한다.

주식시장의 원리에 대한 올바른 이해, 건전한 투자 철학의 토대 위에 검증된 투자 기법이 더해져야 진정한 성공 투자자의 길로 나아갈 수 있다. 그래서 필자는 이 책의 서두에서 주식투자에 대한 편견을 스스로 체크해보는 '주식투자 편견지수 테스트'를 통해 여러분 스스로의 투자 마인드를 점검해

볼 것을 권하고 있다. 그리고 '초보들이 알고 싶어 하는 주식투자 궁금증 5'를 통해 주식투자에 대한 잘못된 편견이나 두려움을 극복할 수 있게끔 설명했다. 그리고 난 뒤 주식매매시스템HTS 사용과 매매의 기초, 기술적 분석과 실전 차트 활용, 가치투자, 포트폴리오 구성과 종합실전매매의 순서로 실력을 쌓아갈 수 있게끔 했다.

주식투자는 '언제 어떤 종목을 사고 언제 파느냐'를 기본 룰로 한다. 아주 단순하지만 그 속에 어떤 수학공식보다 복잡하고 인생살이만큼이나 오묘한 무언가가 들어 있다.

그래서 이 점을 염두에 두고 주식투자 원리와 재미있는 주식시장 뒷이야기, 실력을 키워주는 핵심 포인트를 제공해 기본기를 다질 수 있게 했다. 또한 거기에 더해 가장 중요한 실전감각을 키울 수 있도록 '실전투자 EXERCISE'를 구성해, 독자 스스로 투자 여부를 판단하고 종목 선정을 체험해볼 수 있게 했다. 주식투자는 이론에서 끝나는 것이 아니라 '실전'을 통해 완성되는 것이기에, 실전투자를 연습해봄으로써 투자 원리를 스스로 체득하도록 한 것이다.

주식투자에 첫발을 내딛는 독자들에게 이 책이 성공투자의 작은 씨앗이 되기를 간절히 바란다. 더 나아가 그 씨앗이 행복하고 풍요로운 미래를 여는 데 도움이 되었으면 좋겠다.

끝으로 필자를 낳아주시고 키워주신 부모님, 원고를 탈고하기까지 많은 도움을 주신 여러분들, 그리고 부족한 원고가 책의 형태로 완성되기까지 애써주신 관계자들께 감사드린다.

최기운

PART 3

주식투자 성공법 따라잡기
가치투자로 고수에 이르는 길

PART 4

투자 수익률 200% 끌어올리기
포트폴리오 구성과 종합실전매매

PART **5** 투자 유망종목 발굴과 사고 팔아야 할 때
4차산업혁명 종목 발굴과 매매타이밍

주식투자 편견지수 테스트
– 당신의 주식투자 지식 점수는 몇 점일까?

살다 보면 잘못된 상식이나 편견 때문에 현실을 제대로 보지 못하고 어리석은 판단을 하는 경우가 자주 생긴다. 물론 사람인 이상 당연히 실수할 수 있다. 중요한 건 실수를 반복하지 않고 얼마나 빨리 잘못을 바로잡느냐 하는 것이다.

문제는 실수를 자기 발전의 기회로 삼지 못한 채 계속해서 같은 실수를 반복하는 데 있다. 특히 사람들은 주식투자를 할 때 이렇듯 어리석은 행태를 반복하는 경향이 있다. 뼈 빠지게 일해 알뜰살뜰 모은 돈으로 주식투자에 나섰음에도, 부주의하게 동일한 실수를 반복하며 자산을 까먹는 것이다. 무엇이 문제일까? 우선 주식투자에 대한 편견부터 바로잡고 올바른 시각으로 기본기를 다져가야 한다.

그렇다면 당신은 주식투자에 대해 얼마나 많은 편견을 갖고 있을까? 다음 질문을 보고 자신의 생각을 솔직하게 체크해보라.

주식투자 편견지수 검사표

주식투자에 대한 당신의 편견은?	예	아니오
1. 목돈이 있어야 할 수 있다.		
2. 원금을 날릴 수도 있어서 위험하다.		
3. 대박 한 번이면 떼돈을 벌 수 있다.		
4. 너무 어려워서 나 같은 사람은 할 수가 없다.		
5. 주식을 사면 팔기 전까지는 돈이 묶인다.		
6. 주식은 보유하는 것이 아니라 사고팔면서 돈을 버는 것이다.		
7. 개인투자자는 기관이나 외국인에 비해서 불리하다.		
8. 데이트레이딩으로 매일 돈을 벌 수 있다.		
9. 차트만 잘 볼 줄 알면 주식 분석은 끝이다.		
10. 유명한 애널리스트나 고수를 따라 하면 쉽게 성공할 수 있다.		

위 검사표에서 '예'라는 답이 몇 개나 나왔는가? 5개가 넘으면 주식투자에 대한 잘못된 편견을 꽤 많이 갖고 있는 편이다. 주식투자는 너무 위험하고, 어렵고, 목돈이 있어야 한다고 생각하는가? 아니면 남들을 따라 하거나 수익 내는 비법 한두 가지만 알면 단기간에 대박으로 팔자를 고칠 수 있다고 생각하는가?

전부 아니다. 앞으로 이 책을 읽어 나가면서 주식투자에 대한 잘못된 편견을 하나씩 바로잡아 나가고, 올바른 개념 이해와 실전투자 연습으로 기본기를 다지도록 하라.

주식투자, 왜 해야 할까?

자녀교육에 등골 휘고, 부동산에 울고, 대책 없는 노후가 두려운 이 땅의 민초들

실질금리 제로 시대다. 저축으로 목돈 만들기는 추억일 뿐이다. 게다가 최근 우리나라는 전 세계에서 유래가 없는 신기록을 세우며 엄청난 속도로 늙어가고 있다. 전쟁의 상흔을 딛고 빠른 시간 안에 경제 발전을 일궈냄으로써 전 세계를 깜짝 놀라게 한 대한민국이 이제는 '노령화 속도'로 또다시 세계를 놀라게 하고 있다.

별걸로 다 신기록 세우는 대한민국이 놀랍기만 한데, 문제는 급속한 고령화에 대한 대책이 제대로 마련돼 있지 않다는 것이다. '20~30년 후면 국민연금 재원이 고갈된다'느니, '노령 인구 증가로 인한 의료비 부담으로 의료보험 적자가 예상된다'느니 하는 뉴스를 보고 있자면 노후에 대한 걱정으로 잠을 이룰 수 없다. 하지만 하루하루 살아가기도 빠듯하고 힘들어서 노후 걱정은 오히려 배부른 고민 같아 보일 때도 있다.

그렇다면 이 땅의 민초들은 도대체 뭘 믿고 살아가야 할까? 가슴 한구석이 답답해지지 않을 수 없다.

매월 뼈 빠지게 100만 원씩 저축하면 10억 만드는 데 47년

안타까운 이야기의 주인공이 되지 않기 위해 젊어서부터 열심히 저축하면 되지 않을까? 매달 100만 원씩 저축하면 어떨까? '100만 원이라고?' 평범한 서민이 매월 100만 원을 저축하기란 결코 녹록치 않다. 그래도 어떻게든 아끼고 아껴서 매월 100만 원을 저축한다고 가정할 경우 얼마 만에 10억 원을 만들 수 있을까?

세금공제 전 정기적금 이자율 4%를 적용할 경우, 매월 100만 원을 47년 동안 저축하면 10억 원을 만들 수 있다. 현재 40세라면 87세가 돼야 10억 원을 만들어서 여유 있게 살 수 있다는 의미다. 정말 맥이 탁 풀리는 얘기가 아닐 수 없다.

이런 우울한 현실을 해결하기 위해서는 단순히 저축하는 데만 몰두하지 말고 '투자'에 눈을 떠야 한다. 미래에 대한 설계는 저축만이 아니라 투자를 병행할 때 이뤄질 수 있는 것이다. 만약 '투자는 위험하지 않을까?' 하는 의문이 든다면, 47년 동안 매월 100만 원씩 저축해서 아흔이 다 되어서야 여유 있는 생활을 시작할 인내심이 있는지, 또 그때까지 살아 있을 자신이 있는지 스스로에게 물어봐야 할 것이다.

부동산은 전 재산이 걸리는 살벌한 진검 승부

저축이 답이 아니라면 부동산투자는 어떨까? 땅은 좁고 인구는 많은 우리나라 특성상 부동산은 지속적 투자 대상으로 각광을 받아왔다. 인구가 늘어나고 소득 수준이 높아질수록 좋은 주거 환경에 대한 선호도가 높아지는 경향이 있기 때문에 심지어 '부동산 불패'라는 말까지 생겨났다.

하지만 부동산투자는 최소 단위가 자신의 전 재산이고, 일단 시작하면 바로 살벌한 진검 승부가 되기 때문에 단 한 번의 실패로도 돌이킬 수 없는 결과를 낳게 된다는 것이 문제다.

환금성과 세금에서도 장점이 있는 주식투자

은행예금은 환금성 면에서 가장 유리하지만, 약정 기간 이전에 해약하면 예정된

이자와 세금 혜택을 받지 못하는 단점이 있다. 주식투자는 언제라도 현금화할 수 있기 때문에 환금성 면에서 은행예금과 동일하다. 반면 부동산은 하루 이틀 사이에 손쉽게 사거나 팔 수 있는 수단이 아니기 때문에 자금이 묶이게 되는 경우가 많다.

은행예금은 일반적으로 이자 소득에 대해서 16.5%(이자소득세+주민세)의 세금이 부과되고, 부동산은 여러 부대 비용과 양도 차익에 비례한 무거운 세금이 부과된다. 어설픈 투자로 차익을 남겨봐야 잘못하면 세금폭탄을 맞는 경우도 생긴다.

반면 주식투자는 증권사에 거래수수료 외에 매도 시 0.3%의 세금만 물면 된다. 또한 살 때보다 주가가 많이 올라 수익을 꽤 냈다고 해서 부동산처럼 수익에 비례한 무거운 양도소득세를 낼 필요가 없다. 몇 배 이익을 남기고 팔더라도 단지 파는 가격의 0.3%에 해당하는 세금만 내면 되기 때문에 세제 면에서는 유리하다.

주식투자는 본인과 기업, 국가경제를 살리는 상생의 게임

우리나라를 대표하는 알토란 같은 회사들은 대부분 외국인 보유 지분률이 50%내외를 넘어서고 있다. 무늬만 한국기업이고 실질적인 주인은 외국인인 셈이다. 이들 외국인들은 주가상승으로 인한 시세차익 외에도 주식배당으로만 매년 수 조원의 수익을 챙겨가고 있다. 우리도 모르는 사이에 대한민국 대표기업은 외국인 차지가 되었고 뼈 빠지게 고생해서 번 돈이 외국인들 손으로 줄줄이 흘러가고 있는 것이다.

글로벌시대에 국적을 논하는 것이 시대착오적일 수도 있지만 기업과 자본의 주인은 엄연히 국적이 있고, 국적에 따른 이해관계와 경제논리는 철저하게 자국의 이익을 대변한다. 그런 점에서 우리 자본으로 주주가 되어 주인이 되는 우량한 기업들이 많이 나와야 한다. 그러기 위해서는 기업의 임직원들이 잘해야 하는 것은

물론이고, 기업들이 새로운 투자를 하고 사업을 확장할 수 있도록 토종자본 투자
를 확대하는 우리 국민들의 관심도 필요하다.

잘못하면 손실 나서 위험하지 않을까?

많은 사람들이 비행기 여행의 위험성에 대해 말한다. 그런데 자동차는 아무렇지도 않게 매일 타고 다닌다. 그런데 과연 비행기는 위험하고 자동차가 안전한 것일까?

미국 통계에 따르면 비행기 사고를 당할 확률은 300만 분의 1이다. 어떤 사람이 비행기 사고로 사망하려면 8200년 동안 매일 비행기를 타야 한 번 사고를 당하는 확률이다. 반면 도로교통공단 통계에 따르면 국내에서 매년 약 20만 건의 교통사고로 5000여 명이 사망하고 무려 34만여 명이 부상당하고 있다. 이래도 비행기는 무조건 위험하고 자동차는 안전하다고 할 수 있을까?

안전과 위험은 운전처럼 본인 하기 나름

우리나라 교통사고 통계에 놀라서 자동차는 위험하므로 절대 타서도 운전을 해서도 안 된다고 해야 할까? 통계는 말 그대로 통계일 뿐이고 본인의 노력에 따라 그 확률은 매우 달라질 수 있다. A라는 사람은 교통법규를 잘 지키며 안전하게 운전하고, B라는 사람은 음주운전에 졸음운전, 난폭운전을 일삼는다면 두 사람의 교통사고 확률은 완전히 다를 것이다.

무면허 운전자가 술까지 마시고 고속도로를 질주한다면 어떤 결과가 초래되겠는가? 그 순간 자동차는 흉기가 되어 대형 사고를 초래할 것이 뻔하다. 반면 정해진 절차에 따라 운전면허를 따고 교통안전규칙을 지키며 운전을 배워 나간다면 자동차는 생활에 아주 유용한 도구가 될 것이다.

주식투자도 마찬가지다. 아무 생각 없이 사고팔며 묻지마 투자를 반복하는 일은 음주운전에 난폭운전을 하는 것과 마찬가지고, 올바른 원칙을 바탕으로 투자하는 것은 무사고 운전기사가 안전하게 운전하는 것과 같다.

긴 안목으로 접근하면 결국은 수익의 기회를 주는 주가의 움직임

아래 그림은 우리나라 증시의 수준을 나타내주는 코스피지수 차트다. 1986년부터 2005년까지 20년 동안 IMF 때를 제외하고는 500에서 1000 사이를 오르락내리락했다. 그러다 2005년 이후 드디어 1000포인트 박스권을 돌파하기 시작해 2007년도에 2000포인트를 넘었다가 다시 1000포인트 전후로 하락했다. 이후 지수는 다시 상승하기 시작해 2010년 말~ 2011년 초에 2000포인트 고지를 재차 탈환했다(2013년 10월 기준 2050포인트).

코스피지수 변화 추이(1984~2013)

* 자료: 대우증권

코스피지수를 하나의 주식 종목이라고 가정한 후 눈 감고 동전 던지듯 아무 때나 사놓고 기다렸다면 어떻게 됐을까? 그림에서 보듯이 주가는 오르락내리락하며 투자자를 울렸다 웃겼다 했겠지만, 결국은 최초에 산 가격을 넘어설 뿐만 아니라 더 나아가서는 많은 수익을 내고 처분할 수 있는 기회를 항상 주었다는 것을 알 수 있을 것이다.

그럼에도 불구하고 왜 많은 사람들이 주식투자에 실패한 뒤 주식은 위험하다고 생각하게 된 걸까? 배고프다고 밥 짓는데 뜸도 들기 전에 쉴 새 없이 뚜껑을 열었다 닫았다 하니 밥이 제대로 되겠는가? 주식은 원칙을 지키며 인내하고 노력하는 자에게 항상 성공이라는 열매를 준다. 그런데도 우리는 조급증과 무모함이라는 몹쓸 병에 걸려 반대로만 덤비는 청개구리 같은 행동을 하고는 주식이 어렵고 위험하다고 한탄한다.

100% 안전한 투자? 투자수익 대비 안전성을 고려해야

은행예금이 안전할까, 주식투자가 안전할까? 두말할 여지 없이 은행예금이 안전하다. 왜냐하면 은행예금은 말 그대로 '예금'이고, 주식투자는 '투자'이기 때문이다. 그래서 단순히 안전성만 따진다면 은행예금이 주식투자보다 안전한 것은 당연하다.

제1금융권인 시중 은행은 제2금융권인 저축은행보다 규모도 크고 도산할 확률도 상대적으로 낮으므로 안전한 반면 저축은행보다 이자가 낮다. 반대로 저축은행은 시중 은행보다 이자가 높은 대신 안전성 면에서 뒤떨어진다. 그래서 2011년에는 일부 저축은행들의 부실 여파로 문제가 생기기도 했다. 즉, 안전하면 수익이 적고 수익이 높으면 안전성이 낮아지는 상관관계가 있는 것이다. 결국 안전성이라는 것도 '투자수익 대비 안전성'을 고려해서 비교해야 한다.

최근 10여 년 동안 아파트시장은 강남을 중심으로 재건축대상 아파트의 가격이 급등해서 지역에 따라 두 세배 내외로 상승했다. 반면에 주식시장의 강남이라고 할 수 있는 우량주를 보면 삼성전자가 3만7천원에서 143만원으로 40배 가까이 올랐으며 SK텔레콤은 18배, 롯데칠성은 50배 이상 올랐다.

투자한 종목마다 많은 수익이 날 수도 있지만 그렇지 않을 경우도 있으므로 반은 성공하고 반은 최악의 실패를 한다는 가정을 해보자.

1993년에 주당 1만2500원이었던 SK텔레콤 주식 100주, 그리고 주당 가격이 같은 업종 B의 주식 100주를 샀다고 하자. 그리고 10년 뒤 둘 중 B업종 주식은 최악의 실패를 거둬 투자액을 모두 날렸다고 하자. 그러면 총 수익률은 얼마나 됐을까? 2013년에 SK텔레콤의 주가는 주당 23만4000원까지 올라갔다. 다시 말해 1993년에 SK텔레콤 주식 100주를 사는 데 투자한 125만 원이 2013년에는 2340만 원으로 불어난 것이다. B업종 주식을 샀다가 모두 날린 125만 원까지 합쳐 1993년에 250만 원을 투자했으므로, 10년 만에 투자액 대비 8배가 넘는 수익을 거둔 셈이다. 그리고 수익률로 따져보면 무려 800%가 넘는다. 10년 동안 해마다 80% 이상의 수익을 가져다준 셈이니, 비록 투자한 종목 중 하나는 완전히 망했다 해도 '전체 투자수익 대비 안정성'이라는 측면에서 본다면 은행예금에 비할 바가 아니다.

목돈이 없는 데도 시작할 수 있을까?

최근에 우리나라는 고도성장기를 지나서 저성장과 정체의 시대를 맞이하고 있다. 수많은 청년실업자가 넘쳐나고 간신히 직장을 잡아서 들어가도 40대만 되면 사오정이라 하여 언제 잘릴지 모르는 불안감에 전전긍긍하며 살고 있다. 그래서 돌파구를 찾기 위해서 뭐 괜찮은 재테크는 없을까, 사업이라도 해볼까, 가게나 하나 열어볼까 하는 고민을 하기도 한다.

그런데 막상 부동산투자 같은 재테크나 창업에 대해 알아보다 보면 수천만 원은 기본이고 '억'소리 나는 돈이 필요하다는 사실 앞에서 입맛만 다시게 된다. 그런 여윳돈도 없을뿐더러 설사 어떻게 무리를 해서 자금을 마련해서 덤벼볼까 하고 용기를 내보다가도 주변에 아는 사람이 잘못해서 한방에 날리고 패가망신했다는 소문에 가슴이 콩알만해지고 주눅이 들고 만다.

처음부터 무모하게 덤비면 돌이킬 수 없는 실패를 맛볼 수 있어

무엇을 하든지 간에 처음부터 잘할 수는 없는 노릇이고 많은 시행착오를 겪기 마련이다. 더군다나 돈이 걸려있기 때문에 탐욕과 공포로 인해서 이성적인 판단보다는 감정적인 결정을 하기 쉽다. 그런데 대부분의 재테크수단들은 처음부터 목돈을 필요로 하고 어쩌다 잘못할 경우는 큰 손실로 인해서 돌이킬 수 없는 쓰라린 아픔을 겪기 십상이다.

그래서 돈을 많이 불릴 수 있는 재테크라고 해서 아무것에나 도전할 수는 없는 노릇이다. 많은 목돈이 들어가는 투자는 현실적으로 불가능하다. 게다가 처음부터 큰돈이 필요한 투자는 한 번의 실패만으로도 돌이킬 수 없는 결과를 낳을 수 있기 때문에 섣불리 덤벼서는 안 된다. 하지만 주식투자는 소액으로 시작해서 실력과 돈을 불려가는 게임이다.

부담되지 않는 금액으로 시작해야 안정적인 투자 가능

주가가 조금만 오르락내리락해도 가슴이 철렁 내려앉고 잠자리에 들 때도 주가 그래프가 떠오른다면 자신이 감당할 수 있는 한도를 넘긴 금액을 투자하고 있다는 신호다. 하루에도 몇 번씩 주가를 확인하고 등락에 일희일비하다 보면 온통 그쪽에 신경이 쓰여서 생업에 몰두할 수 없게 된다. 이런 심리 상태가 되면 절대로 주식투자에서 성공할 수 없다. 생업이나 가정생활에도 문제가 생기게 돼 전형적인 폐인 모드로 진행되는 전철을 밟기 쉽다.

주가 등락에 크게 연연하지 않고 돌아서서도 불안하지 않을 정도가 자신에게 적당한 투자 금액이다. 그래서 점심 값이나 술 한잔 값 정도를 가지고 재미 삼아 마음 편히 시작하는 것도 좋은 방법이 된다.

빚 얻어 투자하면 엎친 데 덮친 상황을 겪게 될 뿐

아침에 늦잠 자서 시간은 없고, 마음은 급한데 헤어드라이어는 고장 나고, 커피는 옷에 쏟아버리고, 열쇠는 어디 뒀는지 보이지도 않고…. 이렇듯 마음만 급하고 엎친 데 덮친 격으로 자꾸만 일이 꼬인 경험을 해본 적이 있을 것이다. 사람은 원래 뭔가에 쫓기면 당황해서 판단력이 흐려지고 잘 되던 일도 안 되는 것이 보통이다.

하물며 소중한 돈이 걸린 투자를 할 때는 오죽하겠는가! 빚을 얻어 투자하면 빨리 수익을 내서 갚아야 한다는 생각에 조바심을 내게 된다. 그래서 조금만 수익이 나면 진득하게 참지 못하고 금방 팔아버리고 만다. 기껏 팔고 났더니 '어라? 왕창 오르고 있네?' 후회막심이다. 참고 참다 너무 속이 쓰려 이미 한참 올라버린 주식을 다시 사면 '이게 웬걸' 그때부터 폭락이다.

무엇을 하든 아쉽고 급한 사람이 지고 들어가게 마련이다. 여유 있는 입장이라면 아쉬울 것이 없으므로 좋은 조건으로 거래하려 하고 마음에 들지 않으면 다음 기회를 기다리면 된다. 하지만 쫓기는 입장이 될 경우 지금이 아니면 기회가 없을 것 같은 초조한 마음에 불리해도 거래를 하게 된다.

주식투자는 마음이 조급하거나 여유가 없으면 절대로 성공할 수 없는 자기와의 싸움이자 고도의 심리전이다.

주식투자는 복리의 마법을 이용하는 마라톤 게임

어린 시절 겨울에 눈사람을 만들었던 추억이 누구나 있을 것이다. 처음 눈을 뭉치면 너무 작아서 잘 굴러가지도 않고 별로 커지지도 않는다. 그러던 눈덩이가 어느 정도 크기가 되면 잘 굴러가면서 불어나는 속도도 빨라져 순식간에 커진다.

이게 바로 '눈덩이 효과'로 불리는 '복리'의 마법이다. 주식투자는 복리 효과를 이용한 투자 수단이다. 그런데 우리는 몇 년짜리 은행 적금은 들면서 왜 주식은 사자마자 오르길 바라고 하루가 멀게 사고팔기를 반복하는 걸까?

주식투자를 은행 적금 붓듯이 장기적인 안목으로 하면 은행예금과는 비교도 안 될 만큼 놀라운 수익을 우리에게 돌려준다. 그런데도 우리는 우물가에서 숭늉 찾는 식으로, 주식투자에 나서기만 하면 조급증 걸린 투기꾼이 되고 만다.

주식투자는 큰 돈으로 시작해서 단기간에 좌충우돌하다 제풀에 쓰러져 버리는

100미터 달리기가 아니라, 소액으로 시작해서 복리마법을 이용해 꾸준하게 불려
나가는 마라톤이다.

나 같은 생초보가 고수들 틈에서
살아남을 수 있을까?

개인투자자는 기관이나 외국인에 비해 실력 면에서나 자금 면에서나 상대가 안 되기 때문에 불리할 거라며 지레 겁을 먹고 주눅 드는 경향이 있다. 물론 불리한 점이 있는 것은 사실이지만, 그것이 주식투자의 성공과 실패에 절대적인 영향을 미치는 것은 아니다.

첨단 IT환경과 정보공개로 개인투자자의 불리함은 줄어들어

지금 우리는 인터넷은 기본이고 스마트폰이 일반화된 시대에 살고 있다. 주식투자에 가장 필수적인 정보력 면에서 개인투자자는 기관이나 외국인에 비해서 그다지 불리할 것이 없다. 웬만한 국내외의 뉴스는 인터넷을 통해 언제 어디서나 실시간으로 알 수 있고 개별기업에 대한 다양한 정보와 아주 상세한 실적데이터도 손쉽게 파악할 수 있다.

기관이나 외국인이라고 슈퍼컴퓨터를 사용하는 것도 아니고 개인보다 수십 배 빠른 인터넷을 사용하는 것도 아니다. 그들도 여러분과 같은 컴퓨터와 모니터를 보면서 매매를 한다. 물론 전문정보서비스의 차이는 있지만 상대적인 차이는 갈수록 줄어들고 있다.

또한 정보력 면에서 약자가 피해를 보지 않도록 증권당국은 전자공시제도를 통해서 기업활동과 관련 정보를 의무적으로 투명하게 공개하도록 규정하고 있다.

주식투자는 소자본으로 성공할 수 있는 좋은 사업 아이템

세상에는 개인기업, 중소기업, 대기업이 있고, 이들이 공존하며 경제활동을 영위해 나가고 있지만, 아무래도 개인기업이나 중소기업은 대기업에 비해 여러 면에서 불리한 점이 많다. 대규모 사업자의 물량공세와 다양한 마케팅 때문에 소규모 사업자는 좋은 상품이나 실력을 갖고도 고객을 빼앗기는 일들이 비일비재하다.

그렇지만 주식투자에는 이런 '규모의 논리'가 먹히지 않는 측면이 있다. 주식투자의 경우 10만 원을 매매하든 1000억 원을 매매하든 조건은 같다. 사고파는 권한도 동일하기에 이 시장에서 말하는 규모란 단지 컴퓨터 화면에 나타나는 동그라미 숫자 차이일 뿐이다. 소자본 투자자라서 당할 수 있는 불이익이 거의 없으면서도 높은 수익을 올릴 수 있는 것이다. 그래서 다른 어떤 사업에 비해 상대적으로 개인이 도전하기에 좋은 '사업 아이템'이라 할 수 있다.

개인이 불리한 것은 자기관리와 위험관리 시스템

물론 개인투자자가 불리한 점이 있다. 그것은 제도, 정보력, 자금력 같은 문제가 아니라 바로 투자자 본인의 자기관리와 위험관리 문제다.

기관이나 외국인은 한 명이 투자에 대한 모든 판단을 하거나 자산 운용을 하는 것이 아니라, 여러 조직이 유기적으로 연결돼 시장을 분석하고, 종목을 연구하고, 자금을 운영하며, 투자 위험도와 잘잘못을 감시한다. 안전장치와 효율적인 시스템을 활용해 잘못된 판단으로 순식간에 큰 손실을 보거나 반복된 실패를 하지 않도록 막을 수 있다.

이에 비해 개인은 혼자서 모든 분석과 판단을 하고 투자관리를 해야 하기 때문에 잘못된 투자나 위험한 투기를 일삼아도 제동을 걸어줄 조직이나 인원이 없다는 것이 문제다. 그래서 개인은 독단적인 판단과 잘못된 투자행태의 반복을 조심해야 한다. 그런 점에서 개인투자자는 투자 지식이나 매매 기법보다 자기관리가 가장 중요하면서도 취약한 점이라고 볼 수 있다.

노벨상 수상자는 실패하고 침팬지가 성공하기도 하는 곳이 주식시장

노벨경제학상을 수상한 석학, 미연방준비위원회FRB 부위원장 출신, 잘나가는 증권 전문가도 쓰라린 상처를 안고서 역사의 한편으로 사라지고 마는 곳이 주식시장이다. 반면에 침팬지가 투자전문가인 펀드매니저보다 더 투자를 잘해서 수익률 대회에서 이기기도 하는 웃지 못할 일이 벌어지는 곳이 또한 주식시장이다.

펀드매니저가 침팬지보다 지식이 부족해서 패한 것일까? 경영학 교수가 회사를 경영하면 무조건 잘될까? 이론과 실제는 분명히 다르다. 제대로 아는 것이 중요하고, 또 몸과 마음이 같이 움직여야 성공하는 것이지 무조건 많이 안다고 성공하는 것은 아니다. 전문가나 고수의 '진짜 실력'도 알고 보면 여러분과 종이 한 장 차이일 뿐이다.

주식투자를 하기 위해 주식박사가 될 필요는 없어

우리 주변에는 주식투자 고수라는 사람들이 널려 있다. 증권사 애널리스트, 펀드매니저, 신문·방송·인터넷에서 열변을 토하는 투자분석가 등등. 고수들과 전문가들이 넘쳐나는데 그들 말대로라면 우선 그들이야말로 매일 돈을 쓸어 담아서 이미 재벌이 돼 있어야 할 것이다. 그런데 왜 월급 받고 증권회사를 다니며 떼돈 벌 '비법'을 사람들에게 알려주는 걸까?

과거 미국 서부 개척 시대에는 수많은 사람들이 노다지를 캐 백만장자가 되겠다는 꿈을 안고서 금광으로 몰려들었다. 하지만 막상 그곳에서 성공한 사람들의 상당수는 금 캐는 사람들을 상대로 먹을 것 팔고 청바지 팔던 사람들이다.

주식투자에 대해 잘 아는 것과 주식투자로 돈을 버는 것은 분명히 다르다. 소위 전문가나 고수라는 사람들은 오랜 경험과 연구를 통해 주식에 대한 지식을 많이 알고 있을 뿐이다. 경험이나 지식에 비례해서 수익이 많다는 것은 절대로 아니다. 주식투자로 꾸준히 수익을 내는 사람들 중 상당수는 전문가들에 비해 경험이나 지식이 결코 뛰어나지 않다. 정말이지 아이러니한 일이 아닐 수 없다.

여러분은 주식투자로 수익을 내는 성공적인 투자자가 되면 될 뿐 '주식박사'가 될 필요는 없다. 너무나 어려운 주식투자를 나 같은 사람이 할 수 있을까 하는 염려는 하지 않아도 된다. 〈행복은 성적 순이 아니잖아요〉라는 영화처럼 주식투자의 성공은 지식 순이 아니다.

한국 증시, 장래성이 있을까?

한국 경제에 비해 저평가된 한국 증시, 전 세계가 눈여겨봐

우리나라 증시는 수많은 우여곡절과 시행착오를 겪으면서 조금씩 기반을 다져왔고, 여러 면에서 체질 개선을 통해 선진화된 모습으로 발전하고 있다. 또한 우리나라는 글로벌 금융위기 때도 IMF 당시의 아픔을 되새기며 위기를 꿋꿋하게 극복해냈고, 온갖 국내외 악재에도 꾸준한 경제 성장으로 경제적 토대를 군건히 했다.

이러한 성과를 바탕으로 한국 경제에 비해 상대적으로 저평가된 한국 증시를 새롭게 바라보는 시각이 많아지고 있으며, 이에 따라 우리 증시는 글로벌 시장에서 매력적인 투자처로 각광 받고 있다.

PER로 확인되는 저평가된 한국 주식시장

우리 증시 PER(주가수익비율)의 국제 비교를 위해 적자기업을 제외한 시장대표지수 PER를 해외 주요지수 PER와 비교한 결과를 보면, 우리나라 증시의 PER가 세계 주요 시장 중 가장 낮은 수준임을 알 수 있다(PER 수치가 낮을수록 저평가된 시장이므로 향후 성장 가능성이 높다. 자세한 내용은 뒤에서 다시 설명하겠다.).

해외 주요시장의 PER 현황

국가	PER(배)	국가	PER(배)
세계	13.3	남아공	13.4
선진국	13.9	미국	14.5
신흥국	10.1	중국	8.8
한국	8.3	일본	13.9
인도	13.4	영국	12.0
터키	9.8	홍콩	14.7
브라질	10.0		

* 자료: 한국거래소(2013. 8. 기준)

선진국지수 편입으로 높아지는 국제적 위상

위에서 언급한 우리 증시의 내적 변화는 곧 국제사회에서 한국 증시의 신인도 향상으로 이어지고 있다. 외국 투자 기관이 해외에 투자할 때는 전 세계를 대상으로 하는 글로벌 지수에 따라 국가별로 투자 규모를 설정한다. 일종의 가이드라인이 있는 셈이다. 이를 참조해서 특정 국가와 기업에 투자할 자금의 비율을 정하게 되는데, 그중 대표적인 것이 'MSCI 지수'와 'FTSE 지수'다.

MSCI Morgan Stanly Capital International 지수

미국의 모건 스탠리 캐피털 인터내셔널이 발표하는 지수로 미국을 비롯한 전 세계의 투자기관들이 참조하고 있다.

FTSE Financial Times Stock Exchange 지수

영국의 파이낸셜 타임스와 런던증권거래소가 공동 설립한 FTSE그룹이 발표하는 지수로 주로 유럽 투자기관들이 많이 참조하고 있다.

　MSCI 지수를 참조해서 운영되는 펀드 규모는 약 3조5000억 달러로, 원화로 환산할 경우 무려 3850조 원에 이르며, FTSE는 3조 달러로 3300조 원에 달한다. 2013년 우리나라 예산이 342조 원인 것을 감안하면, 우리나라 1년 살림살이 총액의 20여 배가 넘는 엄청난 자금이 두 지수를 바탕으로 투자되고 있는 셈이다.

　MSCI와 FTSE 지수는 프로축구가 수준에 따라 1부리그와 2부리그로 나뉘는 것처럼 1부리그 격인 선진국지수와 2부리그 격인 준선진국지수나 신흥시장으로 나뉘어 있다. 우리나라는 두 지수에서 모두 2부리그에 속해 있었다. 우리나라가 OECD 회원국이자 세계 13~15위의 경제 규모를 지닌 것에 비해 증시는 상대적으로 낮은 2부리그 수준의 취급을 받아온 셈이다. 선진국지수에 편입되기 위한 노력을 기울여왔지만, 최근 수년간 몇 차례 탈락의 고배를 마셨다. 그러다가 2009년 9월 21일, 4수 끝에 FTSE 선진국지수에 편입됐고, MSCI 지수에서는 아쉽게도 2012년에 다시 고배를 마셨지만 조만간 편입이 예상된다.

　선진국지수에 편입된다는 것은 한국 증시에 대한 국제적 평가가 한 단계 업그레이드된다는 의미로 해석할 수 있을 뿐만 아니라, 더욱 많은 외국 자금이 국내 증시에 투자될 수 있는 가능성이 열리게 된다는 것을 의미한다. 이처럼 한국은 국내외에서 매력적인 시장으로 평가되고 있으며 장기적인 전망이 상당히 밝다고 볼 수 있다.

주식,
생초보 탈출하기

HTS 사용과 실전매매의 기초

주식투자를 만만하게 봐서는 안 되지만 그렇다고 어려운 것도 아니다. HTS(홈트레이딩 시스템)가 여러분의 동반자가 돼줄 것이다. 투자의 기초를 이해하고 HTS 활용법을 숙지하는 것이 개인투자자로서 여러분이 입문해야 할 첫 번째 단계다. HTS에 어느 정도 익숙해지면 적은 액수로 실전매매에 돌입해보자. 비로소 '생초보'를 벗어나 21세기 최고의 재테크 수단 주식투자의 장에 들어서게 될 것이다.

초보자가
알아야 할 기본적인
투자원칙

| 1 | 주식의 종류

개인회사, 주식회사, 상장, 기업공개, 증자, 비상장주식, 장외거래 등 주식 시장에서 사용되는 용어들을 많이 들어봤을 것이다. 다 아는 내용 같지만 정확하게 설명하라고 하면 좀 헷갈릴 것이다. 그 개념들의 의미와 내용을 하나씩 알아보자.

일반인 대상으로 주주를 공개 모집하는 기업공개

작은 사업을 할 때는 자기 이름으로 사업자등록을 해서 개인회사로 꾸려가지만, 규모가 큰 사업을 하려면 혼자만의 자본으로는 부족해서 여러 사람의 돈을 모아 사업을 한다. 이게 바로 주식회사株式會社다. '㈜○○산업' '㈜○○건설' '○○전자㈜' 등 회사 이름에 '株㈜'가 들어가는 회사들이 바로 주식

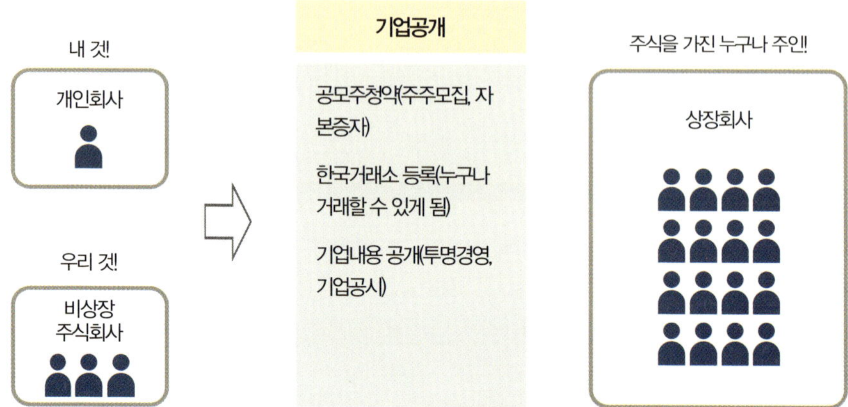

회사다.

주식회사는 일반적으로 처음에는 회사 설립자와 관련된 사람들끼리 자본을 조달해서 회사를 세워 운영한다. 그러다가 회사 규모가 커지고 자본이 더 필요하게 되면 '기업공개IPO: Initial Public Offering'를 통해 일반인들을 대상으로 자본을 모집한다.

기업공개는 소수의 주주로 구성돼 있는 주식회사가 일정한 절차와 방법에 따라 일반 대중을 대상으로 주주를 공개 모집한 뒤 발행주식의 25% 이상을 매각해서 누구나 자유롭게 매매할 수 있게 되는 것을 의미한다.

그렇다면 기업은 자기들끼리 마음 편하게 경영하지 왜 '까다롭게 간섭받는' 기업공개를 하는 걸까? 가장 큰 이유는 기업공개를 하면 증권시장을 통해 자금조달 능력을 증대시킬 수 있기 때문이다. 또한 상장기업은 여러 관련 규정을 준수하고 조건을 충족시켜야 한다는 점 때문에 공신력이 올라간다. 게다가 창업주와 주식을 소유한 임직원들의 부가 크게 증가하기에 사기 진작 차원에서도 매우 유용하다.

기업공개로 한국거래소에서 거래되는 주식이 상장주식

주관 증권사를 선정해서 '공모주 청약'이라는 방법으로 회사의 주식을 공개하면, 사람들은 청약금을 내고 정해진 가격에 비례해 주식을 배정받게 된다. 몇몇 개인들의 소유 같던 회사가 주식을 보유한 수많은 사람들의 공동 소유가 되는 셈이다. 이런 과정으로 기업을 공개하게 되면 투자자들이 회사 주식을 거래할 수 있도록 '한국거래소'라는 공식 기관에 이름을 올리고 관리를 받으면서 일반인들이 거래를 하게 된다.

공식적인 시장에 올랐다는 의미로 비로소 회사는 '상장회사上場會社'가 되고 주식은 '상장주식上場株式'이 되는 것이다. 반면에 기업공개를 하지 않고 거래소에 등록하지 않은 회사를 '비상상회사', 이런 회사의 주식을 '비상장주식'이라고 한다.

그렇다면 상장하지 않은 회사의 주식은 아예 거래를 못하는 것일까? 그렇지는 않다. 한국거래소를 통하지 않고 '장외주식' 사이트에서 증권회사의 중개를 통하거나 개인들끼리 직접 거래를 하기도 한다. 이른바 '장외시장'이다. 하지만 공인중개사를 통하지 않고 매수·매도자가 직접 부동산 거래를 할 때처럼 안전성 면에서 문제가 발생할 수도 있다. 그러므로 초보자가 함부로 할 수 있는 것은 아니다.

주주총회에 참가할 수 있는 보통주, 권한 없는 우선주

주주는 주식을 매수해서 회사의 주주가 되면 자신이 보유한 주식 수만큼 회사의 안건을 결정할 수 있는 '의결권'을 가지게 된다. 따라서 주주는 회사의 중요한 사안을 주주들에게 공개하고 결정하는 주주총회에서 자신의 의견을 주장할 수 있다.

그런데 이때 의견을 주장하는 권한의 경중은 사람 수가 아니라 주식 보유 수에 따라 달라진다. 가령 5주씩 가진 100명(총 500주)이 'Yes'라고 주장해도 1000주 가진 한 명이 'No'라고 하면 결론은 'No'가 돼버린다. 우리가 아는 다수결은 '사람 수'지만 주주총회의 다수결은 '주식 수' 원칙이다. 간혹 드라마의 주주총회 장면에서 허를 찌르는 반전이 일어나는 것도 바로 의결권을 가진 주주를 얼마나 자기 편으로 만드느냐에 따른 결과다.

보유 주식 수에 비례해서 의결권을 행사할 수 있는 권한을 가지는데 이를 '보통주'라고 한다. 가장 일반적인 형태다. 반면에 의결권이 없는 '우선주'라는 것이 있다. 주주는 자신이 보유한 주식 수에 비례해 회사에서 주주들에게 이익을 나눠주는 배당금을 챙겨갈 권한이 있다. 그런데 우선주는 보통주에 비해 우선적으로 배당을 챙길 권한이 있다. 그 대신 의결권이 없는 것이다.

유료로 주식을 나눠주는 유상증자, 그러면 무상증자는 공짜?

증자는 말 그대로 증자^{增資}, 즉 자본금을 증가시킨다는 의미다. 그런데 증자는 유상^{有償}과 무상^{無償}으로 나뉜다. 유상은 유료처럼 기업이 돈을 받고 주식을 나눠주는 것이고, 무상은 무료로 주식을 나눠주는 것이다.

그렇다면 무상증자는 말 그대로 '공짜'로 주식을 발행하는 건데, 왜 이런 일을 할까? 무상증자는 기존 주주에게 그들이 보유한 주식 비율로 새로운 주식을 무상 배부하는 것을 말한다. 무상증자는 자금을 조달하는 데 목적이 있는 것이 아니고 기존 자본의 구성을 변경해서 주주의 주식 보유 비율을 조정하거나, 시중에서 유통되는 주식의 양을 늘려 유동성을 풍부하게 하려는 데 목적이 있다.

따라서 무상증자를 하면 자본금은 늘지 않으면서 주식 수가 많아지기 때문에 단기적으로는 주당 가격이 저렴해지는 착시효과가 생긴다. 이런 착시현상으로 묻지마 투자 세력이 매수에 나서 주가가 상승하면 무상증자를 통해 '공짜'로 주식 수가 늘어난 기존 주주들은 의도했건 아니건 저절로 이익을 증대시킬 수 있다.

 **장외거래, 달콤한 유혹만큼 위험한 가시도 있어**

> 최대리: 이봐! 내 아는 사람이 삼성생명 상장되기 전에 장외시장에서 거래해서 짭짤
> 하게 벌었다는데, 우리도 한번 장외거래 해보자!
> 김대리: 장외거래? 한국거래소에서 공식적으로 거래하는 게 아니라는데? 믿어도 될
> 까? 안전한 거야?
> 최대리: 증권사 계좌 개설하고 장외주식 사이트에서 거래하면 된대. 뭐 문제 있겠어?
> 김대리: 글쎄, 그렇게 쉽다면 다들 장외거래를 하겠지…. 영 불안한데.
>
> 얼마 후 최대리는 장외시장에서 곧 상장된다는 소문이 나돌던 A회사 주식을 거래해서
> 처음에는 수익을 조금 올렸다. 하지만 상장은커녕 경영진이 회사 주식을 몰래 팔아 버
> 린 후 잠적하면서 주가가 폭락해 큰 손해를 보고 말았다. 게다가 처음에 수익을 낸 거
> 래에 대해 양도소득세가 부과되면서 생각지도 못한 낭패를 봤다.
>
> 장외주식은 장외주식 사이트에서 개인 간에 직접 거래를 한다. 사려는 사람과 팔려는
> 사람 간의 1 대 1 거래이다 보니 원하는 때에 가격과 수량이 맞는 거래를 하기가 여의
> 치 않다. 게다가 한국거래소의 공식 거래가 아니기에 안전성도 100% 장담할 수 없다.
> 장외주식의 적정가격을 판단하기도 쉽지 않아 터무니없이 높은 가격에 매수하는 덤터
> 기를 쓸 수도 있다. 또한 장외주식은 상장주식과 달리 대기업 주식의 경우 20%, 중소기
> 업의 경우 10%의 양도소득세를 내야 한다(거래소 상장주식은 양도소득세가 없음).

| 2 | 유가증권시장과 코스닥시장의 차이

미국을 대표하는 증권시장은 뉴욕증권거래소^{NYSE}다. 미국 증시와 경제를 상징하는 대표적인 증권시장이다. 1970년대에는 주로 신생 IT기업이나 벤처기업들이 상장을 하는 나스닥^{NASDAQ} 시장이 생겨났다. 마이크로소프트, 인텔, 애플, 구글 등 세계적인 IT기업이 바로 나스닥의 대표 주자들이다.

코스피, 코스닥, 파생상품시장으로 구성된 한국거래소

우리나라는 2005년 1월 27일 한국증권거래소와 벤처시장인 코스닥시장, 파생상품시장인 한국선물거래소를 통합해 '한국거래소'를 출범시켰다. 그리고 기존 거래소는 '유가증권시장', 종합주가지수는 '코스피^{KOSPI}지수'로 명칭이 변경됐다. 하지만 아직도 거래소와 유가증권시장, 코스피지수와 종합주가지수가 혼용돼 사용되기도 한다. 그래서 초보자는 이들이 서로 다른 것이라고 헷갈릴 수도 있다.

삼성전자, LG전자 등 우리나라를 대표하는 기업들이 유가증권시장에 상장돼 거래되는 종목들이다. 반면 코스닥시장에는 주로 IT와 벤처 위주의 규모는 작아도 발전 가능성이 높은 강소強小기업들이 상장돼 있고 상장 기준도 덜 엄격하다. 유가증권시장이 전통과 규모를 자랑하는 큰형님이라면 코스닥시장은 동생뻘이라고 할 수 있다. 파생상품시장은 주식 등에서 파생된 선물·옵션이라는 파생금융상품이 거래되는 시장이다(책 뒷부분에서 다뤄짐).

뉴스에 나오는 각종 지수는 증시의 수준을 나타내는 수치

> 유럽 금융위기로 인한 불안감과 중동사태에도 불구하고 외국인의 순매수
> 에 힘입어 오늘 코스피지수는 전일 대비 14.31포인트(0.68%) 오른 2121.01
> 로 사상 최고치를 경신했다. 코스닥지수는 6.64포인트 오른 532.06으로 마
> 감했다.

날씨, 환율정보와 함께 TV나 신문의 주요 화면을 매일 장식하는 증권 관
련 뉴스다. 주식투자에 관심 없는 사람도 주가가 오르내리는 것임을 알게
해주는 이러한 수치는 무엇일까?

이 수치는 바로 '주가의 수준'을 나타내는 '주가지수'다. 한 기업의 주가
수준을 나타내는 것이 개별 종목의 '주가'라면 전체 주식시장의 주가 수준
을 나타내주는 것이 바로 '주가지수'다. 주가지수는 주식시장의 흐름을 한
눈에 알 수 있는 지표다. 이 지표는 경제의 현재 상황을 보여주며, 한편으
로는 앞으로의 방향성을 보여주기에 경기의 선행지수 역할도 한다. 물가의
수준을 나타내는 물가지수처럼 특정 시점을 기준으로 전체적인 가격 수준
을 비교해서 표현한다.

우리나라 증시는 1980년 1월 4일 유가증권시장 가격을 100으로 설정하고 그 이후의 가격을 비교해서 표현한다. 2013년 코스피지수가 2000대를 넘나들고 있으니 기준 시점보다 약 20배 이상 상승했음을 알 수 있다.

마찬가지로 코스닥지수는 코스닥시장에 상장된 기업들의 전체적인 주가 수준을 알려주는 지수다. 그래서 코스피지수와 코스닥지수를 보면 우리나라 증권시장의 '현재 위치'가 어느 정도인지를 가늠할 수 있다.

코스피·코스닥지수, 업종별 지수, 개별 종목 주가를 상대 비교해야

같은 코스피 내에서도 모든 종목이 다 같은 비율로 주가가 상승하거나 하락하지는 않는다. 업종별로, 종목별로 가격의 움직임이 다르다. 특히 업종별로 희비가 갈리는 것이 바로 업종별 지수다. 코스피지수는 올라도 식음료업종 지수가 하락하고 있다면 전체적인 증시 분위기는 좋지만 식음료업종 기업의 주가 상승이 여의치 않음을 알 수 있다. 따라서 업종별 지수를 통해 자신이 지금 상승이 유력한 업종에 투자하려는 것인지, 업종 자체의 분위기가 좋지 않은데도 투자하려는 것인지 확인할 수 있다.

❶ 투자할 때인가, 아닌가

'경기가 호전되고 기업들의 수출 실적도 좋아 코스피·코스닥지수가 꾸준히 상승 중이군. 주식투자에 나서 볼까?' → 투자시기 저울질

❷ 어느 업종이 유리한가

'스마트폰 열풍으로 관련 부품 업체들이 특수를 누리고, 다른 업종에 비해 상승세가 두드러지네?' → 투자업종 선택

❸ 어떤 종목에 투자할 것인가

'IT부품업종 중에서 A회사가 특히 실적이 좋은데 이 종목에 투자해볼까?' → 투자종목 선택

에서처럼 국내외 경제 여건이 호전돼 주가지수가 상승 추세를 이어 간다면 투자시기라고 생각할 수 있다. 그런 다음 ❷에서처럼 IT부품업종 지수 상승이 두드러진다면, 관련 업종에 투자하는 것이 더 유리하다는 것을 확인할 수 있다. 또한 ❸에서처럼 IT부품업종에 속한 A라는 기업의 실적이 좋다면 같은 업종의 다른 종목보다 투자유망 종목이라고 판단할 수 있다.

재미있는 증시 격언

소문에 사서 뉴스에 팔아라

연예인의 스캔들이 터지기 전에 이미 주변 지인이나 알 만한 사람은 이를 감지한다. 특종은 그때 터트리는 것이다. 그러다 정작 뉴스에 대문짝만 하게 기사화되면 그때부터는 온 세상이 참새 조잘거리듯이 뒷담화를 늘어놓지만 이미 누구나 아는 가십거리가 돼버린다. 주식투자도 마찬가지다. 알 만한 사람들은 이미 이런저런 경로로 정보를 입수해 기회를 선점한다. 정작 공개적으로 뉴스화돼 개미들의 묻지마 투자가 시작될 때는 이미 전 국민이 아는 정보가 된다. 뒷북투자가 되는 셈이다.

머리와 꼬리는 남겨두어라

주식투자를 생선 먹는 것에 비유한 것이다. 생선을 대가리부터 꼬리까지 다 먹어버리려고 욕심부리다 보면 가시가 목에 걸릴 수도 있다. 그러므로 최저가에 사서 최고가에 팔려는 지나친 욕심을 부리지 말고, 마치 생선 대가리와 꼬리는 고양이나 개를 위해 남겨두는 것처럼 주식투자를 하라는 뜻이다. 무릎에서 사서 어깨에서 팔라는 격언도 같은 내용이다.

산이 높으면 골도 깊다

산이 높으면 반대로 골짜기(계곡)도 깊다. 경제상황 호전이나 특정한 호재 덕분에 주가가 급등하면 역으로 조금만 상황이 반전돼도 가파르게 폭락할 수 있다는 것이다.

강남 8학군으로 전학만 가면
아무나 우등생이 될 수 있을까?

동생뻘인 코스닥시장은 유가증권시장에 비해 소형주가 많고 상장 및 관리 규정이 상대적으로 느슨해서 '형님'에 비해 사고(?)를 치는 경우가 많습니다. 그래서 외국인이나 기관투자자들의 투자비율은 현저히 낮은 데 비해 개인투자자의 열기만 항상 뜨거운 곳이죠.

이런 이유로 최근 2~3년간 코스닥시장을 벗어나 상대적으로 '큰물'에 가겠다며 유가증권시장으로 이사 가는 코스닥종목들이 늘어났습니다. 이른바 '변경상장'을 한 것인데요. 아래는 바로 그 대표적인 예들입니다. 지금이 변경상장 당해라고 가정할 때, 여러분이라면 어떤 종목에 투자하겠습니까?

종목	변경상장연도	투자 여부	이유
무학	2010년	Yes( ), No( )	
신세계푸드	2010년	Yes( ), No( )	
황금에스티	2009년	Yes( ), No( )	
키움증권	2009년	Yes( ), No( )	
NHN	2008년	Yes( ), No( )	
부국철강	2008년	Yes( ), No( )	
LG유플러스 (구 LG텔레콤)	2008년	Yes( ), No( )	
아시아나항공	2008년	Yes( ), No( )	

친구 따라 강남 가도 결국 자기하기 나름

유가증권시장 변경상장기업 주가상승률

종목	변경상장연도	주가상승률(%)
무학	2010년	324.4
신세계푸드	2010년	23.4
황금에스티	2009년	−40.0
키움증권	2009년	23.6
NHN	2008년	85.1
부국철강	2008년	0.90
LG유플러스(구 LG텔레콤)	2008년	36.0
아시아나항공	2008년	40.5

표의 주가상승률은 코스닥시장에서 변경상장 당해 마지막 거래일의 종가와 2013년 9월 말의 종가를 비교한 것입니다. 8개 중 6개 종목은 크게 상승했지만 한 종목은 거의 제자리, 또 다른 종목은 오히려 이사 전보다 하락한 것을 알 수 있습니다. 강남 8학군으로 큰 맘 먹고 이사했는데, 그 결과는 천차만별인 상황이네요. 큰 폭으로 상승한 것도 있지만 40%나 하락한 경우도 있습니다.

기업의 가치는 '속해 있는 시장'만으로 달라지는 것이 아닙니다. 코스닥시장에서 유가증권시장으로 이사 가는 것만으로 기업의 가치가 크게 상승하지는 않는다는 것이죠. 중요한 건 결국 본인 하기 나름인 셈입니다. 유가증권시장에서 코스닥시장으로 이사한다는 것은 기업규모나 재무구조 등의 개선을 의미하기에 좋은 투자대상이 될 수도 있지만 이것만으로 주가상승을 기대해서는 안 됩니다.

|3| 조금씩 사 모으는 적립식 투자의 장점

잘나가는 종목이라도 주가가 항상 상승만 하는 것은 아니다. 어떤 때는 제자리에서 맴돌기도 하고 하락을 거듭하기도 한다. 그래서 같은 종목의 주식에 투자해도 적절한 타이밍에 제대로 매수하는 것이 중요하다.

그렇지만 생업에 종사하는 평범한 개인투자자가 점쟁이도 아니고 어떻게 최적의 타이밍을 포착해서 매매할 수 있을까? 그것이 불가능하다면 다른 차선책은 없을까? 그 질문에 대한 해답은 바로 적립식 투자에 있다.

평균 매입단가를 낮추고 심리적 안정을 주는 적립식 투자

주식투자의 첫발은 자신의 형편에 맞는 범위 내에서 소액으로 은행에 적금을 붓듯이 매달 분할해서 적립식 투자를 하는 것이다. 매월 자신의 수입 중 큰 부담이 가지 않는 범위 내에서 적립식으로 10만 원씩만 투자를 해도 종잣돈은 금방 불어난다.

〈표 1-1〉 2001년 1월~2012년 12월 코스피지수와 매입 주식 수

일시	코스피지수	매입 주식 수
2001년 1월	617.91	161.8
2001년 2월	578.10	173.0
…	…	…
2005년 1월	932.70	107.2
…	…	…
2007년 10월	2064.85	48.4
…	…	…
2009년 2월	1063.03	94.1

일시	코스피지수	매입 주식 수
…	…	…
2009년 12월	1682.77	59.4
…	…	…
2012년 12월	1993.09	50.2

2001년 1월 코스피지수가 617.91일 때 10만 원으로 161.8주(코스피지수를 한 주에 617원인 개별종목으로 가정)를 매수하기 시작해서 2012년 12월까지 12년 동안 매달 10만 원어치씩 투자했다면 그 결과는 어떻게 됐을까?

코스피지수는 이 기간 동안 상승과 하락을 반복했다. 따라서 분할매수를 하지 않고 가격이 비쌀 때 한꺼번에 많은 주식을 샀다면 주가 하락 시기에 큰 손실을 견디지 못하고 팔아버렸을 것이다. 반면에 매월 꾸준히 매입하는 방식을 채택하게 되면 주가가 쌀 때에는 많이 사고 주가가 비쌀 때에는 적게 살 수 있다. 이렇게 하면 주가가 하락할 때에도 큰 손해를 보지 않으므로 심리적으로도 안정되고 자산의 효율성 면에서도 훨씬 좋다.

같은 적립식이라도 은행적금과 주식투자의 수익률은 하늘과 땅 차이

〈표 1-2〉 매월 10만 원씩 코스피지수에 적립해 투자했을 경우의 수익

코스피지수 (2012년 12월 기준)	보유 주식	총 투자금액	주식 평가금액	수익	수익률
1993.09	1만3237주	1440만 원	2638만 원	1198만 원	83%

〈표 1-2〉에서 보듯이 코스피지수는 같은 기간에 오르락내리락 했기에 매입단가 역시 차이가 나서 주가가 낮을 때는 10만 원으로 많은 주식을 살 수 있었고, 주가가 높을 때는 적은 수의 주식을 살 수가 있었다. 이렇게 해서 12년 동안 매월 10만 원으로 사 모은 '코스피라는 가상 종목'의 주식 수는 1만3237주가 되고 평가금액은 2638만 원이 돼 1198만 원의 수익(수익률

83%)이 발생하게 된다.

<표 1-3> 12년간 10만 원씩 적립할 경우 비교

구분	연 금리	만기금액	수익금	수익률
주식투자 (코스피지수 기준)	변동	2638만 원	1198만 원	83%
은행적금	4%	1734만 원	294만 원	20%

12년간 매달 10만 원씩 은행에 연리 4%의 적금을 부었을 경우 이자는 294만 원으로 수익률이 20%가 된다. 반면 주식투자는 중간에 주가변동에 따른 수익률 변동은 있어도 결국에는 83%의 수익으로 은행적금의 4배가 넘는 수익을 냈다.

물론 본인이 우량주를 골라서 투자했을 경우는 이보다 훨씬 높은 수익률을 올릴 수 있었겠지만, 종목 고르는 재주가 없어 그냥 코스피지수랑 똑같이 움직이는 '평균 종목'에 투자했다고 해도 이런 수익이 가능했다는 것이다.

단기전에 욕심내기보다 장기전으로 가면 유리한 주식투자

한번에 큰 욕심을 부리지 않고 매월 10만 원씩만 적금 붓듯이 꾸준히 적립해도 목돈 마련이 가능하다. 주식투자는 단기간에 큰돈을 벌겠다고 달려들면 실패하기 쉽다. 하지만 개미가 양식을 모으듯 자신의 수입 내에서 큰 부담 없는 금액을 꾸준하게 적립하면 그 어떤 재테크 수단보다 빨리 목돈을 모을 수 있다.

주식투자는 한번에 목돈으로 무리한 투자를 하는 것이 아니라 자신의 형편에 맞게 적금을 붓듯 조금씩 우량주를 사 모으며 꾸준하게 꿈을 키워가는 것이다.

부자가 되려면 눈덩이 효과를 이용하라

워런 버핏이 주식투자로 세계적인 갑부가 되는 동안 그의 연평균 투자수익률은 어느 정도였을까? 연간 수백 %는 돼야 그런 엄청난 돈을 모을 수 있지 않았을까?

실망스럽게도(?) 그의 투자수익률은 연평균 20%대에 불과했다. 그러나 연 20%대의 수익이 30여 년간 복리로 늘어나면서 세계 2위의 갑부가 된 것이다.

그는 사람들이 어떻게 해야 부자가 될 수 있느냐고 물으면 높은 언덕에서 눈덩이를 아래로 굴리는 효과를 이용해야 한다고 조언한다. 바로 복리효과를 이용해서 부자가 되라는 것이다. 그가 이미 열한 살 때에 눈덩이를 뭉쳐서(투자에 눈을 떠서) 60년 가까운 세월의 언덕으로 굴렸기에 오늘날 부자가 된 것처럼 말이다.

워런 버핏은 '가치가 있지만 저평가된 기업을 발굴해 주식을 매수한 뒤 그 종목이 시장에서 가치를 인정받을 때까지 뚝심 있게 기다린다'는 아주 단순한 투자원칙을 가지고 오랜 세월의 언덕에서 복리라는 눈덩이를 굴린 셈이다.

|4| 손절매와 물타기는 무엇인가

나름대로 공부하고 분석해서 A종목에 투자했다. 주가가 쑥쑥 오르면 좋겠는데, 상승은커녕 오히려 하락해서 손실이 나기 시작한다. 투자 당시와는 여러 상황이 달라져서 손실을 보더라도 팔고 나와 관망해야 하는 시점이다. 안타깝지만 주식투자를 하면서 흔히 겪게 되는 상황이다.

손절매는 도마뱀이 꼬리를 자르듯 생존을 위한 선택

자, 그러면 이제 어떻게 해야 할까? 꼬리를 자르고 도망감으로써 위기를 모면하는 도마뱀에게서 배워야 한다. 아니다 싶으면 투자실패를 인정하고 손실을 최소화하는 자세가 필요하다. 손해를 보더라도 팔고 나오는 '손절매損切賣, Stop Loss'가 그 방법이다. 손절매를 하지 않고 손실을 키우면 또 다른 투자기회마저 날려버리고 마는 심각한 지경에 이르게 된다.

그런데 안타깝게도 개인투자자들은 손절매를 제대로 하지 못한다. 적기에 손절매만 제대로 해도 최소한 다음 기회를 노릴 수 있지만, 그 타이밍을 놓치고 '물타기(손해난 종목에 더 투자해서 평균매입가를 낮추는 행위)'까지 하면 복구할 방법이 거의 없게 된다. 다행히 운이 좋아 다시 주가가 상승한다 해도 그간의 마음고생과 상대적인 기회박탈을 생각한다면 손해가 이만저만이 아니다.

어느 책이나 고수를 막론하고 손절매의 중요성을 이야기하고, 개인 스스로도 그 필요성을 느끼지만 막상 매매창 앞에서는 손이 잘 나가지 않는다. 손절매를 못하는 이유는 '설마' 하다가 한번 타이밍을 놓친 뒤 일정 수준을 넘기면 자포자기하게 되기 때문이다. 그러므로 사전에 일정한 손절매 폭을 정해놓고 그 가격이 되면 가차 없이 컴퓨터가 자동으로 손절매를 하

도록 하는 게 좋다. 당장은 살을 도려내는 아픔이 있지만 계좌 전체가 거덜
나서 깡통이 되는 일은 막을 수 있다.

<표 1-4> 손절매(손실) 비율에 따른 원금 복구 수익률 비교

손절매(손실) 비율	복구해야 할 수익률	손절매(손실) 비율	복구해야 할 수익률
10%	11%	60%	150%
20%	25%	70%	233%
30%	43%	80%	400%
40%	67%	90%	900%
50%	100%		

〈표 1-4〉에서 10% 손해 보고 손절매를 했다면 원금 복구를 위해 다음 매
매에서 11%의 수익을 올리면 된다. 하지만 50% 손해보고 손절매를 했다면
100% 수익을 내야 원금을 복구할 수 있다. 즉, 잃을 때는 반인데 복구할 때는
'따블'을 해야 한다는 것이다. 손실 비율이 커질수록 복구하려면 더욱 힘들어
진다. 만약에 90% 손해보고 판 후 원금 복구를 하려면 남은 자산에서 900%
의 수익을 내야 한다. 이쯤 되면 거의 자포자기 상태가 된다.

그리고 10%의 손절매를 한 후에는 10%의 수익을 한 번만 달성하면 원
금 복구가 거의 가능하지만 50%의 손절매를 한 후에는 7번 연속으로 10%
의 수익을 내야 원금 복구가 가능하다. 10%의 수익을 연속으로 7회 이상
올리기가 어디 쉬운 일인가. 그만큼 한 번 크게 손실 나면 복구하기가 힘들
어진다.

돈 벌 욕심보다 시장에서의 생존이 우선

투자를 통해 자산을 불려갈 수 있는 기회는 언제나 열려 있다. 주식시장이
없어지거나 투자의 기회가 오지 않는 경우는 절대로 없다. 그러므로 시장
에서 퇴출되지 않고 살아남는 데 주안점을 둬야 한다. 기회가 오더라도 투

자할 여력이 없다면 무슨 소용이 있겠는가?

여유자금 100만 원이 있을 때 한방에 '올인'했다 실패하면 다음을 기약할 수 없다. 하지만 30만 원씩 나눠 투자하면 3번의 투자기회가 있다. 설혹 첫 번째 투자에서 실패해도 자신이 보유한 자산의 3분의 2는 남아 있게 되므로 또 다른 기회를 통해 자산을 복구할 수 있다. 반면 한 번에 모두 투자했다가 실패하게 되면 아무것도 남지 않게 된다.

그래서 주식투자는 소액으로 시작해야 하며, 자금을 나눠 위험을 분산시키고 전체 자산이 한 번에 위험에 빠지는 일이 없도록 해야 한다.

Stock News

심리투자로 성공한 알렉산더 엘더

알렉산더 엘더Alexander Elder는 구 소련 출신으로 미국에서 정신과 전문의를 하다가 자신의 전공을 투자와 연계함으로써 손꼽히는 전문투자자가 됐다. 알렉산더 엘더는 투자에 인간의 심리적인 요소를 이용했다. 그는 투자에서 가장 중요한 요소가 심리상태와 자금관리이고, 시장에 대한 분석과 매매시스템은 그다음이라고 했다. 심리와 자금을 관리할 수 있다면 아무리 바보 같은 매매시스템을 가지고 투자해도 퇴출되지 않지만, 심리와 자금 관리에 실패하면 세계 최고의 매매시스템으로도 퇴출을 막을 수 없다고 했다. 또한 그는 다른 무엇보다 시장에서의 생존을 강조했다. "시장에서 살아남는 것이 우선이다. 당신의 자금 전체를 위험하게 만들지 말라."

|5| 직접 투자하는 것과 전문가에게 맡기는 것의 차이

주식투자는 직접투자와 간접투자 두 가지로 구분할 수 있다. 직접투자란 자신이 직접 종목을 선정해 투자하는 것을 말하고, 간접투자는 펀드 등에 가입해서 간접적으로 투자하는 것을 의미한다. 펀드매니저는 고객들에게서 모은 투자자금으로 펀드의 성격에 따라 주식, 선물·옵션 같은 파생금융상품, 채권, 기타 투자대상 등에 투자한다. 일정 기간이 지나면 수익 중에서 운용수수료를 공제하고 투자자들에게 되돌려준다. 이것이 가장 기본적인 간접투자상품의 원리다.

종류도 다양하고 투자수익률 편차도 큰 펀드 상품들

간접투자는 전문지식이나 시간적인 여유가 부족한 개인이 일정한 운용수수료를 지불하고 투자전문기관에 자금을 맡기는 형태다. 하지만 펀드 같은 간접투자상품은 은행예금과 달리 실적배당상품이므로 실적에 따라 높은 수익을 올릴 수도 있지만, 반대로 운용실적이 좋지 않을 경우는 투자손실에 따른 원금손실을 볼 수도 있다.

펀드는 다양한 기준으로 분류되고 수많은 종류가 있기 때문에 각 펀드의 성격이 어떤지, 그리고 어떤 분류에 속하는지 처음에는 헷갈린다. 그래서 간접투자를 할 때는 우선 기본적인 펀드의 분류 기준과 특징에 대해 이해해야 할 필요가 있다. 아무 펀드에나 덥석 자신의 자금을 맡기는 것은 아무 주식 종목에나 마구 투자하는 묻지마 투자와 별반 다를 것이 없다.

펀드의 구분 및 종류

투자대상의 비율: 주식형, 채권형, 혼합형
중도환매 가능 여부: 개방형, 폐쇄형
계약형과 회사형: 수익증권, 뮤추얼펀드
투자대상국: 국내 펀드, 해외 펀드
실물투자: 금, 은, 원자재 등

주식형은 펀드 자금의 60% 이상을 주식에 투자하는 것이고, 채권형은 펀드 자금의 60% 이상을 국공채 등 채권에 투자하는 상품이며, 혼합형은 주식과 채권 어느 쪽도 60%가 넘지 않도록 혼합해서 투자하는 것을 말한다.

그래서 주식형은 채권형에 비해 고수익을 올릴 수 있는 기회가 있는 반면 채권형보다는 안정성 면에서 다소 떨어진다고 볼 수 있으며, 반대로 채권형은 주식보다 다소 안정적인 반면 수익률이 낮은 경향이 있다. 혼합형은 말 그대로 채권형과 주식형을 혼합한 형태이므로 둘의 장단점을 모두 갖고 있다.

최근에는 외국의 주식이나 채권 등에 투자해 수익을 얻는 해외 펀드도 많이 등장하고 있다. 이들 펀드는 해외 자산에 투자하기 때문에 환율변동에 따라 펀드운용수익 외에 환차손이 발생할 수도 있고 환매하는 데 시간이 걸린다는 단점이 있다. 또한 유가증권이 아닌 금, 은, 원자재, 심지어 예술품 같은 현물에 투자하는 현물 펀드 등도 늘어나고 있는 추세다.

펀드에 관한 잘못된 지식

주식투자 초보인 최대리는 은행에 용무가 있어서 들렀다가 창구 직원의 권유로 펀드 상품에 가입했다. 그러고는 주변 사람들에게 마치 금방 큰돈이라도 벌게 될 것처럼 자랑했다.

"○○은행의 적립식이라는 펀드에 가입했어. 설명 들으니까 지난 수익률이 좋더라고. 앞으로 전문가들이 알아서 돈을 잘 불려줄 거야!"

최대리가 주변 사람들에 자랑한 짧은 이야기 속에는 잘못된 점이 꽤 여럿 있다. 과연 그는 무엇을 잘못 알고 있는 것일까?

첫째, '○○은행의' → 은행은 운용 회사기 아니리 판매창구일 뿐이다.

둘째, '적립식이라는 펀드에' → 적립식은 납입방법이지 펀드의 운용형태가 아니다.

셋째, '지난 수익률이 좋더라고' → 수익률은 계산 기간과 방법에 따라 달라질 수 있다.

넷째, '그 사람들이 알아서' → 알아서 꼬박꼬박 수수료를 공제한다는 것이다.

다섯째, '잘 불려줄 거야' → 은행예금 같은 원금보장상품이 아니므로 손해날 수도 있다.

이 다섯 가지 오해에 대해 좀 더 자세히 알아보자.

❶ 은행은 판매창구일 뿐

은행은 펀드를 판매하는 창구일 뿐이지 직접 펀드를 운용하는 곳이 아니다. 펀드 운용회사들은 따로 있고 증권사나 은행은 이들의 펀드를 판매하는 창구 역할을 하는 것이다. 은행을 믿고 펀드에 투자했다고 주장해봐야 소용없다. 은행은 펀드 운용에 관한 책임을 지지 않는다. 그러므로 '△△자

산운용회사에서 운용하는 펀드를 ○○은행에서 계좌를 개설해 가입한 것'
이라고 해야지 정확한 것이다.

❷ '적립식'은 납입방법을 의미

'적립식'이라는 말은 납입방법이지 펀드의 운용형태가 아니다. 적립식 펀
드는 단지 납입방법이 은행적금처럼 매월 일정 금액을 적립해서 투자하기
때문에 부르는 이름일 뿐이다. 그렇게 적립한 자신의 돈을 어디에 어떻게
투자하느냐는 '적립식'이라는 말과는 아무 상관이 없다.

❸ 액면 그대로 믿으면 안 되는 수익률

수익률은 계산 기간과 방법에 따라 얼마든지 달라질 수 있다. 계산 기간과 방
법을 어떻게 조정하느냐에 따라서 펀드의 수익률은 얼마든지 포장 가능하기
때문에 광고에 나오는 수익률을 액면 그대로 믿어서는 안 된다.

❹ 손해가 나도 수수료는 꼬박꼬박 공제

알아서 한 치의 오차도 없이 처리해주는 것은 수익이 아니라 수수료 공제
이다. 펀드는 꼬박꼬박 운용수수료가 공제된다. 수익이 나건 말건 운용자
산의 1~3% 정도를 수수료로 공제한다.

❺ 펀드는 손해까지 감수해야 하는 상품

펀드는 은행예금 같은 확정형 상품이 아니기 때문에 손해가 날 수도 있다
는 것을 항상 염두에 두어야 한다. 투자전문가들이 운용한다고 해서 모든
펀드가 무조건 수익이 나는 것은 아니다. 오히려 손실을 볼 수 있는 위험이
엄연히 존재한다.

펀드는 운용자산이 작은 소형 펀드도 있고 대형 펀드도 있다. 또한 운용
되기 시작한 지 오래돼 몇 년 이상 시장에서 많은 풍파를 견디며 명맥을 유
지하고 있는 펀드가 있는 반면, 한때의 유행에 따라 갓 생겨나 검증되지 않
았거나 단명하는 펀드도 많다. 펀드의 운용실적이나 관련 정보는 펀드 자

료를 제공하는 펀드닥터 www.funddoctor.co.kr 같은 사이트를 참조하면 도움이
된다.

Stock News

무려 1500조 원의 투자자금을 굴리는 회사도 있다?

'피델리티Fidelity'는 1946년에 미국에서 설립된 세계적인 자산운용회사다. 이
회사가 운용하는 펀드에 투자하는 고객은 전 세계적으로 2000만 명이 넘으며
운용하는 자산은 무려 1조4000억 달러(약 1500조 원)에 달한다. 피델리티는
이 어마어마한 돈을 전 세계 주식 및 채권시장에서 오랜 전통(수년~10년 이상)
을 자랑하는 펀드들을 통해 투자하고 있다.

우리나라의 자산운용회사는 이러한 '관록의 헤비급' 선수들에 비하면 아직
까지 역사와 규모 면에서 한참이나 부족한 실정이다. 그렇지만 조잡한 트랜지
스터 라디오를 조립하고 고철을 두들겨서 자동차를 만들던 대한민국의 기업
들이 오늘날 세계적인 회사들과 어깨를 나란히 하게 된 것처럼 금융투자산업
도 그런 날이 오기를 기대해보자.

| 6 | 저가주는 싼 이유가, 고가주는 비싼 이유가 있다

국토해양부의 2012년 공시지가에 따르면 전국에서 땅값이 가장 비싼 곳은 서울 중구 충무로1가의 화장품 매장으로 평당 2억 원이 넘으며, 가장 싼 곳은 경남 하동군 화개면 범왕리의 임야로 평당 390원에 불과하다. 가장 비싼 땅과 싼 땅의 차이가 무려 50만 배에 달한다. 똑같은 땅인데 2억 원부터 단돈 몇 백 원까지 천차만별인 까닭은 무엇일까?

가치에 비해 저렴한 것과 싸구려는 다르다

서울 도심 한복판의 땅과 산골짜기의 미개간지는 시장가치가 같을 수 없다. 같은 땅이라도 당연히 가격 차이가 난다. 그런데 평당 10억 원을 벌게 해준다면 평당 2억 원이라는 엄청난 가격도 '가치에 비해서는 저렴'한 것이다. 반대로 아무 짝에도 쓸모 없으며 도저히 개발될 가능성도 없는 땅이라면 단돈 100원도 아까울 수 있다.

  더 현실적인 예를 들어보자. 자연방목을 하며 정성 들여 사육한 한우갈비를 1Kg당 5000원에 판다면 고기의 가치에 비해 가격이 매우 저렴한 것이다. 서로 사겠다고 아우성일 것이다. 그런데 구제역에 걸려 살처분된 고기를 1Kg에 1000원이라는 '저렴한 가격'에 팔면 사겠는가? 아마도 모두 손사래를 치며 혀를 찰 것이다.

  그런데도 많은 사람들이 주식투자에만 나서면 평소의 건전한 판단력은 어느새 사라져버리고 '병 걸린 주식'을 싸다는 이유로 덥석 사놓고는 얼빠진 누군가에게 비싼 값에 팔 수 있을 것이라는 황당한 기대를 한다. 참으로 안타깝고 어이없는 일이 아닐 수 없다.

명품에 몰리는 외국인, 싸구려에 몰리는 개인

유가증권시장에 상장된 종목의 가격대 분포와 투자자별 거래대금 비중을 분석한 자료에 따르면, 외국인은 10만 원 이상 고가주 거래대금의 40% 이상을 차지하는 데 비해 개인은 5000원 미만 저가주 거래대금의 90% 이상을 차지하고 있다. 외국인은 대한민국을 대표하는 '명품 기업'에 몰리고, 개인투자자는 싼 맛에 '싸구려 기업'에 몰려드는 것이다.

〈표 1-5〉는 업종별 최고가, 최저가 종목의 가격을 비교한 내용이다. 금융업을 대표하는 삼성화재의 주가가 25만 원대인 데 비해 같은 업종의 금호종금은 709원에 불과해서 그 차이가 362배를 넘는다. 대부분의 업종에서 최고가, 최저가 종목의 가격 차이는 수백 배에 이르고 식음료, 전기전자, 철강업종의 경우에는 무려 2000~3000배나 차이가 난다(액면가 차이에 따른 가격 비율은 다를 수 있다).

〈표 1-5〉 업종별 최고가, 최저가 종목 가격 비교(2013년 10월 기준)

업종명	최고가		최저가		최고가/최저가 배율(배)
	종목명	주가	종목명	주가	
건설업	대림산업	99,500	진흥기업	1,790	55.59
금융업	삼성화재	257,000	금호종금	709	362.48
기계	현대엘리베이터	60,600	이엔쓰리	621	97.58
비금속광물	조선내화	79,300	대림B&Co	1,630	48.65
서비스업	NAVER	572,000	트랜스더멀	800	715.00
섬유의복	BYC	184,000	성안	715	257.34
운수장비	현대모비스	281,000	S&T모터스	514	546.69
운수창고업	현대글로비스	216,000	흥아해운	1,600	135.00
유통업	롯데쇼핑	376,000	우리들생명과학	389	966.58
음식료품	롯데제과	1,670,000	마니커	665	2511.28
의료정밀	디아이	9,900	미래산업	347	28.53
의약품	유한양행	192,000	우리들제약	394	487.31
전기가스업	삼천리	133,000	경남에너지	5,560	23.92

업종명	최고가		최저가		최고가/최저가 배율(배)
	종목명	주가	종목명	주가	
전기전자	삼성전자	1,430,000	티이씨앤코	485	2948.45
종이목재	삼정펄프	52,900	한창제지	691	76.56
철강금속	영풍	1,368,000	남선알미늄	640	2137.50
통신업	SK텔레콤	232,000	LG유플러스	11,050	21.00
화학	태광산업	1,208,000	화승인더	865	1396.53

* 자료: 한국거래소

액면가 차이에 따른 가격 착시현상을 주의해야

주가의 가치를 판단할 때 주의해야 할 또 한 가지는 액면가를 염두에 두어야 한다는 점이다. 종목마다 액면가가 다르기 때문에 액면가 5000원인 종목의 주가 10만 원은 액면가 500원인 종목의 주가 1만 원과 주가가치가 같다. 그렇지만 피부로 느끼는 가격 차이는 10배이기 때문에 두 종목의 주가가치 차이가 많이 나는 것 같은 착시현상이 벌어진다. 그렇기에 종목 간 가격 비교를 할 때는 액면가가 얼마인지 파악한 뒤 액면가 대비 상대 비교를 해야 한다(액면가는 뒤에서 자세히 설명하겠다).

따라서 기업의 가치에 비해 주가가 저렴할 경우 '주가가 저평가됐다'고 봐야 하는 것이다. 이를 고려하지 않은 채 단지 주가가 낮다고 해서 매수할 만한 가치가 있다고 봐서는 안 된다. 눈앞에 보이는 '가격표'는 기업가치의 껍데기일 뿐이다. '가격표'만 보고 주식의 가치를 판단하는 오류를 범하지 말아야 한다.

주가가 너무 비싼 거 같은데,
투자할까 말까?

액면가를 5000원으로 환산했을 때 현재 주식가격이 100만 원을 넘는 경우, 이를 '황제주'라고 합니다(우선주를 제외한 보통주 기준). 2010년 1월 기준으로 한국전력기술, 엔씨소프트, SK C&C, 글로비스 등은 액면가를 5000원으로 환산했을 때 1주당 가격이 무려 100만 원을 넘었습니다. 액면가 대비 200배 이상의 가치를 인정받고 있는 셈이죠.

여러분이라면 너무 높은 가격이 부담스러워서 투자를 포기하고 '저렴한' 종목을 찾아보겠습니까? 아니면 명품은 비싼 만큼 제값을 한다는 말을 믿고 황제의 권위에 투자해보겠습니까? 각 종목에 대한 투자 여부를 결정하고 그 이유를 적어보세요.

종목	주가(2010.1)	투자 여부	이유
한국전력기술	173만 원	Yes( ), No( )	
엔씨소프트	174만 원	Yes( ), No( )	
SK C&C	122만 원	Yes( ), No( )	
글로비스	120만 원	Yes( ), No( )	

명품은 부르는 게 값, 비싼 만큼 더 올라

명품은 비싸도 이름값을 하며 계속 가격이 올라가죠. 주식도 마찬가지입니다. 아무리 주가가 비싸더라도 시장에서 가치가 있다고 판단되면 천정부지로 가격이 올라갑니다.

2010년 1월 기준 1주당 환산 가격이 100만 원을 넘어서면서 부담스럽게 느껴졌던 종목들이 그 후 불과 1년 동안 43~96%나 상승하면서 200만 원대를 가뿐하게 돌파했습니다. 100만 원대도 부담스러웠는데 '서민의' 마음을 비웃기라도 하듯 200만 원대에 등극하면서 그들의 권세를 더욱 당당하게 굳혔습니다.

반면 싸서 만만해 보이던 저가주에 몰렸던 개인투자자들은 '싼 게 비지떡'이라는 말을 증명이라도 하듯 떨어지는 주가에 속을 태우고는 승승장구하는 황제주의 모습을 허탈하게 쳐다볼 따름입니다. 여러분은 '닭 쫓던 개 지붕 쳐다보는' 우를 범하지 말길 바랍니다.

종목	주가 (2010.1)	주가 (2010.12)	상승률	현재가(2013.10) *환산가격 아닌 실제 거래가격
한국전력기술	173만 원	242만 원	69%	5만5300원
엔씨소프트	174만 원	222만 원	48%	20만9500원
SK C&C	122만 원	218만 원	96%	11만7500원
글로비스	120만 원	163만 원	43%	22만7000원

참고로 우선주 중에서는 '고려포리머우'가 2010년 말에 2196만 원(액면가 5000원 환산)을 기록하면서 가장 비싼 주식에 등극하기도 했습니다. 주식 1주가 웬만한 중소형자동차 한 대 값과 맞먹는 가격인 셈입니다.

비싸서 개미들이 주저할 때 보란 듯이 43~96%의 꿀 수익을 더해주는 명품 황제주의 위엄에 주목하세요.

|7| 시세조종, 테마, 홍보성 언론보도의 유혹을 조심하라

우리나라 증시에는 해마다 새로운 기업들이 신규 상장되기도 하지만 반대로 상당수 기업들이 상장폐지돼 퇴출되기도 한다. 기업 간 합병으로 인해 주식을 인수하면서 상장폐지를 하는 경우는 그나마 괜찮지만, 부도 등의 이유로 상장폐지가 될 경우 해당 주식은 말 그대로 휴지조각이 돼버리고 만다.

증권사들이 유망 종목이라고 추천한 종목도 부도가 나는 판이니 옥석 가리기는 항상 중요하다. 특히 증시가 활황일 때는 이런 분위기를 틈타 회사의 가치에 비해 높은 가격에 공모를 해서 증시에 상장하는 경우도 많다. 그렇지만 화려한 신규 상장 이면에서 매년 수십 개 회사가 상장폐지로 퇴출된다는 점을 알아야 한다.

우회상장의 명암

일반적으로 상장을 할 때에는 해당 회사 자체를 신규 상장한다. 반면 기존에 상장돼 있는 다른 회사의 이름을 빌려서 우회적인 방법으로 상장하는 경우가 있는데, 이를 흔히 '우회상장'이라고 한다. 이는 기존에 상장돼 있으나 성장이 한계에 달한 기업과 유망한 비상장회사를 결합해 새로운 성장 동력을 창출한다는 취지에서 이뤄진다. 젊은 피를 관록의 선배에게 수혈하면서 자연스럽게 두 회사의 장점을 살린다는 의미에서 좋은 취지라고 볼 수도 있다.

그러나 이러한 우회상장이 편법으로 활용되면서 많은 부작용을 낳고 있다. '테마주' 형태로 유행을 형성하고 인기를 바탕으로 우회상장을 함으로써 단기간에 손쉽게 기업을 상장시킨다. 그런 뒤에는 단기 시세 차익을 챙겨 빠지거나 대주주 변경으로 경영권을 획득해 회사자금을 불법·편법 운용하는 식의 머니게임으로 악용하기도 한다.

이 과정에서 시세 조작, 경영권 분쟁, 기업 부실화 등으로 개인투자자들에게 피해를 주기도 한다. 비교적 최근에는 대체에너지, 친환경 등으로 대변되는 '녹색산업' 종목, 4대강사업과 선거에 편승한 정치인 관련 종목, 엔터테인먼트산업 등과 관련된 종목 등에서 '테마주'라는 이름으로 편법 우회상장이 이뤄지기도 했는데, 특히 코스닥시장에서 이런 현상이 많이 발생하고 있다.

'선수'들 농간에 개인들끼리 치고받는 코스닥시장

코스닥시장을 통한 우회상장이 유가증권시장보다 월등하게 많은 이유는 코스닥시장의 등록 요건과 관리 제도가 유가증권시장보다 상대적으로 덜 엄격하기 때문이다. 그래서 일부 우량 대형주를 제외한 많은 코스닥 종목들이 제도적인 허점, 상대적으로 작은 자본규모와 시가총액 등에 힘입어 투기 목적의 머니게임에 쉽게 노출된다.

코스닥시장에서는 이런 허점을 노려 상대적으로 부실한 기업이 상장하거나 편법으로 우회상장하기도 하고, 투기세력이 몰려들어 주가변동성을 높이기도 한다. 이러한 변동성에 매력을 느끼며 높은 투자수익을 올릴 수 있는 기회가 많을 것이라고 착각해 함부로 덤비는 불나방 같은 개인투자자들이 많다.

그래서 코스닥시장은 기관과 외국인의 거래 비중이 각각 3~5%대에 머물고 있는 데 비해 개인투자자들의 거래 비중은 90%에 달하고 있다. 이들 개인투자자들은 안타깝게도 '선수'들의 좋은 먹잇감이 되고 만다.

투자자보호와 정보공개를 위한 공시제도

공시제도는 상장기업이 투자자를 포함한 이해관계자들에게 기업의 내용, 즉 경영실적, 재무상태, 주가에 상당한 영향을 미칠 수 있는 중요 정보 등을 알려서 투자자가 기업의 실체를 정확하게 파악하고 투자를 결정할 수 있도록 하는 것이다. 이를 통해 투자자를 보호하고 증권시장을 통한 자원분배의 효율성을 높이고자 하는 제도다.

상장기업은 기업정보 발생 즉시 신속하게 공시해야 한다. 이때 기업정보가 허위이거나 불확실한 경우 투자자의 판단에 혼란을 줄 우려가 있으므로 공시정보는 정확해야 하고 중요한 사실을 누락해서도 안 된다. 현재 우리나라에는 전자공시제도가 정착돼 있다. 따라서 투자자는 금융감독원이 운영하는 전자공시시스템DART과 한국거래소가 운영하는 전자공시시스템 KIND 등을 통해서 상장법인의 공시내용을 파악할 수 있다.

허위, 과장 공시를 비롯해 다양한 주가조작 방법

한편 작전세력 내지 회사 내부의 기밀에 접근할 수 있는 세력들은 미리 주식을 야금야금 사들인 뒤 그럴듯하게 포장해서 언론에 대대적으로 홍보한다. 유명 연예인이나 스포츠 스타, 고위 정치인 등이 대주주로 경영에 참여하는 것처럼 포장해 홍보하고 기사를 흘리기도 한다.

그러면 자세한 내막을 모르는 개인투자자들이 달콤한 유혹에 솔깃해서 몰려들고 주가는 단기간에 급등한다. 그런 뒤 포장지가 벗겨지고 빈약한 내용이 자세하게 밝혀지기 시작하면 주가는 다시 제자리로 돌아오거나 폭락하고 만다. 투기세력들은 이미 시세를 조정해서 얻은 엄청난 이익을 챙겨 유유히 빠져나간 뒤고, 그들의 주식 물량을 고스란히 넘겨받은 개인투자자들만 쓰라린 피해를 보게 된다.

또 증시에서는 '검은 머리 외국인'이 종종 화제가 되기도 한다. '검은 머리 외국인'이란 주식을 매수할 때 국내 증권사를 통하지 않고 일부러 외국계 증권사를 통해 사들여 마치 외국계 자금이 매수한 것처럼 위장해서 거래하는 특정 세력을 의미한다. 외국인투자자가 특정 주식을 매수하면 뭔가 그럴듯한 이유가 있을 것이고, 그로 인해 주가가 오를 것이라는 기대심리로 개인투자자들이 투자를 한다. 바로 이 점을 노린 작전세력이 마치 외국인투자자인 것처럼 위장하는 것이다.

달콤한 유혹에 넘어가지 않는 현명한 투자자세 필요

관계당국은 위에 언급한 여러 문제점들을 해결하기 위해 공정공시제도를 시행하고 있을 뿐 아니라 기타 여러 면에서 개선 노력을 하고 있다. 그러나 아무리 관리·감독을 철저히 해도 교묘하게 편법과 탈법을 일삼으며 선량한 투자자들을 현혹하는 세력들을 100% 막을 수는 없기 때문에 투자자 본인이 조심하는 게 최선의 방법이다.

내 수중에 들어온 '대박을 보장해주는 비밀'이란 사실 모든 사람이 이미 알고 있는 내용일 뿐이다. 따라서 이러한 루머나 언론의 달콤한 유혹에 혹해서 소중한 자신의 돈을 충동구매하듯 함부로 투자하는 우를 범하지 않도록 해야 한다.

무엇이 주가를 오르내리게 하는 것일까

02

| 1 | 주식시장에 가장 큰 영향을 미치는 것은 심리

한번 상승하기 시작하면 한없이 오를 것처럼 보이고, 반대로 하락하기 시작하면 끝도 없이 폭락할 것 같은 것이 주가다. 이런 증권시장을 움직이는 요소는 수없이 많다. 물가, 금리, 기업실적 같은 경기 관련 요소 외에도 정치, 국제정세, 천재지변 등 다양하다. 이렇게 많은 정보를 이해하고 판단하는 기준이 사람마다 다르기 때문에 주가는 수많은 변수의 변화무쌍한 조합으로 움직이게 된다. 그래서 아무도 명확한 수학공식을 찾듯 주가를 알아맞힐 수 없다.

〈그림 1-3〉은 2012년 한 해 동안 일어난 주요 사건과 코스피지수의 움직임을 분석한 자료다. 북한 장거리로켓 발사 실패(4월13일), 그리스 연정 구성 실패(5월 7일), 미 고용지표 부진(6월 4일), 국내 기준금리 인하(7월 12

〈그림 1-3〉 2012년 주요 사건과 코스피지수 추이

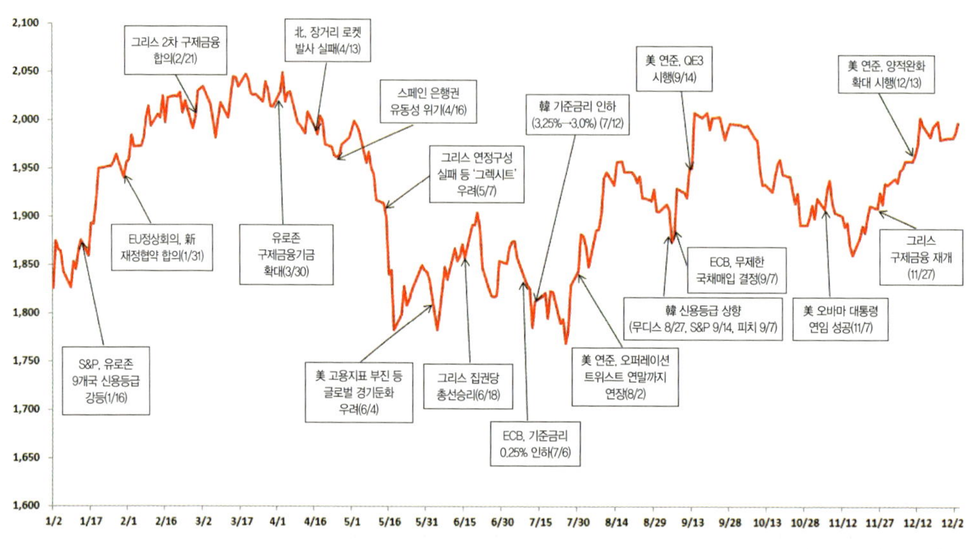

* 자료: 한국거래소

일) 등 악재나 호재로 볼 수 있는 사안이 발생해도 주가는 자기 갈 길을 가고 있다. 악재가 발생해도 주가는 사람들의 공포심리를 딛고 금세 회복세로 돌아서기도 한다.

한 길 사람 속보다 알기 어려운 주가

미국과 한국의 금리변동 및 기타 우리 증시를 둘러싼 변수에도 지수는 전문가들의 예측을 비웃으며 제각기 다른 움직임을 보였다. 동일한 상항, 비슷한 변수에도 사람들의 심리는 그때그때 다르게 반응하기에 지수의 움직임도 종잡을 수 없이 제 맘대로 널뛴다. 그래서 주가의 움직임을 '랜덤워크 Random Walk'라고도 한다. 마치 술 취한 사람이 비틀대며 어디로 걸을지 모르는 것과 같다는 것이다. 주가는 인간의 가장 본능적인 심리인 탐욕과 공포를 비웃으며 자기 마음대로 움직이는 심리전의 대가다.

간혹 시장에 큰 충격을 주는 악재가 발생해 사람들의 공포심리가 극대화됨에 따라 서로 폭탄을 돌리듯 투매에 나서는 바람에 주가가 걷잡을 수 없이 폭락하는 경우도 있다. 이럴 때는 한국거래소에서 '서킷 브레이커'를 발동시켜 임시로 매매를 강제 중단시키기도 한다. 잠시 사람들을 진정시키기 위한 조치다.

똑같은 상황과 현상 앞에서도 사람들의 심리는 다르게 작용하고 각자 다른 판단을 한다. 따라서 주식시장은 사는 사람과 파는 사람이 묘한 균형을 이루며 굴러간다. 만약 모든 사람이 똑같은 심리로 대응한다면 주식시장에서는 거래 자체가 이루어지지 않을 것이다.

그러므로 주식투자로 성공하기 위해서는 복잡한 분석이나 어려운 용어를 공부하기보다는 사람들의 심리를 파악하고 자신의 마음을 잘 다스리는 것이 훨씬 중요하다.

 서킷 브레이커

서킷 브레이커(Circuit Breaker, 매매거래 일시 중단)는 주식시장에서 주가의 등락폭이 너무 클 경우 시장의 충격을 완화하기 위해 주식매매를 강제로 일시 정지하는 제도다. 1987년 10월, 미국 다우존스산업지수가 22%나 급락하는 '검은 월요일'을 경험한 뉴욕증권거래소가 주식시장 붕괴를 예방하기 위해 도입했다.

우리나라는 1998년 12월 주가 제한폭을 상하 12%에서 15%로 확대하면서 이로 인해 손실 위험이 더 커진 투자자를 보호하기 위해 도입했다. 코스피나 코스닥지수가 전일 대비 10% 이상 하락한 상태가 1분간 지속될 경우 발동된다. 이때는 20분 동안 모든 종목의 호가접수 및 매매거래가 정지되며, 향후 10분 동안은 매매정지와 함께 동시호가가 접수된다.

국내 증시 서킷 브레이커 발동 현황

일시	증시상황
2000년 4월 17일	미국 증시 폭락 영향으로 코스피지수 90포인트 넘게 하락, 처음으로 발동

일시	증시상황
2000년 9월 18일	현대그룹 유동성 문제 등의 악재로 코스피지수 70포인트 넘게 하락.
2001년 9월 12일	9·11테러 여파로 개장 동시 코스피지수 60포인트 폭락
2006년 1월 23일	미국 증시 급락 등으로 코스닥지수 폭락(코스닥 첫 발동)
2007년 8월 16일	코스닥지수 10% 폭락으로 두 번째 발동
2008년 10월 23일	미국 증시 급락 등으로 코스닥 세 번째 발동
2008년 10월 24일	연 이틀 폭락으로 코스닥시장 네 번째 발동
2011년 8월 8일	미국신용등급 강등 여파로 코스닥시장 다섯 번째 발동

| 2 | 같은 상황이라도 다르게 작용하는 변수들

앞에서 우리는 주가가 변화무쌍하게 움직이는 것은 사람의 심리 때문이며 여러 변수에 따라 달라진다는 것을 알았다. 그렇다면 악재惡材는 항상 악역만 하는 걸까? 반면 호재好材는 항상 천사 같은 역할을 하는 것일까?

국제유가 급등으로 폭락한 주가, 급등한 주가

1970~80년대에는 국제유가가 조금만 급등해도 우리 경제와 증시가 한겨울에 동파된 수도관처럼 순식간에 얼어붙기 일쑤였다. 하지만 1990년대에 들어서면서부터 상황은 변화하기 시작했다.

1990년 걸프전 발발로 일어난 1차 유가급등 시에는 우리나라를 포함해 전 세계적으로 증시가 하락했다. 반면 2차와 3차 유가급등 시에는 IT산업 성장과 미국, 중국 등 전 세계적인 경기 호조에 힘입어 오히려 주가가 상승했다.

한편 국제유가가 급락하는 것 자체는 증시에 매우 좋은 호재인데, 그럼에도 불구하고 2차 유가급락 시에는 우리나라를 포함해 동남아시아를 휩쓴 외환위기로 인해 주가가 오히려 하락했다. 3차 유가급락 시에는 외환위기를 어느 정도 극복했을 뿐 아니라 국가신용등급도 향상되면서 코스피지수가 537포인트에서 670포인트로 약 24.7% 상승했다.

보통 국제유가라는 변수는 급등 시에 악재로, 급락 시에 호재로 작용하면서 경제와 증시에 단기적으로 큰 영향을 미치지만 그 기간과 폭이 일정치는 않다. 국제유가가 고공행진 중이었던 2011년 상반기에는 코스피지수가 2200포인트를 돌파하기도 했다.

갈수록 단기적으로 끝나는 북한 관련 이슈의 충격파

호재와 악재가 항상 동일하게 적용되지는 않는 대표적 사례 중 하나가 북한 관련 이슈다. 과거에는 북한 관련 안보 문제가 발생하면 금방 전쟁이라도 날 것 같은 분위기에 사로잡혀 온 사회가 호들갑을 떨었고, 증시는 폭락의 늪에서 헤어나오지 못했다. 그러나 최근 들어서는 우리 경제와 국력의 토대가 건실해지면서 북한 관련 악재가 대부분 단기적인 충격으로 끝나고 금방 원래 분위기를 회복하는 경우가 많아지고 있다.

북한이 2006년 7월에 미사일을 발사하고 10월에 핵실험을 강행하면서 북핵 위기가 고조됐을 때도 마찬가지였다. 핵실험 당일 유가증권시장은 2.41%, 코스닥시장은 8.21%나 급락했다. 하지만 증시는 이내 회복세를 보였을 뿐 아니라 오히려 상승해서, 과거에는 '슈퍼 악재'라고 볼 수 있었던 북한의 핵실험이 결국 단기적인 충격으로 끝났다.

또한 천안함 사건이나 연평도 포격 등 굵직한 북한 관련 악재가 발생했을 때도 다른 증시 여건들이 좋았기에 단기적인 충격으로 끝나고 상승을 이어갔다.

영원한 악재 없고 영원한 호재 없다

이처럼 과거에는 큰 충격을 주었던 악재가 현재는 '별일 아닌' 것이 되기도 하고, 반대로 과거에는 호재였던 것의 '약발'이 떨어지기도 한다. 그러므로 악재라고 무조건 걱정하고 호재라고 무조건 부화뇌동할 필요는 없다. '새옹지마塞翁之馬'라는 고사에서처럼 호재와 악재라는 것도 알고 보면 양면의 얼굴을 가진 셈이다.

주식투자를 하다 보면 각종 사건·사고나 돌발 변수에 따라 시장이 충격을 받아서 출렁거리는 때가 종종 있다. 이럴 때 과거의 자료를 찾아서 분석할 수 있다면 주가변화에 좀 더 능동적으로 대응할 수 있다. 또한 다양한 상황에서 주가의 움직임이 어떠했는지, 무슨 종목이 상승하고 하락했는지 궁금해지기도 한다. 이런 식으로 이것저것 생각해본다면 아래와 같은 목록을 만들 수도 있다.

❶ 매년 증시 첫날(달)의 주가움직임은 어땠을까?

→ 처음이라는 의미가 강하니까 일반적으로 상승한 날이 많지 않았을까?

❷ 매년 증시 마지막 날(달)의 주가움직임은 어땠을까?

→ 속 편하게 연말연시를 보내려고 모두 팔아 치우느라 하락한 날이 많지 않을까?

❸ 대통령이 취임하는 첫해에 주가움직임은 어땠을까?

→ 정권 초기 정부의 의욕적인 경기 부양에 대한 기대감으로 주가가 상승하지 않았을까?

❹ 중동분쟁으로 석유값이 출렁거리던 시절에는 주가움직임이 어땠을까?

→ 요즘 민주화 등으로 중동정세가 불안한데 과거에는 어땠을까?

❺ 북한과의 긴장이 고조되면 주가가 무조건 하락하기만 할까?

→ 과거에 북핵 위기나 서해교전 등 북한 관련 사건 때에는 주가움직임이 어떠했을까? 어떤 종목이 많이 하락했을까? 반사효과로 오른 종목도 있지 않을까?

❻ 미국의 주가가 엄청나게 폭등 · 폭락했을 때 우리나라 증시는 어땠을까?

→ 우리의 경제 여건과 상관없이 우리 증시도 똑같이 움직였을까?

❼ 올 여름에 엄청난 무더위가 예상된다는데, 그러면 더운 날씨 덕을 본 종목들은 어떤 것들이 있었을까?

→ 빙과류, 에어컨 관련 회사들의 주식을 미리 사두면 어떨까?

❽ 대형 화재나 재난 후에는 소방장비 관련 회사들의 주가가 올랐을까?

→ 일본 지진으로 피해를 본 업종 · 종목은 무엇이고, 반대로 방진 · 방재 관

련해서 뜬 종목들은 무엇일까?

위와 같은 항목 외에도 생각해보면 수많은 궁금증이 생길 수 있을 것이다. 이럴 때는 인터넷 포탈사이트에서 기사검색 기능을 이용하면 된다. 대부분의 언론사들이 과거 기사를 검색할 수 있는 기능을 제공하고 있으므로 고민할 필요 없이 인터넷 포탈과 주요 언론사 홈페이지를 검색해보면 모든 것을 알 수 있다.

Stock News

소녀시대 '삼촌 팬'이 'SM 엔터테인먼트'에 투자해 대박!

소녀시대를 열렬하게 좋아하던 '삼촌 팬'이 응원만으로는 성이 안차서 소녀시대를 믿고(?) 소속사인 SM 엔터테인먼트에 투자해 대박이 났다. '삼촌 팬'은 주주가 되면 콘서트 티켓 제공이나 팬 사인회 초청이라도 해주지 않을까 하는 마음에 이 회사 주식을 샀다. 주가가 920원대에 머물던 2008년경에 약 1000주 정도를 산 것이다. 100만 원이 조금 못 되는 돈이다. 이후 한류 열풍과 K-Pop의 글로벌 인기에 힘입어 폭등세를 이어간 주가는 2012년 10월 한때 7만 원을 넘어서기도 했다. 1000주면 무려 7000만 원이니 투자 대비 수익률로 보면 무려 7600%에 달하는 셈이다(2013년 들어서는 4만 원대를 유지함).

소녀시대를 후원하는 셈치고 이 회사 주식 100만 원어치를 샀는데 7000만 원이 넘는 떼돈을 안겨주었으니, 이 삼촌 팬은 소녀시대라면 이래저래 까무러치지 않을까 싶다. 여러분도 좋아하는 취미, 인물 등과 관련된 회사에 관심을 가져보라. 소녀시대 삼촌 팬처럼 '님도 보고 뽕도 따는' 기쁨을 누릴 수 있을 것이다.

구제역 파동으로 어수선할 때
어떤 종목에 투자하면 짭짤할까?

2010년 말과 2011년 초, 구제역이 온 나라를 강타했습니다. 이 때문에 전국적으로 방역 비상이 걸렸고, 애꿎은 가축들이 살처분되면서 큰 홍역을 치렀습니다. 흥미로운 점은 많은 이들이 그저 뉴스를 보며 혀를 차는 와중에 투자에 나서서 성과를 거둔 발 빠른 사람들이 있었다는 것입니다.

자, 여러분이라면 구제역 확산이라는 특수 상황에서 어떤 업종과 종목이 유망할 거라고 판단하겠습니까? 우선 수입육, 육류를 대체할 수산물, 방역을 위한 백신, 소와 돼지를 대신할 닭고기 같은 것들이 떠오를 것입니다.

아래는 구제역 관련 수혜 예상 업종과 종목들입니다. 2011년 1월 3일에 여러분이 이들 종목 중 5개를 골라서 투자했다면, 2011년 1월 12일에 얼마가 됐을까요? 종목별 투자 여부를 결정하고 그 이유를 적어보세요.

구제역 수혜 예상 종목

구분	종목	투자 종목	이유
수입육 주	한일사료, 대국, 에이티넘인베스트		
수산 주	사조산업, 사조오양, 사조대림, 동원산업		
백신 주	대한뉴팜, 제일바이오, 이-글 벳		
육계 주	마니커, 동우		

남몰래 즐거워하며 표정 관리하는 수입육 · 수산 관련 주

구제역으로 가장 큰 반사이익을 얻은 종목은 국내산 육류의 대체재로 꼽히는 수입육 관련 주들입니다. 수입육 유통업체 한국냉장의 최대 주주인 한일사료는 불과 2주일 만에 주가상승률이 91.4%에 달했습니다. 또한 수입 축산물 유통 · 판매업체인 대국은 86.7%, 수입육 유통업체의 지분을 보유한 에이티넘인베스트도 47.9%나 상승했습니다.

육류의 또 다른 대체재로 꼽히는 수산물 관련 주인 사조그룹(사조산업, 사조오양, 사조대림)과 동원산업의 주가도 10~30% 상승했고, 동물 의약품을 개발하는 백신 관련 주인 대한뉴팜도 36.9% 상승했습니다.

그런데 구제역이 발병하면 상대적으로 강세를 보이던 마니커나 동우 같은 닭고기 관련 주는 왜 다른 것들에 비해 주가상승이 미미했을까요? 그건 같은 시기에 고병원성 조류인플루엔자AI가 발생했기 때문입니다. 소와 돼지에 이어서 닭고기까지 '문제아'가 돼버린 것이죠.

이처럼 다양한 사건 · 사고 발생 당시 관련 종목들의 주가움직임을 되짚어보면 향후 돌발 상황이 벌어졌을 때 현명하게 대처할 수 있는 안목을 기를 수 있습니다.

구제역 때는 수입육이나 수산물, 백신 관련 주가 50% 이상 급등 기회를 제공!

구분	구제역 관련 수혜 주 주가등락률(2011.1.3~1.12)
수입육 주	한일사료(91.4%), 대국(86.7%), 에이티넘인베스트(47.9%)
수산 주	사조산업(32.8%), 사조오양(21.1%), 사조대림(12.6%), 동원산업(8.7%)
백신 주	대한뉴팜(36.9%), 제일바이오(17.8%), 아-글 벳(9.2%)
육계 주	마니커(3.6%), 동우(0.5%)

| 3 | 주식시장에 참여하는 3주체의 특징

주식시장에 참여하는 대표적인 3주체는 개인, 기관, 외국인이다. 이들 3주체는 증시에서의 투자행태가 매우 다르고 심지어는 정반대 모습을 보이기도 한다. 이들은 서로 치열하게 치고받기도 하지만 때로는 서로 밀고 끌면서 우리 증시를 지탱하는 수레바퀴 같은 역할을 한다. 서로 떼려야 뗄 수 없는 관계인 것이다.

주식시장의 인간지표, 개인투자자의 놀라운 '청개구리' 실력

개인투자자는 증시가 상승하면 망설이고 주저하다가 주가가 거의 고점에 이르러서야 더 이상 참지 못하고 투자의 마지막 대열에 서서 매수를 한다. 반대로 증시가 하락하면 '설마' 하면서 주식을 매도하지 못한 채 움켜쥐고 있다가 주가가 거의 바닥에 도달하면 그때서야 더 이상 버티지 못하고 팔아버린다.

2000년 이후 개인이 증시에서 순매수(주식을 내다 판, 즉 매도한 금액보다 더 많이 사서 총 매수금액이 많은 경우)한 날은 하락하고 반대일 경우는 상승하는 등 개인의 순매수 동향과 지수의 움직임이 반대로 가는 경우가 65%에 달했다. 개인이 열심히 주식을 사는 날은 코스피지수가 하락하고 반대로 주식을 파는 날에는 코스피지수가 오히려 상승해서 개인의 매매행태와는 정반대 움직임을 보여주고 있다.

눈감고 동전을 던져도 절반은 맞추는데 '거꾸로 맞추는 경우'가 무려 65%에 달한다니, 개인투자자의 움직임과 반대로만 하면 최소한 손실 날 일은 없을 정도의 놀라운 확률이다.

또한 개인이 집중적으로 사는 순매수금액 상위 종목들은 주가가 하락하고, 반대로 개인이 팔아 치우고 떠나버리는 순매도금액 상위 종목들은 주가가 상승하는 현상이 끊임없이 반복되고 있다.

개인투자자는 주식시장의 진정한 청개구리인 걸까? 이렇게 정확하게 거꾸로 하기도 절대 쉬운 일은 아닌데, 참으로 대단한 '거꾸로 내공'이 아닐 수 없다.

우리나라 증시를 좌지우지하는 외국인투자자의 파워

우리나라 주식시장이 외국인에게 본격적으로 개방되면서 외국인투자자는 주식시장의 주요 세력으로 부상했다. 이들은 첨단 금융기법과 전 세계를 망라한 글로벌 정보력, 막강한 자금력으로 무장한 채 시장을 주도하기 때문에 주식시장에 미치는 영향력은 그 어떤 투자주체보다 크다.

그리고 외국인은 대부분 개인이 아닌 투자신탁과 같은 투자전문회사들이 많으며, 환율의 변동에도 큰 비중을 두고 투자한다. 그래서 개인이나 기관과 달리 환율과 전 세계적인 금융 동향에 촉각을 곤두세운 채 고도의 정보력을 바탕으로 항상 한 발 앞서서 증시를 주도해 나가고 있다. 이러한 영향력 때문에 외국인의 투자 동향, 즉 최근에 그들이 어떠한 종목을 집중적으로 매수 혹은 매도하는지를 파악해서 투자에 참조하는 것이 이제는 당연한 일로 받아들여지고 있다.

물론 외국인이 항상 수익을 낸다는 보장은 없다. 그들도 그 구성과 특성이 다양하기 때문에 손실을 보는 경우가 있다. 그렇지만 일반적으로 외국인이 강하게 매수하는 종목은 상승하는 경향이 많고, 외국인이 산다고 하면 그 뒤를 이어 기관과 개인들이 매수에 나서기도 한다. 그래서 초보 투자자는 분위기에 휩싸여서 투기성 종목을 쫓아다니기보다는 차라리 외국인들이 선호하는 종목 위주로 투자하는 것이 최

외국인투자자에게 배우고, 개인투자자의 쏠림 현상만 피해가도 다른 어떤 분석이나 이론을 참고할 때보다 안전하고 확실하게 성공할 수 있다. 이는 수많은 개인의 실패담과 외국인의 성공사례를 통해 이미 검증됐을 뿐 아니라 지금도 반복되고 있는, 안타깝지만 엄연한 현실이다.

소한 중간 이상은 가는 투자방법이라고 할 수 있다.

복지부동하다 안방을 내준 기관투자자

외국인이 첨단 투자기법과 막대한 자본력으로 우리 증시를 좌지우지해도 속수무책이었던 까닭은 증시를 지탱해줄 든든한 세력이 없었기 때문이다. 개인은 '거꾸로' 몰려다니고, 국내 기관투자자들의 주식투자 여력은 부족하고, 유일하게 대규모 투자 여력이 있는 연기금은 주식투자를 제한하는 여러 제도로 인해 제대로 투자하지 못했던 것이 현실이다.

우리나라 기관투자자들의 발목을 잡고 있는 요인 중 하나는 장기적인 투자 전략보다 단기 성과에 집착하게 만드는 제도상의 문제다. 선진국처럼 장기 전략이나 투자에 대한 비전을 가지고 소신 투자를 하기 어려운 실정이다. 그래서 정부 당국은 최근 연기금의 주식투자 비중 확대에 많은 관심과 노력을 기울이면서 기관투자의 저변 확대를 위해 노력하고 있다.

투자 주체별 동향을 살피는 것이 중요

증권사 홈트레이딩 시스템에서는 투자 주체별로 집중 매수 혹은 매도하는 종목들을 금액이나 수량 등을 기준으로 순위를 매겨 간편하게 볼 수 있는 기능을 제공하고 있다. 이런 정보를 이용해 증시 우등생인 외국인이 지금 주식을 사들이고 있는지 혹은 팔고 있는지, 어떤 업종과 종목에 집중적으로 투자하고 있고, 어떤 종목에서 발을 빼고 있는지를 확인해서 참조하는 것이 좋다.

또한 '거꾸로 달인' 개인의 투자행태를 분석함으로써 오답 확률 65%라는 오명에서 벗어나야 한다. 여러분도 개인투자자이긴 하지만 다른 개인들의 매매행태를 벗어나야 이 시장에서 성공할 수 있다. 참으로 쓸쓸한 일이지만 어쩔 수 없는 현실이다.

인정사정없는 외국계 투기자본의 실체

IMF 이후 금융권 부실화 여파로 우리나라의 알토란 같은 회사들이 외국계 자본에 헐값으로 넘어갔고, 이를 인수한 일부 외국계 투기자본들은 온갖 편법을 동원해 우리의 국부를 해외로 챙겨 가기도 했다. 그런데 더욱 안타까운 것은 이런 일들이 현재진행형이라는 점이다.

론스타는 외환은행을 헐값에 인수하기 위해 주가조작을 시도하다 문제가 되기도 했고, 인수 후에는 과다 배당으로 수천억 원씩 현금을 챙겨 갔다. 이후에는 수조 원의 차익을 남기고 되판 후에 유유히 빠져나가는 전형적인 '먹튀'의 모습을 보여줬다.

이로 인해 우리는 힘들게 생산하고 어렵게 수출해서 번 돈을 그냥 퍼주는 꼴이 되고 말았다. 이처럼 외국 자본은 한편으로 우리나라의 금융선진화에 기여한 면도 있지만, 다른 한편으로는 수익을 내기 위해 피도 눈물도 없는 면모를 보여주기도 한다. 우리나라는 쓰라린 수업료를 내고서야 국제자본시장의 냉엄한 현실을 깨닫게 된 셈이다.

| 4 | 경기 변화에 따른 주가의 움직임

통계청에서 발표한 경기선행지수에 따르면 ○○지수와 ○○지수 등 대부분이 ○○% 하락해서 향후 경기에 대한 전망이 어두운 것으로 나타났다.

신문방송에서 단골로 접하게 되는 경제 관련 뉴스다. 경기선행지수란 무엇이고, 왜 이 선행지수에 따라 향후 경기의 흐름을 예상하는 것일까?

경기와 주가의 흐름을 알려주는 신호등, 경기선행지수

경기선행지수는 통계청에서 매월 발표하는 통계자료로서 경제활동을 나타내는 지표다. 산업활동, 주택 동향, 금융통화 현황 등 각종 경기 관련 지표의 흐름을 종합적으로 따져 6개월 후의 경기 흐름을 가늠한다. 그래서 선행지수가 전월보다 올라가면 경기 상승, 내려가면 경기 하강을 예상할 수 있다. 코스피지수도 경기선행지수 구성항목 중 하나다.

경기선행지수가 상승하면 경기활성화가 기대되므로 주가가 상승하고, 반대로 경기선행지수가 하락하면 경기침체가 예상돼 주가가 하락하는 경

〈표 1-6〉 경기선행지수 하락기의 주가움직임

원인	경기선행지수 하락기	지속기간	주가 조정 폭(월평균)
IMF 외환위기	1997.8~1998.3	7개월	−4.4%
IT 버블 붕괴	1999.8~2000.12	16개월	−2.9%
가계신용위기	2002.4~2003.5	13개월	−1.9%
경기순환	2004.2~2005.1	11개월	0.5%
경기순환	2006.1~2006.8	7개월	−0.5%
글로벌 금융위기	2007.11~2008.12	13개월	−3.2%

* 자료: 우리투자증권

향이 있다. 특히 경기선행지수가 하락할 때 주식시장도 함께 하락했던 경우가 많다.

〈표 1-6〉에서 보듯이 IMF 외환위기나 IT 버블 붕괴, 2008년 글로벌 금융위기 등 큰 위기가 닥쳤을 때 경기선행지수 하락기간도 길었고 주가하락폭도 컸다. IMF 기간에는 7개월 정도 매월 4.4%씩 주가가 폭락했고, 최근의 글로벌 금융위기 때는 경기선행지수 하락기간이 13개월이었으며 이 기간 동안 주가도 매월 3.2%씩 총 41% 정도 하락했다.

주식투자를 위한 경제분석은 모든 기업의 경영성과에 영향을 미치는 경제지표를 분석함으로써 이러한 지표들과 주식시장의 흐름을 파악하는 것이다. 주식시장에 영향을 미치는 대표적인 경제지표로는 경기, 국민소득, 환율, 국제수지, 통화량, 물가, 금리 등이 있다.

경기변동 4순환보다 한 박자 빠른 주가지수

경기는 항상 호황일 수도 없고 반대로 항상 불황을 이어가지도 않는다. 냉탕과 온탕을 오가듯 호황과 불황을 반복하면서 진행되는데 여기에는 4가지 경기전환 국면이 있다.

경기변동은 일반적으로 '불황기→회복기→호황기→쇠퇴기'의 순서로 순환을 반복한다. 주식시장 역시 같은 순서로 주가가 등락하는데, 특이한 것은 일반적으로 주가의 순환이 경기의 순환보다 한 박자 빠르게 형성된다는 것이다. 〈그림 1-4〉에서 보듯이 주가는 미래의 가치를 반영하는 경향이 강하기 때문에 경기순환보다 한 발 앞서 진행된다.

그래서 호황기에는 경기가 최고조에 달하기 전, 주가가 상승세에서 하락세로 접어들기 시작한다. 또한 경기가 불황기에서 회복기로 접어들기 이전에 주가는 이미 하락세에서 상승세로 반전하는 양상을 보인다. 그래서 경기선행지수에 관심을 가지고 경기변동에 선행되는 주가의 순환 방향과

〈그림 1-4〉 경기에 앞서는 주가의 순환구조

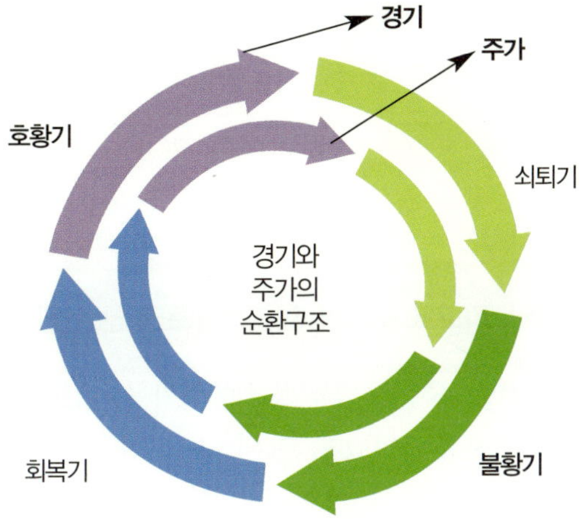

주기를 파악하면 투자의 대세를 판단하는 데 많은 도움이 된다.

경제규모 증가와 비슷하게 상승하는 주가지수

나라경제가 활성화되고 성장하면 이는 바로 주가상승으로 이어진다. 경제성장은 소비와 투자를 증대시킴으로써 기업의 예상 수익을 증가시키는 역할을 하기에 이에 대한 기대심리가 주가를 끌어올린다. 또한 경제성장으로 늘어난 초과 수입이 주식시장에 흘러 들어오면서 자금유동성이 풍부해져 주가를 끌어올리는 역할을 한다.

경제성장의 지표가 되는 것이 국내총생산GDP; Gross Domestic Products이다. GDP는 한 나라의 경제활동으로 창출된 최종 재화와 용역의 시장가치를 나타낸다. 통계청과 한국거래소의 자료에 따르면 시기적인 편차는 다소 있지만 대체로 주가상승률은 '명목 GDP 성장률(실질 GDP 성장률+물가 상승률)'과 거의 유사한 것으로 나타난다.

넓게 보면 주가는 경제와 떼려야 뗄 수 없는 관계이기에, 우리 경제가 활성화되고 국부가 늘어나는 만큼 증시도 그에 비례해서 성장하고 있다. 좁게는 자신의 회사나 가게의 영업 상황, 장바구니 물가, 주변 사람들의 생활 형편을 살펴보면 주가 향방을 알 수 있는 셈이다.

Stock News

한국 최고 스타들 거느리고도 주가가 60분의 1토막 난 사연

스톰이앤에프는 2009년 유재석, 김용만, 신동엽이 소속된 DY엔터테인먼트와 합병하며 거대 기획사로 출범했다. 그 외에도 고현정, 윤종신, 김영철, 김태우 등을 소속 연예인으로 거느리며 야심만만하게 시작했다. 주가도 합병 당시 2배 가까이 급등하며 2만 원대를 훌쩍 넘겼다. 그러나 2011년 초에는 주가가 395원으로 60분의 1토막이 돼버렸고, 몇 달 뒤에는 결국 상장폐지돼 증시에서 퇴출됐다.

회당 1000만 원이 넘는 고액 출연료를 받는 대한민국 최고 스타들이 즐비한 회사가 도대체 왜 이렇게 망가진 걸까? 이 회사는 2008년부터 2011년 1월까지 대표이사가 무려 5차례 바뀌었고 최대주주도 8번이나 변경됐다. 횡령과 배임으로 관련자들이 검찰에 줄줄이 소환되기도 했다. 거기다 수익금의 80~90%를 지급해주는 조건으로 무리하게 스타급 연예인들을 끌어모은 것이 수익 악화를 가속화시켰다.

예능계의 대표주자가 될 것 같았던 이 회사의 신화는 결국 상장폐지로 투자자에게 고통과 눈물만 안겨준 막장드라마로 막을 내리고 말았다.

잔칫집 vs 초상집,
어디를 가야 제대로 얻어먹을까?

2013년 10월 기준 코스피지수는 2050대를 넘나들고 있습니다. 조금 시간을 되돌려서 경기변동과 주가의 상관관계를 이해하는 사례를 한번 살펴볼까요?

2012년에는 대외적으로 유럽의 금융위기 때문에 글로벌 경제가 위축되는 상황에서도 스마트폰 열풍 덕분에 IT 관련 산업이 후끈 달아올랐습니다. 반면 대내적으로는 전력난과 부동산 경기 위축, 정권 말기라는 상황이 맞물려 있었죠.

주식투자는 큰 틀에서부터 시작해 '경기 분석→업종 분석→개별종목 분석'으로 이어지는 것이 원칙입니다. 여러분이 만약 2012년 초 투자를 고려하고 있었다면 어떤 업종에 투자했을까요? 그리고 그 이유는 무엇입니까?

업종	투자 여부	이유
전기전자	Yes( ), No( )	
전기가스	Yes( ), No( )	
음식료	Yes( ), No( )	
기계	Yes( ), No( )	
의료정밀	Yes( ), No( )	
건설	Yes( ), No( )	

잘나가는 집에 가야 마음 편히 이것저것 챙길 수 있어

2012년 코스피지수는 7월 25일 1769포인트로 최저점, 4월 3일 2049포인트로 최고점을 찍은 후 1997을 기록했습니다. 2011년에 11.0% 하락했던 것에 비하면 침체기를 벗어나 전년 대비 9.4% 상승한 셈입니다.

업종별로는 전기전자(+34.5%), 전기가스(+28.9%), 음식료(+25.6%) 등 13개 업종 지수가 평균 12.2% 상승했습니다. 스마트폰과 SNS 등으로 대표되는 IT산업 활성화로 전력난 속에서도 전기전자 관련 주가 큰 폭으로 상승한 것은 이해할 만합니다.

그런데 식음료는 왜 상승했을까요? 식음료는 필수 소비재라는 데 핵심이 있습니다. 안 먹고 살 수 없는 노릇이죠. 그래서 항상 꾸준한 상승세를 유지하며 경기가 위축되는 상황에서도 잘 버텨냅니다.

반면 전반적인 산업 불경기로 기계와 의료정밀 등이 하락했고, 4대강을 내세웠던 정권의 막바지 시점인 데다가 부동산 경기 침체가 이어져 건설업종도 맥을 추지 못했습니다.

이처럼 주식투자는 경기흐름과 업종에 대한 분석이 선행돼야 합니다. 잔칫집에 가야 신명 나게 한판 놀 수 있는 것이지, 초상집에서 시시덕거릴 수 없는 노릇 아니겠습니까?

안 먹고 살 수는 없죠! 경기 안 좋을 때 저평가된 생필품 업종투자는 경기회복 때 수익으로!

업종	주가변동률(2012년)	나의 투자 성적은?
전기전자	34.5%	
전기가스	28.9%	
식음료	25.6%	
기계	−14.2%	
의료정밀	−13.6%	
건설	−11.7%	

| 5 | 환율과 주가의 상관관계는 무엇일까

우리나라 사람들끼리 물건을 사고팔 때는 '원화'라는 대한민국 화폐를 사용하면 된다. 물건 값이 1000원이라면 1000원을 지불하고 물건을 받으면 거래가 끝난다.

그런데 외국과 거래를 할 때는 어떻게 해야 할까? 국제상거래에서 일반적으로 가장 많이 사용되는 미국 달러로 거래한다. 그런데 이때 복잡한 상황이 발생한다. 1달러가 각국이 사용하는 자국 돈으로 교환될 때 얼마의 가치를 지니느냐 하는 중요한 문제가 생기는 것이다.

동전의 양면처럼 장단점을 지닌 환율 변동

2013년 10월 현재 원/달러 환율은 1062원이다. 1달러의 가치가 우리나라 돈 1062원의 가치와 같다는 의미다. 쉽게 말해 국내에서 1000원 정도 하는 물건을 해외에 내다 팔면 1달러를 받을 수 있다는 것이다.

그런데 1997년 IMF사태 초기에는 환율이 1900원대에 달하기도 했다. 쉽게 말해 우리나라에서 2000원 정도 하는 물건을 내다 팔아야 1달러를 받을 수 있었다. 말 그대로 원화가치가 반 토막이 됐던 것이다. 환율 상승은 우리나라 화폐 가치의 하락을, 환율 하락은 우리나라 화폐 가치의 상승을 의미한다.

그렇다면 아예 환율을 500원으로 하면 500원짜리를 수출해 1달러를 받아야 하니 환율이 1000원일 때보다 수출하기가 어렵다. 하지만 외국에서 수입할 때는 반대로 지금보다 절반의 돈만 내면 된다. 수출에는 불리하겠지만 수입에는 유리해지는 것이다.

우리나라는 자원이 빈약해 해외에서 원유를 비롯한 원자재를 들여와 물건을 만들어 해외에 수출하는 형태의 무역을 한다. 그래서 수입 원자재 가격이 오르면 물가가 들썩이고 기업 채산성도 악화된다. 환율이 오른다고 무조건 좋은 것이 아니고, 내린다고 무조건 나쁜 것도 아니다. 시장에 충격을 주지 않는 선에서 적당한 선을 유지하는 것이 바람직하다.

〈표 1-7〉 환율 변동에 따른 변화

원/달러 환율	환율	원화가치	수출	수입
1000원→2000원	↑	↓	↑	↓
1000원→500원	↓	↑	↓	↑

주가에 장·단기적으로 다른 영향을 주는 환율

환율이 상승해서 원화가치가 하락하면 수출에 긍정적인 영향을 주기 때문에 무역수지 흑자 등으로 장기적으로는 주가가 상승할 확률이 높다.

반대로 환율이 하락하면 수출채산성이 악화되고 수입이 증가하면서 무역적자로 기업실적이 나빠지면서 많은 기업들의 주가가 하락하는 현상이 생긴다. 그러므로 환율변동이 증시에 어떤 영향을 미칠지 장·단기로 나눠 판단하는 것이 바람직하다.

또한 환차익을 노리는 국제 투기자본이 개입해 환율을 출렁거리게 만들면서 시장에 충격을 주기도 하기 때문에 환율만 가지고 주식시장의 상승과 하락을 판단하는 데는 무리가 있다.

환율에 따라 희비가 엇갈리는 업종 및 종목들

환율변동에 따라 업종별로 희비가 엇갈리기도 한다. 수출의존도가 높은 IT, 전자(반도체), 자동차(부품) 같은 업종은 환율이 하락(원화가치 상승)하면 수출가가 상승하므로 해외시장에서 판매량이 줄어들어 실적이 악화된다. 그러면 관련 기업들의 주가는 힘을 쓰지 못하고 하락하는 현상이 발생한다.

반대로 식음료, 유통업 등 수출보다 주로 내수시장 매출이 높은 업종들은 수출 비중이 높은 기업들이 힘들 때 상대적으로 득을 보게 된다. 그래서 내수 관련 업종과 회사의 주가는 상승한다.

또한 해외 자산 및 부채가 많은 기업도 희비가 엇갈린다. 해외에 투자자산이 많은 기업은 환율이 상승하면 상대적으로 자산가치가 늘어나므로 득을 보게 된다. 반대로 해외 부채가 많은 기업들은 채무 부담이 늘어나므로 주가에 악영향을 주게 된다.

> **환율상승** → 수출 주 실적 개선, 내수 주 약세, 해외자산 보유 기업 유리, 해외부채 많은 기업 불리
>
> **환율하락** → 수출 주 실적 악화, 내수 주 강세, 해외자산 보유 기업 불리, 해외부채 많은 기업 유리

이처럼 환율이 증시 전체에 미치는 영향은 장·단기적으로 다를 뿐 아니라 업종별, 종목별로 다른 작용을 한다. 그래서 환율변동에 대해 무조건 흑백논리로만 접근하는 것은 바람직하지 않다.

원화강세 엔화약세,
어떤 종목을 사야 환율 덕을 볼 수 있을까?

단기간에 원화강세(원高)와 엔화약세(엔低)가 심화되면 일본과 경쟁하는 우리나라 수출기업에 대한 우려가 커집니다. 엔화약세가 국내 증시의 위험요인으로 부상할 경우 단기적으로 자동차나 IT 등 수출 주도 업종의 강세를 기대하기란 쉽지 않습니다.

그런데 여러분은 지금 제약업종인 동아쏘시오홀딩스(동아제약)의 주식을 보유하고 있습니다. 이 종목은 엔화약세로 수혜를 보게 될까요, 아니면 피해를 보게 될까요? 단기적으로 주가움직임을 어떻게 예상하고 대응해야 할지 결정하고 그 이유를 적어보세요.

나의 대응	이유
1) 일단 팔고 관망한다	
2) 계속 보유한다	

일본에서 원료의약품 수입 많이 하는 업체는 엔화약세가 보약

수출 비중이 낮은 제약업종은 전형적인 내수업종으로 분류됩니다. 그래서 엔화약세가 이 업종에 미치는 영향은 '중립' 정도로 인식돼왔죠. 하지만 일부 제약회사는 일본에서 원료 의약품을 수입하는 비중이 높아 엔화약세가 장기화될 경우 수익성 개선이 기대됩니다.

그중에서도 동아제약은 매년 일본에서 약 500억 원 규모의 원료 의약품을 수입하고 있습니다. 이에 따라 엔화약세가 지속될수록 가만히 앉아서 추가 수익을 기대할 수 있는 것이죠. 이를 반영하듯 제약업종 지수와 동아제약 주가는 엔화약세 기조와 맞물려 나란히 상승했습니다.

엔화약세 때는 동아제약 같은 일본산 원료의약품 수입 많은 기업에 투자하면 보약!

구분	2012.12.20	2013.1.14	주가상승률
제약업종 지수	3967.59	4515.98	13.8%
동아쏘시오홀딩스(동아제약) 주가	10만2500원	12만500원	17.6%

|6| 금리나 물가가 들썩거리면 주가는 어떻게 될까

'금리'라고 하면 흔히 은행예금 이자나 대출이자율을 생각한다. 우리가 피부로 쉽게 느낄 수 있는 돈을 맡기거나 빌릴 때의 기준이기 때문이다.

금리의 지표로 가장 많이 참조되는 것은 국공채 및 회사채 수익률이다. 대표적인 것으로 3년 만기 국고채금리가 있다. 국고채는 정부가 장기자금을 마련하기 위해 발행하는 채권이다. 대한민국이 망하지 않는 한 떼일 위험이 없는 반면, 회사에서 발행하는 회사채 등에 비해 수익률이 낮다. 국고채 중에서 유통물량이 가장 많은 3년 만기 국고채 유통수익률은 대표적인 시장금리 중 하나로, 우리나라 시중 자금 사정을 나타내는 지표금리로 사용되고 있다. 최근에는 단기금리인 콜금리와 1년 만기 양도성예금증서^{CD: Certificate of Deposit}의 수익률도 실세금리의 지표로 많이 이용되고 있다.

금리와 주가는 서로 상극인가

금리는 수요와 공급의 시장원리에 따라 결정된다. 돈을 빌려주고자 하는 사람이 많으면 금리가 떨어지고, 돈을 빌리고자 하는 사람이 많으면 오른다. 또한 시중에 자금이 넘친다 싶으면 금리는 하락세를 보이고, 자금이 부족하다 싶으면 상승세를 보인다. 금리는 우리나라 '돈줄'의 흐름을 좌우하는 중요한 변수이기 때문에 정부가 개입해서 조절하기도 한다.

〈그림 1-5〉는 최근 15년간 코스피지수와 3년 만기 국고채금리를 비교한 자료다. 금리가 높을 때는 주가가 하락하고, 저금리 기조에 들어서면 상대적으로 상승하는 것을 알 수 있다. 이처럼 시장금리와 주가는 반대로 움직이는 경향이 있다.

보통 금리가 하락하면 은행 등 금융상품에 투자해봐야 수익률이 너무 낮기 때문에 주식이나 부동산 등 다른 투자처를 찾게 되므로 증시에 자금이 몰린다. 또한 기업의 자금 사정이 호전돼 신규 설비 투자가 증가하며, 금융비용 감소로 제품의 단가가 내려감에 따라 수익이 증대돼 주가는 상승하게 된다.

반대로 금리가 상승하면 안전한 금융자산으로 자금이 몰리게 되므로 부동산이나 주식시장에서 자금이 빠져나가고 주식시장은 침체되기 쉽다. 또한 기업의 금융비용을 증가시켜 수익이 악화돼 주가하락 요인이 된다.

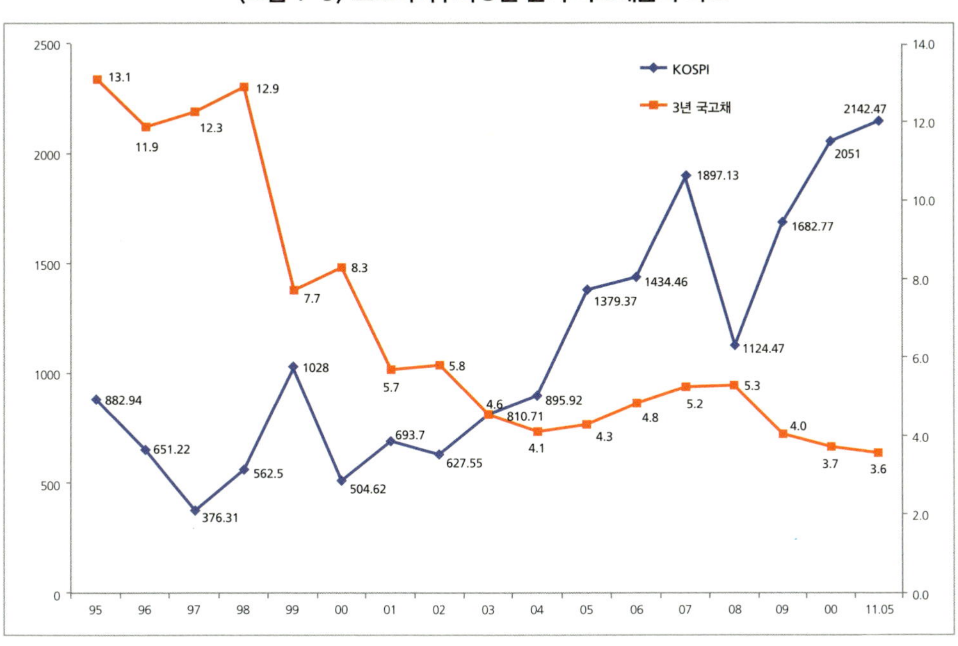

〈그림 1-5〉 코스피지수와 3년 만기 국고채금리 비교

* 자료: 한국은행, 한국거래소

주식시장 자금의 흐름을 좌우하는 통화량

통화량이란 말 그대로 시중에 돌아다니는 자금, 즉 돈의 양을 의미한다. 일반적으로 통화량 증대는 시중 자금을 풍부하게 한다. 시중에 돈이 많아지니 금리가 내려가고, 이에 따라 기업의 금융비용이 줄어들어 이윤을 향상시킨다. 또한 금리 하락은 은행예금이나 채권의 수익이 낮아지는 것을 의미하기에 고수익에 대한 기대감으로 주식 수요가 증가돼 주가가 상승한다.

그러나 통화량이 너무 증가하면 인플레이션을 유발해 물가가 상승한다. 이때 현금성 자산은 물가 상승 때문에 상대적으로 가치가 떨어지므로 실물이나 부동산에 자금이 몰리게 된다. 즉 주식에서 돈을 빼내 부동산에 투자하는 현상이 이어진다. 주가는 떨어지고 부동산 가격은 상승하게 되는 것이다.

만약 정부가 '지불준비율'을 높인다는 정보가 나돌면, 이는 시중 자금을 압박하는 정책이므로 통화량이 감소해 주식시장에 유입되는 자금이 줄어들어 주가가 하락할 수 있다. 그래서 통화량 증감은 주식시장의 분위기를 파악하는 지표로 사용되기도 한다.

너무 올라가도 걱정, 내려가도 걱정인 물가

적정한 물가 상승은 경기를 호전시키는 효과가 있으므로 주가의 상승을 가져온다. 하지만 일반적으로 물가 상승은 기업의 제품 원가를 상승시키고 상승된 원가는 소비자 가격에 반영된다. 소비자는 평소보다 가격이 오른 물건의 구매를 주저하게 되고, 기업은 매출이 줄어듦에 따라 수익이 감소돼 결국 주가 하락으로 이어질 가능성이 높다. 반면 물가가 너무 하락하면 오히려 경기 자체를 크게 위축시켜 기업 활동이 감소되고 가계 수입이 줄어들게 돼 주가 하락의 원인이 된다.

이런 이유로 물가는 적정선을 유지하는 것이 경제나 증시에 도움이 된다. 하지만 실제로 물가를 안정시키는 일은 결코 쉬운 일이 아니다. 그래서 정부는 항상 물가 동향에 촉각을 곤두세우며 시장에 큰 영향을 주는 품목의 가격 변동에 개입해 물가를 안정시키려고 노력하는 것이다.

앞으로 여러분은 물가를 단지 장바구니나 호주머니 사정 때문만이 아니라 주식투자의 향방을 가늠하는 요소로도 바라봐야 한다.

통화량의 수도꼭지, 지불준비율

중앙은행(한국은행)은 시중은행들이 예금자의 예금인출 요구에 대비해 총 예금액의 일정 비율 이상을 대출할 수 없도록 규정하고 있다. 이 비율을 '법정지불준비율'이라고 한다. 정부는 지불준비율을 조절해 시중에 유통되는 통화량을 증대시키거나 감소시키는 정책을 실행하고 있다. 시중에 유통되는 돈이 너무 많아져서 부작용이 우려될 때는 지불준비율을 높여 통화량 감소를 유도하고, 반대의 경우에는 지불준비율을 낮춰 시중은행들이 자금을 많이 풀도록 유도함으로써 통화량을 늘린다.
지불준비율은 물의 흐름을 조절하는 수도꼭지처럼 돈의 흐름을 조절하는 '자금꼭지' 역할을 하는 중요한 정책이다.

계좌 개설과 HTS 사용하기

| 1 | 수많은 증권사 중 내게 맞는 곳 고르기

주식 매매를 위해서는 증권사를 선택한 후 계좌를 개설해야 한다. 이때는 수수료, HTS(홈트레이딩 시스템)의 편의성, 시스템과 네트워크의 안정성, 시황이나 분석자료 같은 정보 제공 및 고객지원 수준 등을 고려해야 한다.

〈표 1-8〉 증권사 HTS와 거래편의성 등에 대한 종합평가등급

증권사	트레이딩	정보 제공	커뮤니티&커뮤니케이션	지원 서비스	속도 및 안정성	종합	등급
현대증권	30.45	28.90	10.12	15.28	5.33	**90.08**	AAA
대신증권	30.72	29.05	9.65	15.30	5.33	**90.05**	AAA
한국투자증권	30.74	28.83	9.03	16.02	5.34	**89.95**	AAA
하나대투증권	30.28	28.78	9.47	16.00	5.35	**89.88**	AAA
대우증권	31.39	28.88	8.42	15.54	5.47	**89.69**	AAA

증권사	트레이딩	정보 제공	커뮤니티& 커뮤니케이션	지원 서비스	속도 및 안정성	종합	등급
동양종합금융증권	30.33	28.51	9.72	15.10	5.12	**88.77**	AAA
우리투자증권	30.40	28.89	8.98	14.23	5.15	**87.64**	AAA
KB투자증권	30.74	28.88	7.67	14.94	5.34	**87.56**	AAA
한화증권	30.39	28.42	8.45	15.09	5.21	**87.54**	AAA
신한금융투자	30.44	28.01	8.86	14.83	5.20	**87.35**	AAA
키움증권	30.65	27.94	8.95	14.15	5.33	**87.02**	AAA
삼성증권	30.10	27.65	9.01	15.08	5.17	**87.00**	AAA
하이투자증권	30.16	28.70	7.75	14.07	5.33	**86.00**	AAA
HMC투자증권	30.20	28.72	6.57	14.24	5.33	**85.05**	AAA
미래에셋증권	28.53	27.88	8.42	15.17	4.97	**84.96**	AA
E*TRADE증권	30.10	26.58	8.56	14.25	5.23	**84.71**	AA
동부증권	30.42	26.18	8.20	13.80	5.01	**83.59**	AA
SK증권	28.88	27.32	7.60	14.21	5.03	**83.03**	AA
유진투자증권	29.46	26.60	6.40	13.69	5.03	**81.18**	AA
교보증권	28.30	27.36	7.20	15.55	4.47	**80.88**	AA
NH투자증권	28.67	26.40	7.59	12.23	5.01	**79.90**	A
메리츠종금증권	29.17	26.60	6.73	12.12	5.23	**79.86**	A
IBK투자증권	26.81	26.17	6.36	13.56	5.23	**78.13**	A
푸르덴셜투자증권	26.56	26.06	5.75	12.43	5.13	**75.93**	A
신영증권	23.04	27.39	4.93	13.49	5.14	**73.99**	BB
리딩투자증권	27.43	22.39	7.10	11.56	5.10	**73.58**	BB
골든브릿지증권	27.09	22.89	5.65	12.44	5.13	**73.19**	BB
한양증권	24.44	23.82	5.36	10.52	4.37	**68.51**	B
부국증권	21.76	22.15	7.12	11.96	5.16	**68.14**	B
유화증권	15.19	15.36	3.79	9.38	5.17	**48.88**	C

* 자료: 스톡피아, 2011

〈표 1-8〉은 온라인금융 서비스평가 전문회사인 스톡피아www.stockpia.co.kr
에서 시중 증권회사의 서비스를 항목별로 종합 평가한 자료다. 세부 평가
항목이 의미하는 바는 아래와 같다.

❶ 트레이딩

매매편의성과 각종 기능 설정, 계좌정보, 이체서비스 등을 평가해서 점수를 매긴 것인다. HTS의 가장 기본적인 기능에 대한 평가라 할 수 있다.

❷ 정보제공

시세, 차트, 투자정보, 시황이나 분석자료 등에 대한 평가로 투자에 도움이 되는 다양한 서비스 기능의 우수성을 판단해볼 수 있는 항목이다.

❸ 커뮤니티&커뮤니케이션과 지원 서비스

사용자 교육, 주식투자 교실, 커뮤니티, 고객지원 등의 항목에 대한 평가다. 이 부문의 점수가 좋다는 것은 초보자 교육을 비롯한 양질의 서비스를 편리하게 제공받을 수 있다는 것을 의미한다.

❹ 속도 및 안정성

증권사 시스템의 기능에 관한 것으로, 주식의 현재가나 차트 등 시세 관련 정보, 주문 처리 속도와 안정성 등에 관한 항목이다. 이 부분의 점수가 낮으면 시스템이 불안정해 장애나 에러로 인해 피해를 볼 수 있다.

여러 평가항목에 대한 점수를 매긴 뒤 이를 취합한 것이 종합점수와 등급이다. 종합점수가 높은 증권사 중에서 선택하면 간단할 것 같지만 많은 사람들이 수수료라는 유혹 때문에 고민하게 된다. 매매를 하면 증권사에 거래수수료를 지불하는데, 이 비율이 증권사에 따라 많은 차이가 나기 때문이다. 거래횟수가 많고 투자금액이 많을 경우에는 수수료가 누적돼 적지 않은 비용이 발생하게 된다.

그래서 초보를 벗어나 증권투자 경력이 쌓이면 대개 증권사 계좌를 2개 이상 개설하는 경우가 많다. 정보 제공과 HTS 편의성이 좋은 증권사에서는 각종 정보를 조회하고, 실제 거래는 수수료가 저렴한 증권사에서 하는 것이다. 그렇지만 소액으로 투자를 시작하는 초보자는 수수료보다 사용 편

의성, 안정성, 다양하고 신속한 고객지원과 투자교육 여부에 비중을 두고
선택하는 것이 좋다.

주가가 떨어지는데 웃는 자가 있다? – 공매도

주식을 샀는데 주가가 하락한다면 손해를 보게 된다. 그래서 하늘만 쳐다보며 주가가
상승하기를 바라게 된다. 그런데 주가가 하락하는데도 오히려 수익이 나서 회심의 미
소를 짓는 사람들이 있다. 이들은 주식을 공매도(空賣渡)한 투자자들이다.

공매도는 주가 하락을 예상하는 투자자가 현재 가격으로 주식을 팔았다가 나중에 가격
이 떨어지면 싼 가격으로 다시 매입해 매매차익을 꾀하는 것을 의미한다.

일반적인 주식투자와 공매도 비교

구분	투자방법	주가상승	주가하락	투자환수
일반적인 주식투자	매수	수익	손실	매도
공매도	매도	손실	수익	매입

예를 들어 1만 원에 공매도를 했는데 주가가 7000원으로 떨어지면 3000원의 수익이
발생한다. 비싸게 공매도해서 싸게 다시 사면 수익이 나는 것이다. 싸게 사서 비싸게 팔
아야 하는 일반적인 주식투자와는 정반대 개념으로 생각하면 된다.

주가상승이 예상되면 주식을 매수해서 고가에 팔아 수익을 내고, 반대로 주가하락이 예
상되면 공매도해서 주가가 하락한 뒤 저가에 다시 사 수익을 낼 수 있다는 것이다. 그
렇다면 주가가 오르거나 내리거나 상관없이 전천후로 수익 기회를 찾을 수 있는 걸까?

하지만 공매도에는 제한이 많다. 공매도가 만연하면 주가하락을 부추기는 온갖 행태로
인해 주가가 폭락하고, 증시에 큰 혼란이 올 수 있기 때문이다. 그래서 공매도는 금융당
국에서 까다롭게 제한하고 있다. 게다가 개인은 여러 제한 때문에 실질적으로 공매도
를 할 수가 없다. 그러므로 유가증권시장에서 공매도가 차지하는 매매비율은 2~3%
에 불과하다.

| 2 | 계좌 개설과 인증서 및 보안 관리

예전에는 증권계좌를 개설하기 위해 증권사 지점에 직접 가야 했지만, 최근에는 자신이 거래하는 은행 지점에 가서 편하게 계좌를 개설할 수 있다. 신분증과 거래인감(서명으로 가능)만 지참하면 된다.

증권사 지점을 갈 것인가, 은행 지점을 갈 것인가

요즘은 은행 개설 증권계좌와 증권사 지점 개설 계좌를 별도로 운용하는 증권사가 늘어나는 추세다. 이런 정책을 채택한 증권사의 경우, 증권사 지점에서 계좌를 개설하면 지점에 상주하는 투자상담사 등 전담 인원이 고객이 원할 때 투자상담을 해준다. 은행을 통해 개설하면 그런 혜택이 없는 대신 수수료가 저렴하다는 장점이 있다. 일부 증권사가 경쟁적으로 은행연계계좌 개설을 확대하는 것은 수수료를 저렴하게 책정하는 대신 불필요한 관리 비용을 줄여 다른 증권사와 경쟁하겠다는 전략이다.

사실 요즘은 각종 미디어를 통해 금융정보가 쏟아지기 때문에 구태여 증권사 지점을 가지 않아도 많은 정보를 접할 수 있다. 그리고 앞에서 설명한 것처럼 증권사 직원이라고 해서 수익을 내준다는 보장도 없다. 그러므로 계좌 개설은 가까운 은행에서 해도 문제 될 것이 없다.

계좌를 개설하고 ID, 임시 비밀번호, 증권사 카드(은행연계계좌 입출금 카드)를 받아서 돌아오면 된다. 자신이 거래하는 통장계좌와 연계하면 PC나 스마트폰으로 편하게 증권계좌에 돈을 입출금할 수 있다. 입출금 카드를 가지고 은행 현금지급기에서 사용할 수도 있다.

증권사 홈페이지에서 회원가입을 하고 ID, 비밀번호, 주문비밀번호 등을 설정한 후에 은행창구에 가서 계좌를 개설해도 된다. 이후 증권사 홈페이지에서 HTS를 다운받아서 설치하면 준비는 끝난다.

신분증 관리하듯이 인증서 관리해야

요즘은 인터넷 뱅킹이 일반화돼 대부분 인증서를 보유하고 있다. 예전에는 ID와 비밀번호만 있으면 접속할 수 있었는데, 이 경우 해당 정보만 알면 본인이 아니더라도 누구든 아무 컴퓨터에서나 접속할 수 있었다. 이로 인한 피해를 막기 위해 한 단계 높은 보안 시스템으로 적용된 것이 '인증서'다. 인증서가 없으면 ID와 비밀번호를 알아도 거래할 수 없으므로 보안상 좀 더 안심할 수 있다. 하지만 인증서 관리를 철저히 하지 않으면 신분증을 아무 곳에나 두고 다니는 꼴이 되므로 주의해야 한다.

인터넷 주식거래 시에는 바이러스 및 해킹 피해에 유의

인터넷 뱅킹, 인터넷 쇼핑, 인터넷(스마트폰) 주식거래 등 전자금융거래가 늘어나면서 신용정보나 비밀번호 등 개인정보가 유출돼 피해를 보는 사례가 증가하는 추세다. 가장 쉽게 정보를 도용당하는 경우는 자신의 전화번호, 주민번호, 생일 등으로 비밀번호를 설정할 때다.

자신도 모르게 신용정보가 새나가서 명의 도용 신용카드 발급이나 인터넷 사이트 가입 등이 일어나기도 한다. 이 때문에 본인도 모르는 사이에 신용불량자가 되는 등 불이익을 당할 수 있으므로 신용정보 변동내역을 수시로 점검해야 한다.

그래서 금융감독원은 〈금융사고 예방을 위한 전자금융거래 이용자 10계명〉을 만들어 배포하고 있다. 신용정보조회 서비스를 제공하는 업체를 이용하는 것도 바람직한 방법이다. 한국신용정보의 마이크레딧www.mycredit.co.kr, 서울신용평가의 사이렌24www.siren24.com 등이 있다. 가입하면 자신의 신용정보가 변경되거나 명의 도용이 시도될 때마다 이메일이나 휴대폰 문자메시지로 정보를 제공해준다. 따라서 자신도 모르는 사이에 신용정보가 변경되더라도 신속히 대응해 피해를 최소화할 수 있다.

 금융사고 예방을 위한 전자금융거래 이용자 10계명

1. 제3자가 쉽게 추측할 수 있는 비밀번호를 사용하지 말 것
   예) 주민등록번호, 생일날짜, 전화번호, 차량번호, 연속숫자 등

2. 전자금융거래 비밀번호와 계좌 비밀번호를 반드시 다르게 사용할 것

3. 비밀번호를 정기적으로 변경하고, 특히 비밀번호가 노출됐다고 의심될 경우 빠른 시간 내에 금융회사에 통보하고 변경 조치할 것
   예) 전자금융거래를 담당하던 직원이 퇴직한 경우 비밀번호 등을 변경할 것

4. 공인인증서가 부당 유출되지 않도록 철저히 관리할 것
   예) 부득이하게 여러 사람이 사용하는 PC를 이용하는 경우, 하드디스크에 공인인증서 저장 금지

5. 전자금융거래에 필요한 정보를 수첩, 지갑 등에 기록하지 말 것

6. 전자금융거래는 절대로 타인에게 위탁하지 말고 관련 정보도 알려주지 말 것
   예1) 현금인출이나 자금이체를 친구 및 동료에게 부탁하지 말 것
   예2) 사적 금전 차입 시 전자금융거래 정보를 타인에게 알려주지 말 것

7. 전자금융거래 이용내역을 본인에게 즉시 알려주는 서비스를 적극 이용할 것
   예) 전자금융거래 내역을 본인의 핸드폰 등으로 즉시 확인할 수 있는 휴대폰 문자 메시지 서비스(SMS) 등을 적극 이용할 것

8. PC방 등 개방된 컴퓨터는 가급적 사용을 자제하고, 사용한 경우에는 관련 정보를 삭제할 것

9. 전자금융거래의 1회 이체한도 및 1일 이체한도를 적절히 설정할 것

10. 인터넷 금융거래에 이용되는 PC에 백신 프로그램을 설치해 실행함으로써 해킹 등 보안침해사고에 대비할 것

* 자료: 금융감독원

|3| HTS를 설치하고 이곳저곳 맘대로 둘러보자

아이디, 비밀번호, 인증서 비밀번호를 입력하고 증권사에 접속하면 HTS, 즉 홈트레이딩 시스템이 시작된다. 기본적인 사용법은 증권사마다 다르므로 해당 증권사의 초보자 교육과정이나 묻고 답하기 게시판, 고객지원센터 등을 이용해 궁금한 점을 배워가면서 익혀보도록 하자.

기본 기능을 익히고 나면 여러 기능을 자신의 취향과 목적에 맞게 설정할 수 있다. 그러므로 제대로 익히면 편리하게 사용할 수 있는 시스템이다.

<그림 1-6> 일반적인 HTS의 기본 화면

* 자료: 대신증권

<그림 1-6>은 일반적인 HTS의 기본 화면이다. 상단은 각종 메뉴와 자주 사용되는 기능을 모은 툴바 등의 영역으로, 사용자가 원하는 기능을 선

택할 수 있다. 가운데는 차트나 매매 창, 시세정보 등 다양한 정보를 열람할 수 있는 영역이다. 대개는 각종 보조지표, 봉차트, 거래량 등이 화면과 같이 표시된다. 제일 아랫부분은 국내외 뉴스나 매매체결정보, 코스피지수 등 각종 지수의 등락에 관한 정보가 실시간으로 표시된다. 중간에 보면 일련의 막대가 연결된 그래프가 나오는데 이것을 '차트'라고 하며, 일반적으로 많이 사용하는 '봉' 형태의 차트를 많이 사용한다. 이것은 주가가 오르내리는 가격의 변화를 일정 시점을 기준으로 해서 하나의 봉으로 표시하는 것이다.

〈그림 1-7〉 주식초보자의 주식매매를 위한 기본 종합화면

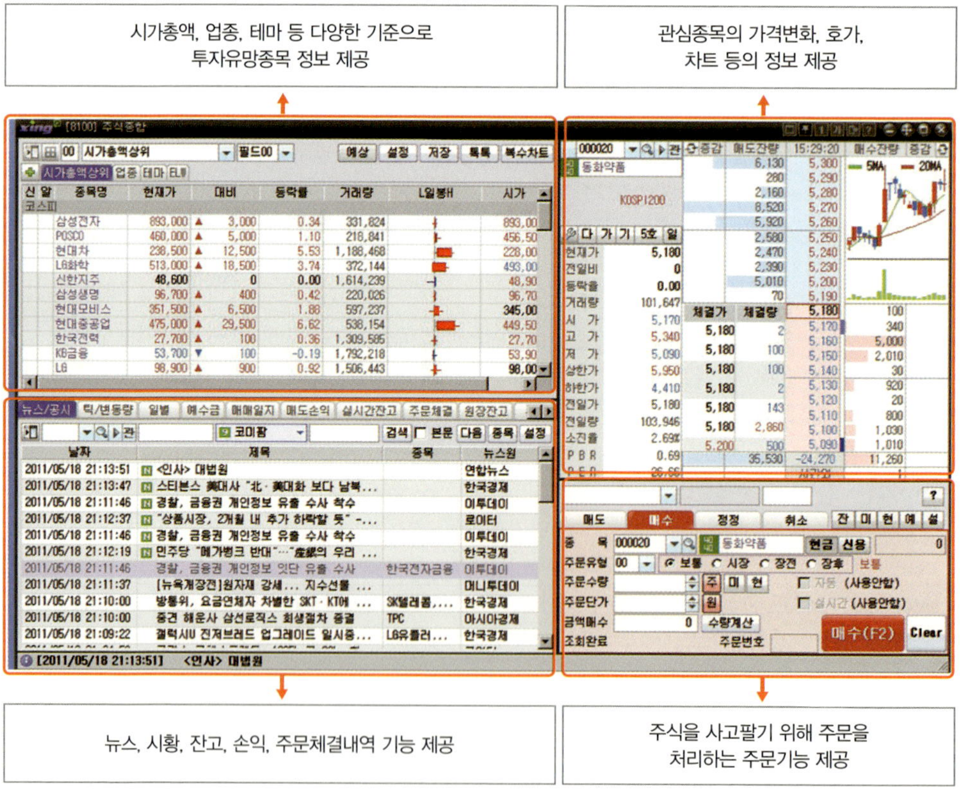

* 자료: 이트레이드증권

〈그림 1-7〉은 주식초보자를 위해 증권사에서 제공하는 주식종합 화면의 하나다. 주식매매를 위해 필수적인 기능을 한데 묶어서 제공하는 것이 특징이다. 초보 때는 뭐가 자신에게 필요한 기능인지 잘 모르기 때문에 이렇게 '뷔페' 같은 화면이 도움이 된다. 자세히 보면 화면이 4개 그룹으로 나뉜다. 4개의 각기 다른 기능을 제공하는 창이 하나로 묶여 종합선물세트처럼 화면에 표시된다. 창 제목 그대로 '주식종합' 화면이다.

그런데 HTS를 사용하다 보면 종합 화면이 점점 불편하게 느껴진다. 종합 화면보다 개별 창에서 사용하는 기능이 더 편한 경우가 많기 때문이다. 그래서 자신이 원하는 기능별로 필요한 창을 띄워 사용하게 된다. 또 사용자마다 모니터 크기가 다르고 어떤 경우는 모니터 2대를 연결해 사용하기 때문에 화면 배치도 상황에 맞게 설정하고 싶어진다. 이럴 때는 HTS의 다양한 맞춤기능을 설정해 입맛에 맞게 사용하면 된다.

|4| 주식투자의 비서, HTS와 친해지면 점심값이 생긴다

증권사들이 경쟁적으로 다양한 기능을 제공하기 때문에 개인의 노력에 따라 HTS 활용도도 많은 차이가 나게 된다. 출발점이 같다면 망치 하나만 달랑 다룰 줄 아는 사람과 첨단기기를 상황에 맞게 잘 사용하는 사람 중 누가 더 일을 잘하겠는가?

증권사 고객지원서비스를 최대한 활용해 초보딱지를 떼자

컴퓨터를 잘 다루는 젊은 세대는 금방 HTS와 익숙해지지만, 컴퓨터 실력이 부족하거나 나이 드신 분들은 막상 로그인을 하고 HTS가 실행되면 막막함을 느낀다. HTS와 익숙해지는 게 분명 만만한 일은 아니다. 주식투자를 위한 분석은 둘째 치고, HTS 사용법을 익히기도 버거워하는 분들이 꽤 많다. 이런 분들은 따로 돈 드는 것도 아니므로 창피해하지 말고 증권사 고객지원서비스를 적극적으로 활용해보기 바란다.

무슨 기능이 있는지, 무엇을 어떻게 해야 하는지 전혀 모르겠다면 고객지원센터를 적극적으로 활용하도록 하자. 전화로 상담하는 것도 좋고, 증권사에서 개최하는 사용자 교육강좌에 참여하는 것도 좋다.

HTS의 다양한 기능만 잘 활용해도 전문가 부럽지 않아

〈그림 1-8〉은 투자유망종목을 손쉽게 찾아 비교해볼 수 있는 기능이다. 그림 왼쪽에는 세종시 토지보유, 지진, 닭고기, 우주항공, 줄기세포, 전기자동차 등 다양한 테마들이 나와 있고, 해당 테마와 관련해 상승 혹은 하락한 종목이 몇 개인지, 몇 %나 상승 혹은 하락했는지 나와 있다.

'지진'이라는 테마를 선택해봤다. 오른쪽 상단을 보면 관련 종목들이 4개

나오고 모든 종목이 상승했음을 알 수 있다. 또 지진 테마 종목 중 '유니슨'
을 선택하니 관련 종목의 세부 정보가 오른쪽 하단에 표시된다.

〈그림 1-8〉 투자유망종목을 찾아보는 상승률 테마 기능

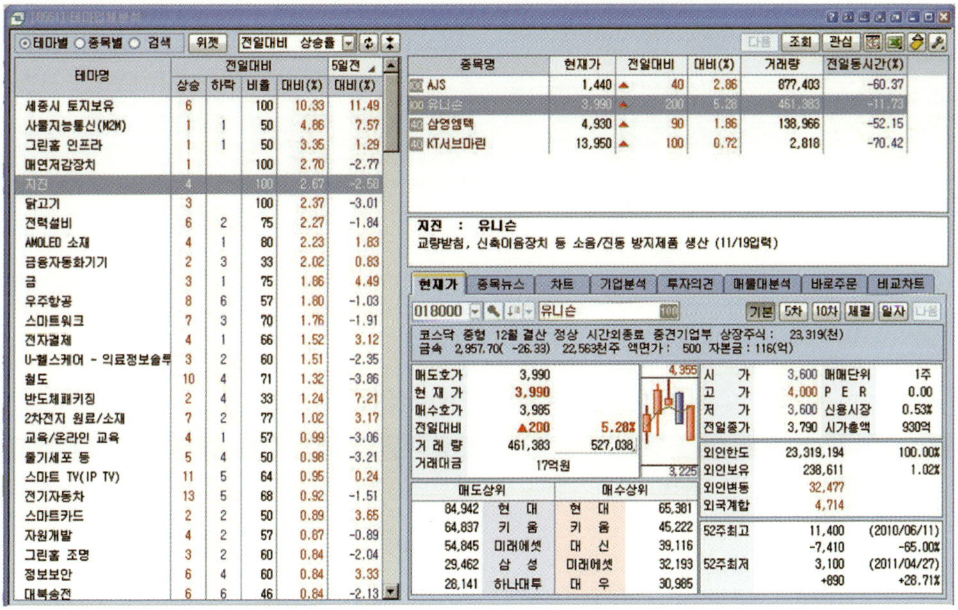

〈그림 1-9〉는 다양한 조건으로 투자유망종목을 찾을 수 있는 메뉴 화면
이다. 왼쪽에는 최근 주가상승률이 높은 종목들이 나열돼 있다. 오른쪽에
는 외국인이 투자비중을 높이는 종목들이 나열돼 있다. 이와 같이 다양한
조건으로 원하는 종목을 찾아서 자신만의 '투자유망종목 후보군'을 만들 수
있다.

〈그림 1-10〉은 HTS의 다양한 설정을 관리할 수 있는 화면이다. 화면,
알람, 계좌, 테마, 즐겨찾기, 툴바 등 다양한 기능을 자신의 입맛에 맞게 설
정할 수 있다. 설정한 내용은 서버에 저장하도록 한다. 이렇게 해두면 HTS

주가상승률이 높은 종목들

외국인이 투자를 늘리는 종목들

* 자료: 대우증권

〈그림 1-10〉 다양한 설정 화면과 저장된 설정 불러오기

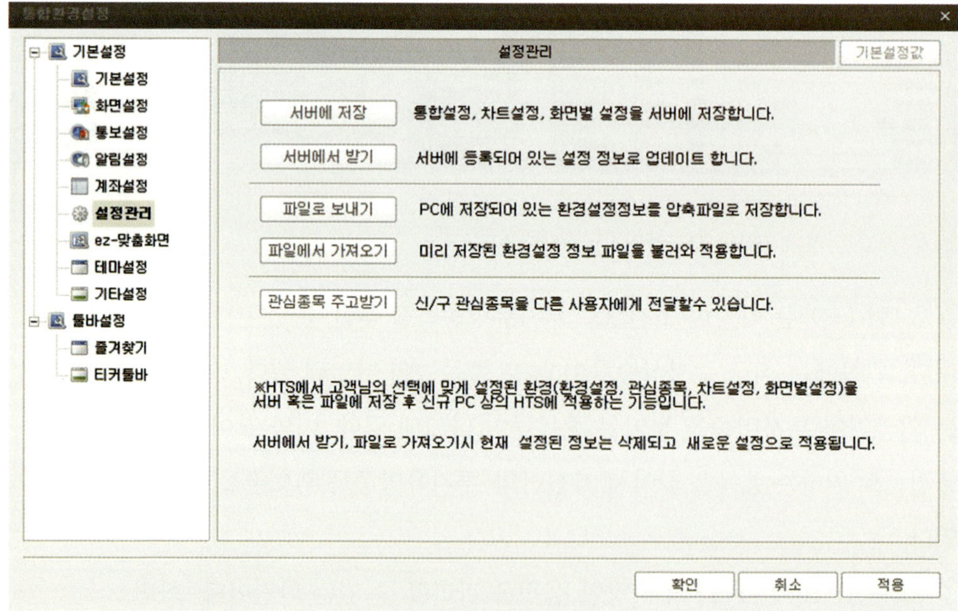

* 자료: 대우증권

를 다시 설치하거나 다른 컴퓨터에서 사용하는 경우에도 매번 새로 이것저것 손볼 필요 없이 자신이 설정한 내용을 불러와서 편하게 사용할 수 있다.

HTS와 친해지면 점심값이 생긴다. 왜냐하면 HTS는 돈을 벌거나 잃는 진검 승부가 벌어지는 '투자전쟁터'에서 나를 지켜주고 정보를 제공해주는 훌륭한 도구이자 참모이기 때문이다. 시간 날 때마다 HTS의 다양한 기능과 정보서비스를 활용해보고 친해지도록 하라. 친해지는 만큼 믿음직한 주식투자의 동지가 되어줄 것이다.

올 여름 긴 장마가 예상된다는데,
칙칙함을 이기는 투자방법은?

여름에는 더위로 인해 사람들이 빙과를 찾고, 시원한 음료를 마시며, 선풍기와 에어컨을 틀어댑니다. 이에 따라 전통적으로 여름 특수에 힘입어 주가가 상승하는 종목들이 있죠.

아래 표를 보면 아이스크림 제조업종으로 빙그레와 롯데삼강이 있고, 음료업종에 롯데칠성과 하이트맥주가 있습니다. 그리고 에어컨냉매 및 제습기를 생산하는 위닉스, 선풍기 제조업체인 신일산업도 나오네요.

2011년에는 여름 장마가 꽤 길어질 것이라는 기상예보가 연초부터 나온 상태였습니다. 그렇다면 여러분은 여름 특수와 관련해서 어떤 종목에 투자하겠습니까?

종목	여름 관련 아이템	투자 여부	이유
빙그레	아이스크림	Yes( ), No( )	
롯데삼강	아이스크림	Yes( ), No( )	
롯데칠성	음료	Yes( ), No( )	
하이트맥주	음료	Yes( ), No( )	
위닉스	에어컨냉매, 제습기	Yes( ), No( )	
신일산업	선풍기	Yes( ), No( )	

여름 수혜주 주가상승률(2011년 7월)

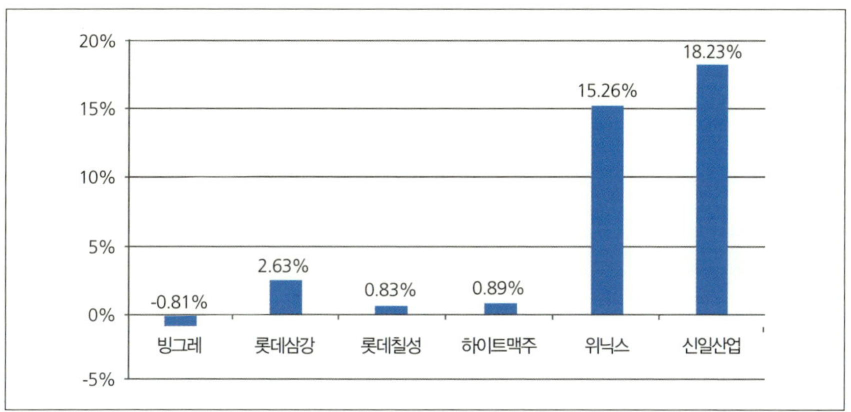

2012년 여름은 폭염으로 전국이 끓어올랐습니다. 하지만 이와 달리 2011년 여름은 유난히 긴 장마와 함께 시작됐죠. 무려 한 달 가까이 지속된 장마로 인해 축축하고 눅눅한 여름이 계속됐습니다. 그래서 7월(18일 기준) 한 달 동안 빙과류와 음료 관련 종목들의 매출이 부진했고, 관련 종목의 주가는 제자리걸음을 했습니다. 반면 비가 와서 눅눅한 분위기를 해소하고자 제습기나 에어컨을 이용하는 사람들이 늘어나면서 위닉스는 15.26%, 신일산업은 18.23% 상승했습니다.

똑같은 여름 수혜주라 하더라도 날씨에 따라 종목별 매출실적이 달라지고, 이에 비례해서 주가도 등락하는 경향이 있습니다. 그러므로 계절 수혜주에 투자할 경우, 단지 기온에만 집중할 것이 아니라 예상 강수량과 강설량 같은 구체적 기상조건을 따져봐야 합니다.

더워서 에어컨을 틀거나 빙과류를 먹을 때도 '이들 제품을 만드는 회사의 매출과 주가는 어떻게 될까?' 하는 호기심을 가져본다면 생활 속에서 좋은 투자종목을 발굴하는 기회를 얻을 수 있을 것입니다.

==폭염 예상 시 빙과류 및 냉방용품 주, 긴 장마가 예상될 때는 제습기 관련 주에 투자하면 기분 좋은 여름!==

| 1 | 액면가, 상·하한가, 호가 등 주식 가격을 알아보자

화폐의 액면가＝가치, 주식의 액면가≠가치

주식의 액면가는 말 그대로 주권에 기재된 액면가격으로 보통 100~5000
원이다. 그런데 화폐는 '액면가＝가치'이다. 1만 원권은 액면가가 1만 원이
고 이 지폐로 딱 1만 원에 해당하는 물건을 살 수 있다. 그런데 주식의 경
우 '액면가＝가치'라는 등식이 성립하지 않는다. 종목(기업)의 가치가 높아
지고 사려는 사람들이 많아지면 주가가 상승해서 액면가보다 비싸진다. 반
대로 장래성도 없고 실적도 엉망이라면 팔려는 사람들이 많아져서 액면가
보다 할인된 '덤핑' 가격에 매매되기도 한다. 그래서 액면가 5000원짜리 주
식의 주가가 수십 만 원에 달하기도 하고 반대로 몇 백 원대까지 떨어지기
도 한다.

상·하한가, 주가의 급등락을 막기 위한 안전벨트

한국거래소는 주가의 급등락으로 인한 증시의 충격을 방지하기 위해 하루에 주가가 오르내릴 수 있는 최대 범위를 제한해놓고 있다. '상한가'와 '하한가'가 그것인데 전일 종가 대비 +15%와 −15%로 정해져 있다.

예를 들어 유가증권시장의 A종목이 전일 1만 원으로 마감됐다면 오늘 최대 상승폭은 1만1500원, 최대 하락폭은 8500원이 된다. 그 이상이나 이하로의 가격변동을 제한하는 것이다. 'ㅇㅇ종목 상 갔다' 'ㅇㅇ가 하한가 쳤다'라는 말은 주가가 상한가나 하한가까지 올라갔거나 내려갔다는 것을 의미한다.

주식 가격에 따라 매매단위가 달라지는 호가

'호가'란 '얼마에 팔겠다' '얼마에 사겠다' 하고 원하는 주문가격을 제시하는 것을 의미한다. 그런데 호가는 주가에 따라 다르게 적용된다.

만약 어떤 종목의 주가가 현재 4000원이라면 3995/4000/4005원처럼 5원 단위로 사고파는 가격을 제시할 수 있지만, 주가가 10만 원 이상이라면 11만500/11만1000/11만1500원처럼 500원 단위로 가격을 제시해야 한다.

<표 1-9> 주가에 따른 호가 단위

구분	유가증권시장	코스닥시장
1000원 미만	1원	1원
1000원 이상 ~ 5000원 미만	5원	5원
5000원 이상 ~ 1만 원 미만	10원	10원
1만 원 이상 ~ 5만 원 미만	50원	50원
5만 원 이상 ~ 10만 원 미만	100원	100원
10만 원 이상 ~ 50만 원 미만	500원	
50만 원 이상	1000원	

* 자료: 한국거래소

〈표 1-9〉에서 보듯이 주가에 따른 호가 단위가 구분돼 있어서, 단위에 맞지 않는 호가를 마음대로 제시할 수 없게 돼 있다. 주가의 가격 구분에 따라 호가 단위는 자동으로 결정돼 처리된다.

〈그림 1-11〉은 주가에 따라 주문의 호가 단위가 다른 예를 보여주고 있다. 왼쪽은 삼성전자의 호가다. 주가가 50만 원 이상이기 때문에 호가 단위가 1000원이다. 반면에 오른쪽 동양강철은 주가가 2000원대로 호가 단위가 5원에 불과하다. 주가 차이처럼 호가도 큰 폭으로 차이가 난다.

〈그림 1-11〉 주가에 따라 다른 호가 차이

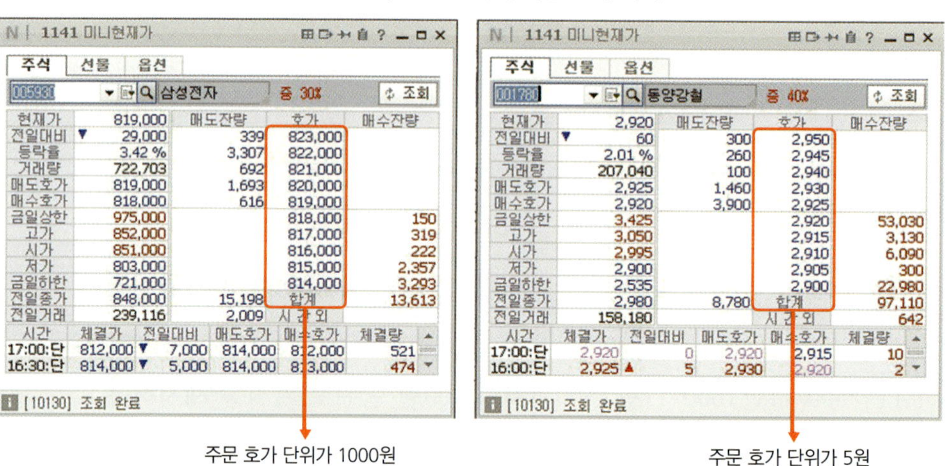

'가격→시간→수량' 순서로 정해지는 매매체결 우선원칙

누구나 자신의 주문이 가장 좋은 조건으로 남보다 빨리 처리되기를 바란다. 그렇다면 한국거래소는 무슨 기준으로 수많은 주문의 체결 우선순위를 정하는 것일까?

주식거래는 실시간으로 수많은 데이터를 처리해 매매를 체결해야 하기 때문에 정해진 원칙에 따라 전산시스템이 자동으로 처리한다. 매매가 체결되는 순서는 다음과 같다.

1) 가격우선의 원칙 → 2) 시간우선의 원칙 → 3) 수량우선의 원칙

'가격우선의 원칙'은 사는 사람이 '남보다 비싸게 사겠다', 팔겠다는 사람이 '남보다 싸게 팔겠다'며 자신에게 불리한 조건을 내세우는 주문을 1순위로 처리함을 말한다. 즉 매수가는 고가순으로, 매도가는 저가순으로 우선 처리한다.

'시간우선의 원칙'은 제시하는 가격이 같을 경우 먼저 주문을 낸 사람이 우선한다는 원칙이다. 같은 가격이면 0.1초라도 먼저 주문을 낸 사람의 주문이 먼저 처리된다. 만약에 가격도 같고 시간도 같으면 더 많은 수량을 제시한 사람의 주문이 먼저 처리된다. 이것이 '수량우선의 원칙'이다.

상한가 따라 하기?
상한가로 대박을 노려볼까?

투기적인 개인들이 가장 좋아하는 단어가 바로 '상한가'죠. 그래서 상한가를 쫓는 투자기법도 있습니다. 이른바 '상한가 종목 따라잡기'입니다. 2009년의 예를 살펴볼까요? 이 해에는 코스피지수가 1132.87에서 1682.77로 48.5%나 급등했습니다. 이에 편승해서 상한가 행진을 이어간 종목들도 많이 나왔죠. 그렇다면 2009년 한 해 동안 상한가를 가장 많이 기록한 대표 선수들의 연말 주가는 어땠을까요? 아래 표를 보고 어떤 종목에 투자할 것인지 체크해봅시다.

상한가 횟수 최다 기업(2009.1.2~12.30)

	종목명	상한가 횟수	투자 여부		종목명	상한가 횟수	투자 여부
유가 증권 시장	C&우방랜드	41		코스 닥시 장	베리앤모어	54	
	한신DNP	41			엠엔에프씨	46	
	대우부품	38			아이알디	46	
	대한은박지	32			메가바이온	41	
	쌍용차	27			이롬텍	39	
	옵티머스	26			스타맥스	34	
	에프씨비투웰브	24			스멕스	32	
	오라바이오틱스	24			제너비오믹스	31	
	남한제지	24			비엔알	30	

상한가 좋아하다가 인생 하한가로 '훅' 갈 수 있다

상한가를 수십 번이나 기록한 이 종목들은 연말 주가가 연초에 비해 엄청나게 상승했을까요? 코스닥시장에 상장된 베리앤모어는 2009년 무려 54일, 연속으로는 13일이나 상한가를 기록하며 875원이던 주가가 4025원까지 급등하기도 했지만, 반대로 무려 28일이나 하한가를 기록하기도 했습니다. 그래서 연말에는 오히려 835원으로 연초보다 하락했죠. 상한가를 54번이나 기록하고도 주가는 오히려 빠졌으니 '빛 좋은 개살구'가 아닐 수 없습니다.

상한가 횟수 최다 기업의 주가변동률(2009.1.2~12.30)

	종목명	상한가 횟수	변동률(%)		종목명	상한가 횟수	변동률(%)
유가증권시장	C&우방랜드	41	370.8	코스닥시장	베리앤모어	54	−3.9
	한신DNP	41	−40.0		엠엔에프씨	46	−57.4
	대우부품	38	36.8		아이알디	46	−30.4
	대한은박지	32	220.9		메가비이온	41	−27.3
	쌍용차	27	151.2		이롬텍	39	−95.6
	옵티머스	26	−72.2		스타맥스	34	−75.7
	에프씨비투웰브	24	303.6		스멕스	32	−94.2
	오라바이오틱스	24	−70.1		제너비오믹스	31	−54.3
	남한제지	24	상장폐지		비엔알	30	−46.7

하지만 이 정도면 양호한 편입니다. 코스닥시장에서 상한가 횟수가 가장 많았던 기업 9개 중 실제 연간 주가가 오른 기업은 한 군데도 없었습니다. 상승은커녕 오히려 반 토막도 감지덕지해야 할 처지였고, 심지어 20분의 1토막까지 난 것도 있는데요. 반면 유가증권시장은 코스닥시장에 비해 그나마 '선방善防'했죠. 몇몇 종목은 큰 폭으로(−40~−70%) 하락했고 심지어 상장폐지되는 종목도 있었지만, 100% 넘게 상승한 종목들도 꽤 나왔습니다.

상한가 따라 하기는 위험한 불장난, 잘못하면 하한가에 한숨 쉴 수도 있어요!

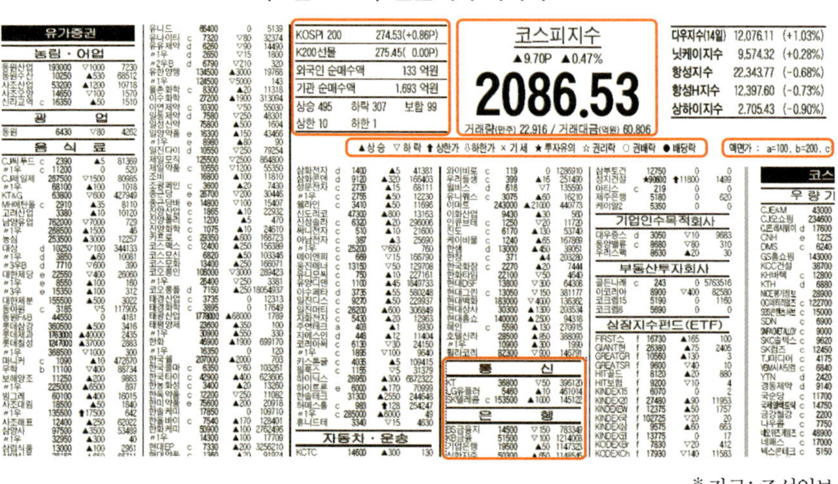

〈그림 1-12〉 신문의 주식시세표

* 자료: 조선일보

〈그림 1-12〉는 일간지에 매일 게시되는 주식시세표의 예다. 신문에 따라 형태나 내용이 다소 다르지만 기본적으로는 지수, 업종, 종목, 등락, 액면가, 매매동향 등의 정보가 수록돼 있다.

대표지수의 등락에 대한 정보

유가증권시장인 코스피지수의 등락에 대한 정보다. 2086.53포인트로 마감돼 전일 대비 0.47%인 9.70포인트 상승했다. 22,916만(2억2천916만) 주의 거래가 이루어졌고 60,806억(6조806억) 원의 거래금액을 기록했다는 것을 알 수 있다.

개별 종목의 등락과 상태에 대한 정보

▲ 상승   ▽ 하락   ⬆ 상한가   ⬇ 하한가   × 기세   ★ 투자유의   ☆ 권리락   ○ 권배락   ● 배당락

위쪽과 아래쪽을 향한 삼각형으로 '상승'과 '하락'을 표시하고 있다. '상한가'와 '하한가'까지 간 종목은 화살표로 표시한다. ×로 표시되는 '기세'는 사거나 팔 겠다는 호가주문은 있었지만 실제 거래가 이루어지지 않은 종목을 의미한다. 그래서 매도주문만 있을 경우에는 가장 낮은 호가를, 매수주문만 있을 경우에 는 가장 높은 호가를 기세가격으로 정한다.

'투자유의'는 주가와 거래량이 일정기간 내에 급변한 종목을 감시 대상으로 지 정해서 투자자에게 주의를 환기시키는 표시다. '권리락'은 기업이 자본금을 늘리 는 증자를 할 때에 생긴다. 자본금 증자 시 일정 기준일까지 주식을 보유하고 있 는 주주들에게는 새 주식을 인수할 권한을 주지만, 그 이후에 보유한 주주들에게 는 인수 권한을 주지 않는다. 그래서 기준일이 지나면 주식을 배당 받을 수 없기 에 주가가 하락하게 되는데, 이를 '권리락'이라 한다. '배당락'은 권리락과 비슷한 데, 배당 받을 수 있는 기한이 지나 주식을 매입한 주주는 배당을 받을 수 없게 돼 주가가 하락하는 것을 의미한다.

주식의 '원가'를 알려주는 액면가

액면가 : a=100, b=200, c=500, d=1000, e=2500, f=기타, 무표시=5000원

상품마다 제조원가나 소비자가격이 다른 것처럼 주식도 종목마다 액면가 가 다르다. 그래서 주가가 비슷해도 액면가가 다르면 실제 가치에서 상당 한 차이가 나게 된다. 액면가는 보통 100~5000원까지 큰 차이가 난다. 그 러므로 액면가를 모르는 상태에서 주가를 비교하면 착시현상이 생길 수 있 다. 주식은 액면가를 알고 비교해야 정확한 평가를 할 수 있다.

기타 주요 정보

KOSPI 200		274.53(+0.86P)
K200선물		275.45(0.00P)
외국인 순매수액		133 억원
기관 순매수액 1,693 억원		
상승 495	하락 307	보합 99
상한 10	하한 1	

유가증권시장에 상장된 종목 중 대표성을 지니는 200종목을 추려서 지수를 따로 계산하는 것이 KOSPI200지수다(선물은 파생금융상품의 일종인데 이것은 선물옵션을 다룰 때 자세히 설명하겠다).

순매수액은 사고파는 비중을 알 수 있는 정보다. 외국인이라고 해서 한 사람처럼 일사불란하게 주식을 사거나 팔지는 않기에, 모든 외국인이 사고 판 것을 모두 차감해서 나온 금액이 '+'이면 '순매수'라 하고 '-'이면 '순매도'라 한다. 위에서는 외국인이 133억 원, 기관이 1693억 원을 '순매수'했다는 것을 알 수 있다.

상승한 종목이 495, 가격제한 폭까지 상승한(상한) 종목이 10이다. 그런데 보합은 뭘까? 보합은 오르지도 내리지도 않고 가격이 제자리걸음을 한 것을 의미하는데, 99개 종목이 전일과 같은 가격으로 마감했다.

업종별 개별종목의 매매동향

통 신			
KT	36800	▽50	396120
LG유플러	5460	▲10	461014
SK텔레콤 c	153500	▲1000	145122
은 행			
BS금융지	14500	▽150	783349
KB금융	51500	▽100	1214003
기업은행	19500	▲50	1147323
신한지주	50300	▲650	1148546
외환은행	9490	0	1790523
우리지주	13200	0	2324953
전북은행	5770	0	28790
하나지주	38500	▲350	1048023
종금 · 리스			
DGB금융	15850	▽50	243504
금호종금 c	525	▲5	97451
메리츠금 c	2845	▲35	388019

업종별 종목이 나열돼 있다. 통신업종으로 구분된 KT는 3만6800원으로 전일 대비 50원 하락했고 거래량은 39만6120주이다. 그런데 SK텔레콤에는 가격 앞에 c가 표시돼 있고 가격은 15만 원대이다. 그렇다면 SK텔레콤은 KT 대비 몇 배나 주가가 높은 것일까? 약 4배일까?

SK텔레콤에 붙은 c를 보니 액면가가 500원이라는 것을 알 수 있다. KT는 아무 표시가 없으므로 5000원이다. 액면가가 KT의 10분의 1인 SK텔레콤은 눈에 보이는 주가에서 4배 차이가 나지만 액면가를 감안하면 KT보다 40배가량 비싼 고가 주식이다. 액면가를 고려하지 않고 얼핏 보면 종목 간의 가치 차이를 정확하게 느끼기 힘들다. 그래서 액면가를 알고 비교해야 종목의 정확한 가치를 비교할 수 있는 것이다.

Stock News

페이스북에 투자했다는 이유만으로 하루 새 주가 42% 폭등

최근 SNS Social Network Service가 크게 부각되고 있다. SNS는 미국의 '페이스 북'이 독보적이다. 2012년에 기업공개를 하고 주식시장에 화려하게 상장하면 서 창업자인 마크 주커버그는 억만장자 대열에 이름을 올렸다.

그런데 미국의 GSV캐피탈이라는 회사는 2011년 6월 27일 장외시장에서 페이스북 주식 22만5000주를 주당 29.28달러에 매입했다고 발표했다. 페이 스북이 상장되기 전인 셈이다. 이 소식을 발표하자마자 GSV캐피탈의 주가는 4.30달러가 상승해서 14.57달러로 마감했다. 불과 하루 만에 무려 42% 폭등 한 것이다.

참고로 미국 증시는 폭락을 막기 위해 앞에서 설명한 것처럼 매매를 강제로 일시 정지시키는 '서킷브레이커' 제도를 운용하지만, 개별종목의 경우 우리와 는 달리 가격제한 폭이 사실상 없다. 그래서 이처럼 불과 하루 만에 수십 %가 오르내리는 경우도 있다.

정체를 알 수 없는 누군가와 거래하는 주식매매

〈그림 1-13〉 주식매매의 처리과정

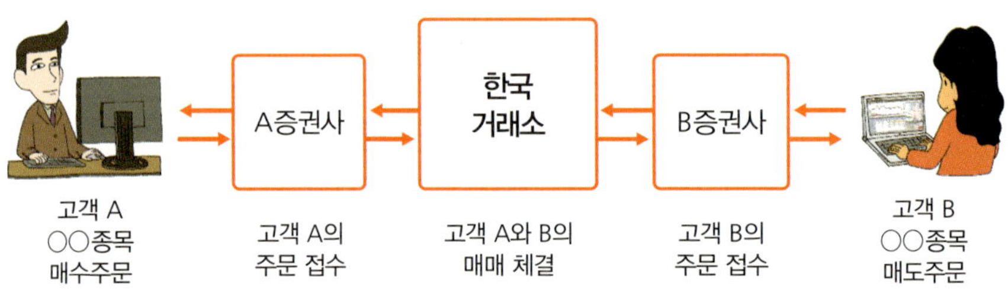

〈그림 1-13〉은 주식이 거래되는 과정이다. 고객 A가 ○○종목을 사겠다고 자신이 거래하는 A증권사의 HTS에 주문을 낸다. 한편에서는 고객 B가 같은 ○○종목을 팔겠다고 B증권사에 주문을 낸다. 그러면 두 증권사에 접수된 정보는 한국거래소로 보내지고, 이곳에서 수많은 매매주문 중 가격·시간·수량을 고려해 서로 조건이 맞는 매수주문과 매도주문을 처리함으로써 매매를 성사시키게 된다.

그렇지만 고객 A와 B는 누군가와 주식을 사고파는 매매를 했지만 정작 누구와 거래를 했는지, 상대방이 이익을 봤는지 손해를 봤는지 알 수 없다. 임의의 누군가와 거래를 했을 뿐이다. 이익을 내고 팔았다고 해서 상대가 손해를 봤는지는 알 수가 없고, 자신이 손해를 봐도 하소연할 상대방이 없다. 이런 익명성으로 인해 동정이나 얄팍한 감성이 통하지 않는 비정함이 느껴지는 곳이 바로 주식시장이다.

시간에 따라 구분되는 정규시장과 시간외시장

매매거래일은 월요일부터 금요일까지이며, 공휴일과 12월 31일(공휴일 또는 토요일인 경우 직전 매매거래일), 기타 거래소가 필요하다고 인정하는 날에는 매매거래 및 결제가 이루어지지 않는다. 또한 수능일 같은 경우는 교통 체증 해소를 위해 1시간 정도 늦게 개장되는 경우도 있다.

매매거래시간은 정규시장과 시간외시장으로 운영되고 있다. 정규시장의 매매시간은 09:00~15:00이며, 시간외시장은 07:30~08:30과 15:00~18:00이다. 시간외시장은 정규시장에 참여하지 못하는 투자자들의 편의를 위한 시장이다. 실시간으로 가격이 오르내리는 정규시장 전과 후에 매매가 이루어지기 때문에 매매가격의 융통성이 제한되는 단점이 있다.

<표 1-10> 주식시장의 매매시간과 특징

구분	시간	특징
시간외시장	07:30~08:30(전일 종가로 매매) 15:00~15:30(당일 종가로 매매)	지정된 가격으로 정규시간 외에 매매 편의 제공(실시간 가격변동 아님)
	15:30~18:00	당일종가 +−5% 범위의 가격에서 매매
정규시장	개장 전 동시호가 08:00~09:00	매수·매도주문 일괄처리로 당일 시작가격(시가)이 정해짐
	장중 일반거래 09:00~14:50	장중 실시간 가격변화에 따라 원하는 가격에 주문
	장 마감 동시호가 14:50~15:00	매수·매도주문 일괄처리로 당일 마감가격(종가)이 정해짐

정규시장은 장 시작 전 개별경쟁에 따른 최초가격(시가)과 장 마감 시 최종가격(종가)을 결정할 때 적용되는 일명 '동시호가'라는 것이 있다. 말 그대로 일정 시간 동안의 호가를 모두 모아서 동시에 하나의 가격으로 취합해 체결하는 것이다.

쉽게 말하면 오전 동시 호가는 8시부터 9시까지 팔겠다는 사람과 사겠다는 사람의 주문을 모두 취합, 가격을 반영해서 시가를 정해 거래를 시작하는 것이다. 그래서 동시호가에 주문을 넣으면 그날 증시상황에 따라 자신이 기대한 것과 차이가 나는 경우가 생길 수 있으므로 초보자는 유의해야 한다.

 **주식시장의 선전포고 '공개매수'**

'A전자는 B사의 주식 100만 주를 3만 원에 '공개매수'하겠다며 금융당국에 신고서를 제출하고 공개매수에 나섰다.'

가끔 언론에 나오는 공개매수 관련 기사다. 주식을 사고 싶으면 그냥 사면 되지, 마치 선전포고하듯 공개매수한다고 온 세상에 밝히는 이유는 뭘까?

공개매수는 기업지배권의 획득, 유지, 강화 등을 목적으로 상장회사의 주식을 시장 밖에서 사들이는 것을 의미한다. 주가에 일정한 프리미엄을 붙인 가격을 제시하고 공개매수에 응한 주주들의 주식을 이 가격에 사들인다. 공개매수는 주로 적대적 인수합병(M&A) 수단으로 사용된다. 석유공사가 2010년에 영국의 석유개발업체 '다나 페트롤리엄'의 경영권을 인수할 때 사용한 방법도 바로 공개매수다.

그렇다면 공개매수는 주가에 어떤 영향을 미칠까? 일반적으로 공개매수 가격은 현재 주가보다 높게 제시되고, 회사를 인수하려는 측과 방어하려는 측이 치열한 지분경쟁을 벌일 경우 시세차익을 노린 매수세력이 유입되면서 주가가 상승하는 경우가 많다. 하지만 반대로 인수합병으로 인한 긍정적 효과보다 부정적인 면이 많다고 판단되면 실망한 세력들이 주식을 대거 내다 팔면서 주가가 하락하기도 한다.

그래서 공개매수라는 '선전포고'가 있을 경우 해당 종목은 주가등락의 전쟁터가 되기에 투자할 때 신중한 판단과 분석이 필요하다.

|4| 매수·매도주문으로 주식을 사고팔아보자

주식투자를 위해서는 원하는 종목을 선택해 호가 창에서 가격을 확인하고 매매주문으로 주식을 사거나 팔면 된다. 그렇다면 어떻게 호가가 반영돼서 주가가 등락하는지 알아보도록 하자.

주식투자의 필수 정보, 호가 창

〈그림 1-14〉 주식가격 정보를 보여주는 호가 창(현재가)

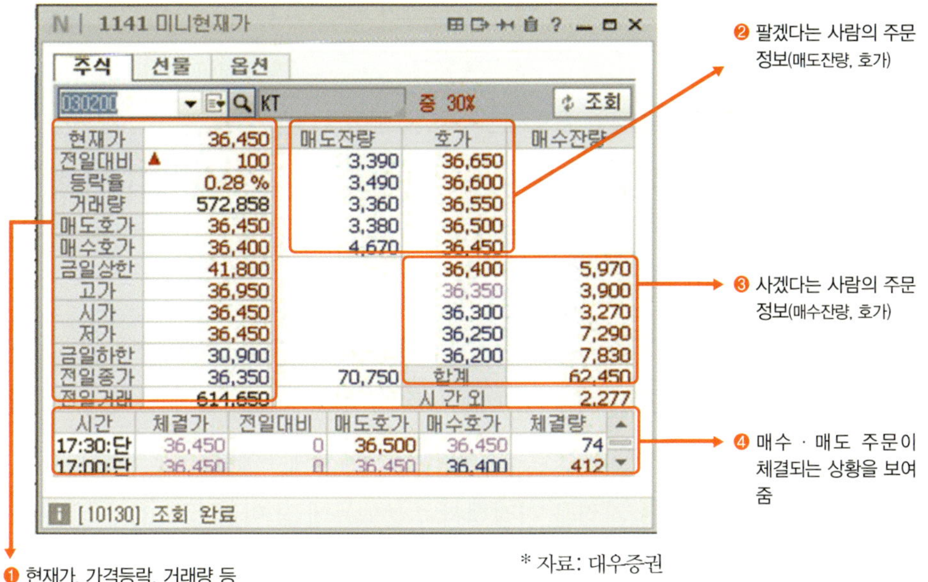

* 자료: 대우증권

〈그림 1-14〉는 가장 기본적인 주식시세를 나타내주는 메뉴 화면이다. 흔히 '호가 창'이라고도 한다. 앞으로 여러분이 주식투자를 하면서 수없이 보게 될 가장 중요한 화면 중 하나다.

화면에서 ❶의 항목들은 현재가, 전일 대비 상승 혹은 하락폭, 상·하한가, 오늘 시작가격, 고가·저가 등의 정보를 알려준다. ❷는 주식을 팔겠다는 매도주문에 대한 정보다. 어떤 가격에 얼마나 팔겠다는 것인지 매도주문에 관한 정보를 보여준다. ❸은 반대로 매수주문에 대한 정보다. 매도호가 중 최저가와 매수호가 중 최고가가 만나는 3만 6400원~3만 6450원대에서 거래가 이뤄지고 있다. ❹는 매수·매도주문이 체결되는 현황을 보여준다.

팔겠다는 수량이 많고, 꼭 팔겠다며 현재가보다 싸게 주문을 넣는 사람들이 많아지면 매도호가는 점점 내려가고 주가도 하락하게 된다. 반대로 사겠다는 사람들이 많아지면 더 높은 가격을 지불하고서라도 사겠다며 호가를 높여 주문을 넣게 되므로 주가가 상승한다.

다양한 매매주문 유형, 초보자는 지정가주문이면 OK

매매주문의 유형에는 지정가, 시장가, 조건부지정가, 최유리지정가, 최우선지정가주문 등 다양한 유형이 있다.

지정가주문: 가격을 지정해서 주문. 가장 일반적인 주문 형태.

시장가주문: 가격을 지정하지 않고 주문. 무조건 체결을 원할 경우 사용(시세 급변동 시 예상보다 불리한 가격에 매매가 체결될 수도 있음).

조건부지정가주문: 가격을 지정해서 주문했는데 장 마감 동시호가 무렵까지 체결이 안 되면 시장가로 전환되는 주문.

최유리지정가주문: 주문이 시장에 도달된 시점에서 가격이 상대방향의 최우선 호가 가격으로 지정되는 주문.

최우선지정가주문: 주문이 시장에 도달된 시점에서 가격이 동일방향의 최우선 호가 가격으로 지정되는 주문.

그렇다면 어떤 상황에서 어떤 주문을 사용해야 할까? 너무 복잡해 감이 오지 않을 것이다. 걱정할 것 없다. 위의 다양한 주문 방법 중 지정가주문을 사용하는 비중이 96.20%다. 지정가주문이 대세라는 것이다. 다른 주문 유형은 시장가주문 3.64%, 조건부지정가주문 0.12%, 최유리지정가주문 0.03%, 최우선지정가주문 0.01%에 불과하다(한국거래소 자료). 그러므로 다양한 주문방법은 참고로만 알아두고 주식매매를 할 때는 가격을 지정해서 주문하는 '지정가주문'을 활용하면 된다.

실탄장전 발사! 매매주문을 실행하는 주문 창을 알아보자

〈그림 1-15〉는 일반적인 매매주문 화면이다. 좌측에는 가격과 수량 정보를 입력할 수 있다. 현재는 매수주문을 위한 준비화면이다. 우측에는 가격 변동과 호가가 표시돼 있다. 원하는 수량과 가격을 지정하고 매수할 것인지 매도할 것인지를 선택해 주문 버튼을 누르면 드디어 매매주문이 '발사' 되는 것이다. 물론 매매가 되기 전에 수량이나 가격을 수정할 수도 있고,

〈그림 1-15〉 일반적인 매매주문 화면

현 재 가	53,300	매도잔량	호 가	매수잔량
전일대비 ▲	1,800	3,905	53,800	
등 락 율	3.50 %	1,391	53,700	
거 래 량	781,904	2,721	53,600	
매도호가	53,300	1,424	53,500	
매수호가	53,200	12,327	53,400	
상 한 가	59,200		53,300	680
고 가	54,400		53,200	10,810
시 가	51,600		53,100	4,324
저 가	51,600		53,000	3,340
하 한 가	43,800		52,900	7,151
전일종가	51,500	53,109	합 계	57,349
전일거래	374,072		시 간 외	25,469

자료시간	체결가	전일대비	매도호가	매수호가	체결량
17:00:단	53,400	▲ 100	53,400	53,300	144
16:30:단	53,400	▲ 100	53,400	53,300	168
16:00:단	53,400	▲ 100	53,600	53,400	100

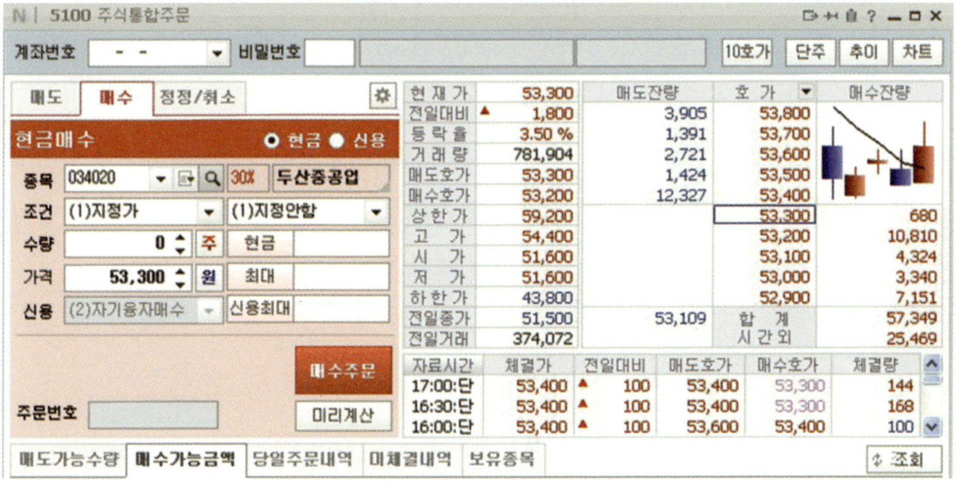

* 자료: 대우증권

<그림 1-16> 빠른 매매주문을 위한 스피드 주문 창

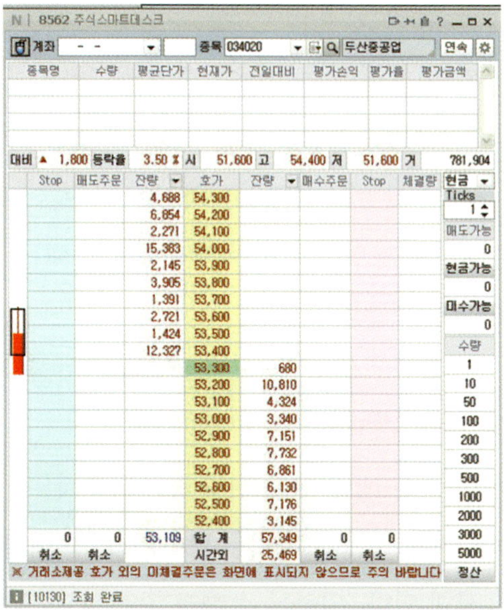

* 자료: 대우증권

주문 자체를 취소할 수도 있다.

　주식매매에 좀 익숙해지다 보면 일일이 키보드로 가격을 입력하고 몇 단계 과정을 거쳐 주문하는 것이 귀찮거나 느리다고 느껴질 때가 있다. 그래서 대부분의 증권사는 마우스 클릭 한 번으로 간단하게 주문을 처리할 수 있는 기능을 제공하고 있다.

　<그림 1-16>는 빠른 매매를 위한 주식매매 창이다. 한 화면에서 여러 종목을 간단하게 매매할 수 있고, 자신이 보유한 종목의 상황도 한눈에 보면서 어떤 종목을 팔거나 살 것인지 빠르게 결정하고 처리할 수 있다.

종합상사는
무역만 하는 회사일까?

2011년 국제유가는 계속 급등세를 이어갔습니다. 게다가 3월에는 일본 지진으로 원전사태가 불거지면서 우리 증시가 크게 출렁거렸죠. 그런데 한동안 시장을 분석하던 김대리는 국내 굴지의 종합상사에 투자하기 시작했습니다. 왜 그랬을까요? 여러분이라면 어떻게 하겠습니까?

구분	투자 여부	이유
LG상사	Yes( ), No( )	
대우인터내셔널	Yes( ), No( )	
현대상사	Yes( ), No( )	
삼성물산	Yes( ), No( )	

종합상사의 은밀한 이중생활, 자원개발에 주목해야

2011년은 국제유가 급등과 일본 원전사태로 에너지 자립도에 대한 중요성이 크게 부각된 해였습니다. 2013년에도 일본 원전사고 현장에서 오염수가 배출돼 원전에 대한 불안감이 증폭되면서 석유, 석탄, LNG 등 전통적인 화석연료에 대한 관심이 계속 부각됐죠. 그런데 '종합상사'는 무역 관련 사업만 하는 것이 아니라 자원개발 관련 사업도 합니다. 김대리는 이 점을 간파한 겁니다.

삼성물산은 아프리카와 멕시코만 등의 광구에서 수입을 올리고 있으며, 대우인터내셔널은 미얀마 가스전에서 생산을 준비 중입니다. 특히 LG상사는 인도네시아 유연탄광을 비롯해 호주 등 세계 각지의 5개 석탄광산에서 연간 약 1000만 톤의 석탄을 취급하고 있습니다. 이는 국내 상사 중 최대 규모인데요. 이들 광산을 포함해 20여 개에 달하는 해외자원개발 프로젝트에 참여하고 있습니다. 이런 이유로 국내 주요 종합상사의 주가는 몇 달 만에 23~68%에 달하는 상승을 했고, 그중 LG상사는 68.2%나 상승하는 기염을 토했습니다.

자원개발 경쟁은 앞으로도 전세계적으로 치열해질 전망! 덕분에 자원개발에 열을 올리는 종합상사 주가상승률은 장기적으로 꾸준한 상승 기대!

국내 주요 자원개발 관련 종합상사 주가상승률(2011년)

구분	3월 15일	7월 15일	상승률(%)
LG상사	3만6450원	6만1300원	68.2
대우인터내셔널	3만3600원	4만1400원	23.2
현대상사	2만9950원	3만7000원	23.5
삼성물산	5만8000원	8만9300원	54.0

| 5 | 실전매매로 점심값 벌고, 손익 계산하기

자, 이제 주식투자를 위한 기본적인 사항을 알아보았으니, 실전에 나서보기로 하자. 백문百聞이 불여일견不如一見이란 말처럼 일단 몇 번 거래를 해보면 쉽게 감을 잡을 수 있다. 물론 연습 삼아 하는 것이니까 쇼핑하듯이 마구 지르면 큰일 난다.

단계별로 시작하는 실전매매 연습 첫 거래

다음과 같은 순서로 지금까지 익힌 지식을 가지고 매매에 도전해보자.

❶ 나름대로 적당한 분석을 해서 매수할 종목을 고른다(현재까지 아는 지식으로만).

❷ 해당 종목의 기업내용에 대해서 살펴본다(사업분야, 상품, 실적 등등).

❸ 차트와 호가 창을 보면서 주가의 움직임을 관찰해본다.

❹ 매수주문 창을 띄우고 주문을 한다(이때 자신이 매수하고자 하는 종목이 맞는지, 수량과 금액이 제대로 선택됐는지, 매수·매도가 바뀌지 않았는지 확인한다).

❺ 매수주문이 체결되면 체결 수량과 가격, 종목이 맞는지 확인한다.

❻ 잔고평가 창을 이용해서 다시 한번 자신이 보유한 종목의 잔고와 수량, 가격을 확인한다.

❼ 반대로 이번에는 자신이 보유한 종목을 매도해본다.

이와 같은 순서로 실전거래를 몇 번 해보면 주문처리뿐 아니라 증권사 HTS의 기능도 대략 익힐 수 있다. 시간 여유가 있을 때 점심값 정도 벌거나 잃는다는 생각을 갖고 소액으로 주식을 사고팔아보면 자연스럽게 주식

투자의 실전과정이 몸에 배게 된다. 처음에는 부담 없는 금액으로 편하게
즐기면서 주식투자의 기본적인 실무절차를 이해하고 투자의 재미를 느껴
보도록 하자.

세상에 공짜는 없다, 결코 만만치 않은 수수료와 세금

유가증권시장은 기본 거래단위가 10주다. 폼 나게 삼성전자 주식을 사며
기분 내고 싶겠지만, 한 주당 100만 원이 넘기 때문에 모두 1000만 원 이
상의 적지 않은 돈이 필요하다. 그렇게 수업료를 많이 내면서 연습할 필요
는 없다. 몇 천 원, 심지어는 몇 백 원 하는 종목들도 있으니 이런 종목을
사고팔면서 연습하면 된다.

그것도 부담스럽다면 코스닥종목으로 연습해도 된다. 코스닥은 1주 단
위로 매매할 수도 있다. 그러므로 점심값 정도 가지고 하루 종일 사고팔면
서 '장난'할 수도 있다. 물론 매매할 때마다 증권사에 수수료와 세금을 내
야 하지만 말이다.

앞에서 설명한 것처럼 증권사가 아닌 은행에 가서 계좌를 개설하면 수수
료가 더 저렴해진다. 은행연계계좌의 온라인 수수료는 최근 경쟁적으로 인
하돼 평균 0.015% 내외이며 0.01% 이하인 곳도 등장했다.

주식거래를 하면 증권사에 수수료를 지불해야 한다. 또한
0.3%의 세금을 내야 한다. 수수료는 살(매수) 때도 내고 팔
(매도) 때도 꼬박꼬박 내야 하지만, 세금은 다행히도 매도할
때만 내면 된다.

그렇다면 주식을 한 번 사고팔 때 비용은 얼마나 발생하
고 순손익은 어느 정도 되는 것일까? 현재 주가가 10만 원
인 K전자의 주식을 10주 매수해서 12만 원에 매도했다면
비용과 순익은 어떻게 될까?

많은 사람들이 '상한가 한 번
이면 15% 수익인데, 그까짓
수수료쯤이야' 하면서 수수료
와 세금을 우습게 본다. 하지
만 가랑비에 옷 젖는다는 말을
기억하라. 매번 0.33% 가량
이 원금에서 새나가기 때문에
잦은 매매는 야금야금 종잣돈
을 까먹게 만든다는 것을 명심
해야 한다.

> 1) 10만 원인 K전자 주식 10주를 매수(총 매수금액 100만 원)
>   증권사 수수료: 10만 원×10주×0.015% = 150원
> 2) 주가가 올라 12만 원에 10주를 모두 매도(총 매도금액 120만 원)
>   증권사 수수료: 12만 원×10주×0.015% = 180원
>   세금: 12만 원×10주×0.3% = 3600원
>
> ---
>
> 손익: 120만 원 − 100만 원 = 20만 원(1주당 2만 원 수익), 매수가 대비 20%
>   수익
> 순손익: 20만 원 − 330원(증권사수수료) − 3600원(세금) = 19만6070원
> 손익 대비 순손익률: 98%

10만 원 하는 주식을 10주 매수했다. 다행히 주가가 올라서 12만 원에 매도했다. 20만 원의 짭짤한 수익이 생겼지만 증권사수수료와 세금을 제하니 실제 손에 쥐는 돈은 19만6070원이다.

꽤나 남는 장사라고? 글쎄다. 얼핏 보면 그렇게 보이지만 수익이 나건 손실이 나건 증권사수수료 두 번과 세금 한 번은 꼬박꼬박 내야 한다. 그래서 손익 대비 비용을 제외한 순손익률이 98%이다.

그렇다면 매번 본전에 사고팔기를 반복하면 어떻게 될까? 한 번 거래할 때마다 두 번의 수수료(0.015%×2)와 세금(0.3%)이 꼬박꼬박 자동으로 빠져나간다. 거래 한 번에 원금의 약 0.33%가 항상 쪼그라들게 되는 셈이다.

하필이면 왜 내가 산 종목의 회사가
파업하는 거야?

유성기업은 자동차 엔진부품업체입니다. 노사협상이 결렬돼 본격적인 파업이 예상되고 있는 회사죠. 파업으로 인한 조업 차질로 현대·기아차에 납품이 지연되면서 실적 악화가 예상되는 상황입니다. 여러분은 지금 이 회사의 주식을 보유하고 있습니다. 어떻게 하는 것이 좋을까요? 파업이 본격화되기 전에 주식을 팔고 추이를 지켜보는 것이 바람직하지 않을까요?

종목	매도한다	계속 보유한다	이유
유성기업	☐	☐	

부부싸움은 칼로 물 베기? 파업 때문에 알짜기업인 것 드러나 2배 급등

파업이 본격화된 2011년 5월 19일 유성기업 주가는 2540원으로 전일 대비 9.9% 하락했습니다. 그런데 파업 다음 날에는 2625원으로 오히려 상승했죠. 그다음 날부터 주가는 연일 상한가를 기록하며 파죽지세로 상승했습니다. 파업이 계속돼 조업이 제대로 이뤄지지 못하고, 공권력이 투입돼 파업 농성자들을 해산시키며 아수라장이 된 5월 25일에도 상한가 행진이 계속돼 27일에는 5260원의 고가를 찍으며 파업 전보다 2배나 상승했습니다.

도대체 이게 무슨 조홧속일까요?

이런 황당한 상황이 벌어진 이유는 '피스톤 링'이라는 엔진 부품의 독과점 생산 때문이었습니다. 현대·기아차는 이 회사에서 피스톤 링의 70%를 납품 받고 있는데, 개당 불과 1000여 원 밖에 하지 않는 작은 부품을 공급받지 못해 생산 라인이 멈춰 서는 사태가 벌어진 겁니다.

그렇다면 현대·기아차는 왜 이 조그만 회사에 물량을 몰아줬다가 이렇게 쩔쩔매게 된 것일까요? 거기에는 불과 1351원이라는 단가에 비밀이 있습니다. 피스톤 링은 상대적으로 낮은 단가에도 불구하고 높은 기술력과 내구성을 필요로 합니다. 사정이 이러다 보니 한 회사에 물량을 몰아줘서 대량생산이라는 규모의 경제를 만들어주고, 이를 통해 원가를 맞출 수밖에 없었습니다. 낮은 단가에 높은 기술력이 필요한 상황을 몰아주는 물량으로 해결하려다 보니 이런 독과점상황이 발생하게 된 것입니다.

이런 문제는 비단 우리나라의 경우에만 해당되는 것은 아닙니다. 일본 자동차 회사에 피스톤 링의 50%이상을 공급하는 최대의 피스톤 링 제조사인 리켄Riken의 제품단가도 1.5달러 수준으로 낮은 편입니다. 이 회사 역시 높은 기술력과 낮은 단가의 문제를 대량생산이라는 물량으로 해결해서 손익을 맞추고 있는 상황입니다.

이처럼 유성기업의 파업이 현대·기아차를 생산중단 상황까지 몰고 가서 꼼짝 못하게 만든 엄청난 파괴력은 바로 이러한 독점적 산업구조 때문입니다.

이렇듯 유성기업이 자동차업계에 미치는 막강한 영향력이 새삼스럽게 조명을 받자 투자자들이 몰려들어 주가가 폭등한 것입니다. 작은 부품 하나 조달하는 데 차질을 빚은 글로벌 자동차회사는 주가 폭락으로 3조 원의 시가총액을 날렸는데, 정작 파업 당사자인 유성기업은 줄줄이 상한가를 치며 주가가 2배나 뛰는 황당한 일이 벌어진 겁니다. 그 후 이 종목은 단기간에 몰렸던 투기세력들이 빠져나가면서 주가가 한때 조정 국면을 맞았지만 2013년 8월 5680원의 고점을 찍고는 5000원대를 유지하고 있습니다.

이 사례로 볼 때 작지만 거대기업을 쥐락펴락할 수 있는 '파워'가 있는 유성기업 같은 종목은 작은 고추가 매운 강소強小 주식이라 할 수 있습니다.

전자공시시스템의 사업보고서(PART 3에 설명)에서 유성기업처럼 시장점유율이 50% 넘는 독과점기업을 찾아 투자하면 수익 창출!

주가 등락에 절대 흔들리지 않는 기술

기술적 분석과 실전 차트 활용

HTS는 주식투자를 하는 여러분들의 동반자지만, 어떻게 활용하느냐에 따라 값진 선물을 안겨줄 수도 있고 잘못된 정보를 제공할 수도 있다. 차트와 각종 보조지표를 어떤 방식으로 취합하고, 어떻게 해석하느냐에 따라 전혀 다른 판단을 내릴 수 있기 때문이다. 실전에서 이들을 어떻게 활용해야 하고, 이를 통해 주식투자에 대한 기술적 분석은 어떻게 해야 하는지 배워보자. 주가 등락이나 주변 풍문에 흔들리지 않고 자신만의 노하우로 안정된 투자를 하는 최고의 스킬을 터득하게 될 것이다.

기술적 분석과 차트에 대한 이해

01

| 1 | 기술적 분석이란 무엇인가

주식투자를 위한 분석에는 차트를 분석해서 판단하는 기술적 분석, 경제 동향과 국내외 뉴스 등 주로 거시경제와 관련된 사항들을 위주로 판단하는 기본적 분석이 있다. 최근 들어서는 개별기업의 잠재력과 가치 위주로 판단하는 가치분석이 각광을 받고 있다.

기본적 분석: 국내외 경제 관련 상황을 분석해서 증시의 향방을 파악.

기술적 분석: 차트와 각종 보조지표를 활용해서 종목선정과 투자결정에 참조.

가치분석: 개별기업의 역량과 성장성 등을 다양한 지표로 분석해 유망종 목을 발굴.

주식투자를 하는 상당수 개인투자자들이 묻지마 투자 수준을 넘어서면 차트를 보고 분석하기 시작하는데, 그것이 바로 기술적 분석이다. 주가가 오르내린 궤적과 보조지표, 거래량 등이 표시된 차트를 분석해서 종목을 찾고, 향후 주가의 향방을 가늠하는 방법이다. 즉 차트를 보고 '예전에 차트가 이런 형태를 보인 종목은 나중에 주가가 어떻게 될 확률이 높다'는 식으로 분석하는 것이다.

과거는 반복되고 주가는 일정한 추세로 움직인다

기술적 분석에서 전제가 되는 것은 '과거는 반복되고 주가는 일정한 추세로 움직인다'는 것이다. 그래서 수많은 종목의 과거 차트를 분석해서 주가 상승 확률이 높은 '차트 형태'를 도출한다. 그런 다음 차트가 그와 비슷한 형태를 띠는 종목을 찾아 투자하면 결국 주가가 상승하기 때문에 성공할 확률이 높다는 것이다. 왜냐하면 주가는 한번 움직이면 계속해서 같은 방향으로 움직이려는 성향이 있기 때문이다. 이를 '추세'라고 하는데, 차트 분석을 통해 추세를 파악하고 상승추세를 따라가면 수익을 낼 수 있다는 것이다.

기술적 분석은 개별기업의 특수성보다 지나간 주가움직임을 분석하는 차트에 의존하기 때문에 과거 자료를 기준으로 상승 가능성이 높은 종목을 찾아내는 우수한 '비법'을 만들어내기 쉽다.

이 방법은 차트의 보편적인 특징만 이해하고 성공적인 패턴을 도출하면 어느 종목에나 적용할 수 있다는 장점이 있다. 이런 이유로 이해하기 쉽고 적용범위가 넓어서 이를 처음 접하는 개인투자자들에게는 대단한 비법처럼 느껴진다.

다양한 기업의 특수 상황을 제대로 반영하지 못하는 단점

이와 같이 기술적 분석은 과거에 주가가 상승한 차트의 형태를 분석해서 비슷한 차트 형태를 띠는 종목을 찾아 투자하는 방법이다. 어떤가? 매우 간단하고 합리적인 투자방법 같지 않은가?

그렇지만 기술적 분석에는 결정적인 단점이 있다. 바로 개별기업에 대한 분석이 부족하다는 것이다. 기침만 하면 무조건 감기에 걸렸다고 단정할 수 있을까? 다양한 이유로 기침을 할 수 있는데도 무조건 감기라고 판단할 수는 없는 노릇이다.

마찬가지로 기업의 내부상황이나 업종의 시장상황이 다른데, 과거의 주가움직임과 비슷하다고 해서 향후 주가가 같은 형태로 움직이리라 장담할 수 있을까? 이 분석 방법은 호재나 악재가 주가에 미치는 영향이 개별종목에 따라 다르다는 점을 제대로 반영하지 못하는 결정적인 한계가 있다.

과거의 결과를 토대로 짜맞추는 후행성의 한계

또한 기술적 분석은 이미 알고 있는 과거의 주가, 즉 이미 지나간 결과를 기준으로 한다. 지나간 결과를 가지고 짜맞추기 때문에 뒷북을 치는 '후행성後行性' 한계가 있다.

과거의 주가움직임에 영향을 미친 수많은 변수들이 향후에도 동일한 영향을 미치리라는 보장은 없다. 이미 알고 있는 결과를 미래의 상승 혹은 하락 이유로 갖다 붙이는 것밖에는 되지 않는다.

이미 답을 아는 상태에서 비슷한 유형의 수학문제를 보면 당연히 쉬워 보이고 얼마든지 그럴듯하게 문제를 풀 수 있을 것 같다. 하지만 막상 풀어보면 꼭 그런 것만은 아니다. 문제를 푸는 방법을 제대로 공부하지 않은 경우에는 더욱 그렇다. 투자에 있어서도 마찬가지다. 많은 개인투자자들은 지나간 차트를 분석해서 설명해주는 전문가의 말을 들을 때 '아하! 그렇구나' 하고 무릎을 치며 감탄한다. 하지만 이들의 '비법'만 믿고 실전에 들어가면 낭패를 보기 쉽다. 주가는 과거가 아니라 '현재진행형'이기 때문에 잘 들어맞지 않아 실패를 반복하게 되는 것이다. 과거의 성공 사례가 '붕어빵' 찍어내듯 향후의 성공을 보장하지는 못한다.

그러므로 주식투자를 위해 차트를 참조하는 것은 좋지만 무조건 그것만을 맹신하는 것은 금물이다. 잘못하면 투자 시야를 좁게 만들 뿐 아니라 '차트 만능주의'에 빠지는 우를 범할 수 있다.

가위바위보를 10번 연속 이긴다고 천재일까?

바보들 1024명을 모아놓고 가위바위보 대회를 열었는데 10번 연속 이긴 우승자가 나왔다(무승부는 없다고 치자). 자 그렇다면 우승한 바보는 진정 가위바위보의 천재인 것일까? 여러분은 우승자를 믿고 스폰서가 돼 투자해서 가위바위보 대회를 개최하겠는가? 아마도 대부분은 고개를 설레설레 저을 것이다. 왜 그럴까? 머리를 쓰지 않고 무작위로 아무것이나 내게 해도 1024명 중 한 명은 확률적으로 10번 연속 이기게 돼 있다. 그러므로 이 바보들의 잔치에서는 진정한 실력이 아니라 운에 따라 우승자가 결정된 것이다.

과거의 결과에 기초한 기술적 분석도 마찬가지 한계를 지니고 있다. 개별기업의 실적이나 전망을 함께 고려하지 않고 과거 주가가 움직인 궤적에만 기초한 분석은 외발자전거로 경주를 하는 것만큼이나 한계가 있다.

| 2 | 차트는 무엇이며, 어떤 종류가 있을까

차트를 이용해 투자종목을 찾아 분석하는 것이 기술적 분석이라는 것을 알았다. 기술적 분석의 근간은 바로 차트다. 차트에는 여러 형태가 있는데 우리나라에서는 봉 모양으로 된 일본식 차트인 '봉차트'가 주로 사용된다. 봉차트는 기준으로 삼는 봉의 기간에 따라 분봉, 일봉, 주봉, 월봉 등으로 구분된다.

기간에 따른 봉의 구분과 특징

주봉, 월봉: 1주나 1개월 동안 주가가 움직인 것을 하나의 봉으로 표시하며 주로 장기적인 추세를 분석할 때 참조한다.

일봉: 1일 동안의 주가등락을 봉 하나로 표시한 일일 단위 주가움직임이다. 주로 중기적인 추세를 분석할 때 참조한다.

분봉: 1분, 3분, 5분, 10분 등 분 단위 주가움직임을 봉으로 표시하며 주로 단기적인 추세를 분석할 때 참조한다.

〈그림 2-1〉은 주가차트를 월봉, 일봉, 30분봉, 5분봉으로 구분해서 나열한 것이다. 각 봉의 기간에 따라 장기에서 당일까지의 주가움직임을 파악할 수 있다.

❶ 월봉은 몇 년치 주가움직임이 반영돼 있으므로 해당 종목의 주가 역사를 한눈에 파악할 수 있다. 주로 장기적인 분석을 하는 데 적절하다. 그림에서 7만5000원 선에서 오르내리던 주가는 이후 10만 원을 돌파하면서 고공행진을 시작하고 있다. 장기적으로는 상승추세가 돋보이는 종목임을 알 수 있다.

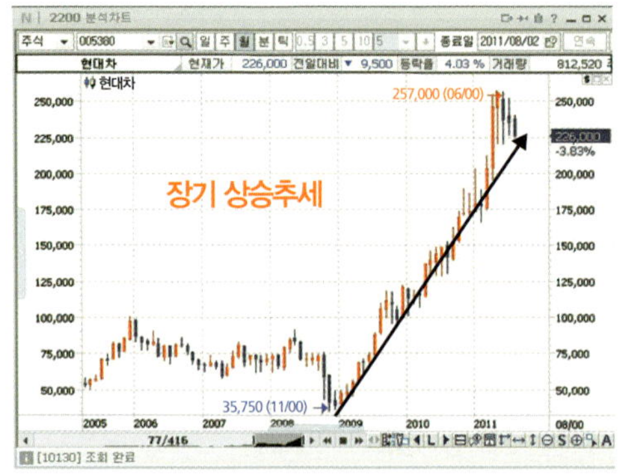

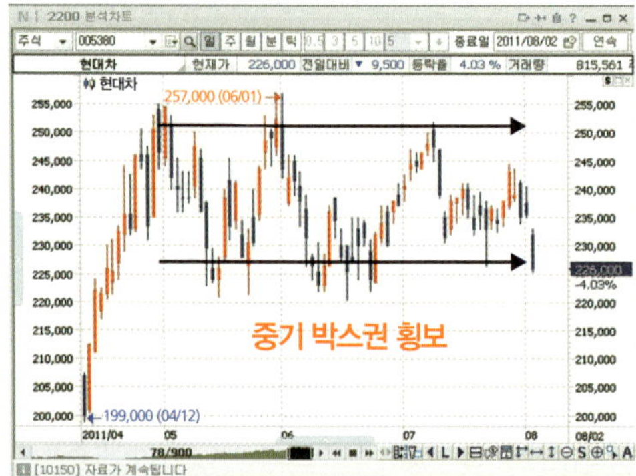

❶ 월봉: 몇 년치 데이터에 의한 장기분석

❷ 일봉: 6개월 내외의 중기분석

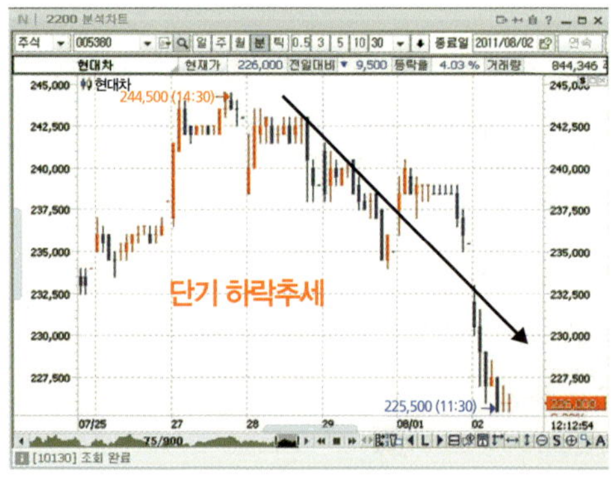

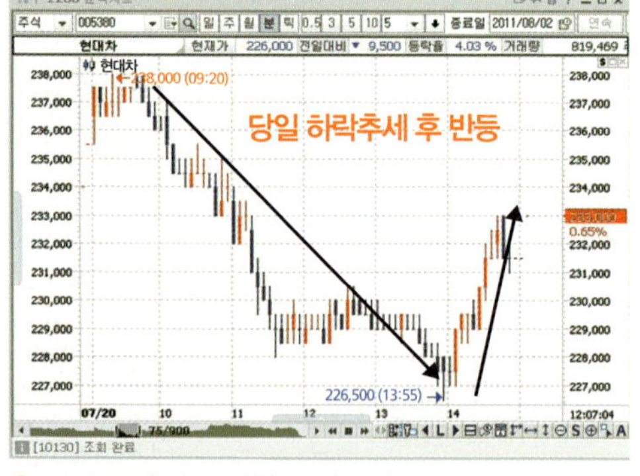

❸ 30분봉: 1~2주의 단기분석

❹ 5분봉: 매매를 위한 당일분석

* 자료: 대우증권

❷ 일봉은 최근 6개월 전후의 중기적인 가격 분석에 사용한다. 20만 원에서 25만 원까지 급등한 주가는 이후 22만~25만 원의 박스권(박스에 갇힌 것처럼 위아래가 일정한 가격대)에서 횡보(橫步, 주가가 좁은 박스권에서 옆으로 걷듯이 움직임)를 거듭하고 있다. 중기적으로 현재의 주가는 소강상태임을 알 수 있다.

❸ 30분봉은 1~2주 정도 최근의 주가움직임을 파악하는 데 도움이 된다. 최근 일주일간 주가는 24만4500원에서 22만5500원까지 흘러내리면서

하락추세를 형성하고 있는 것을 확인할 수 있다.

❹ 5분봉은 데이트레이딩 등 당일 매매를 위한 주가움직임을 파악하는 데 활용한다. 장 시작 후 23만 8000원이던 주가는 장중 내내 하락해서 22만 6500원의 저점을 찍고 장 마감 무렵에 반등했다. 이날 이 종목은 전반적으로 하락추세 후 반등임을 한눈에 확인할 수 있다.

위에서 보듯이 봉차트는 기간에 따라 그 역할이 다르다. 그래서 차트로 종목을 분석할 때는 '장기→중기→단기→당일'의 순서로 전체적인 흐름을 파악하는 것이 바람직하다.

봉차트, 보조지표, 거래량이 차트의 기본 요소

〈그림 2-2〉는 증권사 HTS에서 제공하는 봉차트의 일반적인 모습이다. 차

〈그림 2-2〉 기본적인 차트의 구성 요소

* 자료: 대우증권

트를 구성하는 내용은 크게 주가의 움직임을 봉으로 표시한 '봉차트', 차트를 분석하는 데 도움을 주는 '보조지표', 그리고 '거래량'이다.

봉들 사이에 걸쳐져 있는 선들은 '이동평균선'이라는 것인데, 이것은 봉으로 표시된 가격들을 평균 내어 선으로 연결한 것이다. 주가의 평균 가격이라고 이해하면 된다. 그리고 차트 아래쪽에 막대그래프처럼 보이는 부분은 얼마나 많은 주식이 거래됐는지를 알려준다.(보조지표, 거래량, 이동평균선 등은 나중에 설명하겠다.)

이것이 가장 기본적인 차트의 모습이다. 여기에 더해 여러 가지 보조지표를 사용할 수도 있고, 자신이 원하는 형태로 설정을 변경해 다양한 모양으로 사용할 수도 있다.

 **차트를 빨리 배우게 해주는 연속보기 기능**

처음에 주식투자를 하면 차트가 꽤나 낯설게 느껴지고 봉이나 패턴 등이 눈에 잘 와 닿지 않는다. 게다가 거래량, 이동평균선, 보조지표 등을 같이 보고 분석하다 보면 눈이 가물거리며 뭐가 뭔지 모르게 된다.

이럴 때 증권사 HTS에서 제공하는 차트 연속(자동)보기 기능을 활용하면 가만히 앉아서 마치 영화를 보는 것처럼 차트의 변화를 감상할 수 있다(대부분의 증권사에서 비슷한 기능을 제공한다).

전 종목을 볼 수도 있고 업종별 종목 혹은 관심 종목들만 추려서 등록해놓고 볼 수도 있다. 연속보기를 설정한 후 시작하면 전 종목 차트가 일정 시간을 주기로 자동으로 넘어가면서 화면이 진행된다. 중간에 멈췄다가 다시 시작할 수도 있다. 한 차트당 보여주는 시간을 설정할 수도 있으므로 적당히 주기를 설정해 사용하면 된다.

연속보기를 통해 차트의 흐름을 분석한 뒤 다음 날의 차트 모양을 예상해서 맞춰보면 재미도 있고 기술적 분석에 대한 안목이 높아지는 것을 느낄 수 있을 것이다.

| 3 | 차트의 대표주자, 봉차트의 구성을 알아보자

차트는 가격의 움직임을 나타내는 봉을 이어서 나열한다. 각 봉은 주가움직임에 따라 길이, 모양, 색이 다르게 표시된다. 주가가 오르내리는 변화를 일정 시점을 기준으로 해서 하나의 봉으로 표시하는 것이다.

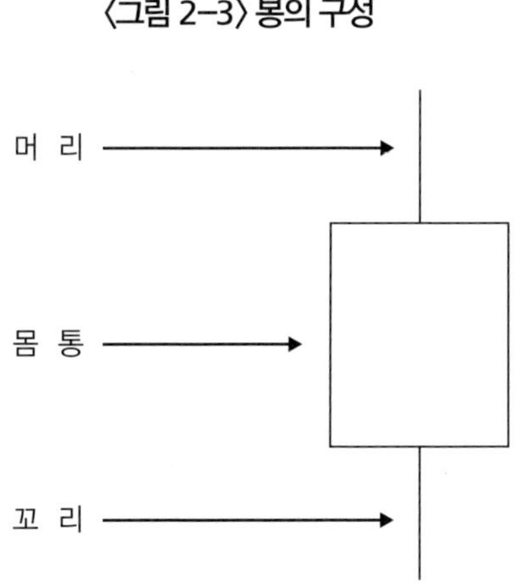

〈그림 2-3〉 봉의 구성

　　봉은 그림과 같이 머리, 몸통, 꼬리의 세 부분으로 나뉜다. 이 세 부분은 주가의 움직임에 따라 모양과 길이가 달라지기 때문에 다양한 형태의 봉들이 생겨난다.

　　각 봉은 몸통을 중심으로 머리와 꼬리를 가지고 있다. 가격변화가 크면 머리부터 꼬리까지의 길이가 길어지고, 가격변화가 적으면 짧아진다. 그러므로 봉의 모양은 비슷해도 전체 길이가 다르고, 몸통 · 머리 · 꼬리의 길이도 달라지면서 다양한 형태의 봉이 생기게 된다.

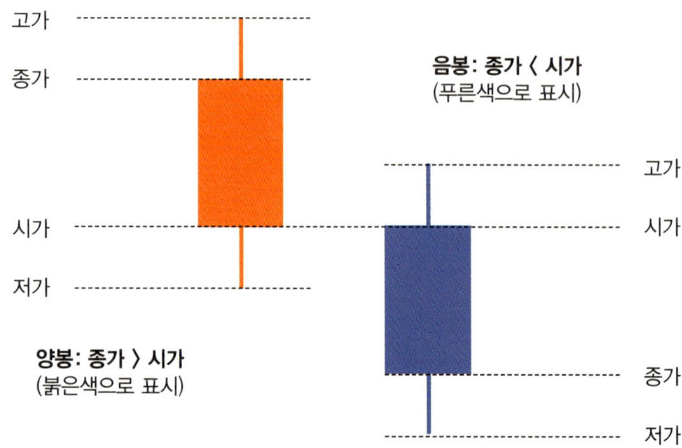

봉은 가격이 올라가서 종가(마감 가격)가 시가(시작 가격)보다 높으면 왼쪽 그림처럼 붉은 양봉이 되고, 가격이 내려가서 종가가 시가보다 낮으면 오른쪽 그림처럼 푸른 음봉이 된다. 그리고 가장 높이 상승했을 때를 고가라 하고, 가장 가격이 낮은 때를 저가라고 한다.

다시 정리하자면 봉은 시가와 종가를 기준으로 상승하면 붉은 양봉, 하락하면 푸른 음봉으로 구분되고, 이렇게 붉고 푸른 다양한 형태의 봉들이 뒤섞여서 차트의 모양을 형성한다.

봉차트를 보고
주가를 파악해보자

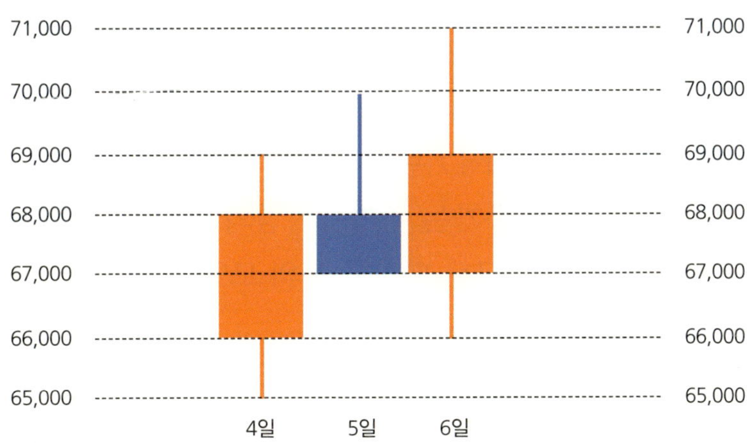

자, 그림 이번에는 봉차트 가격 예제를 보고 주가의 움직임을 직접 파악해봅시다. 4일부터 6일까지 주가가 오르내리면서 그림처럼 봉 모양을 형성했습니다. 그렇다면 각각의 시/고/저/종가는 얼마였을까요?

차트를 보고 주가움직임 파악하기

구분	4일	5일	6일
시가			
고가			
저가			
종가			

봉차트를 보고 시가 · 종가 전략으로 손익 체험

매일 시가에 매수해서 종가에 매도하는 전략으로 매매했다면 각각 손익은 얼마나 될까요? 위 차트를 보고 손익을 계산해보세요.

시가매수 종가매도전략	4일	5일	6일
손익			

　여러분은 이제 차트가 무슨 암호 같은 그림이 아니라 주가의 움직임을 반영한다는 것을 알았고, 차트를 보며 가격의 등락을 직접 분석할 수도 있게 됐습니다. 처음부터 너무 많은 것을 알려고 무리하면 머리만 복잡해지고 수박 겉핥기식이 되고 맙니다. 앞으로 차근차근 실전투자를 즐기면서 더 많이 이해하고 시야를 넓혀 가면 되니 너무 조급해하지 마세요.
시가, 고가, 저가, 종가는 주가움직임의 가장 기본! 이것이 모여서 주가를 형성하므로 다양한 봉의 모양을 접해봅시다!

4 | 봉 모양으로 주가가 오를 종목을 찾는 매매전략

봉의 모양은 제각각이며, 그 모양에 따라 '장대양봉형' 등의 이름으로 구분하고 주가움직임의 의미를 분석할 수 있다. 또한 여러 개의 봉을 조합한 형태를 '패턴'이라 하고, 이를 분석해 주가흐름의 방향과 상황을 파악하는 것을 '패턴분석'이라고 한다.

봉은 모양에 따라 그 이름과 의미가 달라진다

〈표 2-1〉 봉의 모양, 의미, 발생 시점

구분	모양	봉의 의미	발생 시점
장대양봉형		시가부터 주가가 상승하기 시작해 종가가 고가로 마무리된 경우다. 시작하자마자 계속해서 상승한 형태이기 때문에 주가가 바닥권이면 상승 가능성이 높은 패턴이다.	강한 매수세력이 존재하는 경우에 발생한다.
장대음봉형		시가가 바로 고가이며 종가가 최저가이다. 주가가 시작하자마자 계속 하락해서 흘러내리다 마무리된 형태. 주가가 큰 폭으로 하락했음을 알 수 있다.	강한 매도세력이 주식을 팔아 치우고 있을 때 발생한다.
샅바형		주가가 상승하다가 고가에서 밀려서 마무리된 형태다. 이후에 하락세로 돌아설 가능성이 있다.	고가에서 매도세력이 주가를 밀어 내리는 경우에 발생한다.
망치형		주가가 하락했다가 회복하면서 상승으로 마감한 형태다.	바닥권에서 발생하면 추세가 상승으로 반전할 확률이 높다
팽이형		몸통이 짧을수록 추세반전 가능성이 높아지지만 주가 방향을 확인하기에는 무리가 있는 상황이다.	매도세와 매수세가 균형을 이룰 경우에 출현한다.

유성형		주가가 하락하다가 저가매수세에 의해 짧은 반등을 했지만 이후에 다시 밀려 종가가 최저가를 기록한 형태다.	주로 하락 중인 종목에서 자주 나타난다.
교수형		주가가 시작 후 하락했다가 낙폭을 줄이면서 마감한 형태다. 꼬리가 길수록 하락을 저지하려는 힘의 강도가 세다.	하락추세에서 저가매수세가 출현했을 경우에 나타난다.
십자형		팽이형과 비슷하지만, 몸통이 거의 없는 것으로 볼 때 등락은 했지만 종가가 시가와 거의 비슷하게 마무리된 형태다.	주가가 상승 중이었다면 하락이 예상되고 하락 중이라면 상승이 예상된다.

봉은 다양한 형태를 띠고 있으며, 각 봉의 모양에 따라 그 의미가 다르다. 따라서 이를 보고 주가의 향방을 가늠해볼 수 있다.

하지만 봉의 모양에 따른 현재 의미와 향후 예상은 일반적으로 그렇다는 것이지 항상 똑같이 적용되는 것은 아니다. 장대양봉 출현 후 바로 장대음봉이 나오기도 하는 등 주가움직임은 변화무쌍한 모습을 보인다. 그러므로 초보자 입장에서는 봉 모양 하나로 주가를 예측하려고 애쓰기보다 참고자료 정도로만 알아두는 게 좋다.

봉 모양을 보고
투자를 해, 말아?

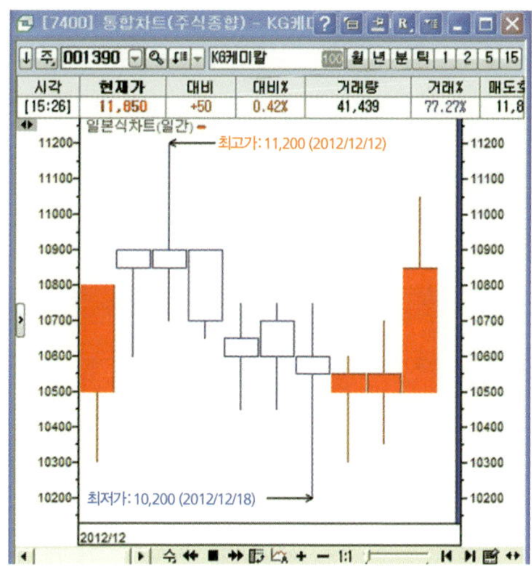

현재 이 종목은 1만500원을 전후해서 지지부진한 움직임을 보이고 있습니다. 봉 모양을 잘 살펴보기 바랍니다. 이어지는 봉의 패턴을 보고서 이 종목에 대한 투자 여부를 판단해보세요.

투자 여부	이유
Yes( ), No( )	

팽이 모양은 추세반전 신호! 팽이 덕에 찾은 수익의 기회

봉 모양이 하락추세를 이어오다가 팽이모양 봉이 2개 연속되면서 추세반전을 예고하고 있습니다. 그 후 긴 장대양봉이 나오면서 본격적인 상승세가 시작되고 있죠.

팽이모양의 봉 → 추세반전 예고 → 장대양봉 → 상승추세 이어감.

이 종목은 이후에도 꾸준히 소폭 상승세를 이어가서 1만1950원의 고점을 찍었습니다. 여러분의 투자 판단 결과는 어땠습니까?

차트의 봉 모양은 투자판단의 기본적인 정보를 제공해줍니다. 차트와 친해지면 가격움직임이 보이고, 가격이 보이면 언제가 살 때이고 팔 때인지를 알 수 있습니다!

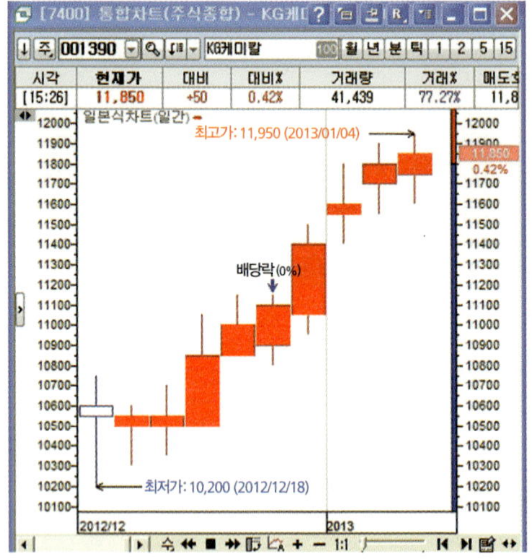

| 1 | 추세란 무엇이고, 왜 확인해야 하는 것일까

바다를 보면 그저 파도가 치고 물결은 이리저리 의미 없이 흘러가는 것 같아 보인다. 하지만 거기에는 밀물과 썰물이라는 큰 흐름이 있다. 썰물 때 물이 빠지면 갯벌에서 조개를 캐고, 밀물 때 바닷물이 밀려오기 시작하면 얼른 육지로 빠져나와야 한다. 주식에서 '지금이 밀물 때냐, 썰물 때냐' 하는 것이 바로 추세고, 추세에 맞게 대응해야 수익을 얻을 수 있다.

추세를 통해 가격흐름의 대세를 파악할 수 있다

추세는 주가의 진행방향을 의미한다. 주가는 매일 오르내림을 반복하지만 큰 흐름으로 보면 계속해서 상승 중인지 아니면 하락 중인지를 알 수 있다. 주가는 한번 상승이나 하락으로 방향이 정해지면 그쪽으로 계속 움직이려는 성질이 있다. 현재 주가가 진행되는 큰 흐름을 '추세'라고 할 때 상승 중이라면 '상승추세', 하락 중이라면 '하락추세'라고 한다.

추세를 분석해서 주가움직임의 방향을 파악하는 것은 매우 중요한 일이다. 썰물에 조개를 캐고 밀물에 육지로 몸을 피하듯이, 상승추세 때 동참해서 수익을 챙기고 하락추세 때 주식을 팔고 나와 관망해야 한다.

상승추세선은 주가의 주요 저점을 연결, 추세 초입에서 매수기회 포착

추세선은 주가의 고점은 고점끼리, 저점은 저점끼리 연결한다. 이때 상승추세선은 저점끼리 연결하고, 하락추세선은 고점끼리 연결한다.

상승추세선은 〈그림 2-5〉에서처럼 상승 중인 주가의 저점과 저점 간을

〈그림 2-5〉 상승추세 확인

* 자료: 대우증권

연결해 선을 그린다. 상승하던 주가가 주춤하면서 다소 하락했지만 저점이 무너지지 않았고, 숨 고르기를 한 주가는 다시 상승하는 모습을 반복하면서 상승추세를 이어가고 있다. 이때 추세선의 고점이 점점 높아지고 있으면 주가상승이 계속 탄력을 받고 있다는 것을 알 수 있다. 그림은 전형적인 상승추세의 모습을 보여주고 있다. 이런 종목은 상승추세 초입에서 매수했을 경우 큰 수익 기회를 얻을 수 있다.

하락추세선은 주가의 주요 고점을 연결, 추세 초입에서 매도 후 관망

하락추세선은 〈그림 2-6〉에서처럼 하락 중인 주가의 고점과 고점 간을 연결해서 선을 그린다. 이때 고점이 계속해서 낮아지고 있다는 것은 투자자

〈그림 2-6〉 하락추세 확인

* 자료: 대우증권

들이 계속해서 주식을 팔고 있다는 의미다. 주가가 하락을 잠시 멈추고 횡보하는가 싶더니 이내 다시 고점이 낮아지면서 하락을 이어가고 있다. 전형적인 하락추세를 보여주는 주가의 움직임이다.

이런 종목을 보유하고 있다면 하락추세 초입에서 매도해 일단 빠져나온 후 관망해야 한다. 그러지 않고 '손절' 기회를 놓치면 추풍낙엽처럼 하락하는 주가를 속절없이 지켜봐야 하는 안타까운 상황에 직면하게 된다.

추세 확인으로
매매 포인트를 확인한다면?

왼쪽 차트는 주가가 상승추세를 이어가고 있는 듯이 보이는 동부건설 종목입니다. 반면 오른쪽 차트는 주가가 줄줄이 흘러내리고 있는 것 같은 상황의 대상홀딩스 종목입니다. 여러분은 지금 이 두 종목에 대한 투자 여부를 고민하고 있습니다. 기술적 분석에 따른 추세만 감안한다면 어느 종목에 투자하겠습니까?

종목	투자 여부	이유
동부건설	Yes( ), No( )	
대상홀딩스	Yes( ), No( )	

추세선 이탈은 상승 및 하락의 서막

왼쪽의 동부건설은 자세히 보면 최근 주가가 상승추세선에서 하향이탈하고 있습니다. 추세를 잠시 이탈한 주가가 이후에 다시 추세선 내로 진입하지 못하면 추세가 전환되는 신호라고 판단할 수 있습니다. 이후에 이 종목은 하락추세로 전환되어 줄줄이 흘러내렸습니다.

오른쪽의 대상홀딩스는 하락추세의 주가가 하락추세선을 상향 돌파했습니다. 이후 주가는 상승추세를 형성하면서 본격적인 주가상승을 이어갔습니다.

이처럼 추세선을 이탈하면 추세전환의 신호로 볼 수 있습니다. 그래서 추세가 전환되면 그에 따라 매수 혹은 매도하고 흐름을 따라가야 합니다. 상승추세선 따라 매수, 이탈하면 매도! 이것만 알아도 초보 탈출 OK!

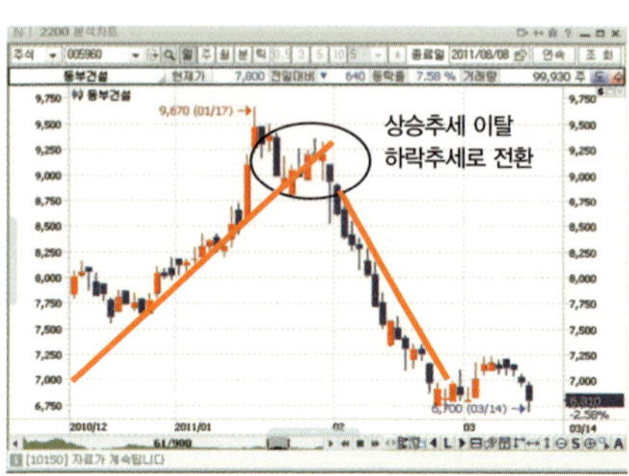

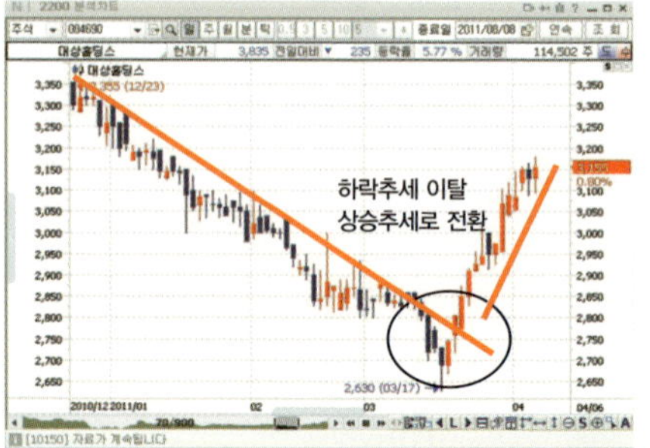

| 2 | 주가하락의 버팀목 지지선, 주가상승의 장애물 저항선

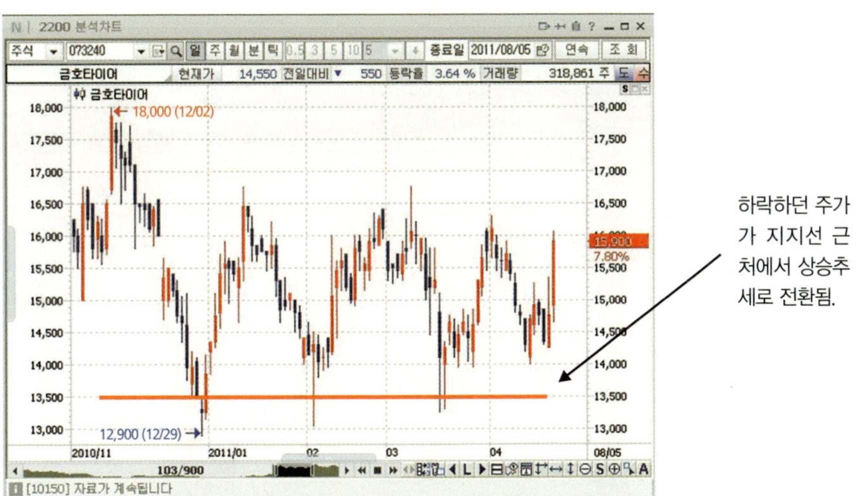

〈그림 2-7〉 주가하락의 버팀목 역할을 하는 지지선

〈그림 2-7〉에서 주가는 1만3000원~1만3500원까지 하락하면서 저점을 형성하고는 다시 상승시도를 반복하고 있다. 저점을 이루는 가격대를 선으로 연결하니 평행선이 그어졌다. 이 선이 바로 지지선이다.

'지지선支持線'이란 말 그대로 지지를 하는 선(가격)을 의미한다. 위에서는 1만3000원~1만3500원이 지지선 가격이다. 주가가 하락을 거듭해 이 가격에 도달하면 강력한 매수세가 나서서 더 이상의 하락을 저지하려 한다. 이 선이 무너지면 추가 하락이 예상되기에 이 종목을 보유한 '큰손'들이 매수에 나서서 더 이상의 하락을 막으려고 안간힘을 쓰는 것이다. 그러면 이 종목의 주가움직임을 지켜본 사람들이 '1만3000원 이하로는 쉽게 빠지지 않겠구나, 지금이 바닥이구나'라고 판단하면서 적극적으로 매수에 동참한다. 그 결과 주가는 상승한다.

주가가 일정 저가에서 추가 하락을 저지하며 버티기를 하면 그 가격대가 바로 '지지선'이 된다. 그리고 지지선에서 추가 하락을 막아내면, 주가는 저점에서 지지를 받고 상승세로 돌아서게 된다. 반면 지지선이 무너지면 주가는 큰 폭으로 추가 하락을 하는 경우가 많다.

<그림 2-8> 주가상승의 장애물로 다가오는 저항선

<그림 2-8>에서 주가는 4만500원~4만1000원까지 상승해 고점을 형성한 뒤 하락세로 돌아서서 흘러내리기를 반복하고 있다. 고점을 이루는 가격대를 선으로 연결하니 평행선이 그어졌다. 이 선이 저항선이다.

'저항선抵抗線'이란 말 그대로 저항을 하는 선(가격)을 의미한다. 그림에서는 4만500원~4만1000원이 저항선 가격이다. 주가가 상승해서 이 가격에 도달하면 고점에서 물려 손해를 보던 강력한 매도세가 나서서 대규모로 주식을 팔아 치운다. 이 때문에 주가는 번번히 저항에 부딪혀서 더 이상 상승하지 못하고 하락세로 돌아선다. 이 종목의 주가를 지켜보던 사람들도 이 가격대가 저항선이고, 주가가 저항선을 돌파하지 못하는 것을 확인하고는 매수에 나서는 것을 주저하게 된다. 팔아 치우려는 세력은 많고, 사려는 세

력은 적으니 주가는 하락한다. 반면 매도세의 이익 실현 물량이 충분히 나오고, 추가 매수세가 들어오기 시작하면 주가는 장애물처럼 굴던 저항선을 뚫고 상승세를 이어가게 된다.

이처럼 지지선과 저항선은 주가상승과 하락의 거점이 되는 가격대를 의미한다. 그래서 일반적으로는 이 가격대에서 주가가 주춤거린다. 그러다가 지지선이 무너지면 급락하고, 저항선을 돌파하면 추가 상승한다.

그러면 '한번 지지선은 영원한 지지선'일까? 지지선이 붕괴돼 추가 하락한 종목은 나중에 반등을 시도할 때 과거 지지선이었던 가격이 반대로 저항선이 되어 발목을 잡는다. 이처럼 주가하락을 저지하던 지지선이 반대로 저항선이 되기도 하고, 저항선이 지지선이 되기도 한다. 지지선과 저항선은 가면을 바꿔 쓰면서 선한 역할과 악한 역할을 번갈아 한다.

나는 너의 수상한 거래 흔적을 알고 있다

하룻동안 주식이 거래되는 계좌는 70만 개 이상, 접수되는 주문은 1400만 건, 거래자금은 10조 원에 이른다. 이중에는 시장을 왜곡하고 투자자들의 뒤통수를 치는, 소위 '작전'이라 불리는 비정상거래도 적지 않다.

'A종목의 차트는 장기간 횡보하다 오르내림의 폭을 서서히 키워가는 전형적인 작전주의 모양을 띠고 있다. 게다가 X계좌가 매도한 주식물량을 Y계좌가 사들이고, 반대로 Y계좌가 매도한 주식을 X계좌가 다시 사들이는 모습이 감지됐다. 자기들끼리 인위적으로 거래량을 늘려 궁극적으로 가격을 끌어올리려는 작전세력의 거래일 가능성이 높은 상황이다.'

이것은 한국거래소 시장감시부 직원들의 컴퓨터 시스템을 통해 파악되는 내용으로, 작전 냄새가 나는 여러 징후들 가운데 하나다. 이들의 모니터엔 몇 분마다 이상한 거래를 포착한 신호가 뜬다. 그중에는 '허수성 호가가 의심된다'는 내용의 경고 메시지도 있다. '허수성 호가'란 거래가 체결될 가능성이 매우 낮은 가격으로 대량 주문을 넣어, 실제로는 주식을 사지도 않으면서 주문량을 부풀리는 작전세력의 전략이다.

한국거래소 시장감시부는 이처럼 첨단 컴퓨터 시스템을 활용해서 주가조작의 단서를 포착해 적발해내는 주식시장의 경찰 역할을 하고 있다. 그들은 '지난 여름 당신의 수상한 거래 흔적'을 알고 있는 셈이다.

|3| 주식시장에 대한 관심도를 알 수 있는 거래량과 거래대금

'거래량'은 거래가 이루어진 주식의 총수량을 말하는 것이고, '거래대금'은 거래가격의 총액이다. 다시 말해 거래량이란 거래소에서 매매가 성립된 주식의 수를 의미하며, 거래대금이란 각각 매매가 성립된 거래가격과 주식의 수를 곱해서 전체를 합한 것이다. 거래량과 거래금액은 유가증권시장이나 코스닥시장 전체, 업종별, 개별종목별로 집계돼 실시간으로 제공된다. 〈그림 2-9〉는 개별종목의 거래량과 거래금액에 관한 정보의 예다.

〈그림 2-9〉 거래량과 거래금액

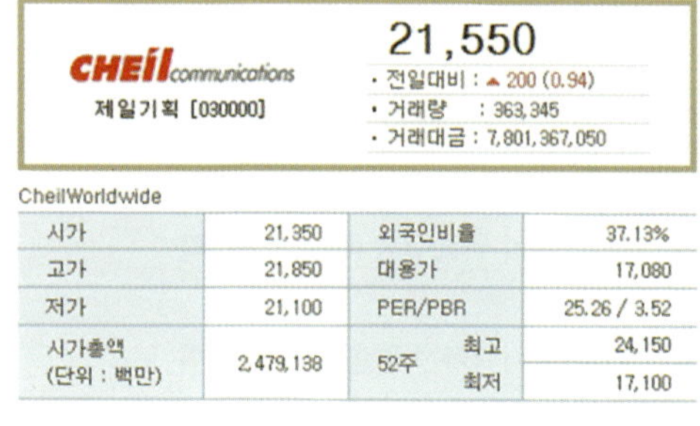

시가	21,350	외국인비율	37.13%
고가	21,850	대용가	17,080
저가	21,100	PER/PBR	25.26 / 3.52
시가총액 (단위 : 백만)	2,479,138	52주 최고	24,150
		52주 최저	17,100

시간대별체결가

시간	체결가	대비	거래량	거래대금
15:25:42	21,550	▲ 200	10	215,500
15:25:42	21,550	▲ 200	50	1,077,500
15:25:42	21,550	▲ 200	209	4,503,950
15:23:08	21,550	▲ 200	3	64,650
15:23:05	21,550	▲ 200	3	64,650
15:11:25	21,550	▲ 200	1	21,550
15:11:23	21,550	▲ 200	84	1,810,200
15:11:23	21,550	▲ 200	9	193,950
15:10:00	21,550	▲ 200	50	1,077,500
15:10:00	21,550	▲ 200	41	883,550

일자별주가

일자	종가	대비	거래량	거래대금
2012/12/27	21,350	▲ 500	260,225	5,495,437,550
2012/12/26	20,850	▼ 400	300,447	6,347,634,900
2012/12/24	21,250	▲ 150	289,253	6,111,595,050
2012/12/21	21,100	▲ 150	540,436	11,307,362,100
2012/12/20	20,950	▲ 200	468,659	9,752,938,850
2012/12/18	20,750	▼ 50	622,980	12,703,717,300
2012/12/17	20,800	▲ 450	309,980	6,418,072,050
2012/12/14	20,350	▼ 350	225,948	4,609,291,400
2012/12/13	20,700	▲ 550	610,026	12,462,494,200
2012/12/12	20,150	▼ 50	501,520	10,019,588,450

* 자료: 한국거래소

거래량으로 알 수 있는 주식시장의 움직임

주가지수와 함께 거래량은 주식시장의 움직임을 파악하는 가장 기본적인 지표로 사용되고 있다. 거래량은 일반적으로 주가상승 국면에서는 증가하고, 하락 국면에서는 감소하는 경향이 있다. 그렇기 때문에 주가가 상승하고 있는데도 거래량이 증가하지 않는 경우에는 본격적인 상승 국면에 들어간다고 볼 수 없다. 그래서 주가의 동향과 함께 거래량의 변화를 파악해야 한다.

어떤 종목의 주가가 상승하면 계속 상승하리라 기대하고 매수하려는 투자자들이 많아지면서 거래량도 늘어나는 것이 일반적이다. 또한 주가가 고점에 도달하면 매수세와 매도세의 힘겨루기로 대량 거래가 이뤄지는 경우도 많다. 반면 주가가 하락하기 시작하면 사려는 사람이 줄어들고 관망하려는 분위기가 팽배해진다. 이에 따라 자연스럽게 거래량도 감소하게 된다.

주가가 바닥권에 있다가 거래량이 점차 늘어나기 시작하면 이 종목은 상승할 여지가 많다. 이런 식으로 거래량이 늘면서 주가상승을 계속하다가 어느 날 평소에 비해 엄청나게 많은 거래가 이뤄지기 시작하면 주가가 고점에 다다랐다고 판단할 수 있다. 물론 거래량 하나만으로 투자 여부를 판단할 수는 없지만, 기본적인 요소 가운데 하나이므로 거래량에 대한 분석은 아주 중요하다.

주식시장에 유입되는 자금규모를 알 수 있는 거래대금

주식시장 전체의 거래대금은 주식시장에 유입되는 자금의 규모를 파악할 수 있게 해준다. 그런 의미에서 거래량과 더불어 매우 중요한 요소 중 하나다.

그런데 주식시장 전체로는 거래량과 거래대금의 비중이 동일하게 움직이지 않는 경우도 있다. 거래량은 주가와 상관없이 단순히 거래가 이루어진 주식의 수량을 의미하기 때문에 거래량이 많아도 주식 가격이 저가인 경우에는 거래대금이 크게 늘지 않는다. 반면 고가의 주식이라면 거래량이 많지 않더라도 거래대금이 큰 폭으로 늘어난다.

예를 들어 주가가 1000원 하는 A종목이 1000주 거래되면 거래대금은 100만 원이다. 반면 100만 원 하는 B종목이 10주 거래되면 1000만 원에 달한다. 거래량이 많아도 저가주에 몰렸다면 거래대금이 적고, 거래량이 적어도 고가주에 몰렸다면 거래대금이 훨씬 많아진다. 그래서 단지 거래량만 볼 것이 아니라 거래대금을 같이 봐야 한다.

거래대금을 거래량으로 나누면 1주당 매매단가를 알 수 있는데, 1주당 매매단가는 현재 시장 참여자들이 저가주에 몰리는지 고가주에 몰리는지 알 수 있게 해주는 단서가 된다. 상승 국면 초기에는 비교적 고가인 우량주 위주로 거래되는 경우가 많아 1주당 매매단가가 높고, 상승 국면 끝자락에는 중저가주까지 매수세가 몰리기 때문에 1주당 매매단가가 낮아지는 경향이 있다. 그러므로 1주당 매매단가는 지금이 어떤 상황인지를 알 수 있게 해주는 좋은 정보가 된다.

'매물대'라는 것은 주식매물이 집중 분포된 가격대를 막대그래프로 표현한 차트로, '매물부담차트'라고도 한다. 거래된 가격대가 전체 가격대에서 차지하는 비율을 표시하기 때문에 막대가 긴 것은 해당 가격대에서 많은 거래가 이뤄졌으며 또한 매물이 매우 많음을 보여준다. 그렇다면 매물부담차트는 어떻게 활용할 수 있을까?

* 자료: 교보증권

❶에서 매물부담차트의 막대가 길게 형성된 후 매물대가 소화돼 막대가 짧아지면서 주가가 상승하고 있다. 이후 ❷에서 다시 막대가 길어지며 치열하게 매매가 이뤄졌다. 주가가 재차 상승하려면 이 구간의 매물부담을 털어내야 한다.

매물부담은 일반적으로 '매물벽'이라고도 하는데 특정 가격대에 매물벽이 두껍게 형성되는 이유는 손절매성 물량과 이익 실현 물량이 항상 상충하는 가격대이기 때문이다. 매수세와 매도세가 치열한 전투를 치른 전쟁터 같은 가격대라고 할 수 있다.

긴 막대의 매물대 위쪽에 가격이 형성됐다면 그 매물 가격대가 지지선이 되며 아래쪽에 가격이 형성됐다면 그 매물 가격대가 강한 저항선이 된다. 일반적으로 많은 비중을 차지하는 매물대를 주가가 하향 돌파하면 마지노선이 뚫린 셈이므로 주가가 계속해서 하락한다. 그래서 이때는 매도시점이 되는 것이며, 반대로 매물대를 상향 돌파하면 매수시점이라고 할 수 있다.

| **4** | 거래량으로 판단하는 상승 · 하락추세의 매매포인트

주가가 상승추세로 진입하거나 하락추세로 진입하게 되면 그에 앞서 거래량의 변동이 나타난다. 이 둘은 불가분의 관계가 있다. 그래서 거래량 분석은 주가흐름을 파악하는 데 상당히 도움이 된다.

거래량은 현재진행형이므로 차트의 후행성을 보완

앞에서도 언급한 것처럼 기술적 분석은 지나간 주가를 분석하는 것이기 때문에 '후행성' 한계를 지니지만, 거래량은 주가움직임에 앞서거나 동시에

〈그림 2-10〉 주가에 선행하는 거래량 증감 사례

* 자료: 대우증권

움직이는 '현재진행형' 양상을 보인다. 그러므로 차트를 분석할 때는 항상 거래량 변동을 같이 파악해야 한다.

〈그림 2-10〉은 주가에 선행하는 거래량의 움직임을 보여주는 사례다. ❶에서 보듯이 거래량은 주가에 선행해서 증가한다. 거래량이 증가하고 투자자들이 몰리면서 주가가 상승하고 있다. 거래량이 분출된 뒤 주가는 긴 장대음봉형을 띠면서 급락하기 시작한다.

❷에서는 거래량의 선행성이 더 명확하다. 저점을 찍은 거래량이 큰 폭으로 증가하면서 주가가 급등하고 있다. 거래량이 최고점을 찍고 줄어들자 주가도 최고점을 찍은 후 상승세가 꺾이다가 역시 장대음봉이 출현하면서 급락세를 보이고 있다.

이처럼 거래량은 주가에 선행해서 주가움직임의 향방을 알려준다. 차트의 후행성을 보완해주는 훌륭한 지표인 셈이다.

거래량은 주가조작 세력의 흔적을 고스란히 담는 증거

〈그림 2-11〉은 고점에서 거래량이 폭발한 뒤 거래량이 급감하면서 주가도 폭락하는 사례다. 거의 거래가 없던 이 종목은 거래량이 급증하면서 주가가 상승했다. 그리고 주가가 고점을 찍기 전에 거래량이 터지면서(엄청난 양의 거래가 폭발적으로 이뤄짐) 주가하락을 예고하고 있다. 거래량 폭발 이후 거래량은 급감하고 주가도 줄줄이 흘러내리고 있다.

❶시점은 특정 세력들이 '한 방'을 노리고 이미 소리 없이 주식을 사들인 상황이다(주식 매집).

❷시점에서는 시중에 각종 호재나 소문을 퍼뜨리면서 투자자를 끌어 모아 거래량을 증가시켜 주가상승을 꾀한다.

❸시점에서 주가가 오를 만큼 올랐다 판단이 되면 자신들이 보유한 주식물량을 시장에 내다 팔아 이익실현을 한다. 그 결과 고점에서 거래량이

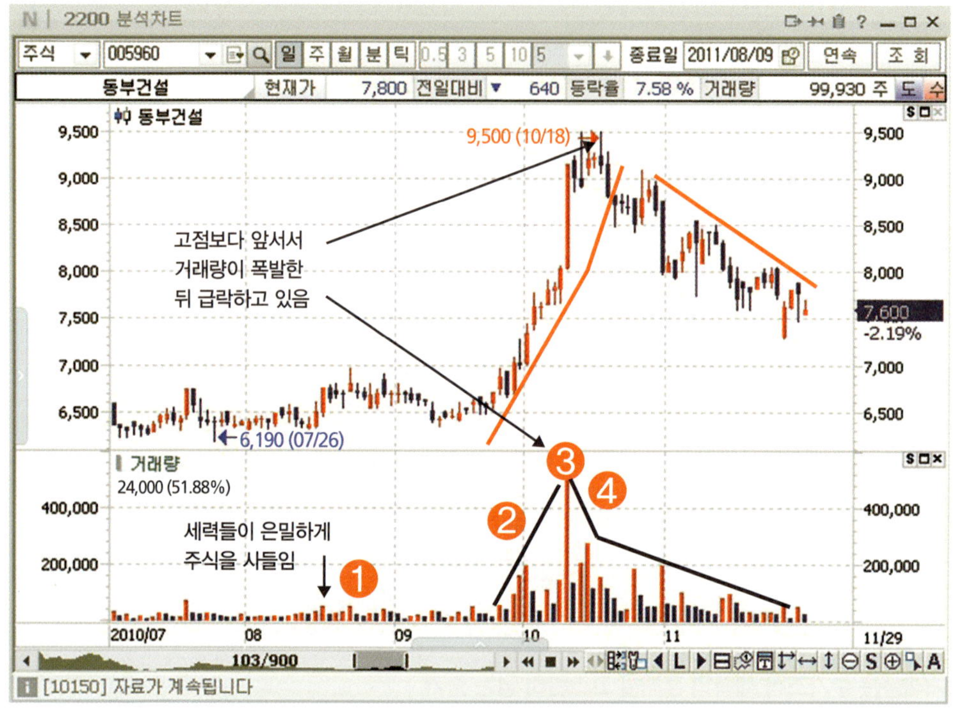

* 자료: 대우증권

터진 주가는 하락추세로 돌아설 준비를 한다.

❹시점이 되면 이런 사실을 모르는 묻지마 투자자들이 뒤늦게 꿈에 부풀어 세력들의 매도물량을 받아 매수에 나선다. 하지만 일장춘몽이다. 한탕 크게 벌어들인 세력들은 거래량이 터질 때 이미 손 털고 나간 상태고, 남은 건 뒷북치는 묻지마 투자자들이다.

이쯤 되면 신기술 개발이니, 대형 계약이니, 대규모 정부 지원이니 하던 호재는 모두 허위이거나 부풀려진 뻥튀기였다는 사실이 만천하에 드러나기 시작한다. 뒷북치는 안타까운 개미들끼리 폭탄 돌리기를 하다가 자멸해 갈 뿐이다.

달콤한 유혹 뒤에 가시를 숨기고 있는 '미수거래'

'A전자 주식을 미수 써서 샀다.' '미수했다.' 이게 무슨 소리일까? 일부 주식을 외상으로 매수했다는 말이다. 주식을 매수하려면 매수금액 전부를 입금시켜야 하는 것이 원칙이지만, 30~40%의 자금만 가지고 매수하기도 하는데 이를 '미수'라고 한다. 부족한 금액은 증권회사로부터 빌려서 결제일에 갚게 된다. 계약금만 내고 물건을 산 뒤 2~3일 뒤에 잔금을 지불하는 것과 비슷하다. 그런데 이때 계좌에 잔고가 부족해서 잔금을 지불할 수 없으면 증권회사는 '반대매매'를 통해 강제로 해당 주식을 팔아버린다. 그렇다면 미수거래는 왜 하는 것일까? 미수를 하면 자신이 보유한 것보다 많은 금액을 투자할 수 있기 때문이다. 400만 원을 가지고 미수거래를 통해 1000만 원에 해당하는 주식을 매수했는데 주가가 20% 상승하면 200만 원 수익을 낼 수 있다. 원래 자금 400만 원으로 가능한 수익 80만 원보다 약2.5배나 많은 수익을 기대할 수 있는 것이다. 이런 매력 때문에 달콤한 미수거래의 유혹에 빠지는 경우가 많다.

하지만 반대로 투자판단을 잘못해서 주가가 2~3일 연속 하한가를 친다면 주식은 강제로 팔리고 졸지에 큰 손실을 보면서 한순간에 계좌가 거덜나버린다. 달콤함 속에 숨어 있는 가시에 호되게 당하고 마는 상황이 돼버리는 것이다. 그러므로 초보자는 절대로 미수거래의 유혹에 넘어가는 일이 없도록 해야 한다.

| 5 | 파도처럼 주가에도 파동이 있다

'파동이론'은 미국의 엘리어트^{R. N. Elliott}가 1930년대에 개발한 주가변동이론이다. 그는 해가 뜨고 지고 계절이 바뀌듯이 우리를 둘러싼 삼라만상은 일련의 법칙에 따라 규칙적으로 반복되며 흘러간다고 생각했다. 또한 주식시장에도 어떤 법칙이 있어서 그에 따라 시장이 돌아간다는 이론을 제시했다.

그는 과거 수십 년간의 주가움직임을 세밀하게 분석한 끝에 주가는 '상승5파'와 '하락3파'의 순환을 반복하면서 변화한다는 이론을 정립했는데, 이게 바로 '엘리어트 파동이론'이다.

상승5파와 하락3파가 반복되며 움직이는 주식시장

〈그림 2-12〉 엘리어트 파동이론(상승5파와 하락3파)

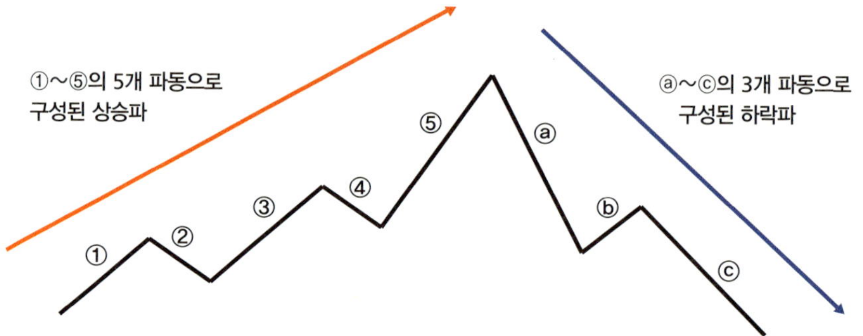

〈그림 2-12〉에서 보듯 주가는 상승할 때에 1부터 5까지 5개 파동이 작은 상승과 하락을 반복하면서 궁극적으로는 상승추세를 이어간다. 그리고 주가가 고점에 이르면 ⓐ부터 ⓒ에 이르는 하락파동이 이어지면서 하락추세를 형성한다. 이렇게 상승5파를 거쳐 주가가 올라가고 하락3파에 따라

내려가는 순환이 끊임없이 반복되면서 주가는 일정한 규칙을 가지고 움직인다는 것이다.

이 이론의 전제가 되는 것은 각 파동에 '되돌림 비율'이 있다는 것이다. 2번 파동은 1번 파동의 몇 % 비율로, 4번 파동은 3번 파동의 몇 % 비율로 되돌림을 한다는 식이다. 쉽게 말해 상승 국면에서는 상승한 만큼 일정 비율로 하락하고, 하락 국면에서는 하락한 만큼 일정 비율로 상승한다는 것이다.

여기에 사용되는 비율은 이탈리아의 수학자인 피보나치L. Fibonacci가 고안해낸 '피보나치 수열'이 적용된다. 이 수열은 1, 2, 3, 5, 8, 13, 21, 34 등과 같이 선행하는 두 숫자의 합이 다음 숫자가 되는 독특한 수열이다. 즉 1+2=3, 2+3=5, 3+5=8, 5+8=13, 8+13=21인 것이다. 이 수열의 후반부로 갈수록 각 수 크기의 비율(n항과 n+1항의 비율)은 1:1.618 이 된다. 이는 시각적으로 가장 균형 잡힌 비율이라 하여 '황금비율' 또는 '황금률'로 지칭된다. 우리가 알고 있는 수많은 예술품과 조형물들은 바로 이 황금비율로 구성된 경우가 많다. 엘리어트 파동이론에서는 1에서 0.618을 뺀 수치를 되돌림 비율로 본다.

매력적이지만 미완의 이론인 파동이론의 한계

파동이론은 언뜻 보면 고도로 계산된 수학적 배경이 담겨 있어서 과학적이고 신뢰할 수 있는 이론인 것 같아 보인다. 그래서 엘리어트 이후 수많은 사람들이 파동이론으로 주식시장을 분석하려 했지만 누구나 인정할 수 있는 객관적이고 명쾌한 해답을 내놓지는 못했다.

왜냐하면 파동의 길이와 비율에 대한 판단이 사람마다 다를 수 있기 때문이다. '상승3파로 볼 것이냐' '하락2파의 작은 반등이냐' 하는 식으로 선택의 기로에 서는 경우가 수없이 많기 때문이다. 또한 파동 사이클 시작과 끝에 대한 판단과 기준도 바라보는 관점에 따라 얼마든지 다를 수 있다.

"넌 무슨 파냐?"

조폭 계보 따지는 것도 아니고 '소속된 파'에 대한 교통정리를 하다 보면 뜻하지 않는 오류가 생겨서, 나중에 다시 수정하고 짜맞추는 일이 수시로 생기게 된다. 이미 문제의 답을 알고 난 뒤 역으로 문제풀이 공식을 갖다 붙이는 것과 같은 상황이 돼버리는 것이다. 그래서 파동이론은 통계적 접근이라는 과학적 배경에도 불구하고 그 응용과 활용에는 적지 않은 한계가 있다. 게다가 웬만큼 이론을 적용해보려면 적지 않은 노력과 공부가 필요하다.

흥미로운 것은 파동이론의 창시자인 엘리어트 본인도 자신이 개발한 파동이론으로 무장하고 자신 있게 주식투자에 나섰다가 낭패를 본 적이 있다는 사실이다.

게임에 빠진 자녀를 보며
한숨만 쉬고 있을 것인가?

중학교와 고등학교에 다니는 두 자녀를 둔 학부모 A씨는 방학만 되면 자녀들과 전쟁을 벌입니다. 바로 게임 때문인데요. 하라는 공부는 안 하고 하루 종일 PC 앞에서 게임 삼매경에 빠지는 자녀들을 보면 속이 터질 지경입니다. 집에서 못하게 하면 독서실에 간다고 나가는데, 아무래도 PC방에 가서 게임을 하는 모양입니다.

　　A씨에게 게임은 무조건 '악의 축'일 뿐인 걸까요? 어떻게 하면 게임으로 인한 스트레스를 조금이나마 보상받을 수 있을까요? 이번 기회에 알짜 게임회사에 투자해보는 건 어떨까요?

종목	투자 여부	이유
엔씨소프트	Yes(　), No(　)	
네오위즈게임즈	Yes(　), No(　)	
한빛소프트	Yes(　), No(　)	

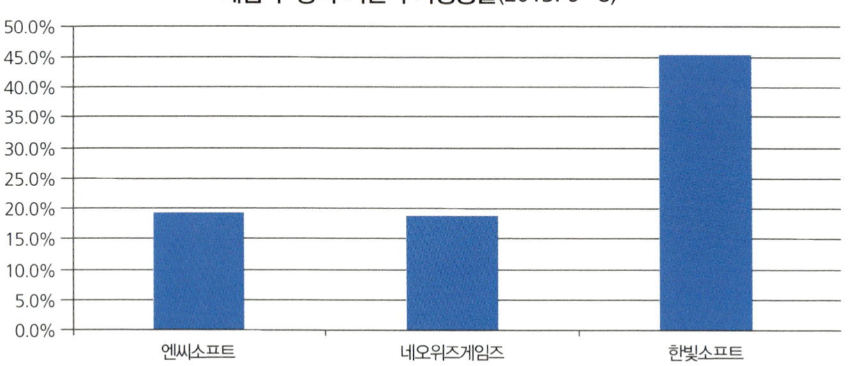

방학이 되면 PC방은 아침부터 한밤중까지 학생들로 장사진을 이룹니다. PC방도 호황이지만 게임업체도 특수를 누리는 계절이죠. 여름의 경우 6월 중하순부터 시작되는 대학생들의 방학을 신호탄으로 초중고교가 방학에 들어가는 7월 초중순이 되면 게임시장은 뜨겁게 달아오릅니다. 이후 휴가를 맞이한 직장인들까지 합세하면 사이버공간은 게임사용자들로 넘쳐납니다. 공부 안 하고 게임에 몰두하는 자녀들을 바라보는 부모 속은 시커멓게 타 들어가지만 게임업계는 늘어나는 수익으로 즐거운 비명을 지르는 셈이죠. 엔씨소프트, 네오위즈게임즈 등 대표적인 게임회사의 주가는 이 기간에 20%가량 상승했습니다.

방학 시즌에 자녀들과의 게임전쟁에서 이길 수 없다면 차라리 게임종목에 투자해서 수익이라도 올려보는 게 어떨까요? 자녀들이 어떤 회사 게임을 즐기는지, 어떤 게임이 인기 있는지 관심을 갖고 대화를 시도해보세요. 게임에 관심을 기울이며 말을 걸어오는 부모의 모습에 자녀들이 마음의 문을 여는 예상 밖의 수확을 얻게 될지도 모릅니다.

방학 때 자녀들은 신나는 게임을 즐기고, 우리는 게임회사 투자로 짜릿한 수익을 맛본다!

| 6 | 다우이론에 따른 시장의 6국면

'시장의 6국면'은 미국의 찰스 다우 Charles H. Dow가 주식시장의 상승과 하락에 관한 순환구조를 정리한 이론이다. 그는 《월스트리트 저널》을 창간했고, '다우지수' 역시 그가 제시한 방법에 따라 정립된 미국의 대표적인 주가지수다.

그의 이론에 따르면 시장은 제멋대로 움직이는 것 같지만 나름대로 추세를 가지고 움직이며 6개 시장 국면이 강세시장(매집→상승→과열)과 약세시장(분산 →공포→침체)으로 순환하고 있다.

6막의 연극과도 같은 증권시장의 모습

〈그림 2–13〉 다우이론, 시장의 6국면 순환구조

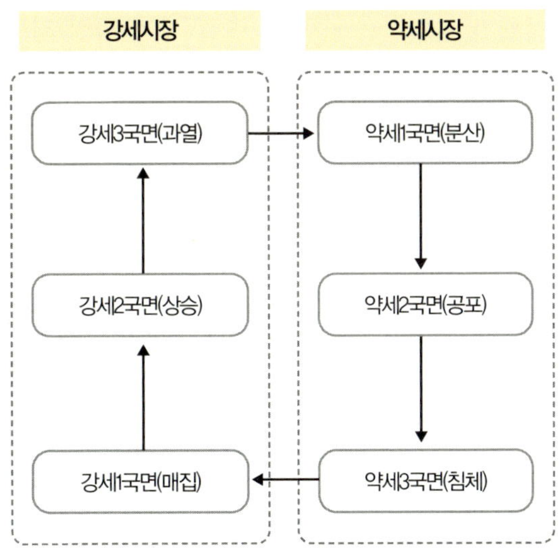

❶ 강세1국면: 매집

주식을 사 모으는 단계다. 경기는 아직 회복 국면에 접어들지 못했고, 이전의 공포와 투매로 곤두박질친 주가는 기업의 가치보다 전반적으로 낮게 형성돼 있다. 전문가들은 저점매수 기회라는 것을 알아차리고 시장에 복귀해 알짜 주식들을 사 모으기 시작한다. 미미했던 거래량도 차츰 늘어나기 시작한다. 하지만 개인들은 공포와 침체로 이어진 하락 국면에서 받은 큰 충격과 타격 때문에 적극적으로 매수에 나설 엄두를 내지 못하고 있다.

❷ 강세2국면: 상승

주가가 잠에서 깨어나 기지개를 켜고는 상승하기 시작한다. 경기는 호전되고 각종 지표는 주식시장에 우호적인 분위기를 연출하기 시작한다. 전문가들은 이미 적극적으로 시장에 참여하고 있고, 투기세력들과 일부 개인들도 시장에 참여한다.

❸ 강세3국면: 과열

어딜 가도 주식투자 열기가 넘쳐나고 '개나 소나' 주식에 대해 열변을 토한다. 모든 경기지표가 최고치를 알린다. 연일 '주가 사상 최고치 경신!' '상한가 행진!'이라는 화끈한 뉴스가 홍수를 이룬다. 여기저기서 주식투자로 떼돈을 벌었다는 소문이 들리고, 앞으로도 놀라운 상승을 이어갈 것이라는 장밋빛 예측이 넘쳐난다. 지식도 없는 개인들이 너도나도 묻지마 투자에 나선다.

❹ 약세1국면: 분산

전문가들은 시장 과열 조짐을 알아차리고는 투자비중을 줄이며 빠져나오기 시작한다. 하지만 개인들은 광란의 밤이 영원히 지속될 것 같은 착각에 빠져 있다. 분위기에 비해 수익이 잘 나질 않자 더욱 많은 돈을 퍼부으며 무모한 투자를 일삼는다.

❺ 약세2국면: 공포

경기는 악화되고, 기업도 저조한 성적표만 꺼내 든다. 뒤늦게 광란에 뛰어든 개인들끼리 치고 받는 상황이다. 시장에 충격을 주는 악재가 조금만 발생해도 공황상태가 돼 투매에 투매가 꼬리를 물며 폭락의 악순환을 거듭한다. 그 결과 주가는 끝도 없이 곤두박질친다. 돈을 날려 흥분한 투자자가 증권사 직원과 멱살잡이를 하는 일이 수시로 벌어진다.

❻ 약세3국면: 침체

끝까지 버티던 개인들이 자포자기하는 심정으로 '휴지값'에 주식을 던지며 백기를 들고 투항한다. 이미 전세가 완전히 기운 터라 더 이상의 폭락도 없고, 주가는 바닥에서 지지부진한 움직임을 보이며 거의 기다시피 한다. 팔려는 사람도, 사려는 사람도 없기에 거래량도 없고 주식투자는 사람들의 일상에서 잊힌다. 톱뉴스에서 증권 관련 기사가 사라진 지 오래다. 어쩌다 기사에 실리는 건 '사상 최저치 경신'일 뿐이다.

장기적인 분석으로 대세의 흐름 파악

〈그림 2-14〉는 지나간 코스피지수를 시장의 6국면을 기준으로 장기적 관점에서 분석한 내용이다. 2003~2004년까지 강세1(매집) 국면이다. 코스피지수는 800포인트를 전후해 답보하고 있다. 이후 2005년부터 주가는 상승 추세로 접어들며 강세2(상승) 국면이 된다. 이후 지수는 2007년에 2000포인트를 돌파하면서 강세3(과열) 국면에 접어든다.

모두들 코스피지수가 3000까지 오를 거라며 장밋빛 환상에 취해 있을 때 약세1(분산) 국면이 시작되면서 비극의 서막이 싹튼다. 이후에 지수는 약세2(공포) 국면이 시작돼 1000대까지 곤두박질치며 고점 대비 반 토막이 나고 만다. 약세3(침체) 국면에 접어들자 주가는 1000포인트대에서 답보 상태를 이어간다.

<그림 2-14> 장기적인 관점으로 한눈에 보는 6국면(코스피지수)

모두가 웃을 때 비극이, 울 때 행복이 시작된다

다우의 시장 6국면은 코스피지수 분석 예에서 보듯 주로 장기적인 관점에서 시장을 분석할 때 유용하다. 주가는 오르내리기를 반복하면서 움직이기 때문에 비록 시간상의 차이는 있더라도 결국 6국면 순환구조는 비슷하게 진행된다. 1막에서 6막으로 이어지는 연극처럼 증시는 상황에 따라 다른 모습으로 우리에게 다가왔다 멀어지기를 반복한다.

'템플턴 펀드'의 창시자, 존 템플턴은 "강세장은 비관 속에서 태어나 회의 속에서 자라나며, 낙관 속에서 성숙해 행복 속에서 죽는다. 매수하기 가장 적절한 때는 바로 거리에 피가 낭자할 때다. 그 피의 일부가 비록 당신 것일지라도 말이다"라고 했다. 웃음꽃 피는 희극이 될지 피눈물 나는 비극이 될지는 여러분의 선택에 달린 셈이다.

이동평균선과
보조지표를
이용한 매매

| 1 | 주식의 평균가격으로 추세를 파악한다

이동평균선은 주가를 일정한 주기로 평균 낸 값을 선으로 연결한 것이다. 말 그대로 수시로 '이동'하는 주가의 평균값이라고 보면 된다. 흔히 줄여서 '이평(선)'이라고도 한다.

예를 들어 5일 이동평균선은 직전 5일간의 종가를 산술평균(각 종가를 더해서 5로 나눔)해서 산출한다. 마찬가지로 20일 이동평균은 최근 20일 동안의 평균값이다. 이런 식으로 60일, 120일 등을 기준으로 하는 이동평균선이 있으며, 보통 5일, 20일, 60일, 120일이 가장 많이 사용되고 있다. 그런데 왜 하필 이 숫자들일까?

이 단위의 이동평균선이 많이 사용되는 이유는 증권시장 개장이 1주일에 5일(월~금)이기 때문이다. 다시 말해 개장일 기준으로 5일은 1주, 20일은 1개월, 60일은 1분기, 120일은 반년을 의미하는 것이다. 5와 20은 주로 단기적인 분석에, 60과 120은 장기적인 분석에 활용된다.

이동평균선을 보면 추세의 흐름을 알 수 있어

그런데 이동평균선 분석은 왜 하는 걸까? 이동평균선은 주가흐름의 과거와 현재, 그리고 미래를 가늠해주기 때문에 투자 여부를 판단할 때 꼭 확인해봐야 하는 기술적 분석의 중요한 기초다.

주가가 이동평균선 위에 있다는 것은 해당 주기의 평균주가보다 상승추세임을, 반대로 아래에 있다면 하락추세임을 의미한다. 예들 들어 현재 주가가 5일 이동평균선 위에 있다면 최근 5일 동안의 평균주가보다 현재 가격이 높으므로 단기적으로는 상승추세임을 알 수 있다.

그래서 주식투자를 할 때는 관심 종목의 현재 주가가 5일선, 20일선 등의 위에 있는지 아래에 있는지 파악해야 한다. 평균선 위에 있으면 전반적인 추세가 상승이고 아래에 있으면 하락임을 의미하기 때문이다.

5일이나 20일 이동평균선은 단기 시세 전환을 파악하기는 쉬우나 대세의 흐름을 파악하는 데는 적합하지 않다. 반대로 60일, 120일 이동평균선은 대세의 흐름을 파악하는 데는 유용하지만 단기 흐름을 파악하기에는 너무 굼뜨다는 단점이 있다. 왜냐하면 최근 일주일간 주가가 많이 상승했다면 5일, 20일 이동평균선은 가파르게 상승 쪽으로 기울어지지만 60일, 120일 평균선의 변화는 그다지 크지가 않기 때문이다.

〈그림 2-15〉를 보면 이를 확인할 수 있다. 5일 이동평균선은 봉과 밀접하게 붙어서 주가등락에 바로 반영되지만, 60일 이동평균선은 멀찌감치 떨어져서 완만한 상승곡선을 그리고 있다. 그래서 장단기 이동평균선을 모두 파악하는 것이 바람직하다. 이동평균선은 일 단위 차트에서뿐 아니라 5분, 10분 등 분 단위 차트에서도 다양한 주기로 설정해 활용할 수 있다.

* 자료: 대우증권

이동평균선이 정배열되면 상승추세, 역배열되면 하락추세

5일 이동평균선이 20일 이동평균선 위에 있고 20일 이동평균선도 60일 이동평균선 위에 있는 상태를 이동평균선이 '정배열'됐다고 한다. 즉 '단기→중기→장기'의 순으로 이동평균선이 나란히 배열된 상태다.

이것은 주가의 중기적인 평균가격이 장기보다 높고 또한 단기적인 평균가격이 중기보다 높음을 의미한다. 최근으로 올수록 주가가 계속해서 상승하고 있음을 알 수 있다. 그래서 이동평균선이 정배열돼 있으면 주가가 상승추세라고 판단할 수 있다. 〈그림 2-16〉에서 보듯이 이동평균선이 정배열되면서 주가는 지속적으로 상승추세를 형성한다.

* 자료: 대우증권

이와는 반대로 5일 이동평균선이 20일 이동평균선 아래에 있고 20일 이동평균선도 60일 이동평균선의 아래에 있는 상태, 즉 '장기→중기→단기'의 순으로 배열되면 '역배열'이라고 한다. 최근으로 올수록 주가가 계속해서 하락하고 있음을 의미한다. 〈그림 2-17〉에서 이동평균선은 '60 →20→5' 순서로 거꾸로 배열되면서 주가가 하락추세를 형성하고 있다.

과거보다 최근의 성적이 더 중요하다면 가중이동평균선

일반적으로 사용하는 이동평균선은 단순하게 주가를 평균 내어 도출한 단순이동평균을 연결한 선이다. 계산이 간단하고 이해하기 쉬워 많이 쓰인다. 하지만 일정 기간의 주가에 동일한 가치를 두기 때문에 민감한 주가움

<그림 2-17> 이동평균선의 역배열 사례

* 자료: 대우증권

직임을 반영하지 못하는 경우가 있다.

　그래서 나온 것이 '가중이동평균선'이다. 이것은 과거의 주가와 현재의 주가에 가중치를 다르게 준다. 예를 들어 과거 주가에는 가중치를 낮게 두고 최근 주가에는 가중치를 높게 두면, 최근 주가움직임에 훨씬 더 민감한 가중이동평균선을 얻을 수 있다. 이는 과거와 현재의 비중을 동일하게 산출하는 단순이동평균선의 단점을 보완해주는 효과가 있다. 이처럼 가중이동평균선은 현재, 즉 최근 가격에 더 많은 의미를 부여해서 향후 주가의 움직임을 예측하는 것이다.

| 2 | 이동평균선을 분석해 주식 사고팔기

'골든크로스Golden Cross'와 '데드크로스Dead Cross'는 이동평균선을 이용한 가장 기초적인 분석방법이다. 골든크로스는 주가나 거래량의 단기 이동평균선이 중장기 이동평균선을 아래에서 위로 돌파(교차)하며 올라가는 것을 의미하고 데드크로스는 반대 현상이다.

상승 신호 골든크로스, 하락 신호 데드크로스

보통 단기 골든크로스는 5일 이동평균선이 20일 이동평균선을 상향 돌파하는 것을 말하며 중기 골든크로스는 20일 선이 60일 선을, 장기 골든크로스는 60일 선이 120일 선을 돌파하는 것을 말한다.

만일 단기 골든크로스가 나타났다면 최근 5일간의 주가상승이 20일간의 주가움직임보다 크다는 것을 의미하므로 단기적으로는 주가가 추가 상승할 가능성이 높아졌다는 신호다. 여기에 더해 5일 이동평균선과 20일 이동평균선이 60일 이동평균선을 상향 돌파하는 골든크로스가 발생하면 확실한 상승추세에 들어섰다고 볼 수 있다.

물론 이때 거래량이 같이 증가하면 그 신뢰도는 더욱 높아진다. 골든크로스는 매수 관점에서 투자시점을 판단하는 단초가 된다.

이와 반대로 데드크로스는 단기 이동평균선이 장기 이동평균선을 아래로 뚫고 내려가는 것을 말하며 주가가 하락추세로 전환되는 신호다. 이때는 주식을 신규 매수하기보다 관망하는 자세가 필요하며, 보유하고 있는 주식은 매도 관점에서 판단해야 한다.

차트로 확인하는 골든크로스와 데드크로스 사례

〈그림 2-18〉을 보면 5일 이동평균선이 20일 이동평균선을 상향 돌파하면서 골든크로스가 발생했다. 이후 주가는 지속적으로 상승하다 잠시 주춤하지만, 주가가 20일 이동평균선 위에서 지지를 받고 재차 상승추세를 이어가고 있다.

반면에 〈그림 2-19〉는 5일 이동평균선이 20일 이동평균선을 하향 돌파하면서 데드크로스가 발생했다. 이후에 주가는 계속 하락한 후 20일 이동평균선 근처까지 반등을 하다가 저항선을 넘지 못하고 재차 하락하는 모습을 보인다.

〈그림 2-18〉 골든크로스 사례

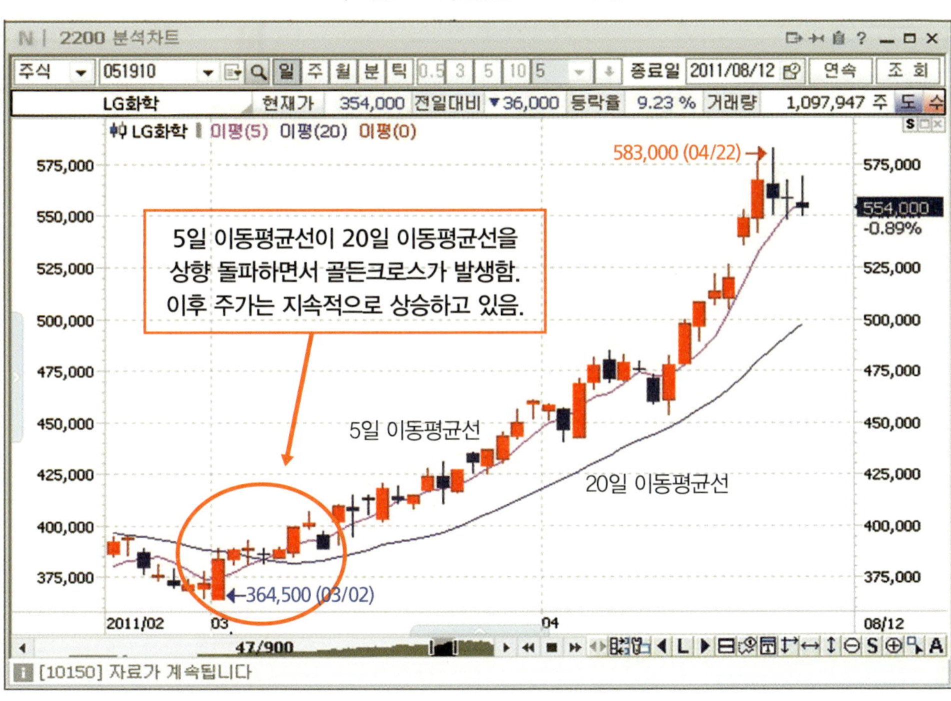

* 자료: 대우증권

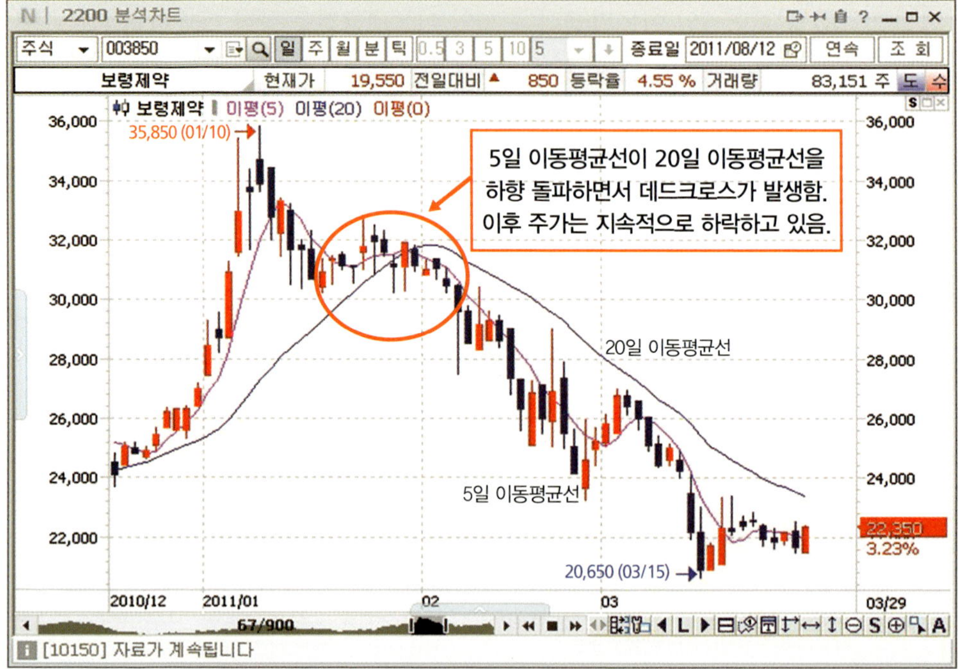

〈그림 2-19〉 데드크로스 사례

N | 2200 분석차트
주식 ▼ 003850 일 주 월 분 틱 0.5 3 5 10 5 종료일 2011/08/12 연속 조 회
보령제약 현재가 19,550 전일대비 ▲ 850 등락률 4.55 % 거래량 83,151 주 도 수
보령제약 이평(5) 이평(20) 이평(0)
35,850 (01/10)
5일 이동평균선이 20일 이동평균선을
하향 돌파하면서 데드크로스가 발생함.
이후 주가는 지속적으로 하락하고 있음.
36,000
34,000
32,000
30,000
28,000
26,000
24,000
22,000
20일 이동평균선
5일 이동평균선
22,350
3.23%
20,650 (03/15)
2010/12 2011/01 02 03 03/29
67/900
[10150] 자료가 계속됩니다

* 자료: 대우증권

골든 · 데드크로스만 믿고
투자해보자!

이동평균선이 정배열되면서 골든크로스가 발생하면 매수, 역배열되면서 데드크로스가 발생하면 매도시점이라는 것을 알았습니다. 그렇다면 이제 실전투자에 나서보기로 하죠. 매수와 매도시점을 차트에 표시하고 각 시점에서 투자 여부를 결정해보세요.

* 자료: 대우증권

골든 · 데드크로스는 만병통치약이 아니다

골든크로스와 데드크로스는 만병통치약이 아닙니다. 이들은 짧은 구간에서 수없이 교대로 발생하기 때문입니다. 신호가 발생할 때마다 매수와 매도를 반복하는 매매를 시도했나요?

골든크로스가 발생해서 매수하면 바로 데드크로스가 발생해서 매도해야 하고, 팔자마자 다시 골든크로스가 발생하고…. 이런 식으로 우왕좌왕 오로지 '크로스'만 믿고 투자하면 오히려 큰 손실을 볼 수도 있습니다(위 사례 종목은 이후에 상장폐지됐습니다).

또한 이동평균선 자체가 후행성(이미 지나간 가격들의 평균을 낸) 지표이므로 단순히 골든크로스나 데드크로스가 발생하는 때만을 투자 판단 시기로 잡으면 이미 주가가 많이 올랐거나 떨어진 상황인 경우가 많습니다. 크로스라도 다 같은 크로스가 아닌 것이죠. 그래서 골든크로스가 발생하면 무조건 매수, 데드크로스가 발생하면 무조건 매도하는 식의 단순한 적용 방

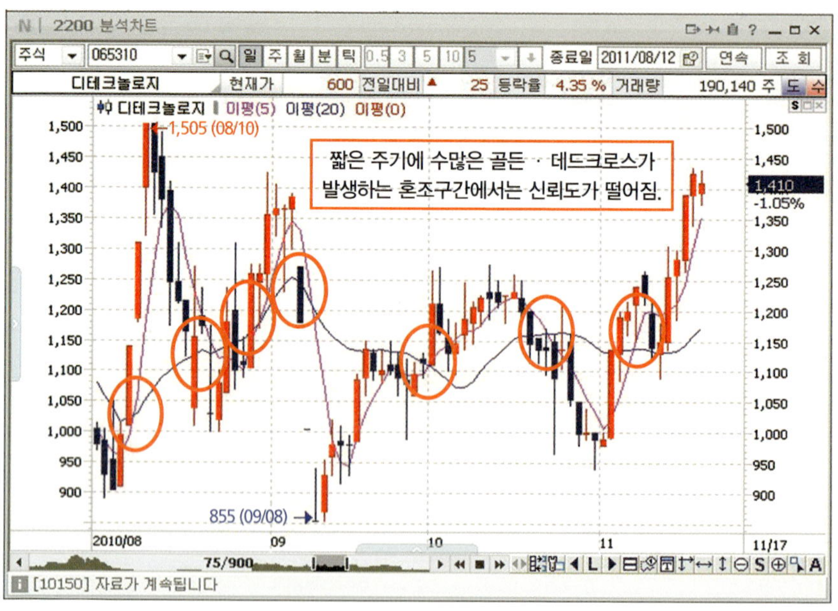

* 자료: 대우증권

법보다는 다른 분석과 병행해서 참조하는 것이 바람직합니다.

　더욱이 초보자 입장에서는 골든크로스에서 많이 오른 것 같다고 판단해 매도를 생각하거나 반대로 데드크로스에서 많이 하락했다고 생각해 함부로 매수하는 등 추세에 역행하는 결정을 해서는 안 됩니다. 이는 '골든Golden'과 '데드Dead'의 의미를 망각하는 일이 되고 마는 것이죠.

　골든·데드크로스는 매수·매도의 기본 조건일 뿐이지 100% 정확한 때를 알려주는 자명종은 아님!

| **3** | 보조지표는 무엇이며, 어떤 것들이 있을까

'보조지표'란 말 그대로 기술적 분석을 위한 보조도구로 사용되는 다양한 지표들이다. 그리고 이러한 보조지표는 증권사 HTS에서 간단하게 적용해 차트와 함께 사용할 수 있으므로 주가를 분석하고 투자 여부를 판단하는 데 필수적인 요소 중 하나다.

'족보'도 복잡하고 종류와 특징도 다양한 보조지표들

〈표 2-2〉 보조지표 분류와 세부지표 항목

보조지표 분류	특징	세부지표
가격지표	주가를 이용한 기본지표	가격이동평균
		볼린저밴드(Bollinger Band)
추세지표	추세의 진행과 반전 여부를 분석	MACD
		CCI
		SONAR
탄력성·변동성지표	주가의 탄력성과 변동성의 확대·축소를 분석	이격도
		DMI
		스토캐스틱(Stochastic)
		RSI
시장강도지표	시장의 과열(관심)과 냉각(무관심) 여부를 분석	거래대금회전율
		거래량회전율
		예탁금
거래량지표	거래량을 토대로 한 분석	거래대금
		거래량
		거래량이동평균
		CO
		OBV

〈표 2-2〉에는 대표적인 보조지표들이 나와 있다. 이들 보조지표는 관점에 따라 다양한 기준으로 구분되기도 하고, 특징도 서로 비슷하거나 상반되는 경향이 있다. 상황에 따라 자기 입맛에 맞게 적절히 활용하는 것이 중요하지, 구분과 특징에 너무 얽매일 필요는 없다.

보조지표는 각 지표마다 특징과 장단점이 있으므로 '어느 것이 가장 좋다'라고 말할 수는 없으며, 시장환경의 변화에 따라 적절하게 사용하는 지혜가 필요하다. 물론 언제나 잘 맞는 지표가 있는 것도 아니고 항상 틀리기만 하는 지표가 있는 것도 아니다. 또한 각 지표는 변수값을 어떻게 주느냐에 따라 서로 다른 정보를 알려주므로 너무 많은 지표를 참조하기보다는 한두 개 정도를 가지고 지표의 원리와 장단점을 이해하는 것이 바람직하다.

거래량과 주체별 동향을 같이 분석해야

초보자들은 무조건 많은 보조지표를 참조하면 좋은 줄 알고 온갖 보조지표를 차트에 표시해 분석하려 한다. 겉보기에는 그럴듯하고 폼 나게 보이지만 각 지표의 특징도 제대로 이해하지 못한 채 들여다보면 뭐가 뭔지 복잡하기만 하고 헷갈린다.

대부분의 보조지표는 주가가 등락한 데이터에서 파생돼 만들어지기 때문에 아무리 다양한 방법으로 분석한다고 해도 태생적으로 '부모' 격인 가격의 울타리를 넘지 못하는 한계가 있다.

예를 들어 추세지표인 MACD, CCI, SONAR 등의 지표를 한꺼번에 참조하면 같은 추세지표임에도 서로 '파세요' '사세요' 하는 상반된 신호를 보내기도 한다. 어떻게 하라는 건지 오히려 혼란만 조장하는 것이다.

그래서 보조지표를 활용할 때는 비슷한 것들 여러 개를 사용하는 것보다 마음에 드는 지표 한두 개에 거래량(거래대금)과 주체별 동향(개인·기관·외

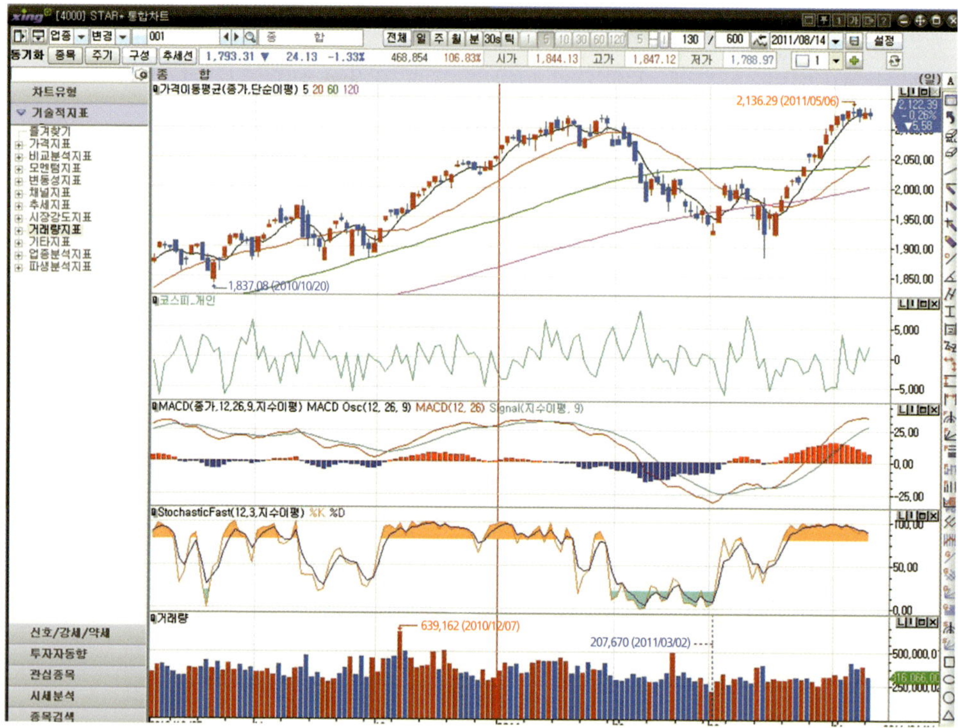

* 자료: 이트레이드증권

국인의 순매수·순매도 금액 추이)이라는 '출신 성분이 다른' 데이터에 기초한
지표를 병행해서 참조하는 것이 바람직하다.

  '가격'에서 파생된 추세·변동성 등의 보조지표, '매매'에서 파생된 거래
량·거래대금 관련 지표, 시장을 바라보는 매매 주체별 '심리'에 기초한 순
매수·순매도 지표는 주식시장의 과거와 현재, 그리고 미래를 가늠하게 해
주는 3대 지표라고 할 수 있다. 다리 하나로는 상이 제대로 설 수 없다. 다
리 3개가 서로 균형을 맞춰야 든든하게 상이 지지되는 것과 같은 원리라고
생각하면 된다.

 '큰손'들만의 거래, 자전거래

주식시장의 큰손이 한번에 수천억 원대에 이르는 주식을 매매하려 하면 어떤 일이 벌어질까? 난데없는 엄청난 물량이 쏟아지면서 가격이 폭등하거나 폭락하는 혼란이 발생해 시장에 큰 충격을 줄 수 있다. 이런 이유로 엄청난 물량을 큰손들끼리만 조용하게 매매할 수 있는 방법의 필요성이 대두된다.

그렇다면 큰손들은 어떻게 주식을 사고팔아야 할까? 이를 위한 대량매매제도가 있다. 바로 증권거래소에 사전 신고를 하고 매매하는 '자전거래自轉去來'다. 자전거래는 일반적으로 대기업 간의 지분 이동이나 국민연금 같은 큰손들의 대량매매에 활용된다. 매매를 중개하는 증권회사가 주식을 사겠다는 측과 팔겠다는 측에게 같은 가격으로 같은 수량의 매도 및 매수주문을 내어 거래를 체결시킨다. 즉, 증권회사 주관으로 일반매매자를 배제한 채 큰손들끼리 1 대 1로 매매를 성사시키는 것이다.

이렇게 하면 일반거래시장에는 매매주문이 나오지 않는다. 그러므로 일반투자자는 대량매매에 참여할 수 없고, 영향도 받지 않게 된다. 큰손들만의 거래가 증권거래소에 사전 신고한 대로 물밑에서 이뤄지는 것이다.

| 4 | 보조지표를 활용해 매수·매도시점 파악하기

보조지표에는 수많은 종류가 있고 그 원리나 변수값의 차이를 제대로 이해하려면 상당한 지식과 노력이 필요하다. 그래서 초보자가 너무 많은 보조지표를 섭렵하려고 욕심을 내다가는 혼란만 가중되고 '보조지표 만능주의'에 빠지는 오류를 범할 수 있다. 보조지표 만능주의란 잘 들어맞는 기술적 보조지표만 찾아내면 무조건 수익이 보장될 것 같은 착각에 빠져 기업의 본질적 가치나 시장의 흐름은 망각한 채 지표 분석에만 몰두하는 것을 말한다. 이러한 문제가 있으므로 보조지표는 대표적인 것들만 알아두고 차차 배워 나가는 게 좋다.

MACD Moving Average Convergence & Divergence

추세지표는 현재 추세가 상승인지 혹은 하락인지를 파악하는 데 사용되며 중장기적인 관점에서 큰 흐름을 파악하는 데 좋다. 여기서 '중장기'라고 하는 것은 일봉일 경우 몇 주 혹은 몇 달이 되지만, 5분봉일 경우는 며칠이 될 수 있고, 1분봉일 경우는 1시간이 될 수도 있다. MACD, 모멘텀, CCI 등이 추세지표의 대표주자다.

이동평균선은 단순평균을 사용하기 때문에 과거와 현재 주가를 같은 비중으로 판단하게 돼 실제 주가의 움직임보다 늦게 움직이는 '후행성 한계'가 있다. MACD(이동평균수렴·확산지수)는 이를 극복하기 위해 만들어진 지표인데, 장기이동평균선과 단기이동평균선이 반복적으로 서로 멀어지고 가까워지는 성질을 이용해서 분석을 한다.

〈그림 2-21〉에서 보면, MACD 기준선(가는 선)이 신호선(굵은 선)을 상향 돌파하면 상승추세로 접어든다는 신호이므로 매수를 한다. 반대로 하향 돌

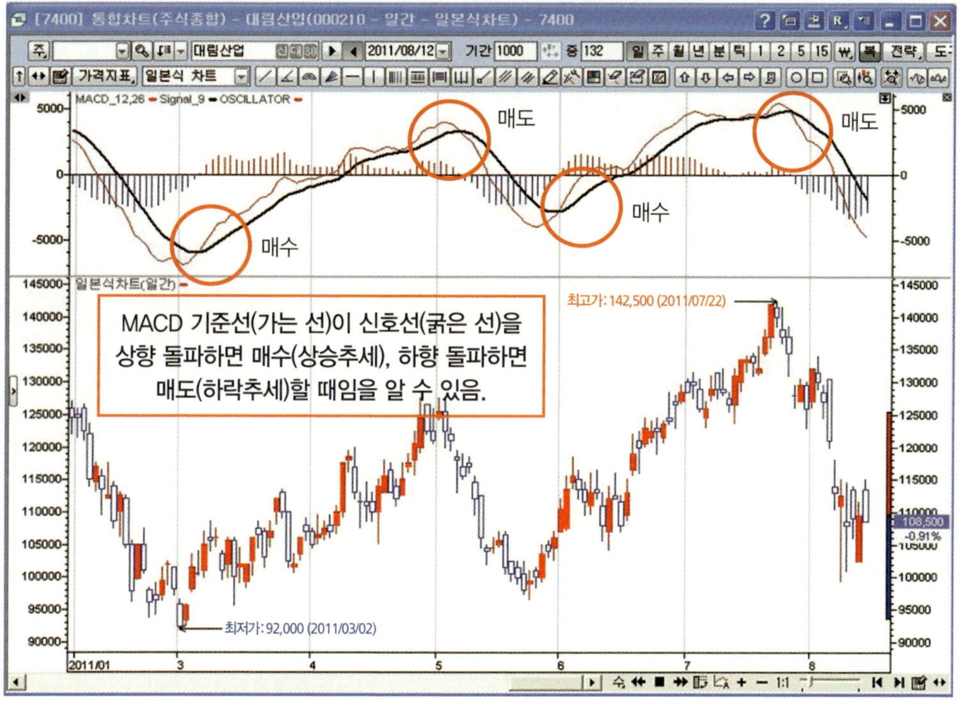

* 자료: 대신증권

파하면 하락추세로의 전환이므로 매도를 해야 하는 시점이다. 신호가 나오
는 시점이 추세 초입이라는 것을 알 수 있다. 이처럼 MACD는 단순 이동
평균선의 후행성을 보완해서 추세를 판단할 수 있게 해주는 기능을 하고
있다.

CCI Commodity Channel Index

CCI는 주가가 이동평균선을 기준으로 수렴과 확산(벌어졌다 좁아지는 과정)
을 되풀이하면서 움직이는 속성을 이용해 추세를 파악하는 지표다.

    기준선인 0을 기준으로 CCI가 위에 있으면 시장 상황을 상승추세로 판

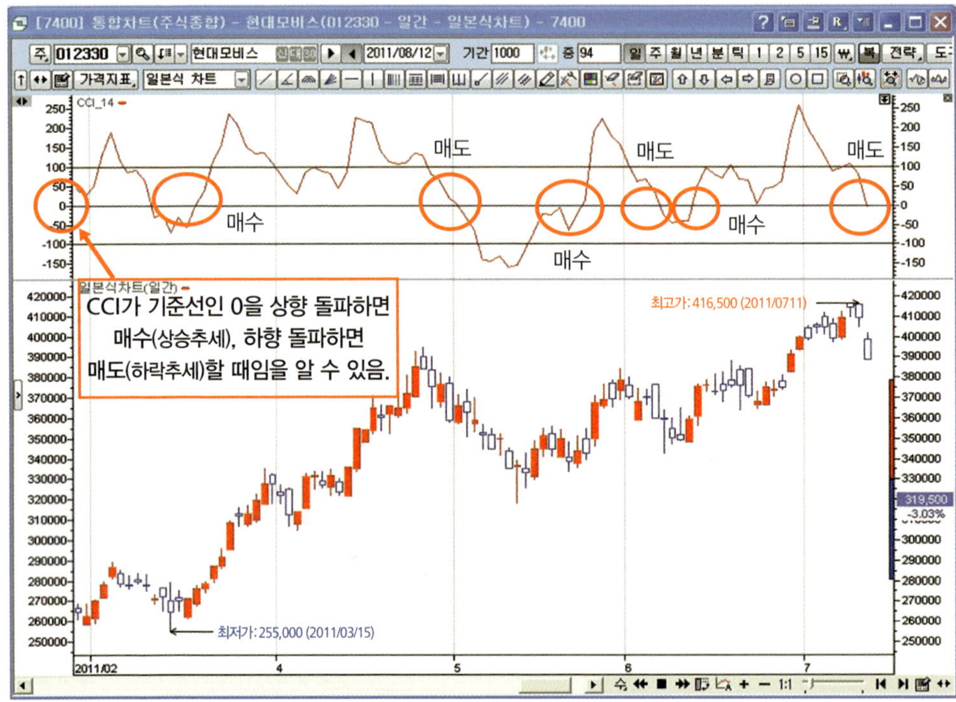

* 자료: 대신증권

단하고 밑에 있으면 하락추세라 판단해 접근한다. 0을 기준으로 매수와 매도시점을 알 수 있게 해주는 것이다. 그리고 +100을 넘어가면 과열된 상태이며 조만간 하락추세로 전환될 것임을 예고하는 것이고, 반대로 −100 아래로 내려가면 침체상태를 의미한다. 이는 결국 지지, 저항선으로서의 역할도 하는 셈이다.

스토캐스틱 Stochastic

스토캐스틱은 변동성·탄력성 지표로 주가의 변동성이나 탄력성이 어느 정도인지를 파악할 수 있게 해준다. 주가움직임의 정도를 파악하는 데 유용

* 자료: 대신증권

하다. 쉽게 말해 주가움직임이 어느 정도의 힘을 지니고 있는지 판단하게 해준다고 생각하면 된다. 일반적으로 많이 사용되는 변동성·탄력성 지표는 스토캐스틱, RSI, DMI 등이다.

스토캐스틱은 상승추세에서는 당일 종가가 최근 가격변동폭의 최고가에 근접해 있고, 반대로 하락추세에서는 당일 종가가 최근 가격변동폭의 최저가에 근접한다는 것을 기본으로 해서 현재의 주가수준을 파악할 수 있게 해주는 지표다.

'%D'와 '%K'로 구성돼 있고, '%K'는 최근에 형성된 종가에서 과거 5일간의 시장가격 변동폭과의 관계를 나타내고 '%D'는 '%K'의 3일간 이동평균선이다. '%K'선이 '%D'선을 상향 돌파하면 매수, 하향 돌파하면 매도 시점이다.

〈그림 2-23〉은 기준변수가 5일과 3일을 비교했기에 일봉에서 너무 많은 매수·매도 신호가 나오고 있다. 변수값을 좀 크게 조정해주면 신호 수를 줄일 수 있다. 같은 지표라 하더라도 기준이 되는 변수값을 어떻게 설정하느냐에 따라 신호의 주기와 정확성은 달라지게 된다.

투자상식 ▶ 기술적 분석의 효용성과 한계

기술적 분석은 가격의 궤적을 기록한 주가차트, 가격에서 파생된 다양한 보조지표, 투자자의 심리가 반영된 주체별 매매동향이나 거래량 등을 종합적으로 분석해서 투자에 참고하는 분석 방법이다. 그래서 주식투자에 나선 많은 초보자들이 묻지마 투자 수준을 벗어나서 기술적 분석에 눈을 뜨면 마치 금광이라도 발견한 것처럼 들뜨게 된다. 잔뜩 기대에 부풀어서 기술적 분석만 믿고 차트 분석에 매달려서 기계적으로 투자에 나서지만, 결과는 쓰라린 실패로 끝나는 경우가 대부분이다.

기술적 분석은 한두 가지 지표나 차트를 가지고 오묘한 주식시장에 맞설 수 있는 만능열쇠가 결코 아니다. 기술적 분석은 앞에서 언급한 경제동향 분석, 이후에 다루게 될 기업의 본질적인 가치를 분석하는 방법과 함께 활용할 때에야 비로소 그 효용가치가 증대된다.

보조지표를 잘 활용하면 투자에 상당한 도움이 된다. 그렇다고 〈그림 2–24〉처럼 너무 많은 보조지표를 줄줄이 나열하다 보면 화면도 비좁아지고, 너무 복잡해서 뭐가 뭔지 제대로 파악하기도 어려워진다. 그렇다면 어떻게 해야 할까?

〈그림 2–24〉 너무 많은 보조지표로 복잡해진 차트 사례

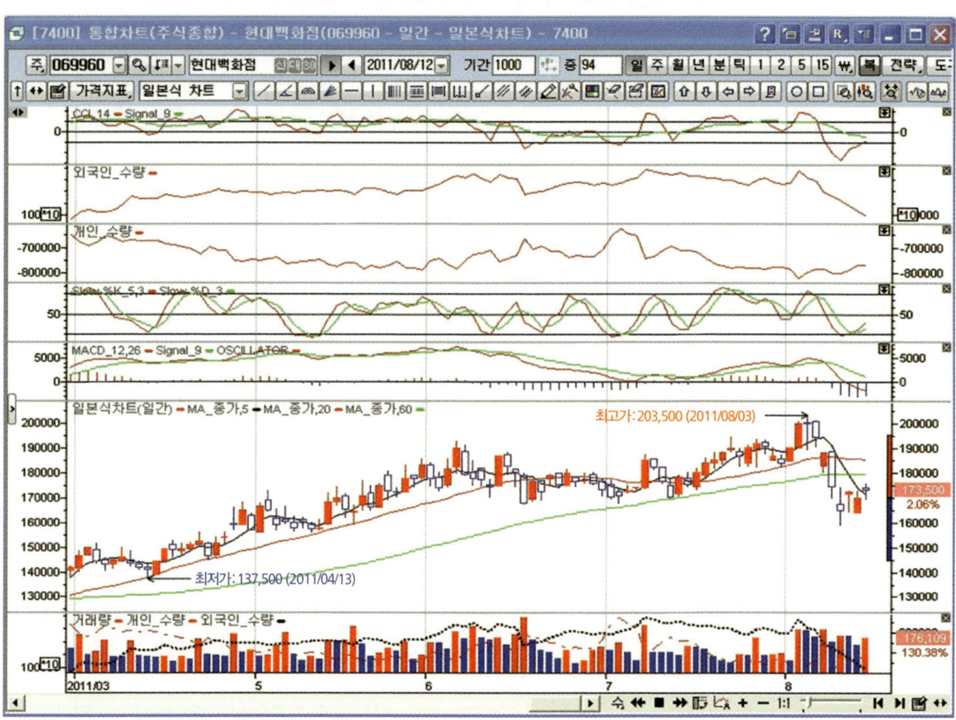

* 자료: 대신증권

이럴 때는 〈그림 2–25〉처럼 보조지표를 주가차트에 겹쳐서 볼 수 있는 기능을 활용하면 훨씬 보기도 편하고 공간도 절약된다. 주체별 매매동향

이라는 보조지표를 주가차트에 합친 형태다. 개인의 순매수 동향과 외국인의 순매수 동향이 주가차트에 겹쳐져 표시되므로 어느 주체가 사고파는지, 순매수와 주가는 어떤 상관관계를 가지고 움직이는지 한눈에 파악할 수 있다.

그림에서 보면 외국인의 순매수는 주가와 비슷하게 움직이지만, 개인은 반대로 가는 경향이 강하다. 외국인이 사면 주가가 오르고, 개인이 사면 주가가 내리는 정반대 현상을 눈으로 명확하게 확인할 수 있다.

<그림 2-25> 보조지표를 주가차트에 합쳐서 활용한 사례

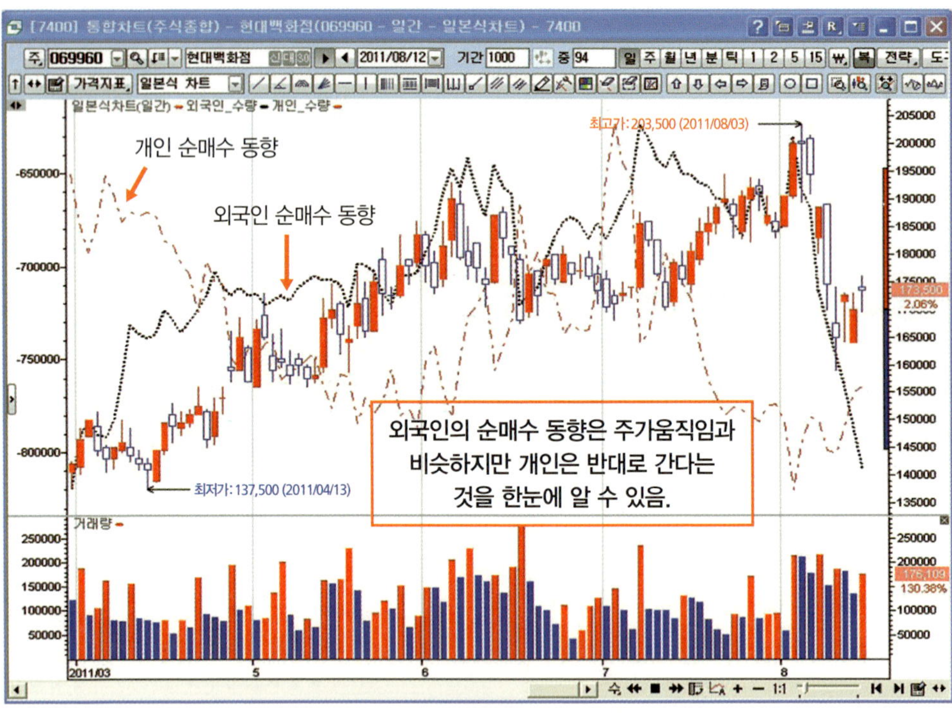

* 자료: 대신증권

<그림 2-26>은 보조지표를 일일이 표시해 매매시점을 확인하지 않아도 HTS가 자동으로 알아서 매수·매도신호를 알려주게끔 설정한 화면이다.

* 자료: 대신증권

추세지표인 MACD의 움직임에 따른 매매신호를 자동으로 주가차트에 표시해주고 있다. 그림에서 'EL'은 매도시점, 'Buy'는 매수시점이다. 주식초보자가 보조지표를 보고 지금이 매수시점인지 매도시점인지 판단하는 데 따르는 번거로움과 어려움을 속 시원하게 해결해주고 있다. 꽤나 기특한 기능이 아닐 수 없다.

보조지표의 교차신호로
매매를 해보면 어떨까?

주가차트에 거래량과 MACD와 볼린저밴드 지표를 추가한 차트의 모습입니다. 여러분이라면 어느 시점에서 매수 혹은 매도를 하겠습니까? 그리고 그 이유는 무엇입니까? 차트에 직접 표시하고 그 이유도 적어보세요. 이 책은 전시용이 아니라 공부를 위한 것이니까 부담 없이 책에다 적어가며 스스로에게 질문을 던져봅시다.

보조지표들이 동시에 매수를 외치면 성공확률이 높다

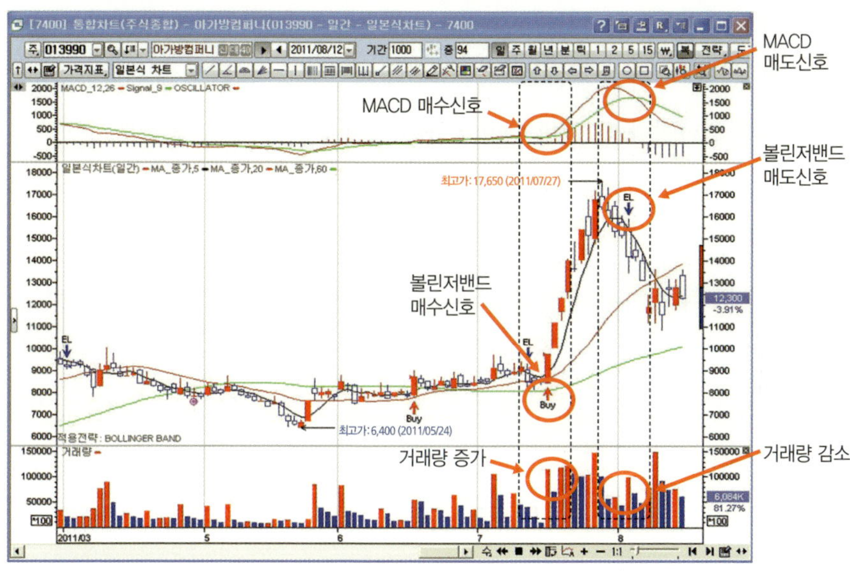

* 자료: 대신증권

가격지표인 볼린저밴드와 추세지표인 MACD, 투자참여자들의 심리가 반영되는 거래량을 한눈에 비교할 수 있도록 설정돼 있습니다. MACD가 매수신호를 보내고, 볼린저밴드 역시 매수신호를 보내면서 거래량이 폭증하고 있네요. 서로 다른 특성을 지닌 3개 지표가 3박자로 동시에 매수신호를 내니, 그 신뢰도는 1개 지표만 확인할 때보다 훨씬 높다고 볼 수 있습니다.

실제로 이 종목은 매수신호 후에 8000원대에 머물던 주가가 1만7000원을 돌파하며 기염을 토했습니다. 그 후 이번에는 반대로 이 모든 지표들이 비슷한 시점에서 일제히 매도신호를 보냅니다. 그러고 나니 주가는 하락추세로 돌아서 줄줄이 흘러내리고 있죠.

이처럼 특성이 다른 보조지표를 조합해 잘 활용하면 매수와 매도시점을 정확하게 파악할 수 있을 뿐 아니라 그 신뢰도를 크게 높일 수 있습니다.

그렇다면 아예 한 10개의 보조지표를 설정하면 어떨까요? 그래서 10개가 모두 같은 신호를 보내면 100% 신뢰할 수 있지 않을까요? 얼핏 생각하면 그럴듯해 보이지만 너무 많은 보조지표를 활용할 경우에는 서로 특성이 다르기 때문에 동시에 같은 신호를 보내는 경우가 거의 없습니다. 조선시대에 서방님 기다리던 열녀처럼 몇 년에 한번 있을까 말까 한 신호를 오매불망 기다릴 수 있겠습니까? 게다가 사공이 많으면 배가 산으로 가듯이 무조건 많다고 해서 신뢰도가 높아진다고 할 수는 없습니다. 쓸데없이 많은 보조지표로 정신 사납게 만들기보다는 자신의 입맛에 맞는 것으로 3개 정도만 잘 활용해도 충분합니다.

보조지표 3개가 모두 같은 신호를 보내면 OK, 2개는 글쎄, 1개는 NO!

주식투자 성공법 따라잡기

가치투자로 고수에 이르는 길

남들이 사면 따라 사고, 남들이 팔면 따라 파는 식으로는 고수가 될 수 없다. HTS를 잘 활용하는 것만으로도 부족하다. 진정한 주식투자 고수는 주가가 아니라 기업의 가치를 따져본다. 이는 오랜 세월 가치투자의 대가로 명성을 얻어온 워런 버핏 역시 고수해온 원칙이다. 워런 버핏도 따른 원칙이라 하니 귀가 솔깃해지는가! 자, 그렇다면 이번에는 기업의 가치를 어떻게 분석해야 하는지 배워 보고, 슬슬 고수의 길로 들어설 준비를 해볼까?

01

|1| 기업의 잠재된 가능성을 발굴해내는 가치투자

국민화가 박수근의 〈빨래터〉는 2007년 미술품 경매에서 45억2000만 원을 기록했다. 당시 국내 경매 사상 최고가였다. 하지만 박수근은 생전에 별로 주목받지 못했다. 평생 변변한 화실 한 칸 갖지 못했고 개인전 한 번 열지 못했다.

그랬던 그의 작품은 최근 들어 그 가치를 인정받기 시작해 1억9000만 원 (1999년), 3억6000만 원(2001), 7억1000만 원(2005), 9억1000만 원(2006), 25억 원(2007), 급기야는 45억 원으로 경매 최고가 경신을 이어가고 있다. 2013년에는 작품당 단가가 가장 비싼 화가의 위치에 올라섰다.

위에 나온 사례처럼 예술적 재능이 있지만 아직 인정받지 못하고 있는 장래성 있는 화가를 찾아내 그의 그림들을 저렴한 가격으로 사둔 뒤, 유명한 화가로 인정받아 작품가격이 비싸질 때 팔면 큰 수익을 낼 수 있다.

주식에서 '가치투자'도 이런 이치와 비슷하다. 기업의 가치에 비해 주가가 저평가돼 있는 종목을 발굴해서 투자한 뒤, 기업가치를 인정받기 시작해 주가가 상승하면 큰 수익을 낼 수 있다는 개념이다.

반세기 전, 가치투자를 주창한 벤저민 그레이엄

현대적인 투자기법을 창시한 그레이엄Benjamin Graham은 이미 1949년에 《현명한 투자자The Intelligent Investor》에서 가치투자에 대해 언급했다. 그는 '가장 현명한 투자전략은 가치 있는 종목의 주가가 가치보다 쌀 때 사서 가치에 준하는 가격이 될 때 팔아 수익을 올리는 가치투자'라고 했다.

현존하는 최고의 가치투자자이자 세계적인 갑부인 워런 버핏은 자신이 존경하는 스승이기도 한 그레이엄의 개념을 기반으로 가치투자전략을 실행했고, 그 덕분에 오랫동안 꾸준한 수익을 누적해왔다. 그는 미국의 IT 거품이 꺼지며 관련 주들이 폭락하는 와중에도 흔들림 없이 수익을 내는 놀라운 성과를 거뒀으며, 지금도 그의 전략은 승승장구하고 있다.

이처럼 미국에서는 가치투자가 이미 오래전 정립된 개념인 데 비해 우리나라에서는 비교적 최근에 와서야 주목받게 됐다. IMF 이후 외국인투자자들이 본격적으로 우리나라 증시에 유입되면서 자연스럽게 도입돼 '가치' 있는 종목이 발굴되기 시작한 것이다.

외풍에 민감하게 반응하지 않아도 되는 가치투자

기업의 내재가치에 비해 고평가된 인기주는 반짝 상승한 후에 장기적으로는 하락하는 경우가 많다. 반면 기업의 내재가치에 비해 저평가된 종목들이 그 가치를 인정받기 시작하면 주가가 꾸준하게 상승한다.

경기가 나빠도 손님이 넘쳐나는 점포가 있고, 경기가 아무리 좋아도 망하는 회사가 있다. 주식투자 역시 마찬가지이므로 종목을 결정할 때는 기업의 내재가치를 분석해서 판단하는 것이 가장 중요하다. 주가는 기업의 가치에 근거해 평가해야 하는 것이므로, 어떻게 보면 가치투자는 주식투자의 원리를 가장 정확하게 반영한 투자방법이라고도 볼 수 있다.

또한 가치투자는 경기변화나 이슈 등 단기적으로 주가에 영향을 주는 외부 요소에 민감하게 반응하지 않아도 된다는 장점이 있다. 아무리 훌륭한 선수나 장래가 촉망되는 신인도 모두 슬럼프는 있기 마련이지만, 그것이 일시적인 슬럼프인지 실력이 퇴보하는 것인지를 판단하면 되는 것이지 매일의 승률이나 성적에 일희일비하며 마음 졸일 필요가 없는 것이다.

가치투자는 장기적으로 안정적인 수익 창출이 가능한 투자방법 중 하나이며, 복리의 놀라운 효과를 가장 잘 적용한 투자방법이라고도 할 수 있다. '가치투자의 대가' 워런 버핏은 주식투자란 '주가'가 아니라 '기업의 가치'를 거래하는 것이라고 말한 바 있다.

화끈한 단기 승부를 즐기는 국내 투자환경과는 괴리감 있어

가치투자에도 단점은 있다. 말이 쉬워 '가치 있는 종목'을 '발굴'한다는 것이지, 도대체 가치의 기준을 어디에 두고서 분석해야 하는 것인지 어렵기만 하다. 또 증시에 상장된 수많은 종목 중에서 '가치 있는' 주식을 구체적으로 어떻게 찾아낼 수 있을까?

진주를 찾기 위해서는 꼼꼼하게 진흙 속을 뒤져봐야 한다. 또 어렵게 발견한 '진주'가 제대로 진가를 발휘할 때까지 지켜봐야 하는 끈기도 필요하다. 그래서 단기간에 화끈한 승부를 좋아하는 개인투자자들에게는 다소 버겁거나 지루한 투자방법이기도 한다.

하지만 가치투자는 다른 어떤 분석방법이나 투자기법보다 주식투자 원리에 맞는 가장 모범적이고 바람직한 투자방법이라고 할 수 있다.

회사 전망은 Good, 현재 주가는 Bad, 당신의 선택은?

코스맥스는 화장품 개발 및 생산업체로 아모레퍼시픽, LG생활건강 등 국내외 150여 기업에 제품을 공급하고 있습니다. 이 회사는 중국에도 진출해서 한류열풍에 따른 한국화장품 특수 효과도 보고 있어서 투자유망종목 같아 보입니다.

그런데 막상 이 회사의 주가는 1만 원 내외에서 별 변화가 없네요. 참으로 애매한 상황이 아닐 수 없습니다. 자, 이제 여러분은 선택의 기로에 서 있습니다. 향후 전망을 한번 믿어보고 1년 이상 장기투자를 해보겠습니까? 아니면 지지부진한 주가에 싫증나서 다른 종목을 알아보겠습니까?

종목	투자 여부	이유
코스맥스	Yes( ), No( )	

미운 오리 새끼 믿고 기다리면 결국 백조가 된다

코스맥스는 주문자상표부착생산OEM · 제조자개발생산ODM업체로, 지난 2006년 한국의 화장품 OEM · ODM업체로는 최초로 중국에서 본격 생산에 들어간 후 연평균 매출증가율이 80%를 넘을 정도로 확고하게 자리 잡았습니다. 또한 한국콜마와 양분하고 있는 국내 시장에서도 신규 거래처

증가와 생산설비 확대에 따른 성장세를 이어가고 있습니다.

이런 실적이 쌓이면서 2011년 상반기까지 1만 원 내외의 지지부진한 주가움직임을 보이던 코스맥스는 한류열풍에 힘입어 하반기 들어서는 2만 원대에 육박했습니다. 또한 여기서 그치지 않고 2012년에는 드디어 급등하기 시작해 9월에 4만 원대를 돌파했고, 2013년 4월에 5만7200원까지 상승하면서 진가를 발휘했습니다.

기간	2010년	2011년 하반기	2012년 9월	2013년 4월
주가	1만 원대	2만 원대	4만850원	5만7200원
수익률	0%	100%	308%	472%

향후 성장 가능성과 전문기술을 높이 평가해 2011년 초 이 회사에 투자했다면 2년 반 남짓한 기간 동안 약 5배 가까운 수익을 올릴 수 있었을 것입니다.

장래성 있고 내실 있는 알짜기업이라고 해서 모두 주가가 바로 상승하는 것은 아닙니다. 다소 지루해도 참을성 있게 기다리면 결국 때가 돼 수익의 기쁨을 가져다주게 되는 것이죠. 우물가에 가서 숭늉을 찾을 수는 없는 노릇입니다. 참는 자에게 복이 있다고 했던가요? 이 경우 결국 5배의 수익을 안겨주었으니, 이야말로 가치투자의 묘미가 아닐 수 없습니다.

알짜기업 믿고 2년만 기다려도 기술력과 한류가 만나 472%의 놀라운 결과로 보답!

| 2 | 히트상품과 트렌드를 보면 '백조'가 될 기업이 보인다

〈그림 3-1〉 2000년~2010년 10대 히트상품

	2000	2001	2002	2003	2004	2005	2006	2007	2008	2009	2010
1	아이러브스쿨	친구	월드컵	디지털포토	싸이월드	청계천	판교아파트	UCC	촉각형휴대폰	막걸리	스마트폰
2	애니콜듀얼폴더	SK Ok캐시백	컬러휴대폰	로또	복합기능휴대폰	블루오션전략	슬림휴대폰	차이나펀드	베이징올림픽스타	신종플루대응상품	슈퍼스타K
3	허준(드라마)	롯데자일리톨껌	메이드인차이나	신가전	비타500	위성DMB폰	저도수소주	국가대표틴스타	교통요금결제서비스	김연아	여자국가대표축구팀
4	신용카드	삼성전자콤보	주상복합아파트	웰빙상품	한류스타(욘사마)	주식형 간접투자상품	왕의 남자, 괴물	사극	인터넷토론방	LED TV	소셜미디어
5	공동경비구역 JSA	TV 홈쇼핑	홈시어터	퓨전사극	대용량MP3	이종격투기K-1	고구려사극	종합자산관리계좌	베토벤바이러스	스마트폰	태블릿PC
6	초록매실	SM5	영어학습	재테크서적	저가화장품	억척녀주인공TV드라마	웰빙茶음료	무한도전	리얼버라이어티쇼	선덕여왕	기아자동차K시리즈
7	킥보드	대형평면TV	테이크아웃점	수입차	파리의연인	카트라이더	이승엽	옥수수수염차	닌텐도Wii	Girl그룹	영화아바타
8	딤채	아바타	변형명품(짝퉁)	지하철신문	마법천자문	내비게이션	비보이(B-boy)	원더걸스	넷북	도보체험관광	블루베리
9	SK엔크린보너스카드	종신보험	책책책, 책을읽읍시다	지식검색	주택장기대출	웰컴 투동막골	스키니패션	BB크림	기부	보금자리주택	발열의류
10	메가패스	브랜드쌀	한방제품	이민상품	매운음식	블로그	평판TV(LCD, PDP)	와인	소비자고발프로그램	KT Qook	제빵왕김탁구

* 자료: 삼성경제연구소, 조선일보

〈그림 3-1〉은 삼성경제연구소가 2000년대 들어 매년 10개씩 선정해온 110개 히트상품의 목록이다. 10년 동안 우리 사회의 트렌드 변화를 한눈에 보여주는 자료다. 연구소에 따르면 이들 히트상품에서 나타난 큰 흐름으로 '디지털 상품의 진화' '웰빙형 상품 확산' '희망제시형 상품에 환호' '정서적 안정 상품에 호응' 등 4가지를 꼽았다.

히트상품→기업실적 향상→기업가치 증대→주가상승

이처럼 시대의 큰 흐름에 따른 히트상품과 트렌드가 각광을 받고, 이와 관련된 상품과 서비스를 제공하는 기업의 실적이 향상되면서 기업가치가 높아진다. 그 결과 자연스럽게 주가도 상승하는 '선순환善循環' 구조가 이뤄지게 된다. 이전까지는 '그냥 오린가?' 하는 평가를 받았던 기업들이 알고 보니 백조였던 것이다. 이들이 바로 '진흙 속에 묻혀 있던 가치 있는 기업'인 셈이다.

히트상품에는 '활명수' '새우깡'처럼 오랜 세월 동안 꾸준하게 시장에서 독보적 위치를 점해온 상품이 있다. 반면 '옥수수수염차'처럼 출시된 지 얼마 되지 않았음에도 폭발적인 매출증가세를 이어가는 상품도 있다. 꾸준한 인기를 이어온 상품은 회사의 매출과 이익을 책임지는 효자상품이고, 돌풍을 일으킨 신제품은 기업실적을 한순간에 도약시키는 깜짝상품이다. 이들 모두 스타일은 달라도 히트상품이고, 이렇게 독보적인 상품이 있는 회사는 그것이 없는 회사에 비해 경쟁우위에 있으므로 결국 기업가치가 높아질 수밖에 없다.

히트상품이 전체 매출에서 차지하는 비중이 중요

트렌드에 충실한 히트상품을 만들기만 하면 무조건 기업가치가 올라가고 덩달아서 주가도 쑥쑥 상승할까? 그렇지는 않다. 기업가치의 상승 여부는 히트상품이 회사에서 차지하는 매출(손익) 비중 및 시장규모와 밀접한 관계가 있다. 〈그림 3-2〉를 보면 간과해서는 안 될 중요한 포인트가 있다.

〈그림 3-2〉에서 보는 것처럼 A사의 경우 회사 전체 매출액은 1000억 원인 데 비해서 히트상품의 매출 비중은 5%에 불과한 50억 원대다. 반면 B사의 경우는 전체 매출액 100억 원 중 45%(45억 원)를 히트상품이 올리고 있다. 매출액 기준으로는 비슷하지만 회사 전체 매출에서 차지하는 비

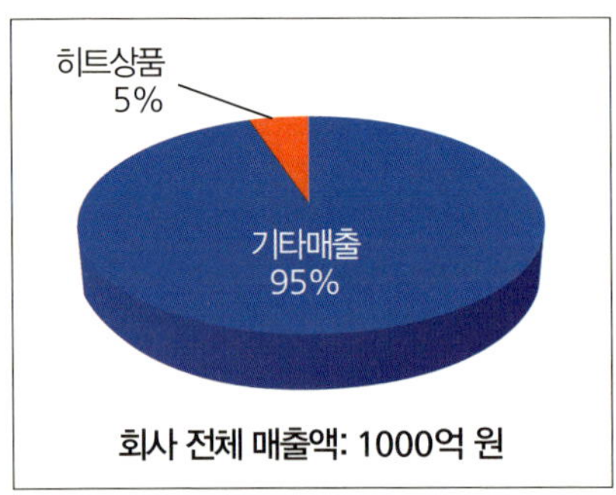

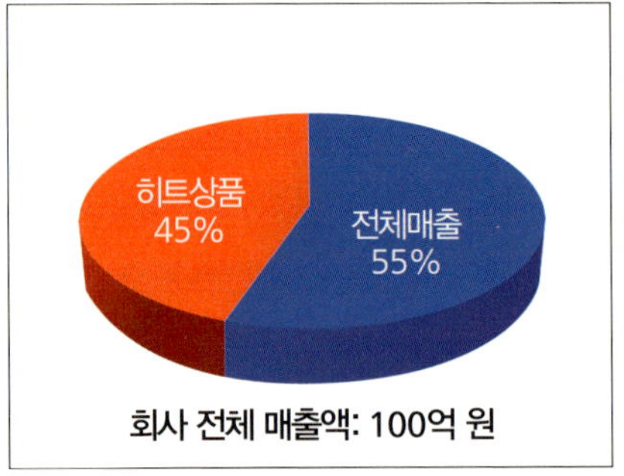

A사는 전체 매출에서 차지하는 히트상품 비중이 너무 낮아서 기업가치 향상에 큰 도움이 되지 못함.

B사는 전체 매출에서 히트상품이 차지하는 비중이 높아서 기업가치 향상에 큰 기여를 함.

율 면에서는 큰 차이가 나고 있다.

그렇다면 A사와 B사 중 어느 회사의 히트상품이 기업가치 증대에 더 기여를 하고 있을까? 당연히 B사다. A사의 경우 히트상품이 전체 매출에서 차지하는 비율이 미미하기 때문에 비중이 큰 다른 부문의 매출이 감소하면 기업이 휘청거릴 수도 있다. 반면 B사는 히트상품의 매출 비중이 높기 때문에 그 효과를 톡톡히 볼 수 있다. 이처럼 똑같은 히트상품이라 하더라도 매출 비중에 따라 그 파급효과는 다르다.

시장점유율과 전체 시장의 크기를 같이 비교해야

또 다른 관점에서는 시장점유율과 전체 시장규모를 같이 파악해야 한다. 〈그림 3-3〉은 히트상품의 시장점유율과 전체 시장규모를 비교한 사례다. A사는 시장점유율이 약 10% 정도고 B사는 30% 정도다. 하지만 전체 시장규모는 1000억 원과 100억 원으로 10배나 차이 난다.

A사는 히트상품의 인기를 잘 유지하면 1000억 원대의 큰 시장에서 얼마든지 성장할 수 있다. 반면 B사는 현재 30억 원 매출에서 점유율을 아무리

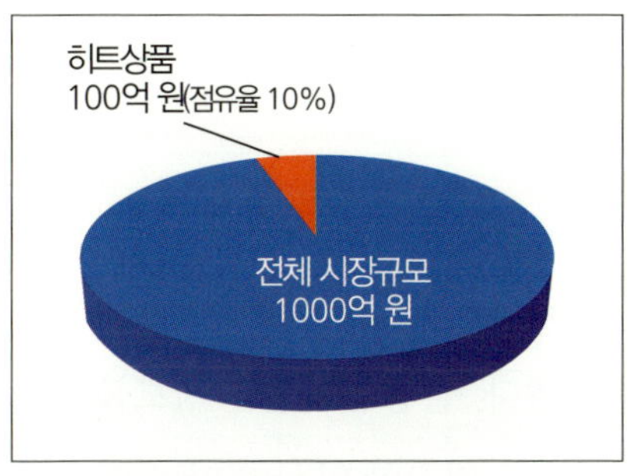

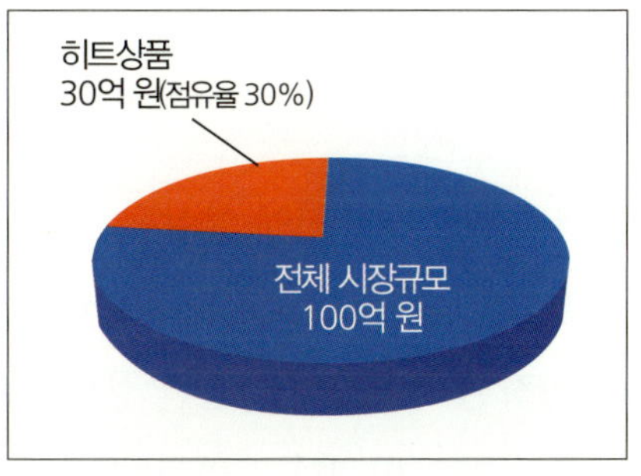

A사의 점유율은 낮지만 전체 시장규모(1000억 원)가 커서 향후 성장 가능성이 높음.

B사의 점유율은 높지만 전체 시장규모(100억 원)가 작아서 성장에 한계가 있음.

확대해봐야 100억 원을 넘길 수 없다는 한계가 있다. 시장규모를 본다면 현재 점유율은 낮아도 A사의 향후 성장 가능성이 훨씬 높다.

가치투자는 트렌드에 맞게 새로운 히트상품을 내놓는 동시에 오랜 기간 꾸준하게 사랑받아온 장수 브랜드를 유지하고 있는 기업을 찾는 것으로 첫발을 내디딜 수 있다. 여기에다 히트상품이 회사 전체 매출에서 차지하는 비중이 크고, 관련 시장의 규모가 커서 향후 성장 가능성이 기대된다면 기업의 가치는 더욱 높아질 확률이 크다.

생각보다 어렵지 않다는 것을 느낄 것이다. 이렇게 간단한 원리로 손쉽게 접근해서 좋은 성과를 기대할 수 있는 것이 바로 가치투자다.

| 3 | 전자공시시스템만 잘 활용해도 투자실력이 쑥

금융감독원은 증시에 상장된 기업의 정보투명화와 투자자보호를 위해 전자공시시스템을 운용하고 있다(http://dart.fss.or.kr). 이 사이트에는 증권시장에 상장된 기업들의 다양한 정보가 수록돼 있다. 금융감독원은 정보불균형이나 독점을 방지하기 위해 다양한 기업정보를 일정한 양식에 따라 이곳에 의무적으로 공개하도록 하고 있다. 투자자들은 이곳에 접속해서 관심 있거나 자신이 보유한 종목의 주가에 영향을 미칠 수 있는 중요한 기업정보를 수시로 확인하는 것이 좋다.

전자공시는 믿을 수 있고 유용한 기업정보 보물창고

일부 투자정보 사이트나 인터넷 포탈사이트에서 제공하는 기업정보는 작위적으로 편집되거나 걸러지고, 심하면 왜곡돼 있는 경우도 많다. 그렇기 때문에 공신력 있을 뿐 아니라 제재권한까지 가지고 있는 정부기관인 금융감독원의 '원본' 정보를 직접 찾아서 참조하는 것이 안전하고 정확한 정보 습득 방법이란 걸 알아야 한다.

이곳에 수록된 상당수 정보들은 '건조한 공공양식'에 따라 작성됐기 때문에 초보자들에게는 이해하기 다소 어렵거나 딱딱하고 지루하게 느껴질 수 있다. 그렇지만 몇 번 보다 보면 핵심적인 내용들을 잘 모아놓은 정보창고라는 것을 알게 된다.

〈표 3-1〉은 금융감독원 전자공시시스템에서 제공하는 주요 공시 내용과 세부 항목들이다. 이들 목록을 보면 매우 다양한 기업정보가 수시·정기적으로 게재돼 공시되고 있다는 것을 알 수 있다.

<표 3-1> 금융감독원 전자공시시스템의 정보제공 항목

구분	세부 항목
정기 공시	사업보고서, 반기보고서, 분기보고서, 등록법인 결산서류 등
주요 사항 보고	주요 사항 보고서, 주요 경영사항 신고, 최대주주와의 거래신고 등
발행 공시	증권신고(지분증권, 채무증권, 파생결합증권, 합병), 소액공모 등
지분 공시	주식 등의 대량 보유 상황 보고서, 공개매수, 의결권 대리행사 권유, 임원 및 주요 주주의 특정 증권 등 소유 상황 보고서 등
기타 공시	자기주식 취득·처분, 신탁계약 체결·해지, 사외이사에 관한 신고, 주주총회 소집공고 등
외부감사 관련	감사보고서 등
자산 유동화	자산·채권 유동화 계획 등
거래소 공시	수시 공시, 공정 공시, 시장조치·안내, 지분 공시 등
공정위(공정거래위원회) 공시	대규모 내부거래 관련, 기업집단현황 공시 등

전자공시시스템과 친해질수록 투자실력도 성장

<그림 3-4> 금융감독원 전자공시시스템 활용하기

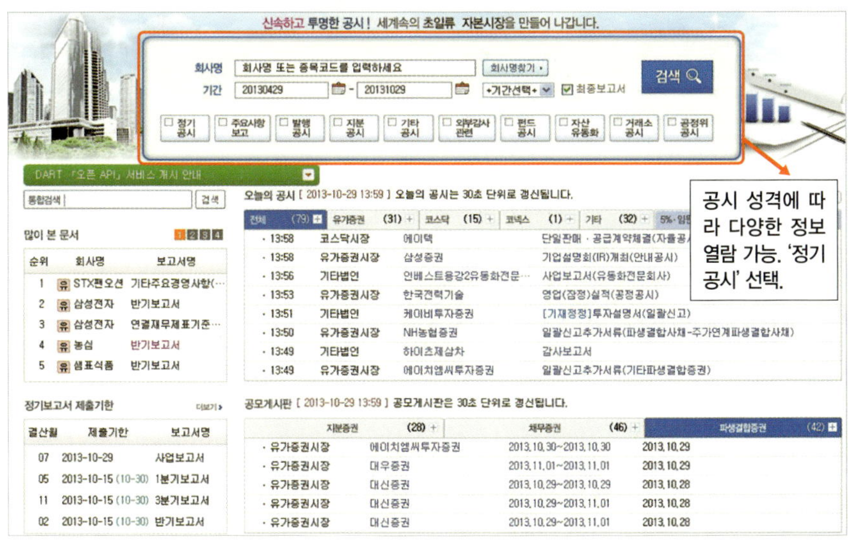

* 자료: 금융감독원

<그림 3-4>는 전자공시시스템을 활용하는 예다. '진양산업'이라는 종목이 투자유망종목이라는 모 증권사의 분석자료가 눈에 띄었다. 그런데 생소한 이름이라 이 회사에 대해 아는 정보가 하나도 없다. 그래서 금융감독원 전자공시시스템을 활용해서 이 회사에 대한 정보를 알아보려고 한다.

우선 진양산업이 어떤 회사인지 알아야겠다. 회사명을 입력하고 다양한 정보 열람 기능 중 '정기 공시'를 선택하고 세부 항목의 '사업 보고서'를 체크한다. <그림 3-5>에서 보듯이 사업 보고서가 뜨면서 진양산업에 관한 정보가 나온다.

<그림 3-5> 전자공시시스템 · 사업내용 확인하기

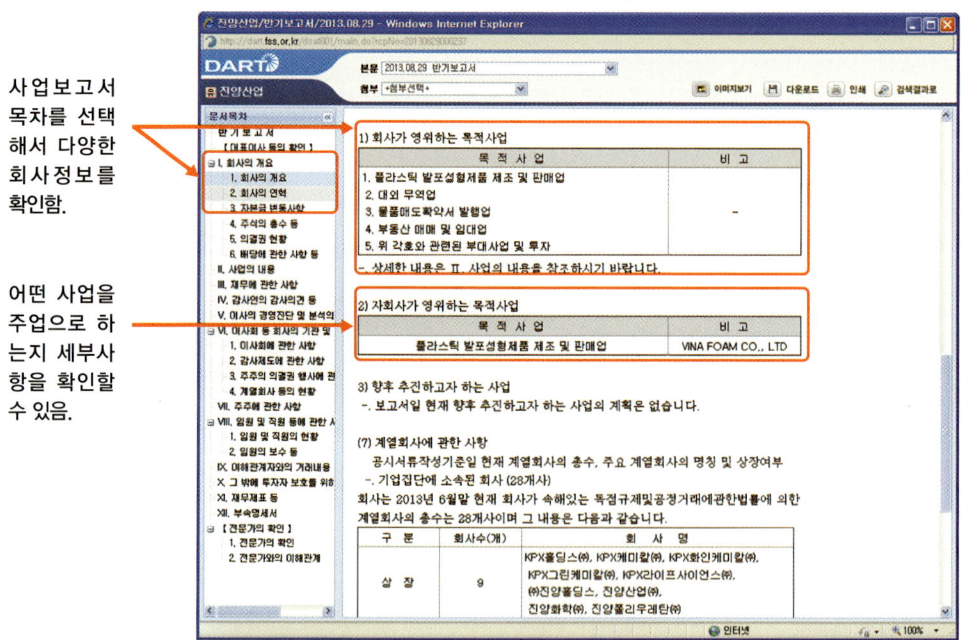

* 자료: 금융감독원

'정기 공시'에는 정기적으로 기업의 주요 사업 관련 보고서를 공시한다. 정기 공시 중에서 '사업보고서(혹은 반기/분기보고서)'를 선택한다. 사업보고서에는 회사의 사업내용, 연혁 등에 관한 기본 정보와 매출, 손익 등 재무제표 정보도 포함돼 있다.

좌측 메뉴는 사업보고서의 세부 목차다. 회사의 개요를 선택했더니 이 회사 및 자회사가 영위하는 목적사업에 관한 정보가 나온다. 플라스틱 발포성형제품을 제조하고 판매하는 것이 주요 사업이란 것을 알 수 있다. 이 보고서 하나만으로도 회사의 웬만한 정보는 앉은 자리에서 손쉽게 알 수 있다.

이처럼 전자공시시스템은 금융감독원이라는 정부기관에서 일정한 양식에 맞춘 형태로 사안에 따라 기업체의 정보를 투명하게 공개하도록 하고 있다. 그래서 다른 어떤 사설업체나 인터넷서비스보다 공신력 있고 정확한 정보를 체계적으로 얻을 수 있다.

Stock News

전자공시시스템 개발 회사의 마지막 공시는?

'아시아미디어홀딩스'의 전신인 '유진데이타'는 1991년 IT솔루션 개발업체로 설립된 후 1995년 신용보증기금 등으로부터 '유망중소기업' '우량기술기업'으로 꼽힐 만큼 전도유망한 중소기업이었다. 1998년에는 금융감독원의 전자공시시스템을 개발하기도 했고, 2000년대 들어서도 정부와 공공기관으로부터 수주를 따내며 승승장구하는 듯했다. 하지만 이후 경영권 인수 관련 내분과 소송에 휘말리는 등 진통을 겪으며 표류하다 만신창이가 됐고, 결국 10년 만에 증시에서 퇴출됐다. 전자공시시스템 개발 회사의 마지막 공시가 자사의 상장폐지가 돼버린 것이다. 드라마가 따로 없는 것이 바로 증권시장의 모습이기도 하다.

|4| 생활 속 아이디어로 가치 있는 기업 찾기

김대리는 지난 겨울 출장으로 부산에 간 참에 외갓집을 방문했다. 그의 외
갓집은 시내에서 꽤 떨어진 교외에 위치해 있어서 상대적으로 발전이 덜
된 낙후지역이다.

생활 속 아이디어→기업정보 확인→가치투자종목 발굴

김대리는 외갓집을 방문해서 할머니와 난방 이야기를 하다가 '부산도시가
스(부산가스)'라는 기업에 흥미를 느꼈다. 부산은 최근 들어 에너지 소비가
늘면서 흔히 도시가스라 불리는 액화천연가스LNG 보급과 수요가 증가하고
있다. 그런데 경쟁자도 없이 이 황금시장을 독점한다니, 귀가 솔깃해지지
않을 수 없다. 그래서 김대리는 전자공시시스템에 접속해서 이 회사에 대
한 정보를 알아보기 시작했다.

전자공시시스템의 부산도시가스 사업보고서에 따르면, 수도권의 경우 7
개 도시가스 회사가 지역별로 독점공급하고 있고, 지방의 경우에도 각 시
도별로 1~4개 업체가 지역을 분할해 독점공급하고 있다.

부산은 서울, 경기, 인천 등 수도권 지역처럼 가구 밀집도가 높고 도로
망이 잘 형성돼 있어 수요가구를 많이 확보할 수 있을 뿐만 아니라 부문별

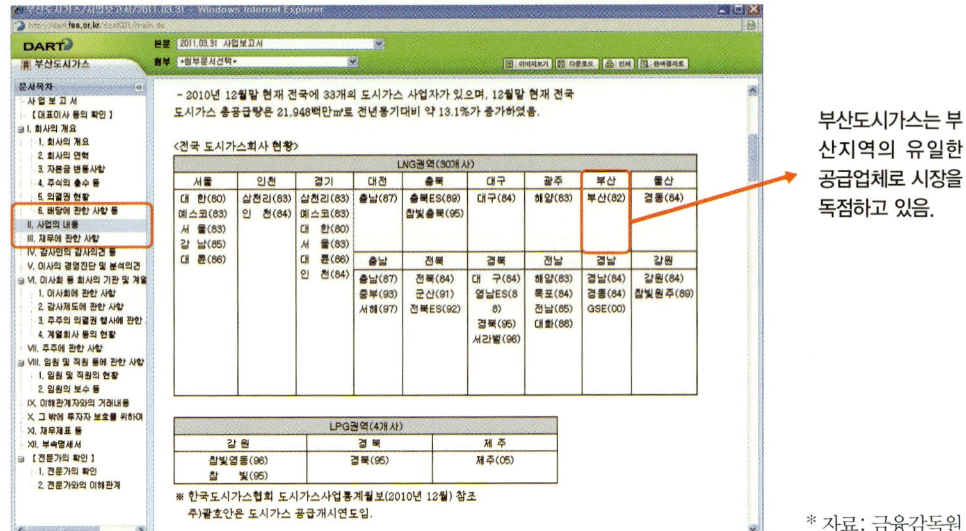

* 자료: 금융감독원

도시가스 수요자 또한 다양하게 분포돼 있어 조건이 유리한 편이다. 보급률이 타 지역에 비해 낮아 보급 확대 여력이 충분하므로 향후에도 꾸준한 외형성장세를 유지할 것으로 예상된다.

부산은 〈그림 3-6〉에서 보는 것처럼 도시 규모가 큼에도 불구하고 부산도시가스 1개 업체가 독점하고 있는 상황이다. 시장은 성장하고 있고, 우리나라 제2의 도시인 부산을 독점하고 있으니, 꽤나 안정적인 실적 향상을 예상할 수 있다.

김대리는 내친김에 사업보고서에서 '배당에 관한 성향' 항목을 선택해봤다. 그랬더니 이 회사는 〈그림 3-7〉에서 보듯이 최근 3년간 꾸준히 주주들에게 매우 높은 배당을 해서 꽤 짭짤한 수익을 제공했다

Key Point

가치투자는 생활 속에서 보고 느낀 작은 단서를 잡아내고, 전자공시시스템 등을 통해 관련 기업의 정보를 확인함으로써 손쉽게 시작할 수 있다. 늘 자신을 둘러싼 삶의 환경을 잘 관찰해보고, '가치'에 대한 단서를 포착한 뒤 관련 기업 정보를 확인해보는 습관을 가져보라. 자신만의 알토란 같은 투자관심종목을 발굴할 수 있을 것이다.

〈그림 3-7〉 전자공시시스템으로 배당성향 확인하기

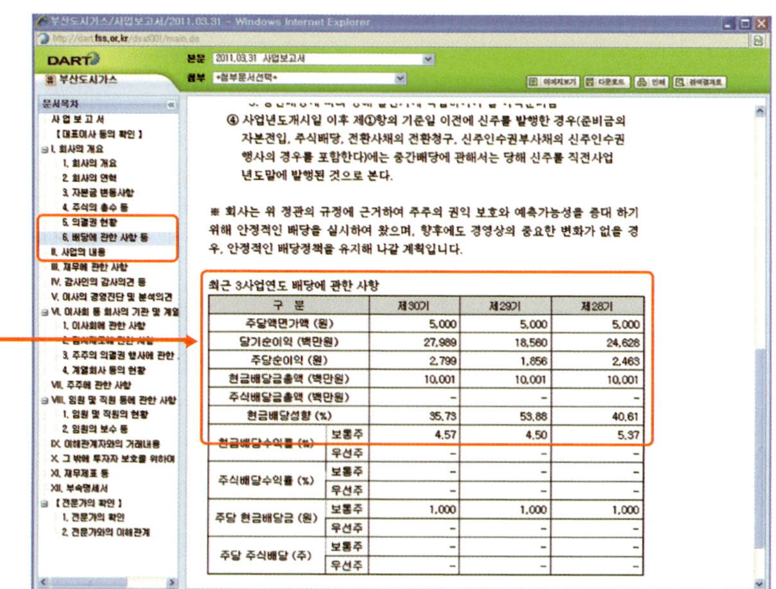

구 분		제30기	제29기	제28기
주당액면가액 (원)		5,000	5,000	5,000
당기순이익 (백만원)		27,989	18,560	24,628
주당순이익 (원)		2,799	1,856	2,463
현금배당금총액 (백만원)		10,001	10,001	10,001
주식배당금총액 (백만원)		–	–	–
현금배당성향 (%)		35.73	53.88	40.61
현금배당수익률 (%)	보통주	4.57	4.50	5.37
	우선주	–	–	–
주식배당수익률 (%)	보통주	–	–	–
	우선주	–	–	–
주당 현금배당금 (원)	보통주	1,000	1,000	1,000
	우선주	–	–	–
주당 주식배당 (주)	보통주	–	–	–
	우선주	–	–	–

* 자료: 금융감독원

는 사실을 확인했다.

산업발전과 생활향상에 따른 도시가스 수요 증대, 우리나라 제2의 도시 부산에 독점공급, 높은 배당률 등 이 기업은 꽤나 매력적인 투자종목 같다는 느낌이 든다. 김대리는 일단 이 기업을 투자관심종목 리스트에 올리고, 앞으로 좀 더 추이를 지켜보면서 투자 여부를 결정해야겠다고 마음먹었다.

그는 무심코 외갓집에 들렀다가 '성장가능성' '독점사업자' '배당성향'이라는 가치투자 요소를 깨닫고 유망종목까지 발굴해내는 쾌거를 올렸다. 이후 이 종목의 주가는 2009년 1월 1만5000원대에서 2013년 4월 3만1550원까지 상승했다.

스마트폰 세상, 전자책 관련 주는
과연 독일까, 약일까?

여러분은 2010년 1월 초, 전자책 관련 사업이 유망하리라는 확신을 갖고 예스24, 코원, 텔레칩스 3개 종목에 투자했습니다. 예스24는 인터넷서점의 대표주자로 '한국이퍼브'라는 전자책 관련 자회사를 두고 있죠. 코원은 MP3플레이어를 만들어온 단말기 제조업체이고, 텔레칩스는 관련 칩을 제조하는 회사입니다.

2010년 1월 중순이 되니 3종목 모두 주가가 올랐습니다. 자, 이제 선택의 기로에 섰습니다. 애플의 스마트폰 신제품 발표가 예상되고 있는 시점인데요. 전자책 관련 종목의 주가 향방은 어떻게 될까요? 스마트폰 열풍에 편승해서 주가가 더 오를 것 같으니 계속 보유해야 할까요? 아니면 악재로 작용할 것 같으니 다소 수익이 발생한 지금 팔아야 할까요? '계속 보유'할지 '매도 후 관망'할지 판단해서 체크하고 그 이유를 적어보세요.

종목	매수가격 (2010년 1월 4일 기준)	현재가격 (2010년 1월 중순)	투자전략	이유
예스24	1만 2400원	1만 4100원	계속 보유( ) 매도 후 관망( )	
코원	7800원	9690원	계속 보유( ) 매도 후 관망( )	
텔레칩스	1만 3000원	1만 4050원	계속 보유( ) 매도 후 관망( )	

IT 관련 주는 대박이 쪽박으로 돌변하는 것도 순식간

종목	매수가격 (2010년 1월 4일 기준)	현재가격 (2013년 10월 기준)	등락률
예스24	1만2400원	4670원	−62.3%
코원	7800원	1480원	−81.0%
텔레칩스	1만3000원	4395원	−66.2%

찻잔 속의 태풍으로 끝날 것이라고 예상한 이들도 있었지만, 애플의 스마트폰 열풍은 전 세계적 광풍으로 이어지면서 '스마트'가 아닌 업체들은 모두 소외되는 상황이 벌어졌습니다. '非스마트폰'으로 분류된 것들은 졸지에 모두 퇴물이 돼버리고 만 것이죠. 게다가 스마트폰에 이어 아이패드로 대표되는 태블릿PC가 뜨면서 전자책과 MP3 기능을 흡수해버렸습니다. 이로 인해 전자책 사업에서 성과를 내지 못한 예스24, 스마트폰과 태블릿PC가 아닌 하드웨어를 제조하던 코원과 텔레칩스의 2013년 10월 주가는 2010년 초에 비해 3분의 1에서 5분의 1토막이 나버렸습니다.

IT 관련 종목은 기술의 흐름과 시대적 조류에 따라 주가등락이 심합니다. 그래서 흐름을 제대로 읽지 못하면 한때의 수익이 결국 손실로 귀결되며 일장춘몽이 되기도 합니다.

IT 관련 주에 투자했는데 가격이 하락하기 시작하면 일단 팔고 나서 관망해야!

| 5 | 매출비중과 시장점유율 높은 식생활 필수종목

> 마트 주인: 추억의 과자 왕짱구, 1+1 행사 합니다. 많이 사 가세요!
> 최대리: '한 봉지 가격에 두 봉지라, 가격도 싸고 어릴 적 생각도 나는데 사 먹어봐야겠다.'
> 마트 주인: 여기 있습니다. 요즘 들어 이 과자 사 먹는 사람들이 무척 늘었어요.
> 최대리: '경기가 안 좋으니까 싼 맛에 추억의 과자에 몰리나? 매출이 늘어난다면 이 회사의 실적이 좋아질 테니 주가도 오르려나? 어디 한번 관심을 가져볼까?'

매출비중이 높은 히트상품이라야 가치가 높아진다

최대리는 동네 마트에서 '왕짱구'를 샀다. 그런데 이 과자의 매출이 증가한다는 말을 듣고는 이 회사에 관심이 생겼다. 희망에 부풀어서는 전자공시시스템에 접속해서 관련 정보를 검색해봤다.

왕짱구를 생산하는 '삼양식품'의 사업보고서를 선택한 뒤 사업내용 중 '주요 제품, 서비스' 항목을 찾아봤다. 이 회사 전체 매출액 중 대표상품인 '삼양라면 외'의 매출이 86.2%인 데 비해, 왕짱구를 포함한 스낵류의 매출은 겨우 4.6%에 불과한 것으로 나타났다. 그렇다면 왕짱구의 매출증대를 믿고 이 회사를 투자관심종목으로 선정해도 될까?

정답은 NO! 앞에서 히트상품이 회사 전체 매출에서 차지하는 비중이 얼마나 되는지 확인해야 한다고 했다. 그 실제 사례다. 삼양식품의 왕짱구는 한때 공격적인 마케팅에 힘입어 매출이 증대되면서 새롭게 히트상품 아닌 히트상품이 돼 각광을 받았다. 이 점만 본다면 삼양식품의 실적개선과 주가상승이 기대되겠지만, 매출비율이 초라할 정도로 작다. 이 회사는 전

〈그림 3-8〉 전체 매출 중 특정 상품의 매출비중 확인하기

전체 매출액 중 면제품 매출이 86.2%인데 비해, 스낵류 매출은 4.6%에 불과함.

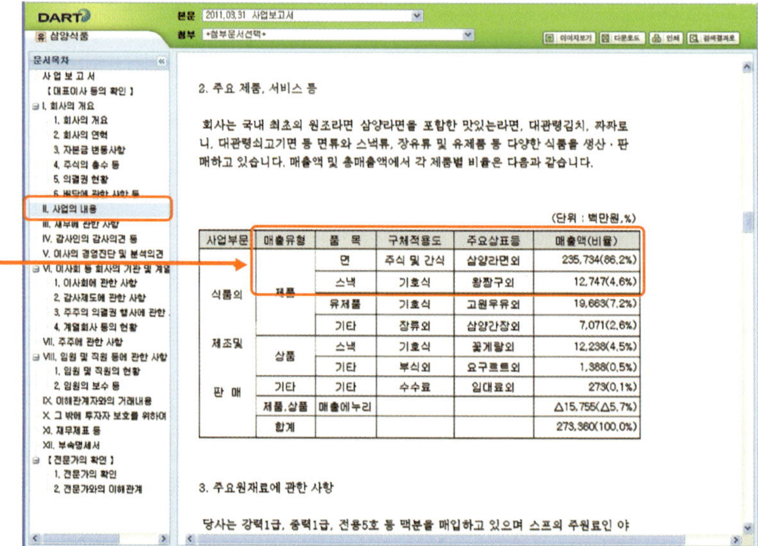

* 자료: 금융감독원

체 매출의 86% 이상을 차지하는 면류의 매출 증감이 실적과 주가에 민감한 영향을 끼친다. 그러므로 동네 마트에서 '왕짱구' 매출이 상승한다는 말을 듣고 떠올린 최대리의 아이디어는 실전에서는 별로 가치가 없는 발상이라고 할 수 있다.

시장점유율과 매출비중이 높은 식생활 필수품의 가치

원룸에서 혼자 자취하며 직장에 다니는 김대리는 허구한 날 라면으로 끼니를 때운다. 아침에는 신라면, 야근할 때는 김치컵라면, 술 마신 다음 날은 육개장라면, 이런 라면들이 질릴 때는 너구리, 심지어 일요일에는 '짜파게티 요리사'가 되기도 한다. 그런데 어느 날 문득 자신이 특정 회사의 라면만 먹고 있다는 사실을 깨달았다. 라면 회사가 여럿 있는데도 그는 한 회사의 라면을 엄청나게 소비해주는 '왕고객'인 셈이다. 그 회사는 바로 '농심'

이다.

그래서 농심에 대한 정보를 찾아봤다. 〈그림 3-9〉에서 보듯 라면의 시장점유율이 무려 65%를 넘는다. 라면에 관한 한은 독보적이라 할 수 있다. 또한 〈그림 3-10〉에서 알 수 있듯 이 회사에서 라면이 차지하는 매출비중은 77%에 달한다. 가히 이 회사를 먹여 살리고 있다고 해도 과언이 아니다. 우리나라 사람들은 라면을 무척 좋아해서 소비량이 엄청나다. 경기가 좋건 나쁘건 라면은 꾸준하게 팔린다. 최근에는 한류열풍을 타고 수출도 크게 증가하는 상황이다.

그래서일까? 농심은 경기에 별 영향을 받지 않고 꾸준한 매출을 올리면서 라면시장의 절대강자로 군림하고 있다. 폭발적인 실적증대와 주가상승은 기대하기 힘들어도 오래된 친구처럼 꾸준한 실적을 기대할 수 있으므로 김대리의 투자관심종목 리스트에 올랐다.

이 외에도 우리 생활에 없어서는 안 되는 식생활 관련 필수품을 만드는 기업들 중에는 시장점유율과 매출비중이 높은 히트상품을 보유한 회사들이 많다. 이들 상품은 대형 마트에 가든 동네 슈퍼에 가든 늘 쉽게 찾을 수 있다.

〈그림 3-10〉 상품부문별 매출액 비중 확인하기

4. 주식의 총수 등
5. 의결권 현황
6. 배당에 관한 사항 등
II. 사업의 내용
III. 재무에 관한 사항
IV. 감사인의 감사의견 등
V. 이사의 경영진단 및 분석의
VI. 이사회 등 회사의 기관 및
1. 이사회에 관한 사항
2. 감사제도에 관한 사항
3. 주주의 의결권 행사에 관
4. 계열회사 등의 현황
VII. 주주에 관한 사항

(단위 : 백만원, %)

매출유형	품 목	구체적용도	주요상표등	매출액	비율
제품	라 면	주식 및 간식용	신라면, 안성탕면 외	795,709	77.4
제품	스 낵	간식 및 기호식품	새우깡, 칩포테토, 양파링 외	158,963	15.4
제품 및 상품	음 료	주식 및 간식용	카프리썬, 백산수 외	53,038	5.2
제품 및 상품	기 타 (상품+반제품등+식음료+기타)	주간식 및 기호식품 외	켈로그, 츄파춥스 외	98,798	9.6
-	매출에누리 등	-	-	(-)78,169	(-)7.6
계				1,028,339	100.0

시장점유율 65%를 넘는 라면 품목이 매출비율에서도
77%를 차지하면서 실적에 큰 영향을 미치고 있다.

* 자료: 금융감독원

가치투자 대상이 되는 종목은 꼭꼭 숨어 있는 회사인 경우도 있지만, 이처럼 주변에서 익숙하게 사용하는 제품을 만들어내는 기업인 경우도 있다.

정부정책에 크게 영향을 받는
업종 · 종목들에 투자하려면?

여러분은 현재 아래 표의 주식을 보유하고 있습니다. 그런데 최근 들어 정부는 물가안정에 필사적인 노력을 기울이고 있습니다. 정부 정책은 증시에도 적지 않은 영향을 미칩니다. 어느 종목이 물가안정대책으로부터 가장 많은 영향을 받을까요? 각 종목의 보유 여부를 선택하고 그 이유를 적어보세요.

종목	보유 여부	이유
한국가스공사	보유( ), 청산( )	
한국전력	보유( ), 청산( )	
SK텔레콤	보유( ), 청산( )	
KT	보유( ), 청산( )	
LG유플러스	보유( ), 청산( )	
동아제약	보유( ), 청산( )	
한미약품	보유( ), 청산( )	

정부가 가격인상에 압박을 가할 때는 주가도 된서리 맞는다.

정부는 2011년 초에 상반기 공공요금을 동결한다고 발표했습니다. 그 여파로 한국가스공사의 상반기 주가는 25.2% 하락했죠. 한국전력은 3.1% 하락으로 그나마 선방했습니다.

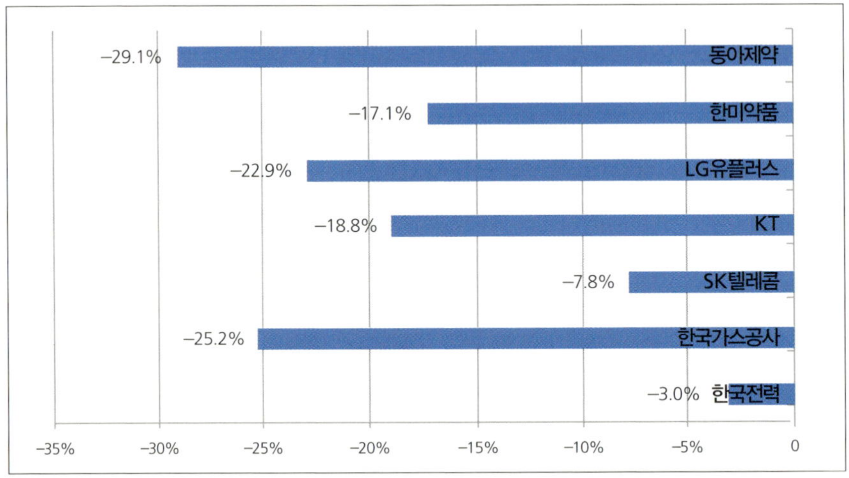

또한 정부는 통신비 인하안을 연속해 발표함으로써 국내 통신사 '빅3'를 압박했습니다. 그 여파로 통신 관련 주 역시 약세를 면치 못했고요. 또한 정부는 제약회사의 리베이트를 강하게 규제했는데, 리베이트 비용만큼의 약값 인하를 강하게 유도한 탓에 제약회사의 주가도 하락세를 이어갔습니다.

같은 기간에 코스피지수가 2063.69에서 2142.47로 약 3.8% 상승한 것을 감안한다면, 이들 종목들은 주가상승 대열에서 벗어나 정책의 된서리를 맞은 셈입니다.

이처럼 정책에 민감한 영향을 받고, 정부가 직간접적으로 가격 인상에 압박을 가할 수 있는 업종과 종목들의 주가는 정부 정책에 따라 출렁거립니다. 물론 이와는 반대로 정부가 제시한 장밋빛 청사진의 수혜를 받을 것으로 예상되는 업종의 대표종목들은 급등하는 경우도 많습니다.

정부가 가격(요금) 인상에 압박을 가하는 정책을 펼 때 관련 종목에 투자는 금물!

기업가치를 평가하는 다양한 지표들

|1| 사업보고서로 알 수 있는 수익성, 안정성, 성장가능성

일반인이 수십에서 수백 쪽에 이르는 사업보고서를 꼼꼼히 챙겨본다는 게 호락호락한 일은 아니다. 그렇지만 주식투자자가 '피' 같은 돈을 투자하면서 거의 모든 정보가 담겨 있는 사업보고서를 간과한다는 것은 직무유기에 해당한다. 직무유기를 해놓고 나중에 뒤통수 맞았다고 하소연해봐야 아무도 동정해주지 않고 스스로에게도 떳떳하지 못하다. 처음에는 버거운 듯해도 읽다 보면 감은 오기 마련이다.

회사의 수익성, 안정성, 성장가능성까지 한눈에 확인할 수 있어

한국거래소에 상장된 회사는 연간, 반기, 분기별로 사업보고서를 제출해야 한다. 〈표 3-2〉에서 보듯 언제 어떻게 설립됐는지, 지금까지 어떻게 흘러

〈표 3-2〉 사업보고서 항목과 세부내용

사업보고서 항목	세부내용
회사의 개요	회사개요, 연혁, 자본금 변동사항, 주식의 총수, 의결권 현황, 배당에 관한 사항 등
사업의 내용	사업 개요, 주요 제품(서비스), 시장상황, 시장점유율, 생산설비, 가동률, 매출실적, 판매전략(경로), 주요 계약(수주상황), 연구개발 실적 등
재무에 관한 사항	요약(연결)재무정보, 한국채택국제회계기준(K-IFRS) 준비계획 및 추진상황 등
감사인의 감사의견 등	감사인 및 내부통제에 관한 사항 등
이사의 경영진단 및 분석의견	예측정보에 대한 주의사항, 개요, 재무상태 및 영업실적, 유동성 및 자금조달과 지출, 그밖에 투자의사결정에 필요한 사항
이사회 등 회사의 기관 및 계열회사에 관한 사항	이사회, 감사제도, 주주의 의결권 행사에 관한 사항, 계열회사의 현황 등
주주에 관한 사항	최대주주 및 특수관계인의 주식 소유, 주식의 분포, 소액주주 현황, 주가 및 주식거래 실적 등
임원 및 직원 등에 관한 사항	임원 및 직원의 현황, 임원의 보수 등
이해관계자와의 거래 내용	대주주 등에 대한 신용공여, 대주주와의 영업거래, 대주주 이외의 이해관계자와의 거래 등
그밖에 투자자 보호를 위해 필요한 사항	주주총회의사록 요약, 채무보증, 제재사항 등
재무제표 등	대차대조표, 손익계산서, 이익잉여금처분계산서, 자본변동표, 현금흐름표 등
부속명세서	기타 부속명세서 등
전문가의 확인	전문가의 확인, 전문가와의 이해관계 등

왔는지, 현재 어떤 사업을 벌이며 무슨 제품(서비스)을 만들어내는지, 매출실적이나 시장점유율은 어떤지, 매출은 어느 정도이며 회사 살림살이는 어떤지, 누가 얼마나 많은 주식을 보유했는지, 임직원은 누구이고 급여 수준은 어떤지 등 알토란 같은 정보가 담겨 있다. 그중에서도 수익성, 안정성, 성장가능성에 대한 정보를 꼼꼼히 파악해야 한다.

사업보고서에서 중점적으로 체크해야 하는 내용

> 수익성: 매출, 손익 등.
> 안정성: 부채비율과 내용, 차입금 의존도, 현금흐름과 보유액 등.
> 성장가능성: 기술개발, 시장전망, 점유율 등.

가장 먼저 살펴봐야 할 것은 실적이다. 분기나 반기보고서에도 나오지만 연간사업보고서는 한 해의 실적을 정리한 것이라 의미가 크다. 또한 해당 사업연도뿐 아니라 최근 3년 이상의 실적이 정리돼 있어 최근 상황을 파악할 수 있다. 또한 재무제표를 통해 매출이나 손익 같은 실적, 부채비율과 현금흐름 같은 안정성, 투자 및 연구활동이나 기술개발, 시장전망, 점유율 등을 파악해 장래성을 보고 투자 여부를 판단할 수 있다.

놓치기 쉬운 정보, 최근 동향이나 풍문도 확인해야

〈그림 3-11〉은 금융감독원이 쌍용양회에게 시중에 나도는 풍문과 추측성 보도의 사실 여부를 밝힐 것을 요구해서 해당 회사가 '부인'이라고 답변한 수시공시 사례다. 쌍용양회가 자사 보유 쌍용정보통신 지분을 삼성SDS에 매각한다는 소문이 나돌면서 4700원대에 머물던 주가는 며칠 만에 6400원까지 급등했다. 이에 공시를 요구받은 이 회사는 전혀 사실무근이고 삼성SDS와 접촉한 사실조차 없다며 공식 부인했다. 이 공시가 나간 다음 날 쌍용양회의 주가는 5020원까지 급락했다. 이처럼 주식초보자들은 주변 풍문에 현혹되기보다 수시공시를 꼼꼼하게 챙기면 정확하고 검증된 정보를 활용할 수 있기에 투자에 큰 도움이 된다.

〈그림 3-11〉 풍문(소문) 진위 여부에 대한 수시공시 사례

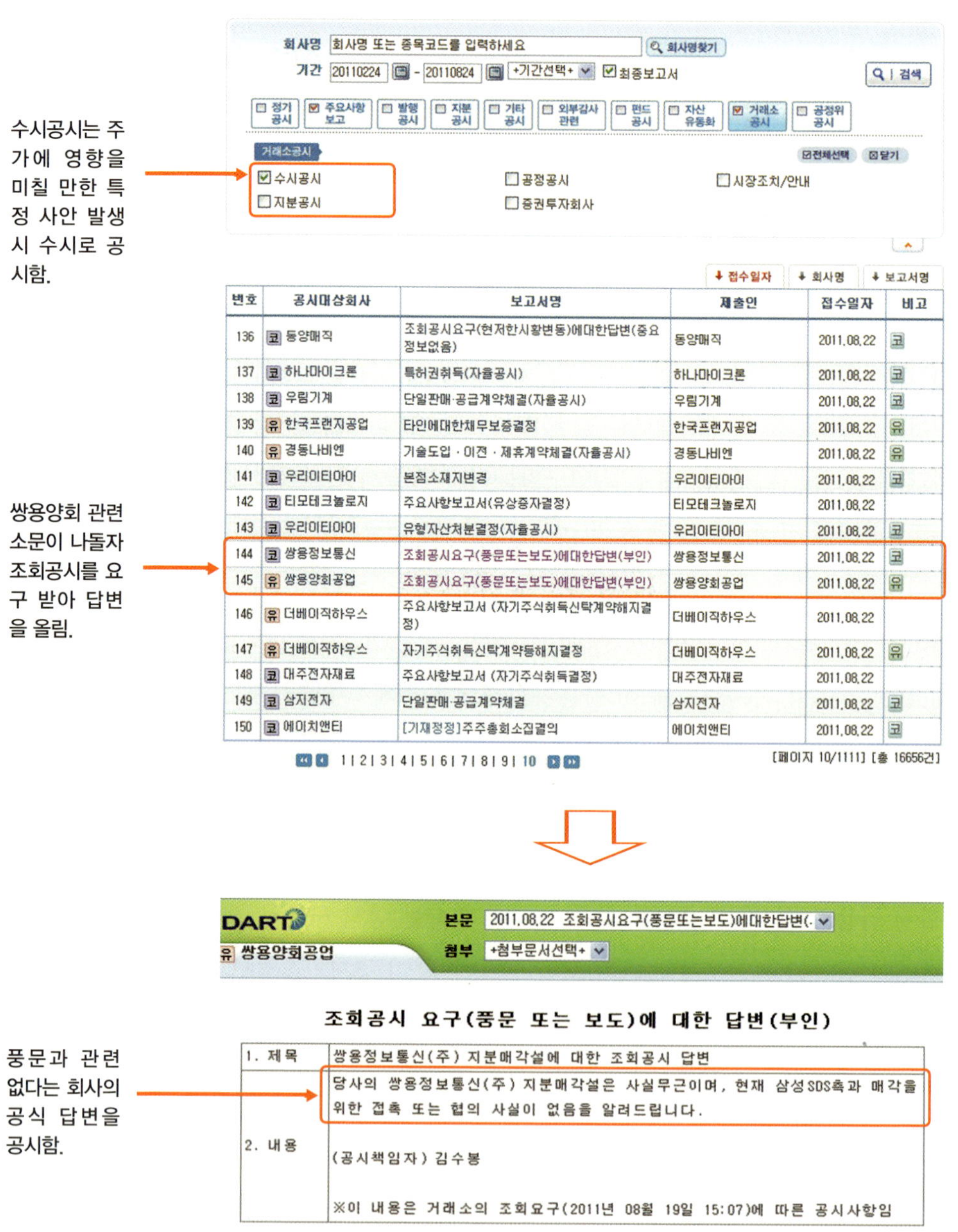

* 자료: 금융감독원

고령화 시대, 시력 교정 관련 종목의 전망은 어떨까?

고령화와 모바일 기기 사용이 급증함에 따라 전 세계적으로 시력 교정 인구가 늘어나면서 이들 관련 종목에 대한 관심이 높아지고 있습니다. 그중 대표적인 기업인 '휴비츠'는 안과 및 안경점용 필수진단장비 국내 1위 업체로 2003년 상장 이후 연간 매출이 한번도 감소하지 않고 꾸준한 성장세를 유지하고 있죠. 한편 콘택트렌즈 제조업체 '인터로조'는 전체 매출 중 수출 비중이 80%에 달하고 있는데요. '가치주 펀드'로 유명한 한국투자밸류자산운용은 삼영무역의 탄탄한 실적 성장에 주목해 2012년 말 이 회사 지분의 5.01%를 신규 매수하기도 했습니다. 여러분은 이중 어느 종목에 투자하겠습니까? 그 이유는 무엇인가요?

종목	투자 여부	이유
휴비츠	Yes( ), No( )	
인터로조	Yes( ), No( )	
삼영무역	Yes( ), No( )	

고령화로 시력 교정 관련 시장은 꾸준한 성장세

이들 종목은 경기둔화 여부와 큰 상관없는 경기 방어 성격을 지닌 데다 고령화와 각종 디지털 장비로 인한 근시 인구 증가의 수혜를 봤습니다. 그래서 2011년 1월, 5000~7000원대 머물던 주가는 2013년 8월, 1만6000~ 2만1000원대까지 상승하며 짭짤한 수익을 거뒀죠.

하지만 수익구조에 따라 각각 주가움직임은 달랐습니다. 인터로조는 수출 비중이 80%에 달해 수출경기가 둔화될 경우 직격탄을 맞는 경향이 있어서 주가 역시 2만2950원의 정점을 찍고는 2012년 말에 급락하는 모습을 보였습니다.(이후 2013년 8월까지 1만6000원대를 회복했습니다.) 반면 휴비츠는 10년간 한번도 실적이 떨어지지 않는 꾸준함과 국내외 실적의 균형을 인정받아서 안정적인 주가상승을 보였죠.

비슷한 사업을 영위하는 회사들이지만 해당 기업이 수익구조를 어떻게 가져가느냐에 따라 주가움직임 역시 다른 모습을 보이고 있습니다. 그래서 유망업종이라 하더라도 그중 옥석을 가리는 꼼꼼함이 필요한 겁니다.

실버산업은 노다지, 시력교정 관련 종목들 200% 넘는 수익! 치매·요양이나 노인 의료용품 관련 주도 유망종목!

종목	2011. 1	2012. 12	2013. 8	수익률	나의 투자결과
휴비츠	5620원	1만8250원	2만1900원	289%	
인터로조	5250원	9450원	1만6750원	219%	
삼영무역	7410원	1만4400원	2만1700원	192%	

| 2 | 기업의 성적표를 한눈에 알 수 있는 각종 재무제표

재무제표는 회사의 살림살이를 회계장부로 정리한 표다. 일반적으로 대차
대조표, 손익계산서, 현금흐름표가 가장 중요하고 많이 활용된다.

기업의 재무상황을 한눈에 알 수 있는 요약재무제표

〈그림 3-12〉 요약재무제표

(단위 :천원)

구 분	제 56기	제 55 기	제 54기	제 53기	제 52기
[유동자산]	151,390,074	101,533,256	103,613,595	142,244,844	115,841,884
·당좌자산	29,694,740	18,372,550	18,817,732	19,475,783	22,831,747
·재고자산	121,695,334	83,160,706	84,795,863	122,769,061	93,010,137
[비유동자산]	259,295,215	261,384,383	254,534,094	199,531,526	195,177,569
·투자자산	14,878,423	16,921,395	18,734,397	19,677,228	16,794,537
·유형자산	243,438,729	242,861,966	233,949,592	178,601,178	176,681,862
·무형자산	538,908	767,183	941,331	80,307	89,358
·기타비유동자산	439,156	833,840	908,774	1,172,813	1,611,813
자산총계	410,685,290	362,917,639	358,147,689	341,776,370	311,019,453
[유동부채]	100,784,632	77,278,452	77,628,322	80,372,034	41,855,032
[비유동부채]	26,748,114	26,229,699	38,928,983	24,579,744	42,257,011
부채총계	127,532,746	103,508,151	116,557,305	104,951,776	84,112,043
[자본금]	4,200,000	4,200,000	4,200,000	4,200,000	4,200,000
[자본잉여금]	7,962,610	7,962,610	7,962,610	7,962,610	7,962,610
[자본조정]	△348,886	△348,886	△348,886	△348,886	△348,886
[기타포괄손익누계액]	28,739	△2,425,680	△1,607,898	△2,048,870	△3,368,465
[이익잉여금]	271,310,081	250,021,444	231,384,558	227,059,740	218,462,151
자본총계	283,152,544	259,409,488	241,590,384	236,824,594	226,907,410
매출액	205,921,115	177,242,335	166,284,941	140,140,592	139,167,280
영업이익	33,769,502	26,457,249	13,269,547	11,623,130	15,863,058
당기순이익	21,966,809	19,273,330	5,002,990	9,234,031	11,668,319
주당순이익(원)	34,866	30,571	7,741	14,498	18,412

[△는 부(-)의 수치임]

* 자료: 금융감독원

요약재무제표는 여러 재무제표의 내용 중 핵심적인 사항을 요약해 하
나의 표로 정리한 것을 말한다. 〈그림 3-12〉는 최근 5기(연간보고서의 경
우 5개년)에 걸친 요약재무제표다. 요약재무제표에는 표에서 보듯이 자

산, 부채, 자본, 실적, 손익 등 회사의 모든 상황을 수치로 확인할 수 있다. 이 회사는 최근 5년간 자산에서 손익까지 꾸준하게 성장해온 것을 알수 있다.

이처럼 요약재무제표는 기업활동과 관련해 수치화할 수 있는 모든 것을 A부터 Z까지 정리해 한 페이지로 요약했기 때문에 이를 보면 기업의 과거와 현재를 쉽게 확인할 수 있다.

자산, 부채, 자본 등 회사의 재산상황을 알 수 있는 대차대조표

〈그림 3-13〉 대차대조표

과 목	제56기	제55기	제54기
자산			
Ⅰ.유동자산	151,390,074,485	101,533,255,880	103,613,594,871
(1)당좌자산	29,694,740,342	18,372,550,159	18,817,732,086
1.현금및현금성자산	185,629,725	626,985,793	412,444,268
(1)법정적립금	2,100,000,000	2,100,000,000	2,100,000,000
(2)임의적립금	244,133,689,408	225,433,689,408	221,033,689,408
(3)미처분이익잉여금(미처리결손금)	25,076,391,433	22,487,755,059	8,250,868,252
자본총계	283,152,544,004	259,409,488,129	241,590,383,832
부채와자본총계	410,685,289,945	362,917,639,248	358,147,688,883

* 자료: 금융감독원

대차대조표에서는 자산, 자본, 부채로 재무상황을 확인할 수 있다.

대차대조표는 회사의 재무상황을 자산, 부채, 자본으로 구분해서 정리한 표다. 자산은 회사의 모든 재산을 합친 것을 의미한다. 자산은 현금화하기 쉬운 정도에 따라 유동자산과 고정자산으로 나뉘며, 여기에는 공장설비, 토지, 주식, 현금 등이 있다. 유동자산이 많으면 돈이 묶이지 않고 잘 흘러가서 기업활동을 원활히 하는 데 유리하다. 반면 고정자산이 많으면 당장 현금이 필요할 때 큰 도움이 되지 못해서 유동성에 문제가 생길 수 있다.

부채는 남에게서 빌린 돈, 자본은 자기 돈을 말한다. 그래서 부채가 많으면 빚이 많다는 것이므로 안정성 면에서 좋지 않다고 볼 수 있다. 반면 주식을 공모해서 주주들로부터 돈을 모으면 회사의 자기자본이 된다.

지금 규모를 키우기 위해 100억 원이 필요한 두 회사가 있다. A사는 금융권 대출을 통해, B사는 주식공모를 통해 돈을 조달한다면 부채와 자본변동은 어떻게 될까? 또한 어느 회사가 자금 면에서 안정적일까?

A사는 부채가 100억 원 늘어나고 B사는 자기자본, 즉 자본금이 100억 원 늘어난다. 똑같이 자금을 조달했음에도 A사는 빚이 늘어난 것이고, B사는 주주들의 투자에 따른 자본을 형성한 것이기 때문에 당연히 B사가 대차대조표상으로 더 안정적이라고 할 수 있다.

기업의 수익가치를 알 수 있는 손익계산서

〈그림 3-14〉 손익계산서

과 목	제56기	제55기	제54기
Ⅰ.매출액	205,921,115,381	177,242,335,266	166,284,940,583
1.제품매출액	115,093,766,611	107,945,884,135	86,998,511,236
2.상품매출액	35,587,785,970	33,409,898,819	40,426,082,176
3.분양수익	40,933,139,082	24,963,217,276	27,378,789,650
⋮			
Ⅷ.법인세비용차감전순이익(손실)	31,100,289,827	25,518,800,697	7,345,135,570
Ⅸ.법인세비용	9,133,480,603	6,245,470,640	2,342,145,349
Ⅹ.당기순이익(손실)	21,966,809,224	19,273,330,057	5,002,990,221
Ⅺ.주당손익			
1.기본및희석주당순이익(손실)	34,866원	30,571원	7,741원

* 자료: 금융감독원

손익계산서에서는 매출액과 손익으로 실적을 확인할 수 있다.

손익계산서를 보면 기업의 수익가치를 알 수 있다. 손익계산서는 매출액에서 각종 세금, 이자, 경비 등을 제했을 때 손익이 어떻게 되는지를 정리한 표다. 매출액이 많아도 이익이 나지 않으면 실속 없는 '헛장사'를 한 셈이다. 그래서 무조건 매출액만 올리기보다 수익을 많이 남기는 것이 알찬 회사다.

그런데 여기서 잘 살펴봐야 하는 것이 주당 손익이다. 회사 규모가 커서 매출액과 수익이 많이 났지만, 주식 수량 역시 많아서 수익을 주식 수로 나눈 주당 수익이 낮다면 주주 입장에서는 매력이 떨어지게 된다. 반면 매출이나 수익 규모는 작아도 주당 수익이 높다는 것은 투자된 자본금 대비 실적이 좋다는 것을 의미한다. 주주 입장에서는 작아도 알토란 같은 회사인 셈이다.

기업의 동맥, 현금흐름표

〈그림 3–15〉 현금흐름표

현금흐름표에서는 현금의 증감을 파악해 유동성을 확인할 수 있다.

과 목	제56기	제55기	제54기
Ⅰ.영업활동으로인한현금흐름	6,813,814,634	38,775,333,139	771,694,505
1.당기순이익(손실)	21,966,809,224	19,273,330,057	5,002,990,221
2.현금의유출이없는비용등의가산	7,892,049,208	6,010,811,659	9,168,356,440
다.배당금의지급	677,974,690	636,271,310	677,973,850
Ⅳ.현금의증가(감소)	(441,356,068)	214,541,525	144,481,668
Ⅴ.기초의현금	626,985,793	412,444,268	267,962,600
Ⅵ.기말의현금	185,629,725	626,985,793	412,444,268

* 자료: 금융감독원

현금흐름표는 말 그대로 현금의 흐름, 즉 유동성에 관한 표다. 나가는 것보다 들어오는 현금이 많아서 회사에 쌓이면 유동성 면에서 안정적이다. IMF 때를 생각해보면 쉽게 이해할 수 있다. 당시 우리나라는 경제체력이 좋았음에도 불구하고 외환관리를 잘못해서 혹독한 시련을 겪었다. 기업체의 경우도 마찬가지다. 겉으론 건강해 보여도 피가 잘 통하지 않으면 동맥경화에 걸리듯이, 영업활동이 원활해도 자금흐름이 막히면 소위 말하는 '흑자도산'을 하게 된다. 장사는 잘되는데 당장 외상대금 갚을 돈이 없어서 망하게 되는 것이다.

그래서 대차대조표나 손익계산서만 보면 잘나갈 것 같은 회사인데도 현금흐름표상 현금상황이 나쁘면 단기적으로는 유동성 위기에 처할 수 있다.

재무제표 자체를 허위로 작성한 간 큰 기업

코스닥 상장사였던 '펜타마이크로'의 경영권을 70억 원에 인수하면서 시장의 주목을 받은 '네이쳐글로벌'은 일본 LED업체의 지분 52%를 취득하면서 연간 1000억 원 규모의 매출이 가능할 것이라고 발표했다. 이런 식으로 각종 M&A와 유상증자를 실시하면서 투자자들을 끌어모았다. 하지만 막상 뚜껑을 열어보니 회사 측이 발표한 재무제표는 허위인 것으로 드러났고, 유상증자를 통해 조달된 자금은 회사에 존재하지도 않았다. 결국 이 회사는 상장폐지됐고 많은 투자자들이 피해를 보고 말았다.

　금융당국은 상장회사들에게 정해진 기준에 근거한 각종 재무제표를 공시하도록 규정하고 있으며 이를 어길 경우 여러 제재조치를 취하고 있다. 하지만 이처럼 아예 재무제표 자체를 허위로 작성해서 투자자를 현혹하는 일이 간혹 벌어지기도 한다.

3 | 기업 간 비교·평가가 한눈에 보이는 재무비율 분석

앞에서 언급한 것처럼 사업보고서와 각종 재무제표를 보고 기업을 분석·평가할 수 있다. 그런데 이들 분석은 주관적인 판단에 따라 결과가 다르게 나올 수 있다는 단점이 있다. 또한 회사 규모나 업종 특성이 다르기 때문에 단지 겉으로 드러나는 숫자만 가지고 상대적인 비교를 하기가 쉽지 않다.

기업의 상대 비교·평가를 가능하게 해주는 재무비율

〈표 3-3〉 재무비율의 종류와 세부내용

구분	재무비율	평가방법	투자판단 내용
안정성	자기자본비율	자기자본/총자산	자본구성 상태의 적정성을 알 수 있음.
	부채비율	총부채/자기자본	비율이 높을수록 위험성이 증가됨.
	이자보상비율	영업이익/이자비용	이 비율이 높으면 회사가 열심히 번 돈이 이자비용으로 새나간다는 의미임(재주는 곰이 부리고 돈은 채권자가 버는 셈).
수익성	자기자본이익률(ROE)	당기순이익/자기자본	자본의 투자효율성을 알 수 있음.
	총자산 순이익률(ROA)	당기순이익/총자산	전체 자산 대비 투자효율성을 알 수 있음.
	매출액 경상이익률	경상이익/매출액	얼마나 실속 있게 사업을 하는지 판단할 수 있음.
성장성	총자산증가율	총자산증가액/전기총자산	전기(연간보고서의 경우 전년, 분기보고서는 전분기) 대비 자산이 증가한 비율을 의미함. 회사 기반의 성장 여부를 판단할 수 있음.
	매출액증가율	매출액증가액/전기매출액	전기 대비 매출(사업) 규모 확장 여부를 비교할 수 있음.
	순이익증가율	순이익증가액/전기순이익	전기 대비 수익성 증감 여부를 알 수 있음.

기업 간 상대 비교·평가를 할 때는 비교를 위한 항목을 기준이 되는 항

목으로 나눈 비율로 표시하는 '재무비율'을 활용하면 유용하다. 재무비율은 말 그대로 비율을 가지고 회사를 비교·평가할 수 있기 때문에 규모나 업종별 외형적 숫자에 따른 착시현상을 줄일 수 있다.

〈표 3-3〉은 다양한 재무비율의 종류와 세부 내용이다. 크게 안정성, 수익성, 성장성의 3개 영역으로 구분해서 자본, 부채, 매출, 손익 등의 항목을 기준이 되는 항목으로 나눠서 그 비율을 구할 수 있다.

단순 수치로는 판단하기 어려운 기업 간 비교를 재무비율로 하니 한눈에 객관적인 기준으로 비교·평가할 수 있다. 이런 장점 때문에 다양한 재무비율 기법이 활용되고 있고 지금도 계속해서 새로운 분석방법이 제시되고 있다.

재무제표 수치 비율로
투자유망 종목을 골라보자!

아래는 4개 회사의 실적 및 재무상황을 단순하게 재무재표상의 숫자만으로 비교한 기업평가의 예입니다. 매출은 A사가 5000억 원으로 단연 앞서고, 손익은 B사가 100억 원으로 독보적이며, 자본은 C사가 100억 원으로 가장 많고, 부채는 D사가 20억 원으로 가장 적네요. 여러분은 어느 회사를 투자유망종목으로 꼽아서 투자하겠습니까? 그리고 이유는 무엇인가요? 표에 직접 적어보세요.

구분	매출	손익	자본	부채	투자 여부	이유
A사	5000억 원	50억 원	50억 원	500억 원	Yes( ), No( )	
B사	1000억 원	100억 원	10억 원	1000억 원	Yes( ), No( )	
C사	500억 원	20억 원	100억 원	200억 원	Yes( ), No( )	
D사	100억 원	30억 원	20억 원	20억 원	Yes( ), No( )	

* 단위: 억 원

수치만으로 헷갈릴 때는 비율을 보면 알짜 종목이 보인다

어느 종목이 좋을지 애매한 상황이네요. 4개 회사 모두 장단점이 극명하게 드러나고 규모도 다르기 때문입니다. 하지만 재무비율로 다시 비교 평가하니 단순히 숫자로만 비교할 때에 비해 상대적인 비교를 하기가 쉬워진 것을 알 수 있습니다.

구분	매출	손익	자본	부채	매출 대비 이익률	자기자본 이익률	부채비율
A사	5000억 원	50억 원	50억 원	500억 원	1%	60%	1000%
B사	1000억 원	100억 원	10억 원	1000억 원	10%	1000%	10,000%
C사	500억 원	20억 원	100억 원	200억 원	4%	20%	200%
D사	100억 원	30억 원	20억 원	20억 원	30%	150%	100%

A사는 매출 대비 이익률이 불과 1%에 불과합니다. 실속이 없는 것이죠. 거기다 부채비율이 1000%에 달하므로 안정성도 떨어집니다.

B사는 이익이 가장 많았는데 매출 대비 이익률도 나쁘지 않습니다. 하지만 자기자본이 너무 적기 때문에 자기자본이익률이 비정상적으로 1000%나 되는 반면 부채비율은 1만%에 달합니다. 안정성 면에서 너무 불안한 셈입니다.

C사는 자본금이 가장 많은 데 비해 매출 대비 이익률과 자기자본이익률이 너무 낮습니다. 자본금을 갖고 실속 없는 사업을 한다는 것을 의미하므로 투자매력이 떨어집니다.

D사는 처음에 단순 수치로 비교할 때는 부채가 가장 적다는 것 말고는 다른 장점이 눈에 띄지 않았습니다. 하지만 재무비율로 비교해보니 매출 대비 이익률이 30%로 아주 '짭짤하게' 사업을 하는 것을 알 수 있다. 거기다 자기자본이익률도 150%이므로 자본을 투자하는 투자자 입장에서는 양호한 편입니다. 부채비율은 100%에 불과해 다른 회사에 비해 가장 안정적입니다.

여러분이 처음에 수치만 보고 선택했던 회사와 비율로 본 회사가 일치합니까? 투자유망종목은 D사가 정답입니다. 실적, 수익성, 안정성 등에서 종합적으로 볼 때 가장 무난하고 높은 점수를 줄 수 있기 때문입니다.

단순 숫자보다 비율(%)을 비교해야 제대로 된 알짜 투자종목을 찾을 수 있다!

| 4 | 자기자본이익률이란 무엇인가

친구들 5명이 1인당 1억 원을 투자해서 5억 원으로 사업을 시작했다. 그런데 사업을 하다 보니 사무실 임대료, 인건비, 기타 경비 등을 제한 순이익이 연간 500만 원 남았다. 각자 1억 원을 투자해서 연간 100만 원씩을 번 셈이다. 이 사업은 과연 투자가치가 있는 것일까?

만약 이 사업에 투자하라고 하면 대부분의 사람들은 왜 그런 한심한 사업에 투자를 하느냐며 펄쩍 뛸 것이다. 왜 그럴까?

이 사업의 연간순이익 500만 원을 전체 투자자금 5억 원으로 나누면 1%가 된다. 1인당 1억 원씩 투자했으니 1인당 투자자금 1억 원의 1%인 100만 원을 연간 투자수익으로 나눠 갖게 되는 셈이다. 은행예금 이자보다 못하니 동업자들끼리 서로 자기자본을 빼서 그만두겠다고 싸움이 나고 사업은 조만간 문을 닫게 될 것이다.

그런데 만약 순이익이 연간 500만 원이 아니라 1억 원이 발생한다면 어떻게 될까? 이때의 자기자본이익률은 '1억 원(순이익)÷5억 원(총자본)×100=20%(2000만 원)'가 된다. 1인당 1억 원을 투자해 은행예금 이자의 몇 배가 되는 연간 20%(2000만 원)의 수익을 거둘 수 있으니 투자자금 대비 수익이 매우 짭짤하다. 이런 사업이라면 주변에서 돈을 투자하겠다는 사람들이 줄을 설 것이다. 이게 바로 '자기자본이익률[ROE; Return On Equity]' 개념이다.

자기자본이익률은 투자자금 대비 이익의 수준을 알 수 있는 지표

자기자본이익률을 산출하는 공식은 다음과 같고, 이에 따라 산출된 값이 높을수록 좋은 것이다.

> 자기자본이익률ROE = 당기순이익 ÷ 자기자본 × 100

기업은 주주들이 출자한 자본금을 갖고 사업을 해서 각종 비용을 제한 순이익을 남긴다. 이 순이익을 자본금으로 나누면 투자자금 대비 이익률이 나오게 된다. 앞에서 예화로 든 친구들끼리 투자해서 사업하는 경우와 원리는 다를 바가 없다.

어떤 회사의 자기자본이익률이 시중금리 수준인 4~5% 정도에도 미치지 못한다면 차라리 회사를 접고 은행에 예금을 맡긴 뒤 편하게 놀고 먹는 게 나을 수도 있다. 반면에 이 비율이 높으면 해당 회사는 자본을 활용해 '가치창출'을 잘하고 있는 것이다. 자기자본이익률이 높으면 투자자들이 해당 기업에 매력을 느끼게 되고 주가도 자연스럽게 상승하게 된다.

그래서 자기자본이익률은 주주들 입장에서는 회사에 투자된 자금의 수익 정도를 측정하는 지표가 된다. 이 수치는 최소한 정기예금 금리 이상은 돼야 가치가 있다고 볼 수 있다.

〈그림 3-16〉은 FnGuide에서 제공하는 상장기업 분석정보다(http://comp.fnguide.com). 이곳에 접속하면 우리나라 증시에 상장된 기업들의 다양한 재무비율 관련 지표를 검색할 수 있다. 전체 혹은 업종별로 다양한 재무비율 순위를 검색해볼 수도 있고, 개별 기업을 선택하면 최근 3년간의 지표 비율 변화도 비교해볼 수 있는 정보를 제공한다.

〈그림 3-16〉 지표비율 순위로 종목 검색하기

CompanyGuide | 기업정보 | ETF 정보 | 컨센서스 Screening | **Ranking 분석** | 부가정보 | 이용안내

업종별 순위 | 지표별 순위

Ranking 분석 > 지표별 순위 — MKF500 | 전체 | 개별 | 매출액증가율 | 내림차순 | SEARCH

(기준 : 최근결산년월) DOWNLOAD

No.	종목명	시장	부채비율	유보율	매출액 증가율	EPS 증가율	ROA	ROE	EPS (원)	BPS (원)	PER	PBR	EV/ EBITDA
1	한진해운	유	261	487	1,310.56	흑전	3.26	12.53	3,380.89	29,271.07	11.39	1.32	5.62
2	한진해운홀딩스	유	19	348	1,135.97	흑전	19.34	23.57	3,773.52	22,405.22	4.90	0.83	5.98
3	더존비즈온	유	64	441	606.92	318.99	26.34	45.55	854.79	2,410.63	19.60	6.95	13.39
4	휴맥스	코	72	3,376	387.94	500.21	5.59	9.50	1,567.74	17,246.51	10.81	0.98	5.88
5	세아홀딩스	유	24	4,371	338.57	1,252.97	12.62	15.58	32,059.13	223,512.87	4.06	0.58	4.81
6	대상홀딩스	유	6	901	318.65	흑전	4.46	4.63	452.75	10,007.92	7.20	0.33	6.68
7	일진디스플	유	180	299	237.54	1,401.14	9.50	22.61	393.60	1,315.75	28.71	8.59	17.36
8	크루셜텍	코	89	1,432	234.55	156.96	24.79	49.67	1,030.54	3,003.48	18.49	6.34	14.89
9	대성에너지	유	114	836	231.31		4.29	9.73	815.34	9,186.22	12.69	1.13	6.81
10	신성솔라에너지	유	158	715	215.81	흑전	6.01	17.02	548.28	4,077.66	15.19	2.04	11.90
11	피에스케이	코	14	1,174	205.20	124.90	7.54	8.39	511.81	6,318.05	14.05	1.14	6.46
12	한화증권	유	446	113	201.45	-39.84	1.14	6.09	595.62	10,472.88	12.42	0.71	
13	고영	코	25	1,195	164.56	1,241.44	26.67	34.64	1,955.28	6,040.48	9.21	2.98	6.76
14	교보증권	유	654	213	162.42	-49.68	0.30	2.29	350.06	15,600.94	20.40	0.46	
15	하나금융지주	유	26	917	160.71	230.00	8.12	10.00	4,771.12	50,853.97	9.08	0.85	

* 자료: FnGuide

| 5 | 주가순자산비율로 종목 선택하기

위의 사례를 통해서 무엇을 알 수 있을까? 빚 얻어서 함부로 투자하지 말라? 물론 그것도 옳은 말이다. 하지만 여기서 중요한 점은 집과 신권의 순자산가치와 그것을 얻기 위해 지불한 돈에 관한 내용이다.

김부장의 집은 원래 시세가 1억 원이다. 자산가치가 1억 원인 셈이다. 그런데 은행은 집을 담보로 가치의 50%인 5000만 원만 대출해줬다. 그래서 집이 경매에 넘어가 가격이 하락하는 최악의 경우가 왔음에도 은행은 손해를 보지 않은 것이다. 반면에 김부장은 자산가치가 5만 원인 지폐를 그 10배에 달하는 50만 원을 지불하고 샀다가 아무도 그 가치를 인정해주지 않아서 큰 손해를 봤다.

기업의 청산가치와 주가의 상관관계를 나타내는 주가순자산비율

기업 회계장부인 대차대조표상의 자산에서 부채를 차감한 순자산을 전체 주식 수로 나누면 회사가 청산될 때 주주에게 돌아갈 수 있는 1주당 자산가치가 나온다. 즉 회사가 망해서 문을 닫게 될 경우 주식을 보유한 주주에게 투자금 회수 차원에서 나눠줄 수 있는 자산을 말한다. 이를 '주가순자산비율PBR; Price on Book-value Ratio'이라 하며, 이 수치가 높을수록 해당 주가는 지나치게 고평가돼 있다고 볼 수 있다. 다시 말해 주가에 거품이 있는 것이다.

> 주가순자산비율PBR = 주가 ÷ 1주당 자산가치

다시 정리하자면 주가순자산비율은 주가를 1주당 자산가치로 나눈 것으로, 현재 주가가 자산가치에 비해 얼마나 높게 형성돼 있는지를 측정하는 재무지표다.

이를 앞의 예화에 다시 적용해보자. 은행은 아파트의 순자산가치인 1억 원의 50%(대출금 5000만 원÷순자산가치 1억 원=0.5)에 해당하는 대출을 해줬다. 그래서 담보로 잡은 아파트가 경매로 시가보다 낮게 팔려도 손해보지 않고 대출금을 회수할 수 있어서 은행 입장에서는 자산가치 대비 안정적인 투자를 한 것이다. 반면 김부장은 순자산가치에 비해 10배(1장당 구매가격 50만 원÷1장당 순자산가치 5만 원=10)나 부풀려진 가격으로 투자를 했다가 결국 5만 원이라는 청산가치밖에 돌려받지 못해서 큰 손해를 본 것이다.

이런 점을 보면 주가순자산비율이 높을수록 회사의 청산가치에 비해 주가가 높게 형성돼 있는 것이므로 안정성 면에서는 위험을 내포하고 있다고 볼 수 있다.

그러나 이 지표는 무조건 아무 업종이나 종목에 맹목적으로 적용했다가는 오류를 범할 수 있는 여지가 있다. 왜냐하면 각종 설비가 많이 들어가는 제조업에 비해 고정자산이 상대적으로 적은 서비스나 소프트웨어 개발 관련 업종의 경우는 순자산가치가 낮게 나오기 때문이다. 이런 업종은 주가순자산비율 수치가 높게 나올 여지가 많기 때문에 주가가 고평가됐다고 왜곡된 판단을 할 수 있다는 것이다. 반면 업무상 상관없는 부동산이나 악성 재고물품이 과도하게 많을 경우에는 자산이 많은 것으로 잡히기 때문에 주가순자산비율이 상대적으로 낮게 나타나 저평가됐다고 잘못 판단할 수도 있다.

그러므로 주가순자산비율은 매출이나 손익과 관련된 기업활동 본연의 성적표를 나타내주는 지표들과 같이 대조해보고 판단해야 정확성을 높일 수 있다.

전체 상장회사 주가순자산비율이 1.0대라면 매수 타이밍

참고로 지난 2011년 8월 24일에 유가증권시장에 상장된 회사 전체의 주가순자산비율은 겨우 1.03에 불과했다. 2200대를 돌파했던 코스피지수가 미국 신용등급 강등 여파로 연중 저점인 1710.70을 찍은 시점이다. 최근 20여 년간 유가증권시장 전체 기업의 주가순자산비율이 1 미만으로 떨어진 경우는 세 번 있었다. 외환위기가 한참이던 1998년 8~9월에는 0.32까지 떨어졌고, 2000년 IT 버블 붕괴와 2009년 글로벌 금융 불안 때도 1 미만으로 떨어졌다.

그렇다면 개별 기업이 아닌 유가증권시장 전체 주가순자산비율이 1.03에 머물고 있는 상황이라면 투자관점에서는 어떻게 해야 할까?

주목해야 할 점은 주가순자산비율이 과다하게 떨어진 다음 상황이다. 앞서 언급한 세 번 모두 주가순자산비율이 1 미만으로 떨어진 지 채 1년이 되지 않아 코스피지수가 2배 이상 상승세를 기록했다. 개별기업이 아닌 전체 상장기업의

주가순자산비율 같은 재무비율은 기업의 내재가치를 반영하고 있는 중요한 지표다. 그래서 대외변수 때문에 단기적인 충격으로 주가가 출렁거릴 수는 있지만 결국은 기업의 '체력'에 수렴한다. 기초체력이 양호하면 감기몸살로 며칠 컨디션이 안 좋아졌다가도 얼마든지 훌훌 털고 일어설 수 있는 것과 같다.

주가순자산비율이 1보다 낮다는 건 지나치게 저평가된 상황이라는 걸 의미한다. 모두가 폭락의 공포에 떨 때 재무비율 지표는 'Buy'를 외치고 있는 것이다. 이때야말로 저평가된 우량주를 쓸어 담을 수 있는 기회다.

그 후 2013년 9월 기준 주가순자산비율은 1.18로 회복됐고 코스피지수도 2000대를 회복했다.

Stock News

죽은 고기에 파리떼가? 상장폐지기업에 몰린 투기꾼들

'오라바이오틱스'의 주가는 2011년 4월 21일 하루 만에 56.36%나 급등했고 전날에 이어 이틀 동안 무려 300% 이상 올랐다. 어라? 그런데 가격제한폭이 +-15%인데, 어떻게 이런 일이 가능한 것일까?

상장폐지가 확정된 기업은 7일간의 '정리매매기간'을 통해 말 그대로 정리할 수 있는 기회가 주어지는데, 이때는 가격제한폭이 적용되지 않는다. 그래서 마지막 불꽃처럼 시세를 불살랐던 이 종목은 이후 상장폐지가 돼 거래소에서 사라져버렸다.

그런데 퇴출이 확정된 기업의 주가가 300%나 급등하고 사람들이 몰리는 이유는 무엇일까? 거래기간이 7일로 한정돼 있고 가격제한폭이 없다는 점을 악용해 투기꾼들이 단기고수익을 챙기려 하기 때문이다. 이들은 정리매매기간이 되면 일부 인터넷주식카페나 증권포털사이트 등에 '퇴출번복 예정', '인수합병 예정' 같은 근거 없는 루머를 흘리며 주가를 올려서 주목을 끈다. 그 후 투기 성향의 개인투자자들이 대거 몰려 주가가 더 오르면 수익을 챙겨서 빠져나간다. 대박 욕심에 넘어가서 마지막으로 뛰어든 개인투자자들은 결국 휴지조각을 덤터기로 떠안는 피해를 보게 된다.

주가순자산비율이 낮으면
무조건 알짜 종목일까?

2011년, 증권사 3곳 이상이 추천 대상으로 선정한 유망기업 중 주가순자산비율이 1을 밑도는 종목이 30개에 달하고 있습니다. 이 수치가 1 미만이면 현재 기업의 자산만 팔아도 증시에서 평가 받는 금액 이상을 받을 수 있다는 의미라는 것을 배웠습니다. 즉 청산가치에도 미치지 못할 만큼 저평가돼 있는 것입니다. 아래에 그중 대표적인 4종목이 있습니다. 어느 종목에 투자하겠습니까? 그 이유는 무엇인가요?

종목	주가순자산비율(PBR)	업종	투자 여부	이유
롯데칠성	0.71	필수소비재	Yes( ), No( )	
대상	0.64	필수소비재	Yes( ), No( )	
KCC	0.59	산업재	Yes( ), No( )	
현대미포조선	0.96	산업재	Yes( ), No( )	

주가순자산비율만 보고 투자하면 쓴맛을 볼 수 있다.

앞에서도 설명했지만 주가순자산비율이 낮다고 무조건 투자유망종목인 것은 아닙니다. 다른 요소도 같이 비교해야 합니다. 필수소비재를 생산하는 롯데칠성과 대상은 전년 대비 손익이 43~98%나 증가했습니다. 실적이 따라주니 같은 기간에 주가도 28~81%나 상승했고요. 하지만 산업재를 생산하는 KCC와 현대미포조선은 산업환경의 악화로 손익이 오히려 뒷걸음질 쳤습니다. 그 결과 주가도 27~41%나 폭락하고 말았죠.

이처럼 주가순자산비율 하나만 보고 투자하면 오류에 빠질 수 있습니다. 주가순자산비율이 낮게 평가된 종목들이라 하더라도 개별 기업의 실적과 업종에 따라 주가는 서로 다른 길을 갑니다. 주가순자산비율은 유망종목을 발굴하는 지표의 하나일 뿐이지 그 자체가 수익을 보장해주지는 않는다는 것을 염두에 두어야 합니다.

주가순자산비율이 좋으면서 다른 지표도 좋아야 투자유망종목!

종목	PBR	전년 대비 손익증가율	1년간 주가변동률
롯데칠성	0.71	98.3%	28%
대상	0.64	43.2%	81%
KCC	0.59	−7.3%	−27%
현대미포조선	0.96	−4.8%	−41%

| 6 | 투자종목 선정을 위한 대표 지표, 주가수익비율

> (A) 마늘 까는 기계의 가격은 10원이고, 마늘을 까서 팔면 하나에 1원이 남는다.
>
> (B) 밤 까는 기계의 가격은 200원이고, 밤을 까서 팔면 하나에 2원이 남는다.

여러분이라면 마늘 까는 기계를 사서 사업하겠는가, 아니면 밤 까는 기계를 사겠는가? 얼핏 보기에 밤을 까면 마늘에 비해 2배를 벌 수 있으므로 밤 까는 사업을 하는 것이 유리할 것 같다. 하지만 꼼꼼하게 따져보면 오히려 마늘 까는 사업의 투자효율성이 훨씬 좋다.

왜냐하면 1개당 판매 이익은 밤 까는 장사가 좋지만, 기계값이 비싸기 때문이다. 1개당 이익은 2배 차이밖에 나지 않는 데 비해 기계값은 20배나 비싸다. 즉, 1개당 이익 차이에 비해 기계값 차이가 훨씬 심하기에 마늘 까는 기계를 사서 사업하는 것이 투자 대비 효과가 훨씬 좋다.

주가의 고·저평가 여부를 판단할 수 있는 주가수익비율

기업이 1년간 기업활동을 통해 벌어들인 이익에서 각종 비용 등을 공제하면 당기순이익이 나온다. 이를 발행된 주식 수로 나누면 '주당순이익EPS; Earning Per Share'이 나오게 되고, 현재의 주가를 주당순이익으로 나누면 '주가수익비율PER; Price Earning Ratio'이 산출된다. 그리고 이 수치가 낮을수록 저평가돼 있다고 볼 수 있다.

주가수익비율PER = 주가 ÷ 주당순이익EPS

마늘 까는 기계의 가격 10원주가을 마늘 하나당 수익 1원EPS으로 나눈 것이 바로 주가수익비율PER이 되는 것이다. 그래서 마늘 까는 사업의 주가수익비율은 10÷1=10이 되고, 밤 까는 사업의 주가수익비율은 200÷2=100이 된다. 결국 주가수익비율이 100인 밤 까는 장사보다 10인 마늘 까는 장사가 훨씬 짭짤한 투자대상인 것이다.

이와 같이 주가수익비율이란 기업이 영업을 해서 남긴 순이익을 주식수로 나눠 한 주당 이익을 얼마나 남기는지 계산한 다음 그 수치를 현재 주가와 비교해보는 것이다.

1주당 이익에 비해 주가가 높으면 주가수익비율의 수치는 높아지게 되고, 반대로 1주당 이익에 비해 주가가 낮으면 주가수익비율이 낮아지게 된다. 주가수익비율 수치가 높으면 기업이 영업활동으로 벌어들인 이익에 비해 주가가 고평가됐다는 것이며, 반대로 낮으면 이익에 비해 주가가 저평가돼 있으므로 향후 주가상승이 예상된다는 것이다. 그래서 주가수익비율이 낮은 종목은 주가가 저평가돼 있으므로 좋은 투자대상이라고 볼 수 있다.

재무비율 평가의 대표주자이자 외국인의 투자노트

주가수익비율은 투자종목을 선정하기 위해 활용하는 많은 지표 중 가장 기초가 되고 대표적인 것이라고 할 수 있다. IMF 이후 외국인투자자들이 본격적으로 우리나라 증시에 진출하면서 주목받기 시작해 한때는 엄청나게 각광받았던 지표다.

초기에는 주가수익비율 자체가 마치 대박 종목을 찾아내는 요술 방망이 같은 신기한 비법으로 여겨지기도 했고, 당시 외국인들이 주가수익비율에 따라 발굴해낸 기업들이 큰 각광을 받기도 했다. 물론 지금도 주가수익비율은 훌륭한 투자분석 지표이기는 하지만, 이제는 시장이 어느 정도 성숙

되면서 다른 지표와 같이 비교해서 분석해야 하는 복합적인 지표의 하나가 됐다.

그런데 주가수익비율을 분석할 때 주의할 점이 있다. 성장업종이냐 사양 내지 정체업종이냐에 따라 평균 주가수익비율이 다르기 때문에 업종 평균과 해당 종목의 수치를 비교해봐야 한다. 그리고 간혹 주가수익비율 수치가 채 1도 되지 않는 종목들도 있다. 이럴 경우 상당수는 채권단이 부실기업의 채무면제나 부채자본 전환을 해줘서 주당순이익이 급증하고 이에 따라 주가수익비율이 크게 낮아지게 된 것이다. 하지만 이는 장부상의 정산에 따른 착시현상을 보여주는 수치이기 때문에 유의해야 한다. 그래서 주가수익비율이 너무 낮을 경우 무조건 저평가됐다고 판단하기보다는 다른 지표들과 병행해서 그 내용을 꼼꼼히 비교해봐야 한다.

내 손으로 주가수익비율 계산하고
투자종목 골라보기

삼성전기, KB금융, 신세계, 기아차, 대우조선해양, 현대중공업 등 6개 종목의 주가수익비율을 직접 계산한 뒤 이를 기준으로 종목 3개를 선택해보고, 그 이유를 적어보세요.

종목	기준 주가 (원)	1주당 순이익 (원)	주가수익비율	투자 여부	이유
삼성전기	107,500	3,073		Yes( ), No( )	
KB금융	59,700	1,605		Yes( ), No( )	
신세계	537,000	26,557		Yes( ), No( )	
기아차	20,050	1,543		Yes( ), No( )	
대우조선해양	17,500	1,493		Yes( ), No( )	
현대중공업	173,500	14,163		Yes( ), No( )	

개별종목뿐 아니라 업종의 주가수익비율도 같이 분석해야

종목	기준 주가 (원)	1년 후 주가 (원)	주가상승률 (%)	주가수익 비율	업종평균 주가수익비율
삼성전기	107,500	124,000	15.35	34.98	17.44
KB금융	59,700	60,000	0.5	37.19	17.20
신세계	537,000	614,000	14.34	20.22	31.75
기아차	20,050	50,600	152.37	12.99	14.32
대우조선해양	17,500	36,350	107.71	11.72	14.32
현대중공업	173,500	443,000	155.33	12.25	14.32

삼성전기(34.98), KB금융(37.19), 신세계(20.22)는 모두 주가수익비율이 높았습니다. 그리고 기아차(12.99), 대우조선해양(11.72), 현대중공업(12.25)은 모두 낮았죠. 주가수익비율이 높은 종목들은 주가상승률이 0.5~15.35%에 그친 반면 주가수익비율이 낮았던 종목들은 100%가 넘는 상승을 했습니다.

이때 주의할 것은 앞에서 설명했듯이 단지 기업의 주가수익비율만 볼 것이 아니라 해당 종목이 속한 업종의 평균 주가수익비율도 같이 비교해야 한다는 것입니다. 삼성전기는 전기전자업종에 속하는 종목인데 전기전자업종의 평균 주가수익비율은 17.44이고, 이 종목의 주가수익비율은 34.98로 해당 업종보다 2배가량 높았습니다. 그래서 별로 바람직하지 못한 투자종목이었다고 볼 수 있죠.

반면 신세계의 주가수익비율은 20.22이고, 이 종목이 속한 유통업의 주가수익비율은 31.75였다. 하지만 업종 평균이 기아차, 대우조선해양 등이 속한 운수장비업보다 2배가량 높았습니다. 즉, 개별종목으로는 나쁘다고 할 수 없지만 업종 자체의 주가수익비율이 다른 업종보다 높았기에 이 시점에서 주가수익비율만 본다면 유통업에 투자하는 것 자체가 신통치 않다는 것을 알 수 있습니다.

업종과 개별 종목의 주가수익비율이 동시에 낮아야(저평가) 장래성 있는 투자유망종목!

다양한 기준으로 찾아보는 가치 있는 기업

03

| 1 | 여러 조건으로 분류되는 같은 모습 다른 종목들

주식투자를 하다 보면 '블루칩'이니 '테마주'니 하는 말들을 들을 수 있다. 이는 종목의 특성에 따라 그룹을 나눠서 부르는 일종의 애칭으로, 시대 변화에 따라 바뀌기도 하고 기준에 따라 다르게 분류되기도 한다. 알아두면 종목의 특성을 이해하는 데 도움이 된다.

종목 성격에 따라 다양하게 구분되는 애칭

❶ 대형주, 중형주, 소형주

시가총액 기준으로 나눈 일종의 '체급'이라고 할 수 있다. 시가총액이 큰 대형주는 헤비급이라 할 수 있고, 소형주는 경량급이라고 보면 된다.

❷ 블루칩

수익성 및 성장성이 뛰어나고 재무안정도도 높으며 시가총액도 많아, 업종을 선도하는 만형 같은 대표주를 말한다. 카지노에서 가장 비싼 칩이 파란색인 데서 유래했다.

❸ 우량주

실적과 경영상태가 양호하고 배당률도 높은 회사의 주식을 말한다. 블루칩과 같은 의미로 사용되기도 하는데, 다른 점은 우량주의 경우 시가총액이 다소 작은 종목들도 해당된다. 일반적으로 주가수준이 상당히 높다.

❹ 옐로칩

상대적으로 가격이 저렴한 우량대형주를 말한다. 블루칩에 비해 저평가된 종목들이다. 카지노에서 블루칩 다음으로 비싼 칩이 노란색인 데서 유래했다.

❺ 주도주

중장기적으로 시장을 선도하고 코스피(코스닥)지수 대비 초과수익률을 기록하는 종목군을 의미한다. 주도주는 시대별로 다른데, 몇 년 전에는 IT 관련 종목들이, 최근에는 차·화·정(자동차, 화학, 정유) 종목들이 증시를 주도하기도 했다.

❻ 트로이카

금융, 무역, 건설업종을 지칭하며 1987~1989년에 대세상승을 주도했던 업종들이다. 자본금 규모가 큰 대형주들로 대중주 성격을 띠며 금융장세에서는 상승률이 높다.

❼ 테마(재료)주

주가에 영향을 미치는 테마나 재료(호재, 악재, 기사, 루머)가 작용해 단기간 주가가 급등락을 보이는 종목을 말한다. 4대강 사업으로 수혜를 봤던 '4대강 테마주', 한류 열풍으로 관심을 모은 '엔터테인먼트주'를 비롯해 '정치인 테마주' '무상급식 수혜주' 등 시대별로 다양한 트렌드를 반영하는 테마가 생성되고 소멸되면서 유행한다.

❽ 급등주

단기간에 수십 퍼센트 이상 상승하는 종목이다. 테마나 작전의 영향을 받은 종목들이 급등하면 일시적으로 급등주가 되는데, 일반적으로 대형호재 혹은 이상과열 현상으로 주가가 급등한 후에는 '약발'이 다해서 급락하는 경향이 있다. 이런 종목들은 투자에 유의해야 한다.

❾ 작전주

투기적인 목적의 세력들이 작전에 따라 주가를 조작하는 종목이다. 사전에 작전세력들이 주식을 매집한 후 다양한 방법으로 주가를 띄워 시세차익을 거두고 사라지는 '치고 빠지기' 식 양상을 보인다. 개인투자자를 유혹하는 소문을 흘리므로 유의해야 한다.

카지노 관련 주,
다 똑같은 것 아닌가?

2011년 3월 31일 기준으로 강원랜드의 주가는 2만5450원, GKL은 1만 3450원입니다. 이 두 종목은 카지노사업을 하는 소위 '카지노주'인데요. 카지노 사업은 꾸준하게 성장세를 이어가고 있고 향후에도 발전이 예상됩니다. 그래서 카지노 관련 종목에 투자해보려고 하는데, 여러분이라면 두 종목 중 어디에 투자하겠습니까? 그리고 이유는 무엇인가요?

종목	투자 여부	이유
강원랜드	Yes( ), No( )	
GKL	Yes( ), No( )	

카지노 관련 주도 해외파와 국내파는 엄연히 다르다

강원랜드는 내국인 전용 카지노입니다. 반면 GKL은 외국인 전용이죠. GKL은 외국인을 대상으로 하기 때문에 최근 중국인 관광객 등의 폭발적인 증가세에 힘입어 실적이 비약적으로 성장하고 있습니다. 반면 강원랜드는 내국인을 대상으로 하기 때문에 성장세에 한계가 있습니다.

강원랜드의 주가는 2011년 3월 31일 2만5450원에서 2013년 10월 21일 2만9750원으로 16.9% 상승하는 데 그쳤습니다. 반면 같은 기간에 GKL은 1만3450원이던 주가가 3만9000원으로 껑충 뛰며 190%나 상승

구분	2011년 3월 31일 주가	2013년 10월 21일 주가	주가상승률
강원랜드	2만5450원	2만9750원	16.9%
GKL	1만3450원	3만9000원	190.0%

했습니다.

이처럼 동일한 '테마'로 분류되는 종목 중에서도 사업 내용의 미묘한 차이로 주가 등락이 크게 달라집니다. 따라서 회사사정이나 경제여건 등 다른 조건이 같다고 가정할 경우, 동일 업종의 종목이라도 사업 내용의 차이를 잘 살펴보고 투자종목을 선택해야 합니다.

내국인용 카지노는 불과 16%, 외국인용 카지노는 무려 190% 수익, 같아 보여도 작은 사업 내용 차이로 수익은 하늘과 땅 차이!

| 2 | 주식에도 체급이 있고 장단점이 있다

최근 들어 우리나라 증시는 부익부 빈익빈 현상이 심화되고 있다. 코스피 지수가 올라도 일부 오르는 종목들만 오르고 다른 종목들은 크게 재미를 보지 못하는 양극화 현상이 벌어지고 있는 상황이다. 하락장에서 손해를 보는 것은 이해한다고 치고, 지수가 쑥쑥 오르는데도 자신이 매수한 종목만 맥을 못 추고 비실거리며 손실을 내니 상대적인 박탈감에 속이 쓰려 잠을 이룰 수 없다.

시장 대비 초과수익률이 가능한 업종 대표주

〈표 3-4〉 업종 대표주 주가등락 현황 및 코스피 대비 초과수익률

업종명	종목명	2009.2.~2010.2		종목명	2011.12.29~2012.9.10	
		등락률(%)	초과수익률(%)		등락률(%)	초과수익률(%)
건설업	현대건설	11.82	-6.55	현대건설	-4.83	2.02
금융업	신한지주	71.22	12.75	삼성생명	17.92	14.96
기계	두산중공업	24.40	-0.01	두산중공업	-7.53	-3.93
비금속광물	쌍용양회	37.50	19.00	쌍용양회	22.76	20.87
서비스업	LG	55.61	12.83	SK이노베이션	18.31	8.92
섬유의복	LG패션	63.22	20.67	LG패션	-25	-12.88
운수장비	현대차	140.04	86.96	현대차	11.03	5.52
운수창고업	대한항공	65.50	45.35	현대글로비스	19.27	9.07
유통업	신세계	26.83	-22.21	삼성물산	-1.62	0.43
식음료품	CJ제일제당	57.31	35.19	오리온	31.71	23.39
의료정밀	삼성테크윈	141.32	2.30	미래산업	308.84	267.68
의약품	유한양행	-16.63	-20.73	녹십자	1.71	-3.76
전기가스업	한국전력	58.04	11.53	한국전력	-6.65	-7.77
전기전자	삼성전자	58.17	-3.69	삼성전자	18.15	3.48
종이목재	한솔제지	28.14	4.36	한솔제지	4.09	-9.09

업종명	종목명	2009.2.~2010.2		종목명	2011.12.29~2012.9.10	
		등락률(%)	초과수익률(%)		등락률(%)	초과수익률(%)
철강금속	POSCO	57.69	−1.71	POSCO	−3.82	−4.7
통신업	SK텔레콤	−8.83	−10.01	SK텔레콤	4.24	2.86
화학	LG화학	75.78	38.04	LG화학	−2.05	−0.52
	평균	52.62	12.45	평균	22.59	17.59

* 자료: 한국거래소

과거부터 지금까지 코스피지수의 상승은 업종별 대표주와 일부 우량대형주의 상승에 힘입어 이뤄졌다. 중소형 저가주들의 경우 일부 종목들을 제외하고는 상승률이 미미했을 뿐만 아니라 오히려 하락하는 현상이 벌어지기도 했다.

이와 같은 현상이 벌어지는 것은 코스피지수를 구성하는 유가증권시장에 상장된 약 900여 개 종목 중에서 시가총액 상위 20위에 드는 종목들의 비중이 전체의 절반에 달하기 때문이다. 상위 100위까지를 포함할 경우는 비중이 80%를 넘는다. 그래서 극단적으로는 시가총액 상위 20위권 종목들이 상승하고 나머지 종목들은 대부분 하락해도 코스피지수가 수치상으로는 상승하는 현상이 벌어질 수도 있다.

〈표 3-4〉에서 보는 것처럼 업종 대표주는 코스피지수에 비해 평균 12.45~17.59%의 초과수익률을 기록하고 있다. 금메달을 싹쓸이하는 실력 좋은 선수들이 일반 선수들보다 훨씬 좋은 성적을 내고 있는 셈이다.

업종 특성을 반영한 대표주 분산 투자

회사가 속한 업종에서 시가총액 1위 규모를 유지할 뿐만 아니라 주가까지 비싼 우량주는 분명 비싼 이유가 있다. 반대로 주가가 싼 주식은 그럴 만한 이유가 분명히 있다. 그러므로 초보자들은 어설픈 실력으로 많은 수익을 올려보겠다며 주가가 저렴하고 시가총액 비중이 낮은 중소형주 위주로 투자하기보다는 업종별 시가총액 상위 종목 위주로 분산투자를 하는 것이 훨씬 안정적이고 높은 수익을 기대할 수 있다.

물론 이때 유의해야 할 점은 업종별 시가총액 1위라고 해서 언제나 1위 자리를 지킬 수 있는 건 아니라는 점이다. 또한 2위 종목 중에서도 우수한 실적을 통해 1위로 올라설 수 있는 기업이 있으므로, 1~2위 종목 모두 관심을 가지는 것이 바람직하다. 그리고 업종별 시가총액이 1위라 할지라도 기업의 현재 상태가 좋지 않거나 업종 자체가 사양업종이고 성장가능성이 낮은 종목이라면 제외해야 한다. 물론 이때에도 업종별로 골고루 분산 투자해야 할 뿐만 아니라 적립식으로 매수시점을 달리해 꾸준히 매수해야 한다는 것을 잊지 말아야 한다.

정치 테마주,
사놓기만 하면 무조건 대박일까?

지난 2007년에 이명박 대통령후보가 4대강 공약을 들고 나오면서 4대강 관련 테마주인 이화공영, 특수건설, 울트라건설, 삼목에스폼이 관심을 받고 있었습니다. 여러분이 이런 분위기를 감지하고 2007년에 이들 종목에 투자했다면 어떻게 됐을까요? 그리고 언제 청산하는 것이 바람직했을까요?

종목	계속 보유 여부	이유
이화공영	Yes( ), No( )	
특수건설	Yes( ), No( )	
울트라건설	Yes( ), No( )	
삼목에스폼	Yes( ), No( )	

정치 테마주는 정권교체 등 타이밍과 미묘한 관계가 있다

2007년 12월 대통령선거에서 4대강 공약을 앞세운 이명박 후보가 대통령에 당선이 됐습니다. 4대강 관련 테마주는 2007년 초반만 해도 미미한 주가움직임을 보이다가 하반기 들어서 상한가를 기록하며 무서운 기세로 상승했습니다. 이들 종목은 400~3000%에 달하는 엄청난 상승을 하면서 기염을 토했지만 막상 이명박 대통령이 취임하자마자 줄줄이 주가가 흘러내

구분	2007. 1	2007. 12 최고가	상승률	2013. 1	고가 대비 하락률
이화공영	1950원	6만7400원	3356%	2120원	−97%
특수건설	3080원	4만9700원	1514%	4660원	−91%
울트라건설	4480원	2만9750원	564%	3300원	−89%
삼목에스폼	2430원	1만2800원	427%	7040원	−45%

리기 시작했습니다. 어떻게 되겠지 하면서 뒤늦게 막차를 탄 투자자들이 정권 말기까지 주식을 보유했다면 고점 대비 수십 분의 1토막이 난 주가에 피눈물을 흘렸을 겁니다.

그렇다면 박근혜 대통령과 관련된 일명 '박근혜 테마주'는 어땠을까요? 박근혜 테마주는 주로 복지정책과 관련된 종목들이 많은데요. 그중 저출산·보육정책과 관련된 아가방컴퍼니와 보령메디앙스가 주목을 받았습니다. 박근혜 대통령이 일찌감치 대선후보로 주목을 받자 아가방컴퍼니는 2011년 초반 3000원대에 불과했던 주가가 대통령 선거가 1년이나 남은 2011년 말에 이미 2만 원대를 넘기도 했고, 보령메디앙스 역시 2000원대 주가가 같은 기간 3만 원에 육박하기도 했습니다. 하지만 이들 종목들도 그때를 정점으로 거품이 꺼지면서 내리막길을 걸어 막상 새 정권이 들어선 이후에는 부진을 면치 못하고 있습니다.

이처럼 정권(정치) 관련 테마주는 기업의 가치와는 상관없이 막연한 기대 심리에 기인한 묻지마 투자세력이 몰리기 쉽고, 정치적 사안에 민감한 영향을 받기 때문에 개인투자자들은 유의해야 합니다.

테마주, 한발 빠른 투자는 대박, 뒷북 치면 순식간에 쪽박!

리서치회사 서스틴베스트^{Sustinvest}는 400개 국내 상장사를 환경, 사회, 기업지배구조 부문에서 7개 등급으로 분류해 2008년 초부터 2011년 상반기까지 3년 6개월간 주가움직임을 비교했다. 그 결과 최고등급인 'AA'를 받은 25개 회사의 주가가 코스피지수를 31.20%나 초과한 것으로 나왔다. 반면 최하 등급 'E'를 받은 37개 종목은 코스피지수보다 28.18% 낮은 성적을 거뒀다.

무형의 회사 가치를 평가하는 지속가능경영지수

기업에는 재무제표로 표현할 수 없는 '브랜드 가치' '리스크 관리' '저작권' 같은 무형의 가치가 있다. 또한 온실가스 감축, 인권, 기업윤리, 경영투명성 등 기업의 성향을 구성하는 요소들도 있다. 그럼에도 매출과 영업이익만으로 좋은 기업 여부를 판단할 수 있을까?

이런 의문에서 출발해 개발된 것이 '다우존스 지속가능경영지수^{DJSI; Dow Jones Sustainability Index}'다. 1999년 미국의 금융정보회사인 다우존스인덱스와 스위스의 투자평가기관인 SAM이 공동 개발한 DJSI는 기업을 재무제표로만 파악하지 말고 사회공헌, 환경, 인권 등을 종합적으로 고려해 평가해보자는 데 그 취지를 두고 있다.

그래서 평가항목은 영업 관련 숫자가 아닌 직원만족도, 여성임원 비율, 사회공헌 액수, 온실가스 감축 등 환경보호 노력 여부, 기업지배구조 개선과 투명경영에 관한 것들로 구성돼 있다. 이는 학생을 단지 과목별 점수로만 평가할 게 아니라 '인성人性'으로 평가하자는 것처럼 기업의 '기업성企業性'을 평가하자는 데 목표를 두고 있다.

DJSI 코리아 지수로 발굴하는 국내의 '미래형 가치기업'

DJSI에는 전 세계 시가총액 상위 2500개 글로벌 기업을 평가, 이중 상위 10% 내외의 기업을 선정하는 'DJSI 월드'와 아시아·태평양 지역의 600개 주요 기업을 대상으로 상위 20% 기업을 뽑는 'DJSI 아시아·태평양'을 비롯해 'DJSI 유럽' 'DJSI 북미' 등이 있다.

2009년 10월 처음 발표된 'DJSI 코리아'는 국가별 DJSI로는 최초다. 평가대상은 국내 시가총액 상위 200대 기업으로, 평가기준을 통과한 41개 기업이 DJSI 코리아 지수에 최초 편입됐다.

〈표 3-5〉는 2012/13 평가결과 및 산업별 1등 기업 목록이다. 이들은 단순히 재무제표 성적표에서만이 아니라 향후에도 지속적으로 발전하며 사회에 기여할 것으로 기대되는 기업으로 평가할 수 있다. 이런 종목들은 '새로운 개념의 가치기업'이라 할 수 있을 것이다.

〈표 3-5〉 다우존스 지속가능경영지수(DJSI) 편입 국내 기업(2012/13)

산업분류	기업명	산업별 1등 기업	DJSI Korea	DJSI AP	DJSI World	비 고
가스	한국가스공사㈜	★	●			4년 연속 1등
가전/여가용품	LG전자㈜	★	●	●	●	4년 연속 1등
개인용품	㈜아모레퍼시픽	★	●	●	●	3년 연속 1등
	㈜LG생활건강			●		
갬블	㈜강원랜드	★	●	●		2년 연속 1등
건설	지에스건설㈜	★	●	●	●	
	대림산업㈜		●	●		
	삼성엔지니어링㈜		●			
	현대건설㈜		●	●	●	

산업분류	기업명	산업별 1등 기업	DJSI Korea	DJSI AP	DJSI World	비 고
건축자재	㈜케이씨씨	★	●			신규 편입
금융서비스	삼성증권㈜	★	●	●	●	4년 연속 1등
	대우증권㈜		●	●	●	
	미래에셋증권㈜		●			
	우리투자증권㈜		●			
담배	㈜케이티앤지	★	●	●	●	4년 연속 1등
무선통신	SK텔레콤㈜	★	●	●	●	2년 연속 1등
반도체	삼성전자㈜	★	●	●	●	4년 연속 1등
	㈜SK하이닉스		●	●	●	
손해보험	동부화재해상보험㈜	★	●	●		4년 연속 1등
	삼성화재해상보험㈜		●			
	현대해상화재보험㈜		●			
산업엔지니어링	삼성중공업㈜	★	●	●		2년 연속 1등
	두산인프라코어㈜		●	●		
	STX엔진㈜		●			
	STX조선해양㈜		●			
생명보험	삼성생명㈜	★	●	●	●	신규 편입
석유정제	S-Oil㈜	★	●	●	●	3년 연속 1등
식료품	㈜농심	★	●			4년 연속 1등
운수	㈜한진해운	★	●			신규 편입
	STX팬오션㈜		●			
유선통신	㈜케이티	★	●	●	●	4년 연속 1등
은행	㈜신한금융지주회사	★	●	●		4년 연속 1등
	㈜DGB금융지주		●	●		
	㈜KB금융지주		●	●		
일반소매	롯데쇼핑㈜	★	●	●	●	4년 연속 1등
자동차	기아자동차㈜	★	●	●		4년 연속 1등
자동차부품	현대모비스㈜	★	●	●	●	3년 연속 1등
자동차부품	한국타이어㈜		●			
전기부품 및 장비	삼성전기㈜	★	●	●	●	4년 연속 1등
	엘지이노텍㈜		●			

산업분류	기업명	산업별 1등 기업	DJSI Korea	DJSI AP	DJSI World	비 고
전자부품	삼성SDI㈜	★	●	●	●	4년 연속 1등
지원서비스	한전KPS㈜	★	●			4년 연속 1등
	㈜STX		●			
철강	㈜포스코	★	●	●	●	4년 연속 1등
	현대제철㈜		●	●		
컴퓨터 서비스 및 인터넷	에스케이씨앤씨㈜	★	●	●	●	3년 연속 1등
	㈜다음커뮤니케이션		●			
항공운송	아시아나항공㈜	★	●			4년 연속 1등
화학	㈜LG화학	★	●	●		2년 연속 1등
	SK케미칼㈜		●			
	OCI㈜		●	●		
	웅진케미칼㈜		●			
	호남석유화학㈜		●	●		
TOTAL		28	52	33	19	

| 4 | 친환경으로 뜨는 녹색산업지수 종목

녹색산업지수KRX Green는 정부로부터 녹색인증(녹색전문기업, 녹색기술, 녹색사업)을 취득한 기업 등 친환경 관련 사업을 영위하는 기업을 대상으로 산출하는 주가지수다.

최근 녹색산업이라는 이름으로 친환경산업에 대한 관심과 기대가 높아지면서 이 부문에 대한 투자를 촉진하고, 정부의 녹색금융 활성화를 위한 인프라 구축 정책에 적극 부응할 목적으로 산출됐다.

이 지수는 투자자들이 녹색산업 관련 업종에 투자할 때 코스피지수 대비 수익률 등을 비교해볼 수 있도록 정보를 제공한다. 구성종목 수는 20종목이며, 녹색산업 영위 기업을 대상으로 시장규모(시가총액), 유동성(거래대금), 재무기준 등 요건을 충족하는 종목을 선정해 발표한다. 또한 2010년 1월 4일을 기준일(기준 지수 1000P)로 해서 지수 산정도 시작했다.

녹색산업지수 편입조건 및 구성종목

단지 녹색 관련 사업을 한다고 해서 아무 기업이나 녹색산업지수에 포함될 수 있는 것은 아니다. 정부로부터 녹색산업 관련 기술적 능력과 사업규모를 인정받아야 할 뿐 아니라 시장규모, 유동성, 재무기준 등의 조건이 부합해야 이 지수에 포함될 수 있다.

녹색인증기업: 녹색전문기업, 녹색기술, 녹색사업 인증기업(주요 제품과 사업이 인증 대상 녹색기술과 밀접한 관련이 있는 기업에 한함).

비인증기업: 정부로부터 인증을 받지 않은 기업 중 인증 대상 녹색기술과 관련된 제품 생산을 주요 사업으로 영위하는 기업에 한함.

시장규모 기준: 최근 3개월간 일 평균 시가총액 순위가 상위 50% 이내.

유동성 기준: 최근 3개월간 일 평균 거래대금 순위가 상위 50% 이내이고 최근 사업연도(사업보고서) 기준 유동비율이 10% 이상.

재무 기준: 최근 사업연도 기준으로 자본잠식이 아니고, 최근 2사업연도 연속 사업손실이 아닐 것.

〈표 3-6〉 녹색산업지수(KRX Green) 구성종목 및 기술분야

종목명	시장구분	녹색기술분야		시가총액	구분
		대분류	중분류(주요제품)		
OCI	유가	신재생에너지	2차전지	7조6777억 원	녹색전문기업
삼성SDI	유가	신재생에너지	2차전지	7조4444억 원	
웅진에너지	유가	신재생에너지	태양광	1조924억 원	
LG화학	유가	신재생에너지	2차전지	22조2206억 원	녹색기술인증기업
LG전자	유가	그린 IT, 청정생산 등	LED 등	14조4704억 원	
효성	유가	그린 IT, 신재생에너지	지능형 전력망 등	3조7322억 원	
LS산전	유가	그린 IT, 첨단그린 주택도시 등	지능형 전력망 등	2조7701억 원	
태웅	코스닥	신재생에너지	풍력	9164억 원	
주성엔지니어링	코스닥	신재생에너지	태양광	6853억 원	
현진소재	코스닥	신재생에너지	풍력	2619억 원	
유니슨	코스닥	신재생에너지	풍력발전	2198억 원	
신성홀딩스	유가	신재생에너지	태양광	2017억 원	
오성엘에스티	코스닥	신재생에너지	태양광	1602억 원	
에스에너지	코스닥	신재생에너지	태양광	1450억 원	
잉크테크	코스닥	신소재	나노필름	1252억 원	
삼성전기	유가	그린 IT	LED	9조1421억 원	비인증기업
한전기술	유가	탄소저감	원자력	4조5704억 원	
한전KPS	유가	탄소저감	원자력	2조8634억 원	
LG이노텍	유가	그린 IT	LED	2조7876억 원	
서울반도체	코스닥	그린 IT	LED	2조4027억 원	

* 자료: 한국거래소

이들 녹색산업지수는 평균적으로 코스피200 대비 초과 상승하는 성과를 보이고 있다. 녹색산업지수에 속하는 기업은 미래지향적이고 친환경적인 사업을 영위할 뿐만 아니라 재무건전성에서도 검증을 받기 때문에 장기적인 관점에서 가치상승이 기대되는 투자유망종목이라 할 수 있다(녹색산업지수는 한국거래소나 증권사 HTS에서 검색할 수 있다).

Stock News

국가신용등급을 좌지우지하는 저승사자, 국제신용평가회사

국제신용평가회사 '스탠더드 앤드 푸어스S&P'가 2011년 여름 미국의 국가신용등급을 전격적으로 낮추면서 전 세계 금융시장이 요동쳤고 우리나라 증시도 큰 폭락을 했다. 1941년 이후 70년 동안 S&P에서 최고 수준인 'AAA' 신용등급을 받아온 미국의 자존심이 한순간에 무너지면서 온 세계가 홍역을 치렀고 그 여파는 아직도 이어지고 있다.

글로벌 금융시장을 좌지우지하는 신용평가회사는 '빅3'로 불리는 'S&P' '무디스' '피치'이다. 이들이 발표하는 신용평가 결과는 전 세계 큰손투자자에게 투자의 기초자료를 제공할 뿐 아니라, 국가별 재무건전성을 판단하는 수단으로도 활용된다. 이들이 평가한 등급은 어느 시장에 돈을 투자할지를 결정하는 잣대로 활용되고 국채발행 금리에도 직접 영향을 미친다.

최근 유럽 금융위기로 그리스나 포르투갈처럼 신용등급이 '정크junk' 수준으로 떨어지게 되면 글로벌 시장의 연기금이나 펀드 등이 해당 채권에 대해 투자를 중지하게 된다.

외환위기가 본격적으로 시작된 1997년 S&P는 대한민국의 신용등급을 무려 10단계나 낮췄고 무디스와 피치도 각각 6단계, 12단계씩 낮추는 바람에 우리는 혹독한 시절을 보냈다.

삼성전자가 '찜'한
협력업체는 무조건 매수?

삼성전자가 핵심 협력업체를 글로벌 강소기업으로 육성하기 위한 종합지원책을 발표함에 따라 이 명단에 포함된 코스닥기업들의 주가가 치솟았습니다. 2011년 8월 29일 반도체 검사장치 제조업체인 '코디에스'는 4700원(상한가), LCD−TV에 사용하는 핵심 부품소재인 광학필름을 생산하는 '신화인터텍'은 4835원(14.9%), 반도체장비 제조업체인 '원익IPS'는 8010원(11.9%), 반도체 인쇄회로기판PCB을 만드는 '심텍'은 1만2350원(7.4%)으로 상승했습니다. 코스닥시장에 이른바 '삼성전자 테마주'가 화려하게 등장한 셈이죠.

자, 이제 여러분이라면 어떻게 하겠습니까? 국내 최고일 뿐 아니라 글로벌 시장 최강자인 삼성전자가 팍팍 밀어주겠다고 '찜'한 업체들의 향후 주가상승이 기대되지 않습니까? 이들 삼성 수혜주 4인방의 사업영역 등을 감안해서 투자 여부를 결정해보세요.

종목	투자 여부	이유
코디에스	Yes( ), No( )	
신화인터텍	Yes( ), No( )	
원익IPS	Yes( ), No( )	
심텍	Yes( ), No( )	

삼성전자도 어쩌지 못하는 개별 기업의 성적표

삼성전자는 1조 원 규모의 협력사 지원펀드를 조성해 협력업체의 경영자금을 지원하겠다고 밝혔고, 이를 구체화한 지원계획을 발표해 명단에 포함된 회사들의 주가가 단기 급등했습니다.

하지만 막상 뚜껑을 열어보니 상황이 달라졌습니다. 2011년 8월 29일부터 2013년 1월 13일까지 삼성전자는 연일 신고가를 갱신하며 109%나 상승한 반면, 삼성의 후광을 업고 신데렐라처럼 화려하게 변신할 것 같았던 종목들은 신화인터텍이 13% 상승한 것 외에 다른 종목들은 오히려 19~34%나 폭락한 것입니다.

동생 밀어준다더니 형님(삼성전자) 혼자 잘나가고 꿈에 부풀었던 동생들(협력업체)의 주가는 지리멸렬인 셈입니다. 삼성이라는 막강한 후광도 반짝 상승에는 먹히지만 결국 개별 기업들의 재무구조나 실적 등 매력이 수반되지 않으면 의미가 없다는 것을 알 수 있는 사례입니다.

개별 기업의 실적이 따라주지 못하면 아무리 '형님'이 밀어줘도 반짝 효과에 그칠 뿐입니다. 결국 개별 기업의 가치를 따져보는 게 우선돼야 합니다.

종목	2011.8.29 주가	2013.1.13 주가	주가변동률(%)
코디에스	4700원	3090원	−34
신화인터텍	4835원	5480원	13
원익IPS	8010원	5300원	−34
심텍	1만2350원	1만 원	−19
삼성전자	73만3000원	153만3000원	109

|5| 주가상승과 배당보너스라는 두 마리 토끼

'배당'이란 좋은 실적을 거둔 회사가 자본금을 투자한 주주들에게 지분 비율대로 수익의 일부를 나눠주는 것을 말한다. 직원들에게 성과급 보너스를 지급하듯 주주들에게 보너스를 주는 것이라 이해하면 된다.

배당은 주가하락 시 손실보전, 상승 시 보너스

우리나라 기업들은 IMF 사태를 겪은 후 재무구조를 탄탄히 하고 이익규모를 키우는 데 많은 노력을 기울였다. 또한 최근 들어서는 외국인투자자의 고배당 요구와 소액주주들의 집단움직임으로 인해 기업들이 주주를 중시하는 경영분위기가 확산돼왔다. 이러한 이유로 배당을 실시하는 기업도 많아지고 배당비율도 높아지고 있는 추세다.

배당을 실시한다는 것은 회사의 실적이 좋고 회사 내 여유자금이 충분하다는 것을 나타낸다. 다시 말해 회사의 재무내용이 건전하다는 것을 의미하기 때문에 투자자의 관심이 높아지면서 주가가 상승하게 된다. 그리고 배당수익이라는 보너스가 주가하락 시에는 손실을 보전해주고 주가 상승 시에는 수익을 더해주는 역할을 한다. 그래서 배당 실시 종목들의 주가를 지수의 움직임과 비교하면 하락할 때는 덜 빠지고 상승할 때는 더 많이 상승하는 경향이 있다.

이처럼 배당수익과 주가상승이라는 두 마리 토끼를 잡을 수 있는 장점이 있기에 특히 외국인들은 배당주에 집중적으로 투자하고 있다.

배당에 관한 한 검증된 대표주자, 한국배당지수 종목

배당을 실시하는 많은 종목들 중에서 특히 한국거래소에서 발표하는 '한국

배당지수KODI; Korea Dividend Stock Price Index'에 속하는 종목에 주목하는 것이 좋다. 한국배당지수는 배당실적이 우수한 기업을 대상으로 구성한 주가지수인데, 장기투자 활성화를 위해 기업가치에 준해 2003년 7월 21일부터 운영되고 있다.

이 지수에 포함되는 종목들은 시가총액 상위 30% 이내, 자기자본순이익률 60% 이내, 일 평균 거래대금 40% 이내의 기업 중에서 배당성향(순이익 대비 배당을 얼마나 하는지)과 배당수익률(1주당 배당으로 인한 수익이 어느 정도인지) 등이 높은 기업으로 구성된다.

이처럼 까다로운 조건과 다양한 재무건전성을 검증받아야 하기 때문에 한국배당지수에 속한다는 것은 수능성적, 내신, 논술 등 다면평가를 통해 '우수학생'의 기본 조건을 검증받은 것과 같다고 할 수 있다.

<표 3-7> 한국배당지수 50개 종목(순위는 주가 기준)

순위	종목	주가	순위	종목	주가
1	POSCO	34만9000원	16	GS	7만2000원
2	동원산업	28만5500원	17	삼양홀딩스	7만1000원
3	농심	27만1500원	18	에스원	6만9900원
4	삼성화재	21만8000원	19	LS산전	6만7100원
5	SK이노베이션	17만4000원	20	LG	6만5200원
6	삼성엔지니어링	16만5500원	21	하나투어	6만1000원
7	SK텔레콤	15만2500원	22	한전KPS	6만900원
8	삼성SDI	15만1000원	23	삼성테크윈	5만9700원
9	두산	12만9000원	24	GS건설	5만7300원
10	현대미포조선	12만7000원	25	대한유화	5만2800원
11	빙그레	11만2000원	26	코웨이	4만3550원
12	S-Oil	10만4000원	27	현대해상	3만3300원
13	삼성전기	9만9200원	28	LG패션	3만1300원
14	KT&G	8만800원	29	하이트진로	3만400원
15	한국가스공사	7만5100원	30	강원랜드	2만9250원

순위	종목	주가	순위	종목	주가
31	대우조선해양	2만7150원	41	대우증권	1만2000원
32	휴켐스	2만5900원	42	S&T중공업	1만1900원
33	LIG손해보험	2만5850원	43	우리투자증권	1만1850원
34	한라공조	2만3700원	44	코리안리	1만1500원
35	현대산업	2만1650원	45	대덕전자	1만700원
36	제일기획	2만1550원	46	현대증권	9010원
37	현대상사	2만700원	47	한라건설	7990원
38	메리츠화재	1만4150원	48	외환은행	7620원
39	부광약품	1만4050원	49	웅진씽크빅	6550원
40	카프로	1만2500원	50	태영건설	5200원

* 자료: 한국거래소(2012. 12. 28. 기준)

두 마리 토끼도 잡고 국부유출도 막는 배당주의 매력

주주의 이익을 위해 배당을 실시하는 기업이 많아지고 배당규모도 커지는 것은 우리나라 증시가 체질개선을 통해 선진화되고 있다는 긍정적인 면으로 볼 수도 있지만, 한편으로는 우려가 되는 면도 있다.

왜냐하면 기업활동으로 발생한 이익이 신기술개발을 위한 신규투자에 투입되지 못하고 배당으로 빠져나간다는 것은, 향후 우리 경제의 성장동력 창출과 기업의 경쟁력제고 관점에서 볼 때는 문제가 될 수도 있기 때문이다. 더구나 주주들에게 많은 배당금을 지급하는 기업들 중 상당수는 외국인투자자 비율이 월등하게 높기 때문에 매년 수조 원에 달하는 배당수익이 고스란히 외국인의 수중으로 넘어가고 있는 실정이다.

그러므로 개인투자자들이 배당을 실시하는 종목에 투자하는 것은 개인의 재테크뿐 아니라 유출된 국부의 국내 환수라는 관점에서도 바람직한 일이라고 할 수 있다. 증권사 HTS에서 배당지수 종목을 찾아서 검색해보면 두 마리 토끼를 잡을 수 있는 투자유망종목들을 만나볼 수 있다.

존 템플턴John Templeton은 1954년에 본인의 이름을 따서 템플턴 그로스Templeton Growth 라는 투자회사를 설립한 뒤 지금까지도 이어져오고 있는 템플턴펀드를 시작했다. 그는 남들과 반대로 하는 역발상 투자와 저가주를 발굴하는 투자방법을 사용했다. 또한 수익을 낸다는 명목으로 부도덕하거나 양심에 위배되는 투자를 하는 것을 금기시했다. 이 때문에 그는 '영혼이 있는 투자자'라는 칭송을 받기도 한다.

존 템플턴이 우리에게 들려주는 투자철학

1. 주식시장은 오르거나 내리면서 사람들을 즐겁게도 만들고 슬프게도 만든다. 그러나 결국은 항상 긍정적인 사람의 손을 들어주었다.
2. 주식은 투자를 신뢰하고 믿는 이에게 결국 기쁨을 선사하지만 투자를 불신하는 자에게는 배신이라는 아픔을 선사할 뿐이다.
3. 투자에 성공하는 사람은 실패의 원인을 분석하고 반성해서 같은 실수를 반복하지 않는다. 반면에 실패하는 사람은 실수의 원인을 모른 채 같은 실수를 계속 반복한다.
4. 모든 사람들이 주가하락의 공포로 주식시장을 떠날 때에 홀로 외로움과 고독에 맞서서 시장을 지키면 그에 따른 보상을 받게 된다.

투자 수익률
200% 끌어올리기

포트폴리오 구성과 종합실전매매

은행예금으로 1억 원을 만들려면 얼마나 걸릴까? 연리 4%로 한 달에 100만 원씩 저축해도 7년 넘게 걸린다. 하지만 주식투자는 다르다. 친구 따라 강남 가는 식의 묻지 마 투자만 하지 않는다면 안정적으로 빠른 시간 내에 1억 원 고지에 도달할 수 있다. 우선 지금까지 배워온 스킬들을 종합해 포트폴리오를 구성하는 데서 시작해보자. 투자 수익률을 200% 끌어올려 '억' 소리 나는 성공신화의 주인공이 될 수도 있다.

종합실전매매, 무슨 종목을 언제 사고팔 것인가

01

| 1 | 잠깐! 투자하려는 종목이 '문제아'라면?

운전할 때 신호를 지키지 않거나 규정속도를 위반하면 벌점을 받게 된다. 마찬가지로 증시에서도 상장된 회사가 공시와 관련돼 '불량'한 행위를 하는 경우에는 금융당국으로부터 '문제아'로 지목돼 벌점을 받는다.

공시는 앞에서 설명한 것처럼 기업이 투자자보호를 위해 투명하고 신속하게 회사의 상황에 대해 알리도록 돼 있는 의무사항이다. 그래서 이를 제대로 이행하지 않는 이른바 '불성실공시행위'를 하면 제재를 받는다.

불성실공시법인으로 지정돼 벌점을 받게 되는 기준

❶ **공시불이행:** 주요 경영사항 등을 공시기한 이내에 신고하지 않거나 허위로 공시할 경우.

❷ **공시번복**: 이미 신고·공시한 내용에 대한 전면 취소, 부인 또는 이에 준하는 내용을 공시한 경우.

❸ **공시변경**: 이미 공시한 사항 중 중요한 부분에 대해 변경이 발생한 경우.

그렇다면 기업이 불성실공시를 해서 벌점을 받은 경우 투자자가 그 사실을 어떻게 확인할 수 있을까?

벌점 부과 여부를 시세표상에서 확인할 수 있는 '不' 표시

벌점에 따라 증권시장지 또는 증권정보단말기 등의 시세표상에서 해당 종목에 기간별로 '不' 또는 '불성실공시법인'으로 표시된다. 그래서 투자자는 자신의 투자관심종목이 '불친절한 공시'로 벌점을 받은 사실을 확인할 수 있다. 벌점에 따른 표시 기간은 아래와 같다.

- **벌점 5점 미만**: 1주일간
- **벌점 5점 이상 10점 미만**: 2주일간
- **벌점 10점 이상**: 1개월간

'과거전력', 누적벌점 확인으로 투자피해 사전에 방지하기

벌점이 누적되면 일정 기간 거래정지 등의 제제를 받게 되고 심할 경우 관리종목, 더 나아가 상장폐지가 돼 투자자가 큰 피해를 볼 수도 있다. 그래서 단지 벌점의 유무만이 아니라 누적벌점에 대한 정보를 알고 있어야 한다. 그런데 평소에 벌점을 많이 받는 '상습범'이 벌점 표시 기간이 지나서 '벌점 부과 딱지'를 떼면 일반투자자는 '어두운 과거'를 알 수가 없다. 누적벌점 때문에 추가 '사고' 한 번만으로도 거래가 정지될 수 있는 종목인데 말이다. 그런 면에서 기업의 벌점은 투자자 입장에서는 꽤나 신경 쓰이고 불안한 '징계 점수'

가 아닐 수 없다.

그래서 한국거래소는 투자자의 불안감을 해소하고 벌점을 부과 받은 기업에 대한 정보를 투명하게 제공하기 위해 '벌점부과현황'을 공개하고 있다. 한국거래소의 상장공시시스템(http://kind.krx.co.kr) 서비스에 접속해서 초기 메뉴 중 '투자유의사항→벌점부과 및 개선계획서 현황'을 선택하면 〈그림 4-1〉에서 보는 것처럼 상장기업의 벌점 현황을 확인할 수 있다.

또한 회사명으로 검색해서 자신이 투자한 종목이나 관심종목의 누적벌점 현황과 내용을 확인할 수도 있고, 벌점 순으로 검색해서 벌점이 많은 '불성실' 기업의 랭킹을 확인할 수도 있다.

〈그림 4-1〉 한국거래소 상장공시시스템 벌점관리 현황

* 자료: 한국거래소

누적벌점 상위 회사
개과천선할 수 있을까?

회사명	투자 여부	회사명	투자 여부
스톰이앤에프	Yes( ), No( )	에코솔루션	Yes( ), No( )
뉴젠아이씨티	Yes( ), No( )	봉신	Yes( ), No( )
유비트론	Yes( ), No( )	유니텍전자	Yes( ), No( )
맥스브로	Yes( ), No( )	에이원마이크로	Yes( ), No( )
셀런	Yes( ), No( )	스멕스	Yes( ), No( )
엠엔에프씨	Yes( ), No( )	피에스앤지	Yes( ), No( )
히스토스템	Yes( ), No( )	엔알디	Yes( ), No( )

누적벌점 상위에 있는 기업 리스트입니다. 벌점은 곧 결격사유이므로 투자대상에서 무조건 제외해야 할까요? 아니면 '미운 놈 떡 하나 더 준다'는 심정으로 '개과천선'을 믿어봐야 할까요?

누적벌점 높은 회사 믿으면 발등 찍힌다

회사명	누적벌점	6개월 후 결과	회사명	누적벌점	6개월 후 결과
스톰이앤에프	35	상장폐지	에코솔루션	13	상장폐지
뉴젠아이씨티	22	상장폐지	봉신	13	상장폐지
유비트론	22	상장폐지	유니텍전자	12	상장폐지
맥스브로	21.5	상장폐지	에이원마이크로	12	불성실공시법인 지정
셀런	16	상장폐지	스멕스	11	불성실공시법인 지정
엠엔에프씨	14	상장폐지	피에스앤지	11	불성실공시법인 지정
히스토스템	13.5	불성실공시법인 지정	엔알디	11	불성실공시법인 지정

벌점 랭킹이 높았던 회사들은 줄줄이 불성실공시법인으로 지정됐고, 상당수는 상장폐지를 당하면서 증시에서 퇴출됐습니다. 지난 몇 년간의 데이터를 보면 매년 50~100개가 불성실공시법인으로 지정됐고, 이중 절반에 달하는 기업이 상장폐지의 나락으로 떨어졌습니다(불성실공시법인 지정으로 거래정지가 된 후에 해제되는 경우도 있지만, 상장폐지돼 아예 퇴출돼버리기도 합니다).

불성실공시로 벌점을 받는다는 것은 투자자보호를 위한 최소한의 기본 의무를 이행하지 않는 '불량종목'의 단초가 되는 행위입니다. 이런 종목은 당장은 주가상승으로 투자자를 유혹한다 해도 언제 어느 상황에서라도 투자자(소액주주)를 헌신짝 버리듯 내버릴 수 있는, 신뢰하기 어려운 기업입니다. 그러므로 이런 종목은 투자에 유의해야 합니다.

누적벌점 상위 회사는 언제 '먹튀'가 될지 모르는 위험한 시한폭탄, 절대 투자 금물!

| 2 | 각종 보조지표, 종목 선정 시 어떻게 참고할까

증권사 HTS에는 참조할 수 있는 보조지표가 수십 개나 있다. 거기다 변수값을 어떻게 설정하느냐에 따라 같은 보조지표라도 그 내용이 천지차이로 달라진다. 또한 일봉, 30분봉, 10분봉 등 차트의 분봉값까지 감안하면 그 조합의 수는 엄청나게 늘어난다. 이쯤 되면 도대체 어떤 종목에 대해, 어떤 보조지표를, 몇 분봉 차트에서, 어떻게 변수값을 설정하고 봐야 할지 머리가 지끈거린다.

이럴 때는 이리저리 휩쓸리지 말고 차근차근 단계별로 컴퓨터의 첨단기능을 이용해서 점검해 나가면 손쉽고 빠르게 최적의 보조지표와 종목을 찾을 수 있다.

지표최적화 기능으로 가장 수익률이 좋은 종목과 지표 찾기

〈그림 4-2〉는 CJ오쇼핑 종목의 일봉 차트를 기준으로 'A/D 라인'에 '신호선교차' 전략을 적용했을 때의 손익 사례다. 초기 자본금 1000만 원으로 2004년부터 2013년 10월까지 약 9400만 원(수익금의 재투자 없이 초기 금액 그대로일 경우)의 수익을 냈으며 연평균 수익률은 약 96%였다는 것을 알 수 있다.

수익만 봤을 때는 위의 보조지표가 꽤 훌륭해 보이지만 중간에 최대 손실폭이나 수익의 안정성 등을 따져보면 최상이 아닐 수도 있다. 나열된 다른 보조지표들도 위와 같은 방법으로 분석해보면 지표의 장단점을 파악할 수 있다. 또한 수익곡선이나 거래내역 등의 항목을 선택해서 좀 더 세밀하게 장단점을 파악해볼 필요가 있다.

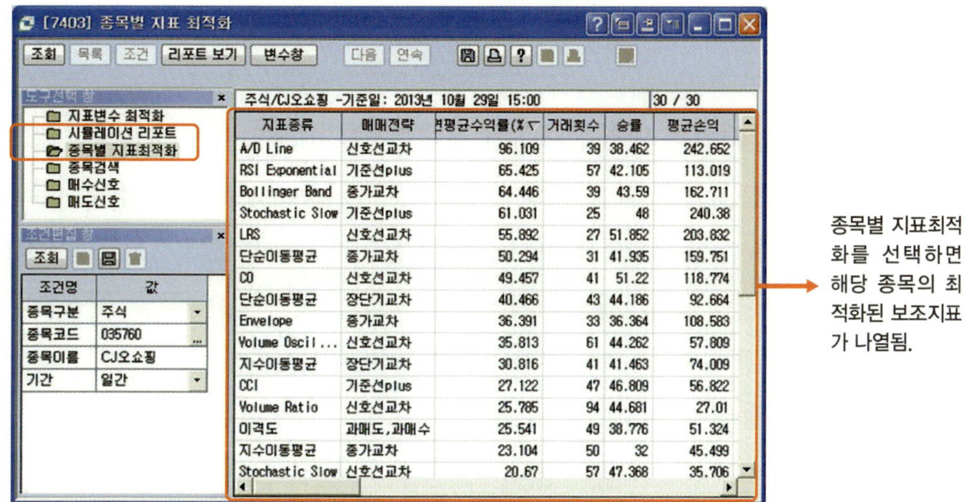

〈그림 4-2〉 종목별 최적 보조지표 활용 매매전략

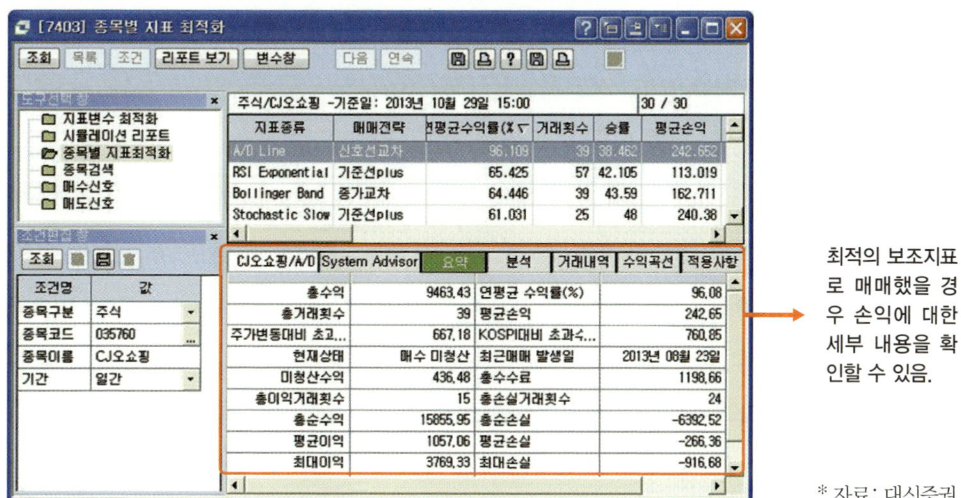

* 자료: 대신증권

최적의 보조지표로 최근에 가장 큰 수익을 낸 종목 찾기

특정 종목을 미리 선택한 후 이 종목에 최적화된 보조지표를 찾는 방법을 알았
다. 그렇다면 꼭 종목 선정을 미리 해야 할까? 최적의 보조지표로 가장 많은

수익을 내는 종목을 찾을 수는 없을까?

물론 할 수 있다. 특정 종목과 상관없이 최근 시장에서 가장 좋은 보조지표로 최고의 수익을 내는 종목을 조합해서 찾을 수 있다.

〈그림 4-3〉은 전체 지표를 적용해서 최적의 지표로 가장 많은 수익을 내는 종목을 검색한 화면이다. 검색 결과로 나온 종목 중에 'TPC'라는 종목을 선택해서 내용을 살펴보자. 15분봉 차트를 기준으로 2013년 7월부터 10월까지 약 4개월 동안 스토캐스틱(슬로) 보조지표 '신호선교차' 전략을 가지고 초기 자본금 1000만 원으로 거래했을 경우 740만 원의 수익(거래일 기준 일평균 3.3%)을 달성하게 된다.

〈그림 4-3〉 최적 지표로 가장 수익률 좋은 종목 찾기

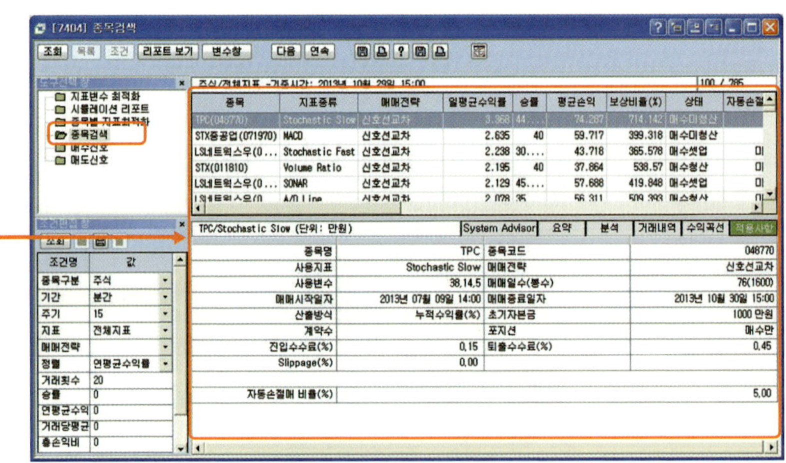

최적 지표를 적용해서 검색하면 가장 수익률 좋은 종목들을 확인할 수 있음.

* 자료: 대신증권

황금알을 낳는 보조지표와 종목을 찾았으니 대박은 시간문제?

과거와 현재 많은 수익을 올려주는 종목이나 지표가 미래에도 수익을 보장할까? 안타깝지만 아니다. 하지만 최적 지표들을 계속해서 검색해보고 이들 간의 수익률 변화를 감안해 매매에 참조한다면 시장이 지금 어떤 형태로 흘러가는지에 대한 단서는 충분히 얻을 수 있다.

주의할 점은 잘 맞는 지표를 찾았다고 해서 마치 황금알을 낳는 거위를 찾은 것처럼 꿈에 부풀지는 말아야 한다는 것이다. 지표는 잘 맞는 구간이 있고 틀리는 구간이 있는 법이다. 그래서 지금까지 성적이 좋았던 지표가 향후에는 죽을 쑤면서 배신하기도 하고, 거들떠보지도 않던 지표가 갑자기 잘 맞기도 한다. 시장은 항상 변화하고, 시세는 등락을 반복하며, 지표의 정확성도 오락가락한다. 그래서 투자에 참고하되 이를 맹신해서는 안 된다.

지주회사란 무엇인가

'A그룹은 A홀딩스라는 지주회사를 설립해서 순환출자 구조를 개선하기로 했다.'
가끔 언론에서 접하게 되는 내용이다. 지주회사(持株會社, Holding Company)란 무엇일까? 지주회사는 일종의 모(母)회사 격으로 산하의 종속회사 지분을 전부 혹은 지배 가능 한도까지 매수한 회사를 말한다. 그렇다면 왜 지주회사가 필요할까?

기업 오너가 소량의 지분투자를 몇 단계로 순환출자할 경우 몇 배로 부풀려진 허수의 자본이 발생해 기업을 확장시킬 수 있다. 그래서 재벌 그룹들은 순환출자(A→B→C→A 구조) 등으로 복잡하게 출자구조가 얽혀 있어 그룹 전체의 재무구조를 파악하기가 어렵게 돼 있다.

이러다 보니 오너가 소수 자본으로 그룹 계열사에 대해 전권을 휘두르기도 하고, 개별 회사의 자본투명도도 낮아져 일반투자자들에게 피해를 입히기도 한다. 그래서 정부는 이러한 폐해를 해소하기 위해 대기업에게 지주회사로 전환할 것을 권장하고 있다.

지주회사로 전환할 경우 재벌들의 무분별한 기업 확장을 막을 수 있을 뿐 아니라 계열사 관리 및 투자 업무를 지주회사에 집중시킬 수 있어 효율성이 제고된다. 또한 이를 통해 지배구조가 투명해지고 자본효율성이 높아져서 기업가치가 상승하는 효과가 있다.

|3| 기업의 실적은 주가의 거울

기업의 실적은 주가의 거울이다. 그래서 기업의 실적을 보면 주가의 향방을 알 수 있다. 매출액, 영업이익, 순이익 등 외형과 내실을 평가할 수 있는 재무제표상의 숫자가 상승하면 주가도 상승하고, 반대로 실적이 나빠지면 주가도 같이 하락하는 것이 일반적이다.

매출 증가 기업은 시장 평균 주가상승률보다 높게 상승

한국거래소가 유가증권시장(코스피) 반기보고서 제출 대상 12월 결산법인 695사 중 전년 동기 실적과 비교 가능한 법인 중 각종 사유로 주가등락률 비교가 불가능한 종목을 제외한 619사를 대상으로 조사한 2013년 자료에 따르면 실적과 주가흐름을 정확하게 비교해볼 수 있다. 2013년 상반기 실적(매출액, 영업이익, 순이익) 기준으로 주가등락률(2013.1.2 ~9.4 기준) 증가 기업과 감소 기업으로 나눠 비교했다.

〈그림 4-4〉 매출액과 주가등락률 비교

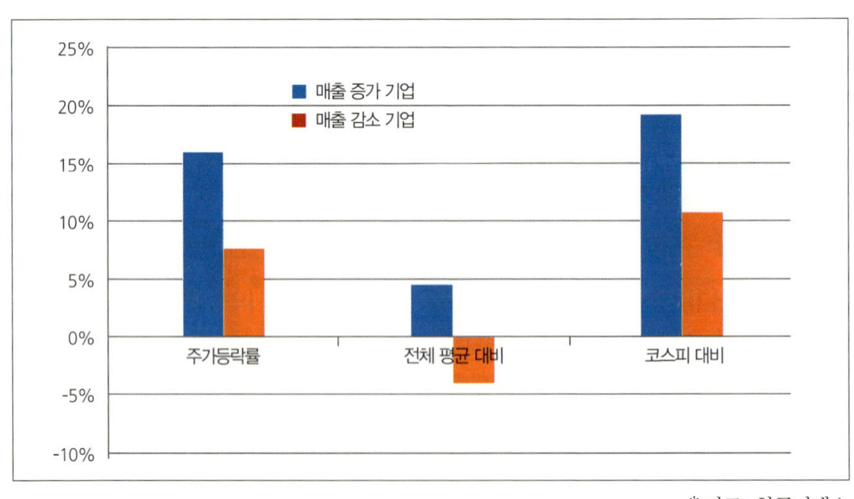

* 자료: 한국거래소

〈그림 4-4〉는 매출 증가 기업과 감소 기업을 주가등락률, 전체 평균 대비, 코스피지수 대비로 나눠 비교한 내용이다. 2013년 상반기에 전년 대비 매출액이 증가한 회사(288사)의 주가는 평균 16.01% 상승해서 같은 기간 전체 평균 대비 4.51%, 코스피지수 대비 19.22%포인트 상승했다. 반면에 매출 감소 기업(331사)의 주가는 평균 7.58% 상승하는 데 그쳐서 전체 평균 대비 −3.92%, 코스피지수 대비 10.79%포인트 상승하는 데 그쳤다.

이 자료에 따르면 매출액이 증가한 기업의 주가는 코스피지수의 등락에 비해 훨씬 안정적으로 추가 수익이 가능한 것으로 나타났다. 반면 매출액이 감소한 기업은 증가한 기업에 비해 주가상승률이 저조하거나 하락한다는 것을 보여준다.

영업이익 · 순이익의 증감도 주가에 연동돼 반영

〈그림 4-5〉에서 보듯이 영업이익 흑자지속 기업(474사)의 주가는 평균 13.44% 상승해서 코스피 대비 16.65%포인트, 순이익 흑자지속 회사(425사)의 주가는 평균 13.84% 상승해서 코스피 대비 17.04%포인트 추가 상승했다.

반면 영업이익 적자지속 기업(61사)의 주가는 평균 5.43%, 코스피 대비

〈그림 4-5〉 영업이익(순이익)과 주가등락률 비교

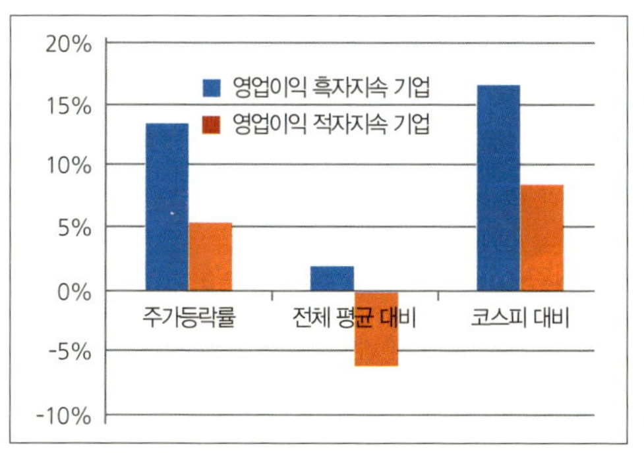

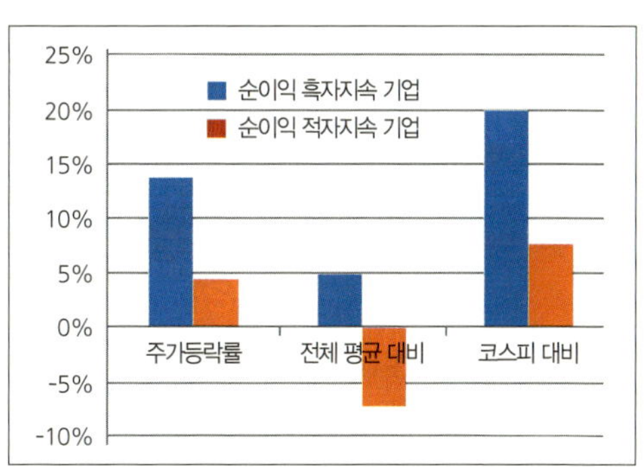

* 자료: 한국거래소

8.64%포인트, 순이익 적자지속 기업(83사)의 주가는 평균 4.35%, 코스피 대비 7.56%포인트 상승하는 데 그쳤다. 순이익과 영업이익도 매출과 비슷하게 주가에 영향을 미치고 있다는 것을 알 수 있다.

이처럼 실적과 주가의 상관관계는 2013년뿐 아니라 이전의 각종 자료에서도 거의 비슷한 양태를 보이고 있다.

단기적으로는 다양한 호재나 악재, 테마나 소문에 의해 주가가 등락을 해도 장기적으로는 결국 기업의 실적에 주가가 수렴되는 것이 보편적인 증시의 모습이다. 그래서 앞에서 설명한 것처럼 다양한 분석지표로 기업의 실적을 분석해서 투자하는 것이 실패 확률을 줄이고 안정적인 투자수익을 올릴 수 있는 방법이다.

코스닥시장도 실적에 따라
주가가 움직일까?

코스닥시장은 유가증권시장에 비해 테마나 루머에 따라 주가가 널뛰기를 하는 경우가 많습니다. 유가증권시장과 달리 개인투자자의 비중이 90%가 넘기에 개인들끼리 폭탄 돌리기를 하는 경우가 많기 때문입니다. 그렇다면 과연 코스닥시장에서 실적을 보고 투자한다면 그 결과는 어떻게 될까요? 코스닥 주요 소속부의 실적을 보고 투자 여부를 판단해보기 바랍니다.

소속	매출액 증가율	순이익 증가율	투자 여부	이유
우량기업부	11.0%	−2.95%	Yes( ), No( )	
벤처기업부	9.49%	6.86%	Yes( ), No( )	
중견기업부	9.25%	−51.72%	Yes( ), No( )	
신성장기업부	6.55%	121억 원 적자	Yes( ), No( )	

코스닥시장도 장기적으로는 실적이 주가를 말해준다

소속	매출액 증가율	순이익 증가율	지수등락률
우량기업부	11.0%	−2.95%	−1.06%
벤처기업부	9.49%	6.86%	5.07%
중견기업부	9.25%	−51.72%	−4.09%
신성장기업부	6.55%	121억 원 적자	−0.26%

코스닥 4개 소속부 모두 매출액은 증가했습니다. 하지만 순이익 증가율은 벤처기업부를 제외하고는 모두 적자를 면치 못했죠. 코스닥 상장사 순이익의 72.9%를 차지하는 우량기업부(154개)의 순이익은 2.95% 감소했고, 중견기업부(386개)의 순이익은 51.7%나 급감했으며, 신생업체가 많은 신성장기업부(7개)도 121억 원의 적자를 냈습니다. 실적이 떨어지자 지수도 하락을 면치 못했고요.

반면 순이익이 6.86% 증가한 벤처기업부는 지수가 5.07% 상승했습니다. 같은 기간 코스닥지수가 약 2% 하락한 것을 감안하면 벤처기업부는 코스닥지수 대비 7%가 넘는 상승을 한 셈이죠.

이런 자료를 보면 테마나 루머에 의해 주가가 단기적으로 널뛰기를 하는 경우가 많은 코스닥시장도 장기적으로는 결국 실적에 수렴하는 주가움직임을 보인다는 것을 확인할 수 있습니다. 코스닥시장이건 유가증권시장이건 실적이 최고인 겁니다. 비유컨대 희건 검건 쥐 잘 잡는 고양이가 최고인 셈입니다.

소문에 주가가 널뛰는 것 같은 코스닥시장도 결국 장기적으로는 실적에 좌우!

| 4 | 개인들의 순매수 동향으로 투자시점과 종목 분석하기

개인투자자는 투자지표로 유용하게 활용할 수 있는 가장 정확한 인간지표 중 하나다. 개인은 진정 주식시장의 청개구리일까?

항상 꼴찌를 도맡아 하는 개인투자자의 성적표

금융투자협회 자료에 따르면 개인투자자들의 2010년 평균 직접투자수익률은 4.0%로 2008년의 −34.6%와 2009년의 −4.7% 이후 3년 만에 플러스를 기록하며 선방했다.

그런데 과연 선방이라고 할 수 있을까? 2010년 코스피지수는 큰 폭으로 상승했다. 그래서 같은 기간에 기관투자자들의 평균 수익률은 22.4%로 개인투자자들보다 5배 이상 높았다. 또한 전체 기관투자자의 99.2%가 수익을 냈으며 손실을 본 경우는 0.8%에 불과했다. 반면에 개인투자자의 경우는 전체의 3분의 1가량이 본전 이하의 성과를 낸 것으로 조사됐다.

결국 개인의 2010년 투자수익률 4%는 시장수익률과 비교하면 선방이 아니라 상대적으로 초라하기 그지없는 성적표다. 대세상승 중에도 이랬으니 지수가 하락했던 2008년에는 평균 −34.6%의 큰 손실을 볼 수밖에 없었던 것이다.

〈그림 4−6〉은 2010~2013년 개인투자자의 순매수금액과 코스피지수를 비교한 차트다. 지수가 크게 상승하는 '대세상승' 구간에서 개인들의 순매수 규모가 현저하게 줄어들고 있다. 지수가 바닥을 찍고 상승할 때 개인은 열심히 매도 위주로 매매를 하니, 주가상승의 기회를 놓치고 만다. 반면에 주가가 단기고점을 찍고 하락하는 시점에서는 오히려 매도물량을 고스란히 받아내면서 꼭지매수에 나서는 것을 적나라하게 확인할 수 있다. 거

〈그림 4-6〉 개인투자자 순매수금액과 코스피지수 비교

* 자료: 대신증권

의 비슷하게 반복되고 있는 악순환이다. 그러므로 증권사 HTS에서 개인이 지속적으로 순매수에 나서는 것이 확인되면 단기고점이므로 주식을 팔고 관망하는 투자전략이 필요하다. 개인과 반대로 하면 중장기적인 대세를 파악하기에 용이하다.

종목 선정에도 활용할 수 있는 개인의 청개구리 투자지표

〈그림 5-7〉은 삼성전자의 주가등락과 투자주체별 순매수금액을 비교한 자료다. 주가가 상승한 날 개인의 순매수금액은 여지없이 '−'다. 즉 주가가 오르는 날에는 열심히 팔아 치운 것이다. 반대로 주가가 하락하는 날에는 무슨 배짱인지 있는 힘껏 사 모은다. 하루가 아니라 추세가 형성돼 며칠씩 상승하거나 하락할 때도 거의 정확하게 반대로 매매를 한다.

<그림 4-7> 투자주체별 순매수금액과 주가등락 비교

일 자	종 가	대비	대비율	거래량	개인	기관	외국인	외국계	프로그램	자사주
2011/10/10	874,000	▲ 14,000	1.63%	345,316	-78,211	48,637	52,537	68,460	-9,272	
2011/10/07	860,000	▲ 5,000	0.58%	530,423	-752	-103,173	111,743	59,970	54,576	
2011/10/06	855,000	▲ 13,000	1.54%	600,160	-130,177	99,831	20,836	-320	87,244	
2011/10/05	842,000	▲ 14,000	1.69%	644,036	-134,810	231,076	-163,987	-26,840	97,499	
2011/10/04	828,000	▼ -12,000	-1.43%	658,616	56,652	133,572	-202,595	-111,090	-59,795	
2011/09/30	840,000	▲ 3,000	0.36%	516,023	30,206	-57,493	25,310	39,220	20,504	
2011/09/29	837,000	▲ 30,000	3.72%	553,981	-184,466	136,523	57,367	37,030	-35,357	
2011/09/28	807,000	▲ 3,000	0.37%	486,551	-36,110	64,115	35,581	35,520	-77,106	
2011/09/27	804,000	▲ 29,000	3.74%	331,600	-55,646	-7,564	34,270	31,500	48,332	
2011/09/26	775,000	▲ 17,000	2.24%	480,907	-66,300	148,692	-151,734	-115,000	95,879	
2011/09/23	758,000	▼ -32,000	-4.05%	437,123	87,160	14,863	-102,843	-97,380	-117,046	
2011/09/22	790,000	▼ -23,000	-2.83%	307,008	61,459	40,574	-14,682	-36,120	-78,046	
2011/09/21	813,000	▲ 2,000	0.25%	341,563	-69,409	-1,617	73,498	60,260	114,512	
2011/09/20	811,000	▲ 3,000	0.37%	281,014	-43,695	39,856	-41,131	-27,170	76,789	
2011/09/19	808,000	▲ 10,000	1.25%	246,920	-45,331	13,163	60,229	65,430	-4,007	
2011/09/16	798,000	▲ 27,000	3.50%	476,632	-195,485	62,139	63,260	46,200	153,528	
2011/09/15	771,000	▲ 18,000	2.39%	426,593	-29,778	91,486	-78,668	-72,640	52,648	
2011/09/14	753,000	▼ -27,000	-3.46%	551,101	28,838	76,359	-126,410	-64,780	-48,680	

* 자료: 대신증권

그래서 종목 선정을 할 때는 개인투자자의 순매수 동향을 주시해야 하다. 개인투자자가 몰릴 때는 뭔가 뜬소문으로 주가에 거품이 들어가고 있는 상황이다. 반대로 개인투자자가 우르르 팔아 치울 때는 단기저점을 찍고 반등하는 구간이라고 볼 수 있다. 개인이 몰려다니는 것과 반대로만 해도 종목 선정과 매매 타이밍의 성공 확률은 크게 높아진다.

과연 개인투자자는 주식시장의 청개구리라는 것이 여실히 입증됐다.

주체별로 다른 투자유망종목,
어느 것을 골라볼까?

투자유망종목을 3개 그룹으로 나눠보았습니다. 여러분은 어느 그룹을 선택하겠습니까? 그리고 선택한 그룹 내에서는 어떤 종목에 투자하겠습니까?

A그룹		B그룹		C그룹	
종목	투자 여부	종목	투자 여부	종목	투자 여부
POSCO	Yes( ), No( )	우리금융	Yes( ), No( )	삼성전자	Yes( ), No( )
하이닉스	Yes( ), No( )	현대중공업	Yes( ), No( )	현대차	Yes( ), No( )
삼성전기	Yes( ), No( )	S-Oil	Yes( ), No( )	현대모비스	Yes( ), No( )
삼성생명	Yes( ), No( )	삼성증권	Yes( ), No( )	LG화학	Yes( ), No( )
한국전력	Yes( ), No( )	OCI	Yes( ), No( )	NHN	Yes( ), No( )
대한항공	Yes( ), No( )	하나금융지주	Yes( ), No( )	기아차	Yes( ), No( )
KB금융	Yes( ), No( )	대우조선해양	Yes( ), No( )	LG전자	Yes( ), No( )
외환은행	Yes( ), No( )	LG	Yes( ), No( )	신세계	Yes( ), No( )
만도	Yes( ), No( )	두산인프라코어	Yes( ), No( )	삼성중공업	Yes( ), No( )
제일모직	Yes( ), No( )	대림산업	Yes( ), No( )	SK에너지	Yes( ), No( )

A그룹 – 개인		B그룹 – 기관		C그룹 – 외국인	
종목	수익률	종목	수익률	종목	수익률
POSCO	−21.20	우리금융	11.91	삼성전자	18.77
하이닉스	3.67	현대중공업	155.33	현대차	43.39
삼성전기	15.35	S-Oil	71.30	현대모비스	66.37
삼성생명	−6.82	삼성증권	39.40	LG화학	71.12
한국전력	−11.44	OCI	51.03	NHN	18.23
대한항공	26.78	하나금융지주	31.61	기아차	152.37
KB금융	0.50	대우조선해양	107.71	LG전자	−2.88
외환은행	−18.62	LG	20.25	신세계	14.34
만도	55.42	두산인프라코어	71.25	삼성중공업	70.25
제일모직	96.46	대림산업	41.23	SK에너지	65.11
평균	14.01	평균	60.10	평균	51.71

3개 그룹은 투자주체별로 순매수금액이 많은 10개 종목을 나열한 것입니다. A그룹은 개인입니다. 10개 종목 중 수익률이 마이너스(−)인 종목도 4개나 되고, 전체 수익은 평균 14.01%에 불과합니다. 반면 기관과 외국인은 손실 난 종목이 거의 없고 전체 평균 수익률도 60.10%(기관), 51.71%(외국인)에 달합니다.

여러분이 선택한 그룹은 알고 보니 투자주체가 누구였습니까? 그리고 선택한 그룹 내에서 선택한 종목의 수익률은 어땠습니까?

이처럼 투자주체별로 봤을 때 개인의 투자실적은 기관이나 외국인에 비해 신통치가 않음을 직접 확인할 수 있습니다. 친구 따라 강남 가듯이 개인 따라 투자했다가는 나락의 늪에 빠지게 됨을 명심하세요. 최소한 이것만 피해도 중간 이상은 갈 수 있습니다.

개인이 몰리는 종목과 외국인·기관이 투자하는 종목은 평균 40% 이상 수익 차이!

| 5 | 외국인이 사는 종목에는 이유가 있다

외국인이 관심을 갖고 집중적으로 투자하는 종목들을 살펴보면 나름대로 투자할 만한 조건과 매력을 충분히 갖추고 있다. 반면 외국인들이 외면하는 종목은 투자대상으로서의 매력이 상당히 떨어진다. 그래서 외국인투자자의 투자비율이 높은 종목에 투자를 하면 실적이 좋고 재무구조가 건전한 우량기업에 투자를 하게 되는 셈이다.

외국인지분율이 높은 회사의 주가움직임은 어떨까

〈표 4-1〉 외국인지분율 상위 10개사

순위	종목명	2012.12.28	2013.08.26	증감	주가등락률
1	한라비스테온공조	86.43	88.36	1.93	59.96
2	한국유리	80.46	80.61	0.15	−26.21
3	쌍용차	72.97	76.18	3.21	62.26
4	DGB금융지주	75.12	75.69	0.57	8.28
5	한국쉘석유	66.09	69.62	3.53	47.76
6	새론오토모티브	66.38	66.97	0.59	42.11
7	기신정기	65.07	66.12	1.05	33.65
8	KB금융	65.01	64.17	−0.84	−7.71
9	일성건설	71.48	63.34	−8.14	64.73
10	신한지주	63.09	63.26	0.17	2.98

* 자료: 한국거래소, 단위: %

〈표 4-1〉은 2012년 12월 28일부터 2013년 8월 26일 기간에 외국인지분율이 높은 상위 10개사의 주가등락률이다. 10종목 중 두 종목은 하락했고 다른 두 종목은 10% 미만의 상승으로 미미한(?) 성적에 그쳤지만 나머

지 6개 종목은 33~64%에 이르는 상당한 성과를 거뒀다. 만약에 이들 10 종목에 동일한 금액을 투자했다면 평균 28.78%의 투자수익이 가능했다. 외국인이 무슨 점쟁이도 아니고 100% 정확하게 족집게처럼 맞추지는 못한다 해도 평균 28.78%의 우등생 실력을 보여주고 있는 것이다.

외국인지분율의 변동은 주가에 어떤 영향을 미칠까

〈표 4-2〉 외국인지분율 증가 상위 10개사

순위	종목명	2012.12.28	2013.08.26	증감	주가등락률
1	지엠비코리아	0.32	54.23	53.91	38.46
2	자화전자	5.54	19.04	13.50	8.99
3	LG패션	12.22	25.04	12.82	−15.01
4	SIMPAC	3.17	14.96	11.79	−18.18
5	코스맥스	12.57	23.15	10.58	13.09
6	케이티스	0.48	10.08	9.60	43.66
7	한미반도체	3.47	12.71	9.24	72.82
8	SK하이닉스	24.87	32.95	8.08	10.10
9	아세아제지	2.01	9.60	7.59	17.97
10	대창단조	5.97	13.34	7.37	18.19

* 자료: 한국거래소, 단위: %

외국인지분율이 높은 종목은 주가상승률이 다른 종목들에 비해 월등하다는 것을 알았다. 그렇다면 외국인지분율이 증가하거나 감소하는 종목들의 주가는 어떨까?

〈표 4-2〉는 같은 기간에 외국인지분율이 증가한 상위 10개사의 주가등락률이다. 10종목 중 8종목이 상승했고 2종목만이 하락했다. 반면에 〈표 4-3〉에서 보듯이 외국인지분율 감소 상위 10개사 중 4개사의 주가가 큰 폭으로 하락했다.

〈표 4-3〉 외국인지분율 감소 상위 10개사

순위	종목명	2012.12.28	2013.08.26	증감	주가등락률
1	중국원양자원	49.45	21.31	−28.14	21.05
2	한국타이어월드와이드	20.20	2.71	−17.49	23.79
3	만도	28.03	13.66	−14.37	−5.81
4	삼성엔지니어링	39.49	26.07	−13.42	−52.00
5	아비스타	47.96	35.78	−12.18	17.34
6	웅진씽크빅	16.44	5.00	−11.44	0.63
7	에이블씨엔씨	31.38	21.15	−10.23	−53.41
8	대상	18.88	9.25	−9.63	13.10
9	한미약품	18.67	9.30	−9.37	17.36
10	한국콜마홀딩스	21.09	12.60	−8.49	−29.19

* 자료: 한국거래소, 단위: %

외국인이 사면 주가가 상승하고 팔면 주가가 하락하는 현상은 왜 생기는 걸까? 왜냐하면 외국인은 기관이나 개인에 비해 판단과 행동이 한발 빠르기 때문이다. 외국인은 기업의 실적이나 국내외의 다양한 정보에 대해서 통달하고 있을 뿐만 아니라 이를 투자에 잘 활용하고 있기에 이들의 판단은 주가등락과 직결된다. 외국인이 움직이고 나면 이들을 따라서 기관과 개인이 움직이기 때문에 결국 외국인지분율 변동은 주가변동과 연동되는 측면이 강하다.

무작정 따라 하기보다 투자전략을 배워야

외국인은 투자시기 선택도 탁월하지만 개별기업 선택 시에도 예리한 안목으로 알짜기업들을 족집게처럼 골라낸다. 외국인지분율이 높은 종목은 기본기가 탄탄한 기업이다. 지금까지 외국인투자자의 투자비중이 높은 종목은 기업으로서 기본기가 탄탄하고 실력이 있다는 것을 검증 받아왔으며, 이런 우수한 자질은 바로 주가상승이라는 성적으로 이어지고 있다. 반면에 외국인의 투자비중이 낮은 종목은 기업실적이 상대적으로 낮을 뿐만 아니라 재무제표도 부실한 모습을 보여준다.

하지만 무작정 외국인을 따라 하기보다는 그들이 '왜' 특정 종목에 대한 투자비율을 늘리거나 줄이는지를, 앞에서 설명한 기업분석과 종목선정 전략을 참조해서 분석해보는 자세가 필요하다. 그래야 자신의 실력이 된다. 계속 외국인만 따라다닐 수는 없는 노릇 아닌가?

외국인을 따라 하면
정말 성과가 있을까?

2011년 12월 29일부터 2012년 8월 13일까지 외국인지분율 변동이 컸던 8 종목들입니다. 외국인을 따라 하면 어떻게 될까요? 지분율 변동을 보고 투자 여부를 판단해보기 바랍니다.

종목	증감(%)	투자여부	이유
코라오홀딩스	12.17	Yes( ), No( )	
일진디스플	8.29	Yes( ), No( )	
호텔신라	7.51	Yes( ), No( )	
현대위아	7.10	Yes( ), No( )	
대덕GDS	6.66	Yes( ), No( )	
삼양제넥스	−8.80	Yes( ), No( )	
동국제강	−7.10	Yes( ), No( )	
KTB투자증권	−6.43	Yes( ), No( )	

몰라서 커닝을 해도 우등생 것을 베껴야 성공

종목	증감(%)	주가등락률(%)
코라오홀딩스	12.17	77.65
일진디스플	8.29	37.93
호텔신라	7.51	24.55
현대위아	7.10	16.14
대덕GDS	6.66	43.22
삼양제넥스	−8.80	−21.20
동국제강	−7.10	−18.29
KTB투자증권	−6.43	−1.97

외국인지분율이 많이 증가한 종목들은 16~77%대에 이르는 높은 주가상 승률을 보이고 있습니다. 반면 지분율이 낮아진 종목들은 주가 역시 하락하고 있네요.

외국인이 사는 종목은 매력이 있으니까 그에 상응해서 주가가 올라가고, 반면에 외국인이 파는 종목은 매력이 반감되기에 주가도 같이 하락하는 양상을 보이는 것입니다. 증시의 우등생이라 할 수 있는 외국인만 따라 해도 손실을 최소화하면서 수익을 챙길 수 있는 확률을 크게 높일 수 있다는 것을 직접 확인할 수 있습니다. '커닝'을 할 때도 공부 잘하는 친구 것을 베껴야 뭐가 되도 되는 것이죠.

홈트레이딩시스템HTS에서 외국인지분율이 증가하는 종목 검색해서 투자해도 수십 퍼센트 수익은 거뜬!

| 6 | 새롭게 데뷔하는 '신인'에 투자하기

많은 사람들이 주택청약과 관련된 예·적금에 가입해 내 집 마련의 꿈을 키운다. 입지조건이 좋은 곳의 경우는 프리미엄도 많이 붙고 청약경쟁률이 치열하다. 그런데 주식시장에도 주택청약과 같은 것이 있다. 기업을 주식시장에 신규로 상장하면서 일반인들에게 청약을 받아 주식을 배정하는 것을 바로 '공모주청약'이라고 한다.

주식 프리미엄을 취할 수 있는 공모주청약

기업이 공모주청약을 통해 증시에 상장하려면 관련 업무와 절차를 맡아서 처리해주는 주간증권사를 선정해야 한다. 주간증권사는 상장하려는 기업의 가치가 어느 정도인지를 분석해서 이를 토대로 공모가(공모하는 주식가격)와 수량을 결정한다. 그러고는 이를 발표해 투자자들을 대상으로 공모를 실시해서 청약을 받게 된다.

이때 청약을 하려면 아무 증권사를 통해서나 가능한 것이 아니라 공모를 맡은 주간증권사나 물량을 배정받은 증권사를 통해서 청약해야 한다. '신제품을 배정받아 한정 판매하는 특판 대리점'에서만 예약신청이 가능하다는 것이다.

그래서 알짜기업의 신규 상장에 관심을 갖고 청약을 하려 해도 자신이 거래하는 증권사가 공모주간사가 아니고 물량도 배정받지 못했다면 청약을 신청할 수 없다. 이럴 때는 주간증권사에 계좌를 개설해서 청약신청을 해야 하는데, 증권사마다 자격기준과 청약한도가 다르기 때문에 사전에 청약자격을 확인해야 한다.

그리고 청약자가 원하는 수량만큼 다 배정받을 수 있는 것도 아니다. 만

일 1000주를 신청했는데 청약경쟁률이 5 대 1이라면 배정받게 되는 주식은 200주밖에 되지 않는다. 청약을 위해서는 '공모가×청약신청 주식 수×0.5(50%)'(변동될 수 있음)의 금액을 청약증거금으로 납입해야 한다. 공모주 배정 후에는 배정받은 수량의 금액만큼 정산해서 돌려받거나 추가 납입을 하게 된다.

> 예) 공모가 '1만 원'인 A전자 주식 '1000주'를 신청했는데 일반 배정 물량의 경쟁률이 '5 대 1'이라면?
> – 1만 원(공모가)×1000주(청약신청 주식 수)×0.5=500만 원(청약증거금)
> – 청약경쟁률 5 대 1 → 200주 배정

증시 분위기에 따라 달라지는 공모시장 분위기

〈표 4-4〉 연도별 증권시장 신규 상장 현황

구분	2007년	2008년	2009년	2010년	2011년	2012년
유가증권	10	6	13	22	18	7
코스닥	63	38	53	74	60	23
소계	73	44	66	96	78	30
주가지수	대세상승	대세하락	대세상승	대세상승	대세하락	횡보

* 자료: 한국거래소

〈표 4-4〉에서 보는 것처럼 2007년은 대세상승 기간이라 신규 상장 금액과 건수가 증가한 반면에 대세하락으로 주가가 폭락하던 2008년에는 상장기업 수와 금액이 현저하게 줄어들었다. 이후 다시 상승세로 돌아선 2009년과 2010년에 큰 폭으로 상승하는 것을 확인할 수 있다. 전반기 상승, 하반기 하락이었던 2011년은 78개사가 신규 상장한 반면, 횡보한 2012년에는 불과 30개사에 그쳤다.

증시가 활황이고 주가가 상승하는 시기가 되면 많은 기업들이 신규로 상장하려 한다. 왜냐하면 활황 시에는 많은 유동성자금이 증시에 몰리고 투자자들의 관심이 높아지기 때문이다. 그래서 프리미엄이 높게 형성돼 원래 기업가치보다 고가로 공모가를 책정할 수 있을 뿐 아니라 청약경쟁률도 높아져서 상장하려는 주식물량을 모두 소화할 수 있다.

그런 점에서 볼 때 공모주청약은 증시 활황 시 단기적으로는 좋은 투자수단이라고 볼 수 있다. 물론 모든 종목이 공모주청약으로 수익 기회를 제공해주는 것은 아니기에 옥석을 가리는 안목이 필요하다. 그리고 증시가 침체돼 있을 때는 수익을 거두기 어렵고 오히려 손해를 볼 수도 있다는 점을 간과해서는 안 된다.

공모주청약, 증권사 상장실적 순위가 높으면 믿을 만한 걸까?

비상장기업이 상장할 때 주간증권사는 단지 청약대행만 하는 것이 아닙니다. 기업의 성장성과 적정가치를 감안해 공모가를 산정하고, 이를 투자자에게 홍보하는 역할도 하죠. 따라서 주간증권사의 역할에 따라 '데뷔 가격'이 적지 않게 좌지우지되기도 합니다.

그러므로 공모주청약을 할 때는 해당 기업의 면면을 꼼꼼히 살펴야 하는 것은 말할 것도 없고, 거기에 더해 주간증권사의 '상장실적'을 살펴보는 것이 투자에 도움이 됩니다.

2006년부터 약 6년 동안 신규로 기업을 상장시킨 실적(상장기업 수)을 기준으로 1~10위까지의 증권회사 목록입니다. 실적 순위, 회사의 규모와 인지도 등을 감안해 어느 증권사에서 공모하는 주식에 청약하겠는지 결정해 보세요.

상장실적 순위	증권회사	청약 여부	이유
1	한국투자	Yes( ), No( )	
2	대우	Yes( ), No( )	
3	미래	Yes( ), No( )	
4	우리투자	Yes( ), No( )	
5	삼성	Yes( ), No( )	

상장실적 순위	증권회사	청약여부	이유
6	교보	Yes( ), No( )	
7	현대	Yes( ), No( )	
8	동양	Yes( ), No( )	
9	한화	Yes( ), No( )	
10	신한	Yes( ), No( )	

상장실적 순위와 상장 후 수익은 별개

상장기업 순위	증권사	2006년 이후 상장기업	상장 1개월 후		상장 1년 후		상장폐지 기업
			공모가 웃돈 기업비율(%)	평균 수익률(%)	공모가 웃돈 기업비율(%)	평균 수익률(%)	
1	한국투자	72	52.8	13.1	32.8	4.8	3
2	대우	36	41.7	4.5	33.3	−8.2	0
3	미래	31	54.8	16.0	42.3	−2.1	1
4	우리투자	31	54.8	19.5	34.8	0.6	0
5	삼성	29	62.1	31.0	48.0	10.4	0
6	교보	27	30.8	7.1	28.0	−1.3	1
7	현대	26	57.7	18.9	50.0	20.4	0
8	동양	25	40.0	13.1	34.8	27.8	3
9	한화	24	33.3	14.3	21.7	−15.4	1
10	신한	22	45.5	28.8	37.5	7.2	1

한국투자는 72개 기업을 상장해 가장 많은 기업을 '데뷔'시켰습니다. 숫자만 보면 최고네요. 하지만 공모 후 평균수익률은 그다지 높지 못할 뿐만 아니라 3개 기업은 상장폐지까지 됐습니다. 또한 동양증권은 25개 기업을 상장시킨 데 반해 3개나 상장폐지돼 '신인선수'를 고르는 안목에 문제가 있어 보입니다.

반면 상장기업 수가 중위권인 우리투자, 삼성증권, 현대증권 등은 상장한 달 후와 1년 뒤에 공모가 대비 주가가 높게 형성됐고 평균수익률도 높았습니다. 게다가 이들 증권사들이 상장시킨 기업 중에는 상장폐지된 기

업이 하나도 없습니다. 이를 보면 기업을 평가하는 안목도 높다는 것을 알
수 있습니다.

공모주청약을 할 때는 청약하는 기업이 공모 이후에 주가가 상승해서 수
익률이 높아지고, 상장폐지 같은 최악의 상황이 벌어지지 않는 것이 중요
합니다. 그런 점에서 보면 개별기업의 실적과 장래성을 판단하는 것도 중
요하지만 '신인'들의 몸값과 비전을 제대로 알아보고 평가하는 주간증권사
의 능력도 그에 못지않게 중요하다는 것을 알 수 있습니다.

결국 여러분이 공모주청약 때에 골라야 하는 똑똑한 주간증권사는 '신
인 데뷔 수'가 아닌 '데뷔 후 실적'이 좋은 곳이어야 합니다.

==상장 많이 시킨 증권사보다 상장 후 공모가 대비 수익율이 높은 사례가 많은 증권사의 공모주 청약이 수익 가능성 높아!==

파생시장은 주식과 어떤 관계가 있을까

|1| 파생상품이란 무엇인가

파생상품은 기초자산으로부터 '파생'된 일종의 부가상품

파생상품派生商品은 말 그대로 원래의 것에서 '파생'된 상품을 말한다. 전 세계적으로 히트한 해리포터 시리즈는 원래 영국의 조앤 K. 롤링Joan K. Rowling의 소설이 원작이다. 이 소설을 기반으로 제작된 영화, 게임, 테마파크, 캐릭터 등도 덩달아서 히트상품이 됐다. 즉, '해리포터'라는 소설에서 파생된 다양한 콘텐츠가 개발돼 부가수입을 올려주고 있는 것이다.

마찬가지로 금융상품에는 주식, 채권, 외환 등이 있다. 이들을 기초자산으로 해서 파생된 다양한 금융상품을 '파생금융상품' 혹은 간단히 '파생상품'이라고 한다. 이들 파생상품은 기초자산의 움직임과 연관돼 가격이 등락하는 구조다. 주식시장의 주가를 기초자산으로 해 파생된 대표적인 파생상품은 '주가지수선물', '주가지수옵션'이다.

〈그림 4-8〉 파생상품의 개념과 종류

하나의 원작에서 다양한 산업으로 파생되는 문화산업의 예		기초자산을 토대로 만들어지는 다양한 파생상품의 예	
원천 콘텐츠	**파생산업**	**기초자산**	**파생상품**
소설 '해리포터' 시리즈	− 영화 − 게임 − 테마파크 − 캐릭터 − 완구 − 기타	− 주식 − 채권 − 외환 − 기타(곡물, 원자재 등)	− 선물: 주가지수 선물, 상품선물 − 옵션: 주가지수 옵션, 금리옵션, 통화옵션 − 스왑: 금리스왑, 통화스왑

그렇다면 이들 파생상품의 가치(가격) 변화는 어떻게 될까? 원천 콘텐츠인 해리포터 소설의 인기가 오르느냐 내리느냐에 따라 파생산업의 명암이 달라지는 것처럼 기초자산인 주식, 채권, 외환 등의 가격 등락에 따라 파생상품도 상승하거나 하락한다.

파생상품은 왜 생겨났고 어떤 역할을 할까

그렇다면 이들 파생상품은 왜 생겨났고 어떤 목적으로 활용되는 것일까?

첫째, 이들은 위험을 회피하기 위한 보조적인 수단이다. 주식투자 뒤 손실이 날 경우를 대비해서 위험을 최소화할 안전벨트 역할을 해줄 것이 필요했기 때문에 생겨났다.

둘째, 다양성과 편리성 때문이다. 예를 들어 주식투자는 매수한 가격보다 주가가 올라야지만 수익을 낼 수 있다. 하지만 주식에서 파생된 옵션은 운용하기에 따라서 주가가 오를 때든 내릴 때든 양방향으로 수익을 낼 수 있다. 심지어는 가격등락 없이 주가가 횡보하는 구간에서도 수익을 창출할 수 있는 투자기법이 존재한다.

그래서 다양한 매매전략을 활용할 경우, 시시각각으로 주변 환경에 피부색을 맞추는 카멜레온처럼 주가움직임에 구애 받지 않고 전천후로 수익을 낼 수 있는 가능성이 열려 있다. 하지만 반대로 잘못 운용하면 이래도 손실, 저래도 손실일 가능성도 있기에 일반인이 함부로 덤빌 수 있는 영역은 아니다.

셋째, 적은 투자금액으로도 큰 거래가 가능하다. 이를 '레버리지Leverage' 효과라고 한다(레버리지는 적은 힘으로 큰 것을 움직일 수 있는 지렛대를 의미한다). 주식이나 채권 같은 금융상품을 매매할 때는 현물의 가치와 동일한 금액을 가지고 있어야 한다. 하지만 파생상품은 가진 금액에 비해 훨씬 큰 규모의 거래가 가능하다(뒤의 선물옵션에서 자세히 설명할 것이다).

종류도 내용도 다양하게 진화하고 있는 파생상품

파생상품의 종류에는 크게 선물Futures, 옵션Options, 스왑Swap이 있다(이들의 각 개념에 대해서는 뒤에서 설명하겠다). 이들 파생상품은 시간이 흐를수록 종류가 많아지고 다양해지면서 최근에는 약 1700여 종이 넘는 파생상품이 전 세계에서 거래되고 있다. .

파생상품은 기초가 되는 상품에 따라 주식에서 나온 주식파생상품, 채권에서 나온 채권파생상품, 금리의 변동에서 나온 금리파생상품 등이 있다. 그런데 파생상품은 주식 같은 금융자산만을 기초자산으로 하는 게 아니다. 옥수수나 쌀과 같은 곡물, 원유나 금은 같은 원자재 등 다양한 대상을 기초자산으로 하고 있다. 최근에는 기온이나 강우량 같은 기상상황을 기초로 해서 만들어진 기상파생상품과 같은 새롭고 다양한 파생상품들도 속속 등장하고 있다. 향후에는 또 어떤 기상천외한 파생상품이 등장할까?

주식과 달리 '기본 판돈'이 필요한 파생상품 매매

주식투자는 없으면 없는 대로 소액으로도 시작할 수 있다. 반면에 파생상품을 거래하려면 '기본 예탁금'이 필요하다. 쉽게 말하면 '기본 판돈'이 있어야 판에 낄 수 있는 것이다.

우리나라 파생시장 초기에는 이 금액이 3000만 원이었다. 그랬다가 1500만 원으로, 다시 500만 원으로 줄더니 기본 예탁금 없이 옵션매수만 할 수 있는 '옵션매수전용계좌'라는 제도가 생기기도 했다. 하지만 이렇게 낮아진 진입장벽으로 개인들의 무분별한 시장 참여와 이를 노린 '꾼'들의 편법 문제가 빈번하게 발생하자 금융당국은 옵션매수전용계좌를 폐지하고 기본 예탁금을 1500만 원(신규)으로 올렸다. 아울러 '1틱'에 1000원이었던 옵션의 가격승수를 5배로 조정해서 1틱당 5000원으로 가격단위를 인상시키기에 이르렀다('틱'에 대해서는 뒤에서 다시 설명하겠다).

취지는 준비 안 된 개인들의 시장 참여로 인한 피해와 패가망신을 방지하기 위해서라는데, 정히 그렇다면 돈으로 제한할 것이 아니라 자격제한(자격증 등)을 두는 것이 오히려 더 바람직한 방법 아닐까?

| 2 | 지수가 올라가도 내려가도 수익의 기회가 있는 선물

농촌의 밭떼기 거래를 표준화한 선물거래

우리가 일상생활에서 돈을 지불하고 현물(상품, 서비스 등)을 받는 일반적인 거래방식을 '현물現物거래'라고 한다. 그런데 이와 대비되는 개념으로서 '선도거래Forward Transaction'라는 것이 있다.

현물거래는 그 자리에서 물건을 주고받으며 결제도 그 시점에 한다. 반면 선도거래는 계약시점과 결제시점이 서로 다르다. 즉 현물거래는 계약과 동시에 상품인도와 대금결제가 이루어지고 종료되지만, 선도거래는 특정 물건을 미래의 약속한 시점에 얼마에 사고팔기로 미리 계약해놓았다가 정해진 만기일자가 돼야 실제 거래와 결제가 이뤄진다. 이러한 선도거래의 대표적인 예가 바로 〈그림 4-9〉에서 볼 수 있는 바와 같이 농촌에서 흔히 이뤄지는 '밭떼기' 거래다.

농사는 병충해와 풍수해 등으로 인해 수확량이 매우 불규칙하고 시세도 상당히 불안정하다. 그래서 생산자인 농부들은 불확실한 미래의 수익을 기

〈그림 4-9〉 농작물을 이용한 선도거래 사례

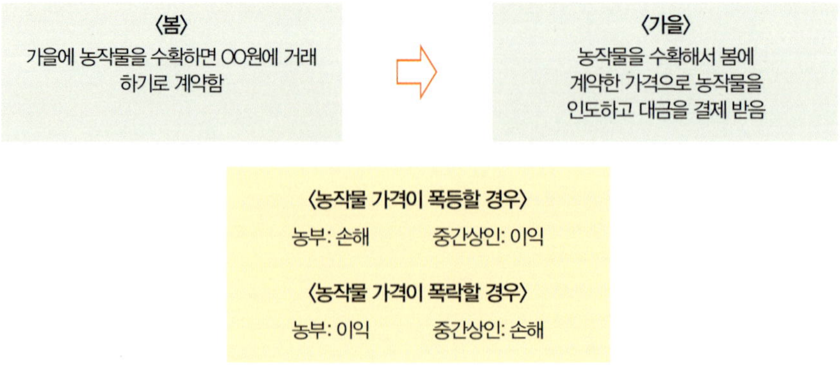

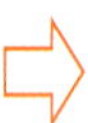

다리기보다 현재 안정적인 가격을 확정하고 싶어 한다. 또한 중간상인도 안정적인 가격에 물건을 미리 확보함으로써 향후에 수익을 내고자 한다. 이렇게 둘의 이해관계가 맞아떨어져 미리 일정한 가격에 거래하기로 계약한 후 실제 농산물 수확 시점에 미리 약속해둔 가격으로 실제 거래가 이뤄진다.

그런데 이러한 거래가 개인 간에 이루어지면 나중에 약속을 이행하지 않거나 처음과는 다른 조건을 요구하는 등 문제가 발생할 수 있다. 그래서 거래되는 상품의 종류, 수량, 품질, 인도시기 등 계약내용을 표준화하고 규격화한 뒤 공식 거래소를 통해 매매하도록 함으로써 계약의 철저한 이행을 보장하는 제도가 필요하게 됐다. 이에 따라 등장한 것이 바로 선물거래소(현재 우리나라는 한국거래소에 통합돼 있음)이고, 이곳을 통해 이뤄지는 거래를 '선물先物거래'라고 한다.

'선물거래'라고 하면 명절 때 주고받는 선물膳物을 떠올리는 사람들이 있는데, 그것과는 뜻 자체가 다른 것이 바로 파생상품 '선물'이다.

실제로는 투기적 거래가 만연하는 선물시장

선물거래는 앞의 밭떼기 거래처럼 불안정하고 불규칙한 자산의 수요와 공급을 효율적으로 조절해 가격을 안정시킬 수 있다. 또한 객관적인 거래규정을 통해 시장의 유동성을 향상시킬 뿐 아니라 투자된 자산을 위험으로부터 '회피'시키는 기능을 수행한다.

선물거래는 처음에 이처럼 위험을 회피하고자 파생됐지만, 점점 투기적인 목적으로 이용되는 경우가 많아지고 있다. 왜 그런 현상이 생겨나는 것일까? 그것은 선물거래가 다음과 같은 이유로 주식투자에 비해 매력적인 요소가 있기 때문이다.

❶ 선물시장은 주가가 하락해도 수익을 올릴 수 있는 양방향 구조

주식투자는 주가가 올라야 수익이 발생하지만, 선물은 주가가 상승해도 하락해도 투자할 수 있는 양방향 구조다. 그래서 주가의 등락과 상관없이 항상 투자의 기회가 있다.

❷ 현물거래보다 훨씬 큰 레버리지 효과

100만 원 상당의 주식을 매수하려면 정확히 100만 원이 필요하다. 반면 선물은 15%가량의 증거금만으로 거래할 수 있다. 그래서 같은 투자자금으로 주식에 비해 약 6배나 많은 규모의 '배팅'이 가능하다.

❸ 풍부한 유동성으로 치고 빠지는 것이 용이

우리나라에서 가장 대표적인 선물상품인 코스피200선물은 2013년 기준으로 일일 평균 거래량이 20만 계약이 넘고 거래대금은 26조 원 대에 달하고 있다. 이와 같이 풍부한 유동성으로 인해 아무리 많은 투자금일지라도 언제든지 진입과 청산이 용이하다.

❹ 세금 비과세 혜택

선물은 원래 투자위험을 회피하기 위한 수단으로 파생된 것이기 때문에 주식과는 달리 거래에 따른 세금이 한 푼도 부과되지 않는다.

이런 이유로 선물시장에는 위험을 회피하기 위한 수단으로서가 아닌 투기적인 목적으로 참여하는 투자자들이 매우 많다. 하지만 이는 역으로 생각할 때 잘못 투자할 경우 주식시장보다 훨씬 위험한 결과를 초래할 수도 있다는 걸 의미한다.

223년 전통의 은행을 단돈 3000원에 팔아 넘기다

1994년 말, 베어링스은행 싱가포르사무소 펀드매니저인 약관 28세의 니콜라스 리슨Nicholas Leeson은 가명계좌로 일본의 선물시장에 투자했다. 그러나 이듬해인 1995년 1월 고베에서 대지진이 일어나면서 일본 주식시장이 폭락하는 바람에 순식간에 13억 달러가 넘는 손실을 기록하고 말았다.

혈기 넘친 젊은 펀드매니저 한 명의 선물투자 실패로 223년 전통을 자랑하던 베어링스은행은 파산하고 단돈 1.6파운드(약 2900원)에 ING그룹으로 넘어가고 말았다. 이 사건으로 리슨은 위조와 사기 등의 혐의로 3년 6개월을 복역했다. 이후에 그는 자신의 경험담을 살려 '투자실패학' 강의로 인기강사가 됐다. 엄청나게 '망해먹은' 경험으로 고액의 강연료를 받는 유명인사가 됐으니, 참으로 요지경이 아닐 수 없다.

얼마 전 저축은행 사태로 홍역을 앓았던 우리나라를 보면, 은행을 파산으로 몰고 간 주범은 오히려 잘나가고 투자자들은 큰 피해를 본 베어링스은행 사례가 결코 남의 일만은 아닌 것 같다.

3 | 로또복권만큼이나 투기적인 옵션

옵션은 개념과 원리가 매우 생소하고 복잡한 파생상품의 하나다. 그래서 가격의 구조와 움직임에 대한 분석을 제대로 해서 투자하려면 주식투자보다 훨씬 전문적인 지식이 필요하다. 여기서는 기본적인 내용만 살펴보기로 한다.

매매 개념이 다르고, 만기라는 '유통기한'이 있는 선물 · 옵션

선물과 옵션이 어려운 이유는 주식투자와는 다른 생소한 개념 때문이다.

첫째, 우선 매매에 대한 개념이 다르다. 주식은 사는 것을 매수, 팔아서 처분을 하는 것을 매도라고 한다. 그런데 선물은 오르는 쪽에 투자하는 것을 '매수', 내리는 쪽에 투자하는 것을 '매도'라 하고, 주식을 팔아버리듯 보유물량을 털어내는 것을 '청산'이라고 한다. 같은 용어임에도 주식을 매매할 때와는 의미가 전혀 다르게 쓰인다. 그래서 선물 · 옵션 초보자는 처음에 당황하며 잦은 실수를 저지른다. 매수한 것이 있어야 매도를 할 텐데, 주가가 내려가는 쪽으로 투자하는 것을 매도라고 하니까 그 개념과 의미가 헷갈리는 것이다.

둘째, 선물과 옵션에는 '만기'라는 것이 있다. 그래서 주가지수옵션의 경우 만기일에 권리행사가격과 현물자산인 코스피200지수의 차이를 계산해서 정산한다. 예를 들어 권리행사가격이 210인 콜옵션이 있는데 만기에 코스피200지수가 210이 넘으면 그 차이만큼 수익을 거둘 수 있지만 반대로 210을 넘지 못하면 휴지조각이 돼버리고 만다. 주식이야 회사가 망해 상장폐지가 되기 전까지는 만기라는 개념이 없지만, 옵션은 만기라는 일종의 '유통기한'이 있는 것이다. 로또복권이 1주 단위로 발행돼 추첨일에 당첨이 되거나 휴지조각이 되는 것과 같은 개념이라고 이해하면 된다.

다양하고 복잡한 선물·옵션의 투자전략

〈표 4-5〉 주식과 선물·옵션의 거래개념 및 투자전략

구분	거래개념 및 가능한 투자전략					
주식	매수 (지수상승 예상 시)			매도(지수하락 예상 시 보유한 주식을 판다)		
선물	매수(지수상승 예상 시)		청산(매수한 물량을 털어냄)	매도(지수하락 예상 시)		청산(매도한 물량을 털어냄)
옵션	콜(Call)옵션			풋(Put)옵션		
	매수 (지수상승 예상 시)	매도 (지수하락 예상 시)	청산(매수나 매도한 물량 청산)	매수 (지수하락 예상 시)	매도 (지수상승 예상 시)	청산(매수나 매도한 물량 청산)
선물+옵션	지수상승, 하락, 보합 예상에 따라서 선물과 옵션을 조합한 수십 가지 이상의 합성전략이 가능함					

　〈표 4-5〉는 주식과 선물·옵션의 거래개념 및 투자전략을 정리한 내용이다. 주식은 주가가 오를 것 같다고 예상될 때 매수했다가 아니다 싶을 때 매도하면 모든 상황이 간단하게 종료된다. 아주 단순한 거래개념과 투자전략이다. 그런데 선물은 지수가 상승할 것으로 예상되면 매수하고, 이 물량을 팔아버리고 싶으면 매도를 하는 것이 아니라 '청산'을 하게 된다. 중요한 것은 이때 매수한 수량만큼 팔아야 청산이 되는 것이지 매수한 수량보다 많이 팔아버리면 매수 물량을 청산함과 동시에 지수하락에 '투자'하는 '매도' 상태가 되고 만다는 것이다.

　그런데 옵션은 선물보다 더 상황이 복잡하다. 옵션의 종류는 크게 두 그룹으로 나뉘고 각 그룹 내에서 매수와 매도 전략을 각각 취할 수 있다. 즉, 지수가 상승할 것으로 예상되면 콜^Call^옵션을 매수하거나 풋^Put^옵션을 매도하면 된다(여기서 콜과 풋은 다시 프리미엄 정도와 만기일자에 따라 다양한 종류로 나뉜다). 하나의 예상을 가지고 두 가지 거래형태로 접근 가능한 셈이다. 거기다가 선물과 옵션을 조합할 경우는 수십 가지 이상의 합성전략이 가능하게 된다. 이쯤 되면 주식투자에서의 단순한 매수·매도 개념에 익숙한 투자자들은 머리에 쥐가 나기 시작한다.

뭐가 이렇게도 복잡하고 난해한 것일까? 선뜻 이해가 되지 않을 것이다. 이렇듯 선물과 옵션, 특히 옵션은 주식과 다른 점이 너무 많아서 초보자가 쉽사리 덤벼들기에는 어렵고 위험하다.

사실상 가격변동폭이 없어 위험한 옵션의 투기성

개인투자자들이 이렇게 복잡하고 어려운 파생상품인 선물과 옵션에 뛰어드는 이유는 바로 투기성 때문이다. 앞에서 선물이 현물(주식)보다 6배 이상의 레버리지 효과가 있다고 했는데, 옵션은 선물보다 레버리지 효과가 더 크고, 주식과 달리 가격변동폭이 거의 없다시피 할 정도다.

〈그림 4-10〉은 코스피200지수옵션의 행사가격에 따른 옵션 가격을 보여주는 시세표다. 행사가격에 따라 좌측은 콜옵션, 우측은 풋옵션의 정보가 표시돼 있다. 자세히 보면 고가와 저가의 차이가 적게는 몇 배에서 심할 경우는 10배 가까이 되는 것을 알 수 있다. 당일 장중에서만도 이 정도다. 심할 경우는 수십 배의 가격변동을 보이기도 한다.

주식의 가격변동폭이 하루에 +−15%인 것을 생각하면, 옵션은 가격변동폭이 사실상 없다시피 하다는 것을 실감할 수 있을 것이다.

그런데 그림에서 '저가' '시가' '고가' 등 가격정보를 보면 '18.15' '11.80' 하는 식으로 숫자가 표시돼 있다. 이는 얼마를 의미하는 걸까? 옵션가격은 '틱Tick'으로 계산하는데, 1틱은 '0.01'로 표시되며 가격은 5000원이다(2013년 1월 기준). 예를 들어 행사가 262.50인 콜옵션의 현재가를 보면 3.15로

⟨그림 4–10⟩ 옵션가격의 엄청난 변동성을 보여주는 시세표

N | 3214 지수옵션 전체시세[b]

만기년월 1108 (잔존 8 일)

기초자산	현재지수	전일대비		시가	고가	저가	거래량(천주)	상승	하락	보합
KOSPI200 종합	261.54	▼	6.26	267.78	268.35	261.00	119,177	38	152	10
선물 최근월물	261.55	▼	5.70	268.70	268.80	261.25	467,163			

콜옵션								행사가	풋옵션							
저 가	고 가	시 가	거래량	등락율	대 비		현재가	행사가	현재가	대 비		등락율	거래량	시 가	고 가	저 가
11.80	18.15	18.15	1,408	30.09	▼	5.25	12.20	250.00	0.45	▲	0.28	164.71	1,740,742	0.08	0.62	0.08
9.50	14.90	14.00	407	38.13	▼	6.10	9.90	252.50	0.79	▲	0.52	192.59	1,256,352	0.14	0.95	0.14
7.50	13.65	13.65	986	38.04	▼	4.85	7.90	255.00	1.18	▲	0.69	140.82	1,777,566	0.25	1.47	0.25
5.70	11.25	10.40	5,079	42.31	▼	4.40	6.00	257.50	1.78	▲	1.02	134.21	1,886,340	0.55	2.19	0.47
4.15	9.20	8.80	26,660	46.71	▼	3.90	4.45	260.00	2.66	▲	1.43	116.26	2,384,199	1.10	3.20	0.83
2.89	7.30	7.15	95,667	52.99	▼	3.55	3.15	262.50	4.00	▲	2.17	118.58	1,564,685	1.43	4.40	1.35
1.95	5.50	5.35	279,691	55.96	▼	2.77	2.18	265.00	5.60	▲	2.90	107.41	943,393	2.30	5.95	2.08
1.27	4.00	4.00	620,620	59.71	▼	2.09	1.41	267.50	7.10	▲	3.30	86.84	162,085	3.00	7.75	2.91
0.80	2.80	2.79	1,439,658	64.54	▼	1.62	0.89	270.00	9.30	▲	3.90	72.22	116,584	4.30	9.75	4.20
0.48	1.80	1.77	1,621,443	64.67	▼	1.08	0.59	272.50	11.55	▲	4.55	65.00	25,727	6.40	11.95	5.85
0.30	1.20	1.20	2,397,980	65.42	▼	0.70	0.37	275.00	13.90	▲	4.95	55.31	29,934	7.95	14.20	7.70
0.18	0.70	0.67	1,773,625	61.90	▼	0.39	0.24	277.50	16.25	▲	5.25	47.73	6,880	9.80	16.60	9.80
0.12	0.41	0.41	1,346,784	65.85	▼	0.27	0.14	280.00	18.25	▲	4.95	37.22	6,117	11.00	19.00	11.00
0.08	0.23	0.23	1,009,933	60.87	▼	0.14	0.09	282.50	20.80	▲	5.00	31.65	2,516	15.75	21.50	14.50

[10130] 조회 완료

* 자료: 대우증권

나와 있다. 이는 315틱을 의미하며, 실제 가격은 315×5000=157만5000원이 된다.

2001년 9·11테러 사건 때에 옵션매매를 했다면?

옵션가격표를 보고 장중 고가와 저가 차이가 10배 가까이 되는 것을 보고 놀랐습니까? 하지만 그 정도는 놀랄 일도 아닙니다. 2001년 미국에서 9·11사태가 발생한 다음 날 우리나라 증시는 테러 후폭풍에 고스란히 노출되면서 개장과 동시에 폭락을 거듭한 끝에 서킷브레이커가 발동되기도 했습니다.

당시 코스피200지수는 테러 전날 66.55로 마감했습니다. 그리고 지수가 10% 이상 폭락해야만 결제가 되는 행사가 62와 60의 풋옵션은 만기를 불과 이틀 남겨두고 휴지조각이나 다름없는 0.01(1틱, 최저가)에 거래됐죠.

그런데 테러 다음 날 코스피200지수가 10%나 폭락하면서 풋62와 풋60(코스피200지수가 각각 62와 60 이하가 돼야 결제가 됨)이 각각 500배에서 300배까지 폭등했습니다.

여러분은 지금 풋62와 풋60을 보유하고 있습니다. 그렇다면 오늘 폭등한 옵션을 팔아버리겠습니까? 아니면 세계정세 불안으로 폭락기조가 이어질 테니 하루 더 보유해서 만기결제를 받아 추가 수익을 노려보는 게 좋을까요?

일자별 가격	2001.9.11	2011.9.12	계속 보유 여부	이유
코스피200지수	66.55	58.59	Yes( ), No( )	
풋62	0.01	5.05	Yes( ), No( )	
풋60	0.01	3.00	Yes( ), No( )	

냉탕과 온탕 정도가 아니라 천당과 지옥을 오가는 옵션가격 변동

만기일인 13일 코스피200지수가 61.58로 마감되면서 풋62는 92틱 수익을 냈지만, 풋60은 0이 돼버리면서 가공할 만한 폭등락의 드라마가 막을 내렸습니다.

전날 불과 0.01의 휴지조각이었던 풋62와 풋60은 9·11테러 다음 날 5.05와 3.00을 기록하면서 각각 500배와 300배에 달하는 시세를 분출했습니다. 하지만 하루가 더 지난 만기일에는 지수의 반등으로 인해 몇 분의 1토막이 나더니 만기정산 때 코스피지수가 60을 넘긴 61.58로 마감되면서 풋60은 0원이 되고 말았습니다. 불과 하루 만에 300배나 뛰며 핵폭발을 했던 가격이 그다음 날은 0원으로 북극의 얼음덩이가 돼버린 것이죠.

일자별 가격	2011.9.11	2011.9.12	9.13(만기일)	만기수익
코스피200지수	66.55	58.59	61.58	
풋62	0.01	5.05	1.81	0.92
풋60	0.01	3.00	0.61	0

이론적으로라면 풋60에 100만 원을 투자했을 경우 하루 만에 3억 원을 벌었다가 그다음 날 '꽝'이 돼버린 셈입니다. 주식투자 초보자가 실제로 이런 상황에 노출돼 2박3일 동안 천당과 지옥을 경험했다면 아마도 그 충격에서 헤어나지 못하고 폐인이 됐을 겁니다. 물론 이는 이론적인 사례이지 많은 사람들에게 해당되는 실제 예는 아닙니다.

그렇지만 이 정도까지는 아니더라도 이와 유사한 사례는 옵션시장에서 종종 발생하고 있습니다. 2010년에도 장마감 동시호가 때 코스피지수의 폭락으로 풋옵션에서 무려 400배가 넘는 대박이 나는 상황이 발생하기도 했습니다. 하지만 이때도 이론적으로 가능한 최대 수익이 그 정도였다는 것이지 제정신이 아닌 다음에야 그런 무모한 매매로 실제 그 정도 대박을 터뜨리는 사람이 나오기는 쉽지 않습니다. 하지만 몇 배의 대박이나 반대로 몇 분의 일의 쪽박은 옵션시장에서는 하루 만에도 얼마든지 가능한 일이고 실제 수시로 벌어지고 있습니다.

옵션투자, 왜 우리나라가 비정상적으로 사람들이 몰려드는 세계적 옵션 강국이 됐는지 이제는 이해했을 겁니다. 함부로 덤벼들었다가는 순식간에 패가망신시키며 정신줄을 놓게 만드는 무서운 저승사자라는 것을 잊지 말기 바랍니다.

100만 원 투자로 1박2일 만에 3억 대박, 그리고 그다음 날은 0원이 돼버려 쪽박! 옵션시장은 순식간에 대박과 쪽박이 교차하는 무서운 곳, 초보자가 함부로 덤빌 곳이 아님!

| 4 | 한국인의 화끈한 성격으로 이룬 세계 최고 파생상품시장

비약적으로 팽창하는 국내 파생상품시장 규모

우리나라 파생상품시장의 하루 평균 거래금액은 53조 원에 달한다(2013년 상반기 기준). 1996년 처음 도입됐을 때의 1000여억 원과 비교하면 10여 년 만에 500배 늘어난 것이고, 거래량도 폭발적으로 증가해 하루 평균 350만 건에 달한다(2011년에는 1500만 건을 넘기도 했다).

〈표 4-6〉 전 세계에서 국내 파생상품시장의 순위

구분		2006	2007	2008	2009	2010	2011	2012
코스피 200	옵션	1	1	1	1	1	1	1
	선물	5	8	7	6	6	6	8
주식선물		–	–	8	7	6	6	6
미국달러선물		14	10	16	6	6	7	6
3년국채선물		11	11	10	10	10	10	10

　이렇게 확장일로에 있는 국내 파생상품은 〈표 4-6〉에서 보듯이 전 세계 시장에서 해가 갈수록 순위가 높아지고 있는 추세다. 특히 코스피200옵션은 7년 연속 1위로 타의 추종을 불허하고 있으며, 그 외 상품들도 10위권 이내에 들고 있다.

　이렇듯 수치만 놓고 보면 우리나라 파생상품시장은 세계적 수준이라 할 수 있다. 하지만 그 속을 들여다보면 적지 않은 문제점이 도사리고 있다. 기초가 되는 현물(주식)시장의 규모는 아직 세계 16위권인 데 비해 파생상품시장만 비정상적으로 비대해졌다. 배보다 배꼽이 훨씬 커져버려 꼬리(파생상품)가 몸통(현물)을 흔들어대는 상황이 수시로 벌어진다.

위험회피 수단에서 투기판으로 전락해버려

원래 선물과 옵션 같은 파생상품은 주로 기관이나 외국인투자자들이 현물자산(주식)의 위험회피 수단으로 거래하는 것이 정상이다. 그러나 화끈한 것을 좋아하는 우리나라 사람들의 성격과 딱 들어맞는 엄청난 투기적 특성 때문에 현물자산의 위험회피 수단으로 운용하기보다 옵션 거래 그 자체에서 투기적 수익을 거두려는 투자자들이 몰리고 있다.

개인투자자들이 주식투자로 돈을 날려 복구할 방법이 없게 되면, 마치 로또복권 당첨되길 바라듯이 무리한 배팅을 일삼으며 옵션시장에 몰려든다. 파생상품 거래량의 94%가 코스피200지수옵션이다. 준비 없이 덤벼든 개인투자자들이 기관과 외국인의 좋은 먹잇감이 되면서 피해가 속출하는 안타까운 상황이 반복되고 있다.

또한 자금력이 풍부한 일부 투기적인 외국인투자자들이 파생상품으로 시장을 교란시키는 매매전략으로 수익창출을 노리는 사례가 빈번해지고 있다. 이로 인해 파생상품시장만이 아니라 기초자산인 주식, 외환, 채권시장까지 출렁거리면서 시세조종에 취약해진 모습을 보이기도 한다.

거기다 간혹 옵션시장에서 '하루 만에 수십 배 대박이 터졌다'는 식의 자극적인 뉴스를 보고 혹해서 덤벼드는 사람들도 많다. 그래서 금융당국은 2011년 9월부터 신규 기본 예탁금을 1500만 원으로 정하고, 이 금액 이상의 계좌잔고가 있는 경우에만 선물·옵션 매매를 시작할 수 있도록 규정을 강화하는 쪽으로 방향 선회를 하는 추세다.

누군가의 피눈물로 수익을 챙기는 비정한 제로섬 게임

주식은 주가가 상승하면 회사의 가치가 상승하는 것이므로 파이의 크기가 커져서 주식을 보유하고 있는 사람 모두 수익이 나는 '윈-윈Win-Win' 구조다. 반면 선물이나 옵션은 시소게임처럼 한쪽에서 수익이 발생하면 정확하게 그 금액만큼 반대로 투자한 누군가가 손해를 보게 되는 구조다. 누군가 웃으면 누군가 울어야 하는 '제로섬^{Zero Sum}' 게임인 것이다.

특히 옵션은 하루 만에 수십 배 수익을 낼 수도 있지만, 반대로 자신의 투자자금을 몽땅 날릴 수도 있는 구조다. 그래서 초보자가 투기적인 매력만 보고 함부로 달려들면 순식간에 전 재산을 탕진할 수도 있다.

주식투자에 대한 위험회피 수단으로서가 아니라 투기적인 목적으로 접근하면 메가톤급 폭탄을 안고 불구덩이에 뛰어드는 일이 될 수도 있음을 잊어서는 안 된다. 화끈한 만큼 평생 씻기 어려운 상처를 안겨줄 수도 있는 것이 바로 선물·옵션으로 대표되는 파생상품이다.

Stock News

주문 실수 한 번으로 6년치 수익 날려

골든브릿지증권은 2011년 1월 13일 선물·옵션 만기일에 코스피200선물 주문 실수로 268억 원의 손실을 냈다. 이 회사 1년 수익금의 6배에 달하는 금액이자 자기자본의 12%에 달하는 돈이 사라지면서 회사가 휘청거렸다.

이날 이 회사 트레이더는 장 시작과 동시에 코스피200선물에 1000계약씩 50차례에 걸쳐 5만 계약에 달하는 매도주문을 냈다. 주문 실수였다. 평소 300~400계약이 쌓이던 것에 비하면 무려 100배에 달하는 매도물량이 한꺼번에 쌓인 셈이다. 이 바람에 시장이 출렁거렸다. 이날 선물지수는 276.50의 보합(전일 종가 부근)으로 출발했는데, 주문 실수로 나온 5만 계약을 소화하느라 한동안 276.50 부근에서 상승하지 못한 채 묶이고 말았다. 이런 외중에 이 회사는 급히 손절을 하기 위해 매도 포지션 청산(환매)에 나서면서 손실을 키웠고, 이로 인해 선물지수는 30분 만에 279.25까지 치솟았다. 이런 상황을 모르는 일반투자자는 극심하게 출렁거리는 선물시세 때문에 천당과 지옥을 오가는 식은땀 나는 상황을 겪었다. 고래싸움에 새우등 터진 꼴이다.

| 5 | 파생시장과 주식시장은 어떤 관계일까

주가가 널뛰기 쉬운 선물·옵션 동시 만기일

위의 기사는 가끔 언론을 통해 접하게 되는 선물·옵션 만기일 관련 뉴스다. 얼핏 보면 주식투자와 직접 관련이 없는 내용 같아 보인다. 그런데 코스피지수를 2% 넘게 급락시킨 주범이라는 걸 보면, 분명 엄청난 관련이 있는 것 같다. 왜 선물·옵션 만기일에 증권업계가 긴장할까? 프로그램 매매란 무엇이고, 매물폭탄과 네 마녀는 또 무엇인가? 알쏭달쏭하기만 하다.

우리나라에는 가장 많이 거래되는 코스피200선물과 주가지수옵션 외에 개별주식 선물·옵션이 있다. 옵션은 매월 두 번째 목요일이 만기이고, 선물은 3개월에 한 번씩 만기가 돌아온다. 그래서 3, 6, 9, 12월은 선물과 옵션이 동시에 만기를 맞는데, 이때 지수선물, 지수옵션, 개별주식선물, 개별주식옵션 4개 상품의 만기가 겹치게 된다. 코스피지수에 큰 영향을 미치는 4개 파생상품이 만기를 맞기 때문에 마치 4명의 마녀가 심술을 부려 주가를 널뛰게 하는 것 같다고 해서 '네 마녀의 날'이라고 한다.

컴퓨터로 대량으로 거래되는 프로그램 매매

〈표 4-7〉 현물과 선물 상태에 따른 프로그램 매매 전략(차익거래)

사례	상태	매매전략
코스피200지수: 220.10 코스피선물: 220.80 베이시스: +0.70	현물 〈 선물 (콘탱고)	현물매수, 선물매도 (프로그램 매수)
코스피200지수: 220.80 코스피선물: 220.10 베이시스: −0.70	현물 〉선물 (백워데이션)	현물매도, 선물매수 (프로그램 매도)

그렇다면 프로그램 매매란 무엇일까? 컴퓨터프로그램으로 매매하는 것일까? 기초자산인 현물 가격과 현물에서 파생된 선물 가격은 원래 동일하게 움직여야 하는데, 실제로는 일치하지 않는 경우가 대부분이다. 그래서 현물과 선물의 가격 차이를 이용해 싼 것을 매수하고 비싼 것을 매도했다가 가격이 역전되는 시점에 되팔아 수익을 낼 수 있다.

코스피선물은 코스피200지수에서 나온 파생상품이다. 그런데 이 선물의 가격은 기초자산인 코스피200지수와 동일하게 움직이는 것이 아니고, 시장상황에 따라 지수보다 비싸지거나(고평가) 싸지면서(저평가) 등락을 반복한다. 이 가격 편차를 '베이시스Basis'라고 한다.

〈표 4-7〉에서 보듯이 '콘탱고Contango'는 선물가격이 현물가격보다 고평가돼 있는 상태를 말한다. 이와 반대로 현물가격이 선물가격보다 높은 것은 '백워데이션Back-Wardation'이라고 한다.

베이시스가 '+'이면 선물이 현물보다 고평가돼 있는 상태다. 이때는 프로그램 매수(고평가된 선물을 팔고 저평가된 현물을 매수) 전략으로 '차익거래'를 한다. 이후에 베이시스가 줄어들면 수익이 나게 된다. 프로그램 매도는 반대 개념이다.

그런데 이 같은 거래를 하려면 최소 15개 종목 이상, 실제로는 우량주가

집중된 코스피200지수에 포함된 200종목 중 100여 개에 달하는 종목과 선물을 동시에 매매해야 한다. 이렇게 매매대상 종목들을 한데 묶은 것을 '바스켓'이라고 한다.

이쯤 되면 사람 손으로 일일이 매매할 수 없음이 분명하다. 그래서 미리 어떤 종목을 얼마나 사고팔 것인지를 컴퓨터 프로그램으로 설정해두고 자동으로 사고팔게 하기 때문에 프로그램 매매라고 한다.

프로그램 매매는 현물과 선물의 차이를 노리는 '차익거래'와 단지 현물 여러 종목을 동시에 매매하려고 하는 '비차익거래'로 나뉜다. 그래서 보통 '프로그램 매매 3500억 원 순매수 증가(차익거래 2000억 원, 비차익거래 1500억 원)' 하는 식으로 차익과 비차익을 나눠 표시한다.

파생시장 때문에 주식시장이 왜곡되는 역효과도 있어

프로그램 매매는 거의 기관이나 외국인 큰손투자자들이 주로 이용한다. 대량으로 매매가 이뤄지다 보니 시장에 미치는 영향력도 그만큼 크다. 프로그램 매매 때문에 현물과 선물시장이 급등락하는 경우가 많은 만큼 개인투자자들도 관심을 가져야 한다.

그러면 파생상품의 만기가 동시에 찾아오는 '네 마녀의 날'에는 주식시장에 어떤 일이 발생할까? 미래의 불확실성을 줄이려고, 혹은 투기적인 목적으로 파생상품을 매수(매도)한 투자자들은 만기가 다가옴에 따라 손익구조를 계산하며 활발하게 거래에 나선다. 차익거래 때문에 선물 · 옵션과 함께 주식거래량도 늘어나며 시장은 뜨겁게 달아오른다.

선물 · 옵션은 주가변동성이 커지면 그 수익(손실)이 극대화된다. 그래서 만기를 즈음해서는 현물인 주식의 가격변동을 좌지우지함으로써 선물 · 옵션에서 이익을 꾀하려는 세력들의 투기적인 매매도 기승을 부린다. 현물인 주식에서 파생된 것이 선물 · 옵션인데 역으로 선물 · 옵션에서 수익을 내려고 주식시장을 흔들어대는 것이다.

옵션 수익을 노리고 주식시장을 쑥대밭으로 만들다

국내외에 별 호재나 악재가 없어서 잔잔하게 마감을 앞둔 2010년 11월 11일. 모두들 이렇게 끝나는가 싶었던 옵션 만기일에 갑자기 코스피지수가 무려 53포인트나 폭락하며 마감했다. 동시호가에서 도이치증권 창구를 통해 2조5000억 원에 달하는 엄청난 주식물량이 쏟아졌다. 이 '매도폭탄'으로 증시는 쑥대밭이 됐다. 주식투자자들은 영문도 모른 채 폭락으로 마감한 증시를 보면서 허탈감을 감추지 못했다.

알고 보니 도이치증권이 장 마감을 수십 분 남겨두고 주가가 하락하면 수익이 나는 풋옵션을 대량으로 사들였고, 동시호가 때에는 주식을 '패대기'치며 그동안 쌓아두었던 프로그램 매수 차익을 청산해서 지수를 한 방에 끌어내린 것이다. 이 사건으로 도이치증권은 풋옵션에서 엄청난 수익을 거둔 반면, 우리 증시는 순식간에 공황상태에 빠졌고 수많은 투자자들은 눈물을 삼켰다.

이는 파생상품이 현물시장을 왜곡시킨 대표적인 사례다. 규모의 차이는 있지만 이런 일이 자주 발생하기 때문에 선물·옵션 만기 때는 파생상품과 프로그램 매매 추이에 대해서도 관심을 가지는 것이 좋다.

03

|1| 자산관리와 포트폴리오 구성

'계란을 한 바구니에 담지 말라'는 말은 우리가 주식투자를 하면서 가장 흔하게 듣는 투자격언이다. 계란을 한 바구니에 담았다가 엎어버리기라도 하는 날에는 쫄쫄 굶어야 한다. 반면 여러 바구니에 나눠 담으면 한 바구니에 담을 때보다 번거롭고 비용이 더 들 수는 있지만, 바구니 한두 개를 엎어버려도 배는 곯지 않을 수 있다.

수익추구보다 중요한 위험관리

주식투자는 많은 수익을 기대하는 것도 중요하지만 자산이 쪼그라들지 않도록 방지하는 쪽에 더 큰 비중을 두는 것이 바람직하다. 증시를 분석하고 종목선정을 잘하는 것도 중요하지만 투자손실에 대한 위험을 잘 회피하는 위험관리가 더욱 중요하다는 것이다.

그래서 위험한 상황이 발생할 경우를 대비해 피해를 최소화하는 투자전략을 세워야 하는데, 그중 대표적인 것이 분산투자이며 분산투자는 흔히 '포트폴리오'라 부르는 투자목록에 의해 이뤄지게 된다.

여러 종목에 나눠 투자하는 포트폴리오는 분산투자의 기본

전문가들이 포트폴리오 구성이 어쩌니 저쩌니 하는 내용의 기사나 자료를 접할 수 있는데, 분산투자를 위해 여러 종목을 잘 조합해서 구성하는 것이 바로 포트폴리오다.

포트폴리오란 사전적 의미로는 '서류가방' 또는 '자료수집철'을 뜻하지만, 금융 쪽에서는 여러 자산에 나눠 투자한다는 것을 의미한다. 주식투자의 경우 한 종목에 투자하지 않고 여러 종목에 나눠 투자하는 것을 '포트폴리오 투자'라 하고, 그 구성종목을 간단하게 '포트폴리오'라고 한다.

여러 종목에 분산투자하는 포트폴리오를 구성해서 투자할 경우, 한 종목에 '올인'하는 '몰빵 투자'보다 수익률은 낮을 수 있지만 최소한 잘못됐을 경우 돌이킬 수 없는 실패를 하게 되는 상황은 방지할 수 있다. 수익에 욕심을 부리다가 큰 손실을 보게 되면 다음 기회를 기대해볼 수조차 없게 된다는 것을 잊어서는 안 된다. 주식투자를 할 때는 늘 많은 수익을 내기 위해 덤벼들기보다 손실을 최소화할 수 있는 보수적이고 수비적인 자세가 필요한 것이다.

분산투자는 단순히 투자종목을 분산한다는 것이 아니라, 위험을 분산해서 계란바구니를 엎었을 경우 모든 계란을 깨뜨리는 우를 범하지 않도록 하는 것이다. 물론 투자 관련 기관에서는 전문가들이 수많은 정보와 자료를 토대로 전문적이고 복잡한 위험분산 전략을 짜거나 포트폴리오를 구성하지만, 기본적인 원리는 큰 차이가 없다.

이 책을 읽으면서 배운 여러 가지 방법을 통해 추려낸 좋은 종목들을 토대로 지극히 상식적인 선에서 위험을 분산시킬 수 있는 포트폴리오를 여러분 스스로도 구성할 수 있다.

여러분의 자산을 지키고 더욱 불려 나가기 위해서는 이제 단순히 어떤 종목에 투자한다는 개념에서 벗어나 위험관리와 포트폴리오를 통해 자신의 펀드를 운영한다는 차원으로 발전시키는 발상의 전환이 필요하다.

나만의 포트폴리오를
구성해서 투자하면?

주식투자자인 A, B, C씨 등 세 사람은 나름대로 자신의 투자전략을 세워서 포트폴리오를 구성했습니다. 여러분은 이들 중에서 어떤 사람의 포트폴리오 구성전략에 투자하겠습니까? 그리고 그 이유는 무엇이며, 무엇을 보완해야 할까요?

구분	포트폴리오 구성전략	투자 여부	이유/보완점
A씨	최근 스마트폰의 급속한 확산으로 수혜를 보고 있는 부품업체인 T전자에 자신의 투자자금을 모두 투자함.	Yes( ), No( )	
B씨	조선업계 활황으로 관련 종목들이 상승하자 조선업 관련 주에 투자함. 나름대로 위험을 분산하기 위해 S중공업, W조선 등 5개의 조선주 종목에 나눠 투자함.	Yes( ), No( )	
C씨	업종 대표주를 선정해서 내수업종인 D식품, 전자업종인 S전자, 석유화학업종인 L석유화학, 자동차업종인 H자동차, 인터넷게임 회사 N사에 분산해서 투자함.	Yes( ), No( )	

'몰빵'은 쪽박, 같은 업종 분산도 위험, 다른 업종에 분산해야 안전

세 사람이 서로 다른 스타일로 포트폴리오를 구성해서 투자했습니다. 그렇다면 그 결과는 어떨까요?

1) A씨가 투자한 T전자는 한때 주가가 상승했지만 주요 거래처였던 S 전자와의 납품재계약이 무산되면서 주가가 곤두박질치기 시작했습니다. 설상가상으로 회사 경영진의 횡령혐의가 드러나면서 이 회사의 주가는 연일 하한가를 기록해 A씨는 돌이킬 수 없는 큰 손실을 보고 말았습니다.

2) B씨가 투자한 5종목의 조선 관련 주는 조선업 활황으로 한동안 종목별로 앞서거니 뒤서거니 하면서 수익이 났습니다. 하지만 유럽의 금융위기와 조선업 불황이 닥치면서 해당 종목들의 주가가 하락세를 면치 못해 적지 않은 손실을 보게 됐습니다.

3) C씨의 경우 미국과 유럽의 경기불황으로 수출이 감소하면서 S전자와 H자동차에서 손실을 봤습니다. 그렇지만 내수업종인 D식품과 석유화학 업종인 L석유화학의 주가가 안정적으로 선방을 해준 덕에 손실을 상쇄할 수 있었습니다. 거기에 새로운 게임을 출시한 N사가 방학특수를 누리면서 주가가 급등해 전체적으로는 오히려 짭짤한 수익을 거두게 됐죠.

세 사람의 포트폴리오에 대한 평가

1) A씨는 말 그대로 한 종목에 '올인'하는 '몰빵 투자'에 나섰다가 큰 위험에 노출돼 투자자금을 거의 까먹고 말았습니다. 개인투자자들이 범하는 전형적인 묻지마 투자 행태인 셈이죠.

2) B씨는 분명히 위험을 회피한다고 분산투자를 했는데도 실패했습니다. 도대체 무엇이 잘못된 것일까요? 분산투자의 진정한 의미를 모른 채 단순히 여러 종목으로 나누기만 하면 분산투자인 것으로 착각한 것이 문제였습니다. 조선업이라는 한 업종에만 편중된 포트폴리오, 즉 종목구성을

잘못한 것이죠.

  3) C씨는 단순히 여러 종목으로 분산하는 것이 아니라 업종을 다양화시
킴으로써 서로 위험을 상쇄하고 보완할 수 있도록 종목을 구성했습니다.
그 결과 종목들 간에 서로 손익은 엇갈렸지만 전체적으로는 안정적인 자산
운용 형태를 보였네요.

  포트폴리오를 구성할 때는 영양이 골고루 갖춰진 식단을 짜는 것과 같
은 안목으로 종목을 선정해야만 합니다. 고기, 야채, 곡류 등 고른 영양소
를 섭취할 수 있는 식단을 짜야 하는 것처럼 포트폴리오도 위험을 상쇄할
수 있도록 구성하는 지혜가 필요합니다.
한 종목에 '몰빵'은 금물! 그렇다고 단지 여러 종목으로 나누
는 것도 NO, 여러 업종으로 나눠서 분산투자하는 것이 제대
로 된 포트폴리오!

주식을 샀는데 주가가 하락하면 손해를 본다. 장기적으로는 상승할 것 같은데, 손절하자니 아깝고, 그렇다고 보유하자니 하락하면 속수무책이다. 속이 쓰려 죽겠는데, 오로지 상승하기만을 바라며 손 놓고 있어야 할까? 이럴 때 주가하락의 위험에 대비할 수 있는 방법이 있다면 조금은 마음 편하게 주식투자를 할 수 있지 않을까? 이러한 필요성 때문에 등장한 것이 앞에서 설명한 파생상품이다. 그리고 이러한 회피전략을 '헤지hedge'라고 한다.

파생상품을 활용해 주가하락 위험을 회피하기

〈그림 4-11〉 보유한 종목의 가격 추이

* 자료: 대우증권

〈그림 4-11〉은 A씨가 보유한 종목의 주가차트다. 2012년 7월 5일 무렵 3만8000원을 넘나들던 이 종목은 지속적으로 하락해서 13일 3만4100원까지 하락했다가 이후 반등에 나서고 있다. 만약 A씨가 주가하락으로 인해 손절매를 했다면 손실은 최소화할 수 있었겠지만 반등할 때 다시 매수하기에는 심리적으로 부담이 됐을 것이다. 그렇게 주저하다 보면 어느새 자신이 손절한 가격을 훌쩍 뛰어넘어 상승하는 것을 보며 쓰린 속을 달랠 수밖에 없게 된다.

그렇다고 이 종목을 계속 보유했다면 어땠을까? 계속되는 하락으로 인한 손실로 속은 시커멓게 타 들어갔을 것이다. 그렇다면 손실로 인한 마음고생도 덜고, 손절매로 인해 향후 주가반등 기회에서 소외되는 상황에서도 벗어날 수 있는 방법이 없을까?

이럴 때는 보험을 들듯 소액으로 주가지수 옵션상품을 매수해보는 방법이 있다(개별종목의 옵션상품을 매수하는 것도 가능하지만, 거래량도 적고 일부 투기세력들의 농간이 심하므로 이 방법은 일단 제외하기로 한다).

대부분의 사람들은 생명보험이나 자동차보험 등에 가입한다. 왜 그러는 것일까? 그것은 소액의 기회비용으로 만일의 상황에 대비할 수 있기 때문이다. 주가하락에 대비해 파생상품으로 위험회피(헤지)를 하는 것도 보험에 가입하는 것과 비슷한 이유에서다. 앞에서 설명한 파생상품인 선물·옵션에 대한 내용을 다시 한번 참조해보기 바란다.

옵션매매로 주가하락에 대비하는 전략을 시도하면?

파생상품인 코스피200지수옵션 중 2012년 8월 만기인 풋옵션 237.5는 7월 5일 1.88이던 가격이 13일 6.75까지 상승했습니다. 앞서 나왔던 A씨는 7월 5일 자신이 보유한 1000주(주가 3만8000원 기준)의 주식종목 하락에 대비해서 이 풋옵션을 소량(2개) 매수했는데요. 그 뒤 아니나 다를까, 13일까지 보유주식에서 400만 원의 손실을 봤습니다. 자, 그렇다면 전체

위험회피를 위해 매수한 풋옵션 가격 추이

* 자료: 대우증권

적인 결과는 어떻게 됐을까요? 한번 그 결과를 계산해보세요.

옵션으로 헤지를 잘하니 주가가 내려가도 오히려 수익 발생

1) 보유한 주식의 위험회피를 위해 풋옵션 매수
   - 보유주식: 3만8000원×1000주=3800만 원
   - 옵션매수: 1.88×2개=3.76이므로 376틱×5000원=188만 원
2) 코스피200지수와 보유 종목 모두 하락
   - 주식평가금액: 3800만 원 → 3400만 원(400만 원 손실)
   - 옵션평가금액: 6.75×2개=13.50이므로 1350틱×5000원=675만 원
     (487만 원 수익)
3) 위험회피를 위해 옵션매수를 한 결과
   - 주식평가손: −400만 원
   - 옵션매수익: +487만 원
   - 총자산평가: +87만 원

코스피200지수가 하락하는 약세장에서 A씨가 보유한 종목도 하락해 400만 원의 평가손실을 봤습니다. 하지만 코스피200지수가 하락하면 수익이 발생하는 풋옵션을 소량(2개) 매수했더니 같은 기간 동안 3배 이상 가격이 상승해서 487만 원의 수익을 냈습니다. 주식평가손을 제하고도 87만 원의 수익이 발생한 것입니다.

어떻습니까? 주식은 무조건 올라야만 수익이 나고 내리면 꼼짝 없이 앉아서 손실이 날 수 밖에 없는 것으로 생각했는데, 위험회피를 위해 옵션을 매수했더니 주가하락에도 손실은커녕 오히려 적지 않은 수익이 났습니다. 여태 알고 있던 투자상식을 뒤엎을 뿐만 아니라 꽤나 구미가 당기는 일이 아닐 수 없습니다.

이처럼 파생상품으로 손실에 대비한 위험회피를 하면 오히려 위기를 기회로 반전시킬 수도 있습니다. 하지만 주의해야 할 점은 앞에서 언급한 것처럼 파생상품의 경우 가격변동폭이 크고 가격구조를 이해하기 어렵기 때문에 초보자가 함부로 덤빌 수 있는 분야가 아니라는 겁니다.

기관이나 외국인투자자들은 코스피200지수 파생상품으로 주가하락에 대비하는 다양한 전략을 구사합니다. 하지만 여러분은 아직 초보 단계이므로 이런 방법으로 주가하락에 대비할 수도 있다는 것을 경험해보는 선에서 만족하는 게 좋을 것입니다.

'옵션 헤지'는 소액으로 풋옵션을 매수해서 주가하락의 위험을 상쇄할 수 있고 부가적인 수익까지도 기대할 수 있는 위험회피전략!

 성패의 원인을 분석하는 매매일지 작성하기

많은 개인투자자들이 주식투자에 실패하는 이유 중 하나는 체계적인 자기
관리가 제대로 이뤄지지 않기 때문이다. 주가가 상승하면 지금 사야만 할
것 같은 초조함에 자신의 원칙과 상관없이 매수해버리고, 반대로 조금만
하락하면 금방 폭락할 것 같은 불안감에 참지 못하고 매도해버리는 경우가
많다.

이럴 때는 매매일지를 쓰면 충동적인 매매를 자제하게 되므로 그 어떤
분석보다 자신을 관리하는 데 좋은 방법이 된다. 자신이 어떤 종목을 언제,
왜 매수·매도했는지 일지를 적도록 하자. 매매일지를 작성해서 자신의 투
자행위를 철저하게 관리하는 것이다.

매매일지 사례

〈표 4-8〉 매매일지 작성의 예

종목	C전자		첨부		차트
매매	구분	일시	단가	수량	거래대금
	매수	2013. 9. 04	50,000	100	5,000,000
	매도	2013. 10.23	45,000	100	4,500,000
손익	거래손익		수수료(세금포함)		순손익
	−500,000		13,350		−513,350
종목선택/ 매수 사유	외국인이 계속 매수해서 지분율을 높여가고 있으며, 미국 최대 전자회사와 부품수출계약이 체결됐다는 공시가 올라와서 향후 성장가능성이 높은 것으로 판단됨. 회사 내부적으로도 자금사정이 좋아서 배당을 할 것으로 예상돼 중장기적으로 보유할 경우 주가상승과 배당수익이 예상됨.				

	매수 후에 미국 반도체 실적이 안 좋을 것이라는 예상이 나와서 대부분의
매도사유	전자업종 주가가 하락하였고 C전자도 그 영향으로 주가가 하락함. 그리고 우리나라 경제성장률이 예상치보다 안 좋다는 뉴스를 보고서 주가가 더 하락할 것 같아 팔아버림.
수익/손실 사유	C전자의 주식은 팔고 난 뒤에 다시 상승해서 5만 원을 금세 회복함. 또한 경제불황 여파로 증시 전체는 주춤거렸지만 C전자는 이후에 9만 원까지 상승함. 일시적인 하락을 참지 못하고 뉴스와 본인의 주관적인 판단으로 매도를 한 것이 손실의 원인이 됨. 수익의 기회를 날려버리고 오히려 손실 봄.
교훈/반성	종목을 선정하는 투자원칙과 매수·매도하는 기준을 정하고 그에 따라서 자신의 투자원칙을 지켜야 하는데, 단기적인 주가의 등락과 외부 뉴스에 마음이 흔들려서 임의로 거래를 한 것이 손실의 원인이 됨. 투자원칙을 지키자! 일희일비하면서 주가등락에 너무 연연하지 말자!

사례에서 보면 자신의 투자원칙을 지키지 못하고 마음이 흔들리는 바람에 수익을 낼 수 있었던 종목에서 오히려 손해를 보고 말았다는 것을 알 수 있다. 이처럼 매매일지를 적으면 자신의 분석이 잘못돼서 손해를 본 것인지 아니면 투자원칙을 어기고 마음이 흔들려서 손해를 본 것인지 파악할 수 있다. 이런 식으로 매매일지를 적어 무엇이 문제인지를 파악함으로써 같은 실수를 반복하지 않도록 하는 것이 중요하다.

매매일지 양식에는 매매한 종목, 거래 일시, 단가, 수량, 거래손익, 순손익 등 세세한 내역을 모두 기록했다. 여기에 차트 그림을 첨부하는 등 필요한 내용을 추가해서 자신의 입맛에 맞게 사용할 수 있다.

이런 노력을 하지 않으면 한때의 성공은 있을지 몰라도 궁극적인 성공을 이룰 수 없다는 것을 명심 또 명심해야 한다. 자신의 잘못된 점을 반성하고 고치는 노력을 하지 않은 채 대박만 바라면 깡통을 차는 시간만 빨라질 뿐이다.

Stock News

축제 같은 분위기를 즐기는 '버크셔 해서웨이' 주주총회

미국 네브라스카 주의 작은 도시 오마하는 매년 5월 첫째 주말이 다가오면 밀려드는 사람들로 왁자지껄해진다. 세계적인 갑부이자 현존하는 최고의 주식 투자자인 워런 버핏의 고향인 이곳에서 그가 운영하는 투자회사인 버크셔 해서웨이Berkshire Hathaway의 주주총회가 열리기 때문이다.

전 세계에서 몰려든 주주들은 1박 2일 동안 주주총회에 참석해서 안건을 처리할 뿐만 아니라 각종 공연을 즐기고 버크셔 해서웨이가 투자한 회사의 부스가 설치된 상점에서 쇼핑을 하며 주주이자 고객으로서 즐거움을 맛본다. 이러한 행동이 자신이 주주로 있는 회사의 실적 향상에 도움이 되고, 이는 곧 주가상승으로 이어져 자신에게 수익을 안겨주리라는 걸 잘 알고 있기 때문이다.

이처럼 주주들이 즐거워하는 축제 같은 주주총회가 가능한 것은 주주들이 자신이 소유한 주식의 전통과 가치에 대해 강한 자부심을 가지고 있기 때문이다. 이 회사의 주주는 주식을 10년에서 수십 년 동안 보유하면서 부자가 됐고, 대를 이어 주식을 물려주면서 주주의 전통을 이어가고 있다. 그래서 할아버지에서 아버지를 거쳐 손자로 이어지며 대를 이은 주주들이 많고, 이들은 매년 주주총회에 참석해서 그들에게 대대로 부를 거머쥐게 해준 워런 버핏에게 존경심을 표하는 한편, 황금알을 낳게 해준 회사의 주주로서 즐거움을 만끽한다. 이들은 단순한 주주가 아니라 워런 버핏과 버크셔 해서웨이의 팬이 돼버린 것이다.

| 4 | 손익분석으로 자신의 투자 스타일을 보완한다

앞서 매매일지 작성에 대해 알아보았다. 매매일지를 통해 개별 매매에 대한 분석이 가능했다. 이번에는 매매손익을 통계 내 손익구조를 분석해봄으로써 자신의 문제가 무엇인지 확인하는 방법을 알아보겠다. 많이 버는 것 같은데 계좌는 왜 늘 손실이 나는 건지 궁금할 때가 있을 것이다. 이럴 때 매일매일 손익을 기록해서 분석하면 어떤 문제점이 있는지 파악할 수 있다. 다시 말해 매매일지에 나타난 손익과 승률을 바탕으로 매매손익표를 작성해 1년 정도 데이터가 쌓이면 본인의 문제점이 무엇인지 적나라하게 드러나게 된다는 것이다. 매매손익표는 엑셀로 자동계산이 되도록 만든 양식으로 작성한 것이다.

잦은 매매에 따른 수수료 부담으로 계좌 손실

A씨는 평소 거래승률이 70%가 넘을 만큼 실력이 좋다. 시장분석도 훌륭하고 종목선정도 탁월해서 꾸준한 수익을 내고 있다. 손실 상황에서는 손절매를 통해 큰 손실을 보지 않을 정도로 자기관리도 잘하고 있다. 그런데도 1년을 결산해보면 계좌가 늘 마이너스다.

　도대체 무엇이 문제일까? A씨는 한 달에도 수십 번 넘는 거래를 하기 때문에 수수료(세금 포함) 부담이 큰 것이 결정적인 문제였다. 〈표 4-9〉에서 볼 수 있듯이 수수료가 수익보다 훨씬 많아서 배보다 배꼽이 큰 상황이니 당연히 계좌가 손실 날 수 밖에 없는 것이다. A씨는 매매횟수를 줄여야 한다는 것을 손익분석표를 통해서 알 수 있다.

"

〈표 4-9〉 손익분석표 1: 수수료 발생에 따른 잦은 손실

기간	매매	승	패	승률	매매손익		수수료	순손익
					수익	손실		
1월	22	15	7	68%	1,502,000		2,503,450	−1,001,450
2월	52	33	19	63%		−1,310,000	5,762,300	−7,072,300
3월	20	12	8	60%	3,100,000		1,700,500	1,399,500
4월	30	22	8	73%		−1,120,000	3,310,000	−4,430,000
5월	16	10	6	63%	4,320,000		2,906,000	1,414,000
6월	17	11	6	65%	3,420,000		2,300,000	1,120,000
7월	21	13	8	62%	370,000		2,275,600	−1,905,600
8월	17	10	7	59%		−1,902,000	1,364,210	−3,266,210
9월	27	19	8	70%	3,450,200		2,983,210	466,990
10월	24	22	2	92%	8,902,000		3,112,010	5,789,990
11월	20	15	5	75%	7,502,000		2,100,000	5,402,000
12월	17	11	6	65%	3,102,000		2,840,500	261,500
소계	283	193	90	68%	35,668,200	−4,332,000	33,157,780	−1,821,580

이익실현 폭은 작고, 손절매 폭은 커서 계좌 손실

B씨는 앞선 A씨에 비해 매매횟수가 적어 수수료 부담도 적고 승률은 60%나 되는데도 계좌가 손실 난 상태다. 도대체 무엇이 문제일까? 〈표 4-10〉에서 보듯이 B씨는 이익이 나기 시작하면 참지 못하고 조금만 수익이 나도 이익실현을 해버리는 반면, 손실이 나면 바로 조치를 취하지 않고 손실 폭을 키우다가 큰 손실을 보고 나서야 손절매를 한다.

수익이 날 때는 느긋하게 불어나는 수익의 열매를 즐기고, 손실이 날 때는 일단 손절매를 하고서 뭐가 문제인지 분석해야 한다. 그러고 나서 새로운 기회를 찾는 매매습관을 들이려 노력해야 한다.

〈표 4-10〉 손익분석표 2: 작은 이익, 큰 손절매

기간	매매	승	패	승률	매매손익		수수료	순손익
					수익	손실		
1월	3	2	1	67%	680,000		320,000	360,000
2월	3	3	0	100%	210,000		273,000	−63,000
3월	2	1	1	50%	890,000		172,000	718,000
4월	2	0	2	0%		−5,600,000	212,000	−5,812,000
5월	3	2	1	67%	712,000		382,000	330,000
6월	2	1	1	50%		−6,201,100	202,000	−6,403,100
7월	2	2	0	100%	1,921,000		172,000	1,749,000
8월	3	2	1	67%	112,000		292,000	−180,000
9월	2	1	1	50%		−4,280,000	112,000	−4,392,000
10월	3	2	1	67%	132,000		134,200	−2,200
11월	3	2	1	67%	562,000		210,000	352,000
12월	2	1	1	50%		−7,232,200	56,000	−7,288,200
소계	30	19	11	63%	5,219,000	−23,313,300	2,537,200	−20,631,500

위의 사례에서 보듯이 매매손익표를 작성하고 분석하면 자신의 문제점을 파악할 수 있다. 가정에서는 가계부, 기업에서는 회계장부를 잘 정리하고 분석하면 어디서 돈이 새나가는지 명확하게 보이므로 문제를 해결하고 위기에 대처할 수 있다.

주식투자도 마찬가지다. 자신의 매매에 대한 손익분석을 정리해야만 문제점을 파악하고 그에 맞는 대처를 할 수 있다. 주식투자의 성공은 고수의 족집게 과외나 비법을 통해서가 아니라 자기성찰과 매매원칙을 꾸준하게 지키고 실행하려는 노력이 쌓여서 이뤄지는 것이다. 나름대로 공부도 하고 연구해서 투자를 했는데도 수익은커녕 손실이 쌓인다면 매매일지와 손익분석표를 작성해서 자신의 문제점을 냉철하게 분석해보는 노력부터 해야 한다.

성공으로 가는 실마리는 외부에서 찾을 것이 아니라 자신의 꼬인 실타래부터 풀어나가는 데서 찾는 것이 현명한 방법이다.

기억하자! 세 살 버릇 여든까지 간다

다 큰 성인이 돼서 잘못된 버릇이나 성격을 고치기는 쉽지 않다. 잘못된 투자습관이나 매매행태도 처음에 제대로 바로잡지 않으면 나중에 고질병이 돼서 고치기 어렵다.

미국 등 선진국에서는 어릴 때부터 주식, 펀드 등 투자에 대한 개념과 돈을 관리하고 위기관리를 하는 방법을 배운다. 어릴 때부터 어린이들이 정부와 민간단체가 운영하는 다양한 교육 프로그램을 통해 자연스럽게 투자와 자산관리의 중요성을 배우는 것이다. 이는 금융에 대한 올바른 이해가 개인의 풍요로운 삶은 물론 국가의 부를 위해서도 필수적이라는 인식 때문이다.

우리나라도 이제는 선진국처럼 자녀들이 어릴 때부터 스스로 돈을 관리하는 습관을 들이게 할 필요가 있다. 단지 돈이 필요하다고 할 때마다 용돈을 주는 식으로 키운다면, 이는 자녀의 미래와 인생을 망치는 일이 된다. 자녀를 진정으로 사랑한다면 돈만 주는 데서 그치지 말고 이를 제대로 관리하는 법을 가르쳐줘야 한다.

물론 나 스스로가 돈을 제대로 관리할 줄 모른다면 우선 자신부터 정신을 차려야 한다. 내가 정신을 차려야 자녀를 제대로 가르칠 수 있을 것이고, 그때부터 비로소 자녀의 인생이 달라지게 될 것이다.

|5| 주식투자 수익금으로 다른 재테크 수단에 분산투자하기

〈그림 4-12〉 지가상승률과 주가상승률 비교

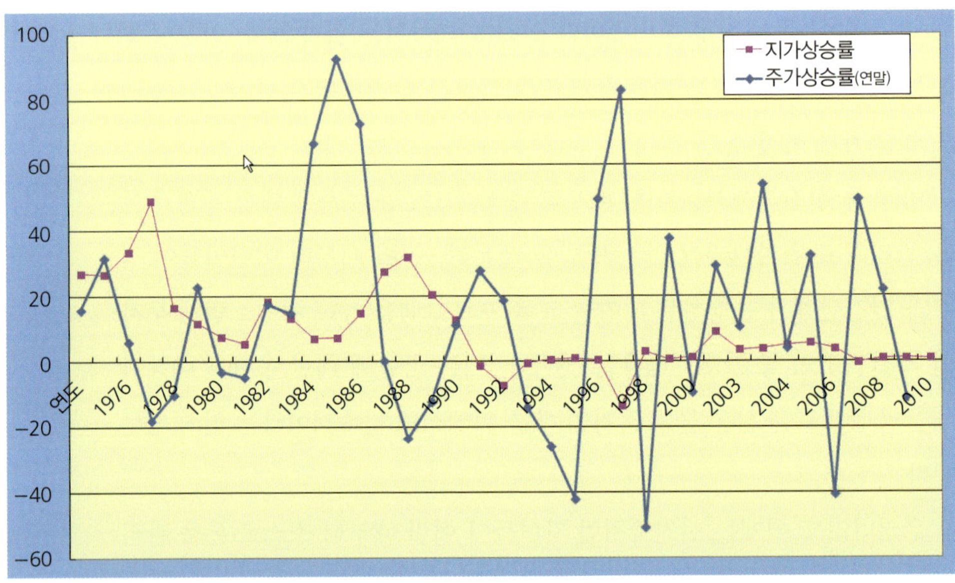

* 자료: 한국토지공사, 한국거래소

〈그림 4-12〉는 전국의 지가상승률과 주가상승률을 비교한 그래프다. 우리나라는 1970년대에 부동산개발 붐이 일기 시작하면서 연간 무려 30~40%씩 땅값이 상승해 소위 부동산 졸부들을 배출하기도 했다. 그러다가 1979~1981년의 정치적 불안으로 지가상승률이 크게 둔화됐지만, 그 후 1986년 아시안게임과 1988년 서울올림픽을 거치면서 다시 20%대 내외의 큰 상승을 하며 절정을 맞이했다. 그 후 땅값은 안정세를 보이다가 IMF를 겪으면서 10% 내외 하락을 하며 부동산 불패 신화에 금이 갔다가 2000년대에 들어오면서 다시 점진적인 상승을 했다.

반면 코스피지수는 1986년 아시안게임과 1988년 서울올림픽을 거치면서 폭발적으로 상승해 1989년도에는 1000포인트 시대를 열기도 했다. 그러나 그 후 과열됐던 경기가 식으면서 1992년도에 500대까지 하락했다가 1994년도에 재차 1000포인트를 돌파했다. 하지만 이후 다시 하락 국면에 들어간 증시는 1997년도에 IMF 직격탄을 맞고 300대까지 폭락하면서 암울한 침체기를 맞이했다.

그 후 외국인투자자들이 우리나라 증시에 본격적으로 참여하기 시작하면서 주가는 상승하기 시작한다. 1999년도에는 코스닥을 비롯한 IT산업의 폭발적인 상승세로 종합주가지수가 다시 1000포인트를 돌파했지만, 2000년 들어서서 IT산업의 거품이 빠지고 2001년에는 미국의 9·11테러까지 겹치면서 400대까지 하락했다. 이후 다시 상승 국면으로 돌아선 증시는 2010년대 들어서면서 2000포인트 전후까지 상승했다.

경쟁과 보완을 통해 성장과 하락을 반복해온 부동산과 증시

이처럼 부동산시장과 증권시장은 우리나라 경제상황에 따라 어느 정도 비슷한 움직임을 보여온 것 같지만, 자세히 살펴보면 둘 사이에 시간적 편차가 있거나 동화되지 않고 각자 움직이기도 한다는 것을 알 수가 있다.

투자할 돈이 충분치 않은 단계에서는 소액으로 적립식 주식투자를 해서 자산을 불려나가는 것이 급선무다. 하지만 이 단계를 넘어서면 자산을 분산투자하는 것이 바람직하다. 이때 분산투자라는 것은 포트폴리오 구성에 의한 주식종목 분산투자가 아니라 다른 투자수단으로의 분산투자를 의미한다.

앞서 나온 차트에서 보듯이 주식시장과 부동산시장은 서로 비슷하게 움직이기도 하지만, 시간차를 두고 움직이는 구간들도 많다. 그래서 적절한 시기에 양쪽의 투자비중을 조절하며 자산을 운영할 경우에는 또 다른 틈새시장을 찾을 수 있는 것이다.

실물경제에 대한 안목을 키우고 각각 장점을 활용해야

우리나라 사람들은 부동산에 대한 집착이 매우 강하고, 자기 이름으로 된 집 한 채는 있어야 심리적으로 안정되는 경향이 있다. 물론 투자효율성이라는 면으로만 판단하게 되면 비판적인 부분도 있을 수 있지만, 이러한 심리적인 안정감도 무시 못할 요소의 하나다. 그런 점에서 볼 때 어느 정도 자산규모가 되면 주식투자로 불린 자금을 부동산 등으로 분산투자하는 것도 여러 가지 면에서 바람직하다.

이때 증권시장과 부동산시장의 호황기와 침체기라는 시간차를 이용한 상호보완적 관점에서 투자를 병행하는 것이 가능하다는 것을 알아둬야 한다. 그러므로 주식투자로 꾸준하게 자산을 불려왔다고 해서 너무 주식투자에만 편중된 투자를 하기보다는 평소에 부동산에도 관심을 기울이는 투자자세를 갖는 것이 좋다. 평소에 꾸준한 관심, 공부, 노력을 기울일 때에야 비로소 여유로움과 윤택함이 여러분과 함께하게 될 것이다.

투자 유망종목 발굴과
사고 팔아야 할 때

4차산업혁명 종목 발굴과 매매타이밍

이제부터라도 4차산업혁명으로 실적과 성장이라는 두 마리 토끼를 잡고 투자수익이라는 열매를 맺어줄 숨은 알짜배기 종목에 관심을 가지고 투자에 나서보자.

물론 4차산업혁명 관련 수혜주도 매일 상승만 하는 것은 아니라 다른 종목들처럼 호재와 악재가 이어지고 상승과 하락을 반복하면서 투자자들에게 위기와 기회를 동시에 제공하고 있다.

상승과 조정, 저점 매수와 고점 매도의 기회는 항상 있는 것이다.

언제 사고 팔 것인가, 정확한 매매타이밍은 필수

| 1 | 유가증권시장과 코스닥시장, 어디에서 투자종목을 찾을 것인가?

우리나라의 증권거래는 크게 유가증권시장(코스피)과 코스닥시장으로 나누어져 있다. 유가증권시장이 큰형님 격이라면 코스닥시장은 아우라고 할 수 있다. 그렇다면 두 시장의 특성은 무엇이고 어느 시장에서 투자유망종목을 찾아야 할까?

덩치 큰 회사들이 몰리는 유가증권시장

1999년 이후 2017년까지 코스닥시장에서 유가증권시장으로 옮긴 기업은 47개사에 이른다. 네이버는 2008년 11월 코스닥시장에서 유가증권시장으로 옮기면서 6조원 규모였던 시가총액이 2017년 현재 25조 원을 돌파하면서 시가총액 기준 유가증권시장 7위에 우뚝 올라섰다. 카카오도 2017년 7월 10일 유가증권시장으로 이전하자마자 주가가 12%가량 오르며 시가총액 기준 7조 7천억 원으로 41위에 올랐다. 이후 카카오의 주가는 계속 급등해서 9월 19일까지 35% 상승했다.

코스닥시장의 대장주인 바이오 복제약 1위 기업 셀트리온도 2017년 9월 29일에 유가증권시장으로 이사를 결정했다. 이 회사는 미국과 유럽에서 1조 원 이상의 바이오시밀러(바이오 복제약) 매출을 올릴 것으로 예상될 뿐만 아니라 시가총액이 13조 원을 넘어서면서 코스닥시장 1위를 차지하고 있다. 이 회사가 유가증권시장으로 이전할 경우 시가총액은 20위권에 들게 된다. 이 정도의 기업성과와 시가총액의 덩치를 가지고도 코스닥시장에서 기관과 외국인의 투자를 받는 데에 한계를 느껴서 유가증권시장 이전을 추진한 것이다.

또다른 예를 보면, 투바앤은 애벌레 캐릭터 애니메이션 '라바'로 유명한 애니메이션 제작사인데 2019년을 목표로 상장을 추진하고 있다. 이 회사는 원래 코스닥시장 상장을 고려했는데 기업가치가 좋아지고 유가증권시장 등록요건을 갖출 수 있게 되면서 코스닥 대신 유가증권시장 상장을 추진하고 있다. 회사상황이 좋아지다 보니 굳이 '2부 리그' 격인 코스닥에 입성하기보다는 우량주들이 대거 포진한 '1부 리그'인 유가증권으로 방향을 선회한 것이다.

유가증권시장은 '1부 리그', 코스닥시장은 '2부 리그'라는 인식

그렇다면 왜 이렇게 많은 기업이 코스닥시장 대신 유가증권시장으로 이사를 하거나 상장을 추진하는 것일까?

아우 격인 코스닥시장은 유가증권시장에 비해 소형주가 많고 상장 및 관리규정이 상대적으로 느슨해서 '형님'에 비해 사고(?)를 치는 경우가 많다.

그리고 외국인이나 기관투자자에 비해서 개인투자자의 비율이 절대적으로 높다. 그래서 이런 코스닥시장을 벗어나서 자격요건만 되면 상대적으로 '큰물'로 가려고 벼르는 기업들이 꽤 있다.

유가증권시장 상장은 코스닥시장보다 요건이 까다롭다. 반면에 상장만 하면 '1부 리그 선수'라는 브랜드 이미지로 인해서 기업신뢰도가 상승하고 외국인 투자유치도 상대적으로 훨씬 용이해진다.

코스닥시장에서 유가증권시장으로 이사한다는 것은 기업규모나 재무구조 등의 개선을 의미한다. 소위 말해서 브랜드 이미지가 좋아지는 것이므로 주가상승에 호재로 작용하기에 좋은 투자대상이 될 수 있다는 것이다.

유가증권시장의 종목들이 제도적인 이유와 선호도에 의해 코스닥시장 종목들에 비해 상대적으로 외국인이나 기관투자자들의 투자비중이 높고 기업의 재무구조 등의 요건이 탄탄하다. 이는 안정성이나 성장성 면에서 신뢰도가 높기에 투자자 입장에서는 투자성공 확률을 높이는 요인이 된다.

상대적으로 더 큰 투자수익에 대한 기대감으로 개인투자자들이 몰리는 코스닥시장

물론 코스닥시장에서도 중량감은 다소 떨어지더라도 얼마든지 우량주로 성장할 좋은 기업들이 많다. 그러기에 이들을 무조건 외면할 필요는 없다. 잘만 고르면 투자수익률이 훨씬 더 높을 수 있다는 장점도 있다. 단지 시장 특성상 쏠림 현상과 여러 요인으로 가격왜곡이 발생할 여지가 많이 있으므로 코스닥시장의 종목들은 상대적으로 더 꼼꼼하고 주의 깊게 종목을 분석하고 선택, 투자하는 지혜가 필요하다.

유가증권시장에 비해 상대적으로 중소형 종목이 많고 개인투자자 비중이 높은 코스닥시장에서 4차산업혁명으로 수혜를 입어서 큰 수익이 기대되는 종목을 어떻게 발굴할까? 생업에 종사하는 개인투자자가 개별기업을 일일이 찾아 비교분석하기에는 너무 힘에 부친다. 뭔가 신뢰할 수 있고 분야별로 정리된 투자 참고리스트가 있으면 딱 좋을 텐데….

이럴 때 도움이 되는 것이 바로 떠오르는 별, 말 그대로 바로 '라이징스타'이다.

한국거래소에서 선정하는 코스닥의 아이돌스타, 라이징스타에 주목해야

한국거래소는 기술력과 성장성을 보유한 기업을 발굴·육성하고 코스닥시장 활성화를 위해 2009년 이후 코스닥 '라이징스타Rising Star'를 선정해왔다. 매년 주력제품의 세계시장 점유율이 3위 이내이면서 기술력과 성장성을 보유한 코스닥의 강소强小기업을 선정하고 지원하고 있다(처음에는 '히든챔피언'이라고 했는데 2015년에 명칭을 변경함).

종목선정 방법은 세계시장 지배력(시장점유율 등)과 수익성, 성장성, 기술력, 재무안정성 등을 종합적으로 고려해서 애널리스트 등이 정성평가(현장평가)를 통해 기업별로 시장지배력과 성장성 등을 검증하는 것이다. 여기에 유관기관 전문가로 선정위원회를 구성하여 선정결과를 심의한다. 한국거래소는 이렇게 선정된 라이징스타 기업에 변경·추가상장 수수료 면제, 소속부 변경(중견기업부인 경우 벤처기업부로 변경) 등 제도적 혜택 외에 IR 개최 및 기업분석보고서 발간 등을 지원한다. 그 외에 정부는 물론 수출입은행, 기업은행 등 유관기관과의 협조를 통해 지원사업을 지속적으로 확대할 예정이다.

4차산업혁명 종목이 몰려 있는 라이징스타, 주가상승도 스타급

〈표 5-1〉은 2017년 코스닥 라이징스타로 선정된 19개 회사의 선정일부터 약 4개월여 기간 동안의 주가상승률이다. 이들 기업의 주가는 선정일 이후 평균 약 17%가량 상승했다. 같은 기간에 코스닥지수가 4.5% 상승한 것에 비하면 거의 4배 가까이 높게 상승한 셈이다.

스마트폰 부품을 만드는 아모텍이 62.19%, 디지털 영상처리 시스템 개발 업체인 하이비젼시스템은 51.89%, 반도체 장비업체인 테크윙은 45.9% 상승하면서 큰 수익을 가능케 했다. 나머지 종목들도 20% 전후로 주가가 상승하면서 쏠쏠한 수익을 냈다. 19개 종목 중 13개 종목이 상승하고 6개 종목이 하락했는데 하락한 종목들도 케이맥과 마크로젠을 제외하고는 하락폭이 한 자리 숫자이고 대부분 하반기 실적개선으로 주가반등이 예상되고 있다.

참고로 2017년에 선정된 19개 종목 중 3년 연속 라이징스타에 선정된 회사는 고영, 마크로젠, 빅솔론, 아모텍, 아이에스시, 엘엠에스, 제이브이엠, 케이맥, 테크윙, 테스 등 10곳이다. 이들 종목 중 3종목을 제외한 7개가 주가상승률 상위권에 자리하고 있다. 3연속 메달리스트에 선정될 만큼 기업의 토대가 탄탄하니 그에 걸맞게 주가상승률도 높다.

〈표 5-1〉 2017년 라이징스타 기업 주가상승률(2017.5.2선정~9.8 종가기준)

기업명	주요제품	주가상승률(%)	3년 연속 선정
아모텍	EMI/ESD용 chip 부품	62.19	O
하이비젼시스템	카메라 모듈 검사 장비	51.89	
테크윙	반도체 테스트 핸들러	45.90	O
콜마비앤에이치	건강기능식품	39.51	
동운아나텍	AF Driver IC	39.34	
제이브이엠	전자동 정제 분류 및 포장시스템	28.48	O
테스	반도체 제조용 기계	23.61	O
베셀	LCD In-Line 시스템	22.67	
아이에스시	Silicone Rubber Test Socket	22.41	O
엘엠에스	프리즘시트	15.70	O
고영	3차원 납도포 검사기	13.41	O
인텔리안테크	해상용 위성통신 안테나	5.04	
유니테스트	반도체 테스트 장비	1.85	

기업명	주요제품	주가상승률(%)	3년 연속 선정
테라세미콘	디스플레이 제조용 열처리 장비	−0.95	
탑엔지니어링	Glass Cutting System	−1.10	
빅솔론	POS프린터	−4.68	O
코텍	카지노용 모니터	−6.08	
케이맥	FPD 공정용 박막두께 측정기	−17.42	O
마크로젠	유전자 및 유전체 분석 서비스	−22.80	O

* 자료: 한국거래소

　　이런 것을 볼 때 라이징스타로 선정된 기업이 모두 주가가 크게 상승한다는 보장은 없다. 하지만 적어도 수많은 코스닥종목들 중에 선정된 종목들이 확률적으로는 투자성공률과 주가상승률이 상당히 높다고 볼 수 있다. 게다가 선정기업의 상당수는 4차산업혁명과 관련되어 꾸준한 성장성이 기대되고 있다. 따라서 코스닥에서 옥석을 고를 때는 이들 '떠오르는 스타'에 관심을 가지고 투자후보로 선정해서 기회를 보는 것이 바람직하다고 볼 수 있다.

| 2 | 매년 찾아오는 미세먼지,
   관련종목을 사고 팔아야 할 때는?

최근 우리나라는 매년 미세먼지로 전 국민이 고생한다. 그렇지만 이것을 기회로 피해를 줄여주는 공기청정기 제조회사 등의 종목을 발굴해서 투자 기회를 찾아본다면 어떨까?

공기청정기 제조회사는 미세먼지 덕을 볼까?

2014년 화창한 봄날에 뜻하지 않은 미세먼지라는 불청객이 전국을 휩쓸며 우리를 괴롭혔다. 하지만 이런 고통 속에서 활짝 웃는 종목이 있었으니 바로 위닉스이다. 이 종목은 영업실적 발표를 하루 앞두고 상한가를 기록했는데 5월 2일 실적발표가 나오자 주가가 10% 넘게 더 올랐다.

하지만 이게 끝이 아니었다. 연초에 1만1000원대를 유지하던 주가가 5월 19일에는 2만8500원까지 상승했다. 위닉스가 발표한 2014년 1분기 잠정 영업이익은 43억6900만 원으로 작년 같은 기간과 비교하면 무려 952% 늘어난 수준이다. 영업이익이 10배 가까이 증가한 셈이다. 당기순이익과 매출액도 각각 35억8100만 원, 556억7500만 원을 기록하며 944%, 58%나 늘어났다.

이는 연초부터 중국에서 날아온 미세먼지와 건조한 날씨 탓에 공기청정기와 가습기 에어워셔의 판매가 크게 늘었기 때문이다. 미세먼지 주의보가 발령될 만큼 미세먼지 문제가 심각해지면서 공기청정기 수요가 증가한 것이다. 미세먼지 농도가 진한 곳에서 오랫동안 호흡하면 감기나 천식과 같은 호흡기질환부터 피부질환과 안구질환도 생길 수 있다고 알려졌다.

상황이 이렇다 보니 실내공기를 정화하기 위해 공기청정기를 구입하는

사람이 늘면서 위닉스의 실적도 좋아진 것이다. 같은 해 1, 2월 롯데하이
마트의 공기청정기 판매량은 전년도 같은 기간보다 650%, 1000%나 늘어
난 것으로 조사됐다.

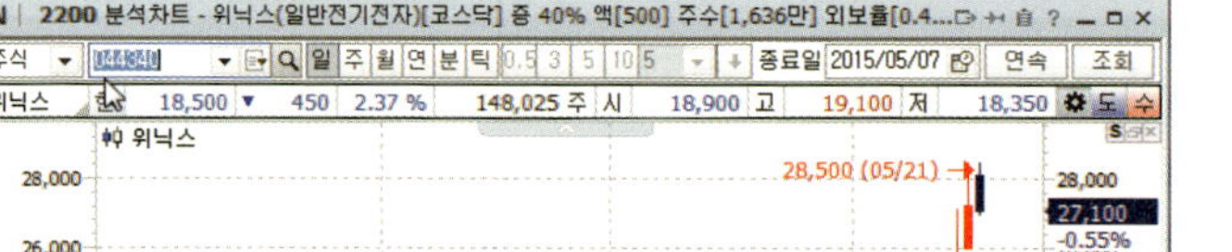

〈그림 5-1〉 미세먼지 공습에 주가상승으로 답하는 위닉스

2014년 2월부터 저점을 지지하면서 고점을 높여가서 2014년 5월 21일 28500원의 고점을 찍음.

* 자료: 대우증권

게다가 2013년 10월에 선보인 가습기 에어워셔의 돌풍도 매섭다. 미세
먼지를 막기 위해 창문을 닫고 생활하다 보면 건조해지기 쉬운데 이 때문
에 가습기 판매도 증가한 것이다. 위닉스는 살균제를 사용하지 않고 수분
입자를 바람에 말려 공기에 수분을 공급하는 제품을 내놨다. 얼마 전 가습
기를 사용하던 산모와 영유아가 살균제 때문에 폐가 손상돼 사망하는 사고
가 발생했는데, 이런 사고가 되풀이 될 수 있다는 소비자의 우려를 고려한
제품이다.

위닉스는 국내 제습기 시장의 50~60%를 장악하고 있고, 자체 브랜드
상품판매뿐 아니라 삼성전자와 웅진코웨이에도 주문자 상표부착OEM 생산

방식으로 납품하고 있다. 이런 이유 등으로 주가가 봄에 접어들면서 2배 이상 상승한 것이다.

미세먼지 사라져도 계속 보유하는 것이 좋을까?

그런데 〈그림 5-2〉를 보면 이 종목은 이후 상승을 지속한 것이 아니라 봄에 급등했다가 이내 제자리로 오면서 마치 봄날 벚꽃처럼 화려한 주가상승을 뽐내고는 '벚꽃엔딩'을 하며 하락했다. 2015년에도 봄날 반짝 2배 상승한 주가는 이내 시들해지면서 하락세로 돌아서고 있다.

그래서 이 종목은 치고 빠지는 전략이 필요하다. 2014년의 선행효과에 의해 투자자들이 몰리면서 2015년에는 주가상승과 하락의 시점이 약 1달씩 빨라졌다. 이처럼 봄에 미세먼지로 고생할 때는 투정만 할 것이 아니라 어떤 제품, 회사가 반사이익을 누리는지 관심을 가져보면 3개월 반짝 봄날 투자로도 2배나 되는 화려한 꽃놀이 수익이 가능할 수도 있을 것이다.

〈그림 5-2〉 미세먼지와 함께 봄날 벚꽃엔딩으로 끝나는 주가

* 자료: 대우증권

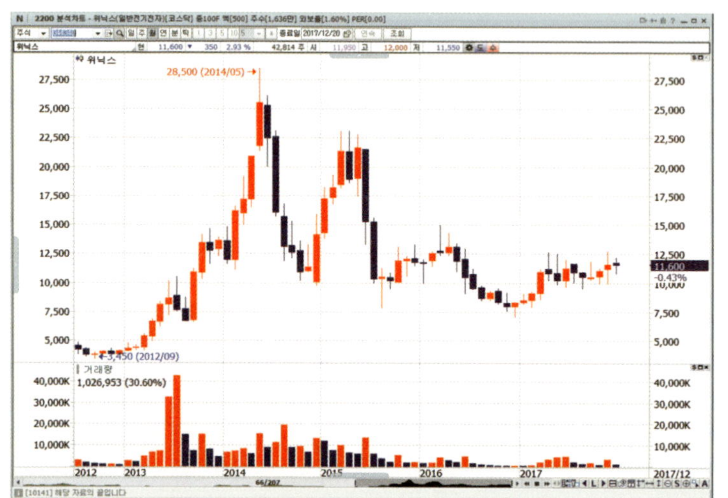

〈그림 5-3〉 전반적으로 고점이 낮아지고 있는 주가

2014~2015년 봄에 고점을 찍은 지수는 2016~2017년 에도 봄철에는 반짝 상승하지만 주가 자체가 하락세를 형성하고 있음.

* 자료: 대우증권

〈그림 5-3〉에서 보듯이 위닉스는 이후 2016년과 2017년 봄에도 반짝 상승을 하지만 주가 자체가 하락세를 면치 못하고 있다. 왜 이런 것일까? 경쟁회사들의 신제품과 공격적인 마케팅으로 이 회사는 상대적으로 선점했던 시장우위를 상실하면서 매출신장세가 주춤했다. 이는 곧 좋지 않은 실적으로 이어지면서 2015년~2016년 적자를 기록했다.

그럼에도 이 종목은 역시나 봄철 특수를 노리는 치고 빠지기 전략이 유효한 전형적인 계절적 영향에 수혜를 받는 종목이 아닐 수 없다.

〈표 5-2〉 위닉스 주요 재무제표

구분	2013년	2014년	2015년	2016년
매출액	2,578	2,631	1,975	2,131
영업이익	205	97	−107	25
순이익	150	58	−171	−138

* 단위: 억 원, * 자료 : 금융감독원 전자공시시스템(DART)

|3| 손해보험 관련종목, 겨울에는 멀리해야

'방학에는 게임주를 사라, 봄에는 황사(미세먼지) 관련주를 사라, 여름에는 아이스크림 관련주를 사라'는 계절과 관련되어 회자되는 증시 격언들이 있다. 그런데 여기에 하나 더 추가할 것이 있다.

'겨울에는 손해보험주를 팔아라.' 겨울철은 손해보험 관련 종목에게 날씨 탓으로 악재일까? 그렇다면 매년 그런 패턴이 이어지는 것일까? 날씨와 손해보험 관련주가 관련이 있다면 계절에 따라 치고 빠지는 전략이 가능하지 않을까?

〈그림 5-4〉 매년 겨울철만 되면 약세로 돌아서는 삼성화재 주가

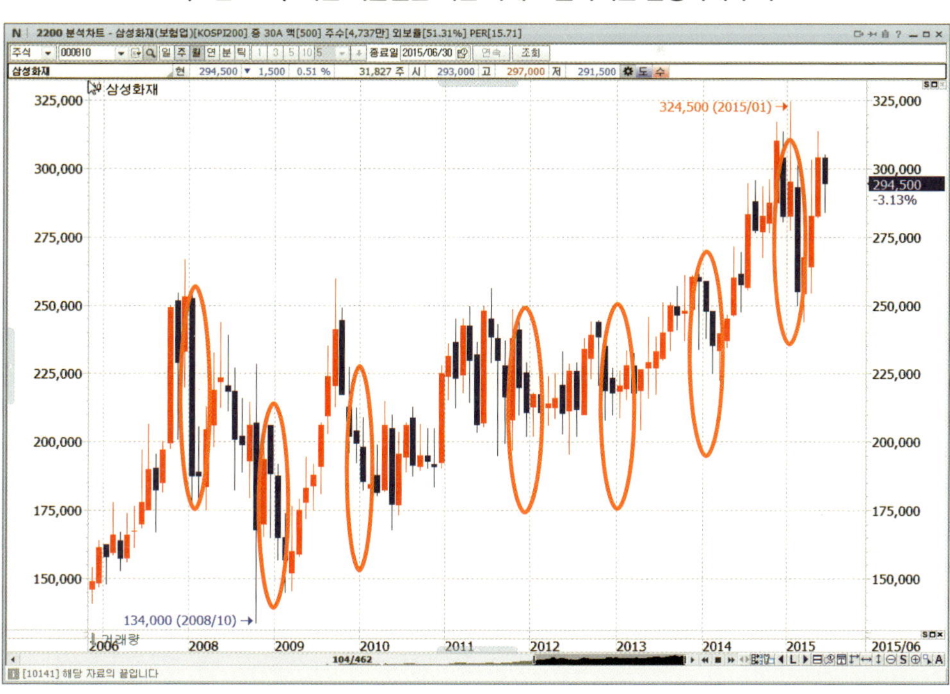

* 자료: 대우증권

〈그림 5-5〉 2015년~2017년에도 겨울철에 약한 삼성화재 주가

매년 겨울은 손해보험 관련종목에게는 춥고 배고픈 시절

왜 겨울에는 손해보험주를 팔아야 하는 것일까? 손해보험업계 1위인 삼성화재는 2013년 봄부터 주가가 꾸준히 상승해서 같은 해 11월에는 26만 원을 돌파했다. 하지만 겨울철이 시작된 12월부터 주가가 하락하기 시작해서 이듬해 2월 들어서는 23만 원대까지 하락했다. 2014년에도 이런 현상은 이어져서 봄이 되면서 상승세를 이어가서 11월에 31만 원을 돌파했던 주가는 2015년 2월 달에는 25만 원까지 고꾸라졌다.

그림에서 보듯이 삼성화재의 주가는 거의 매년 겨울이면 맥을 추지 못하고 기존의 주가상승분을 까먹는 것을 알 수 있다. 이런 패턴은 2015년~2017년 차트인 〈그림 5-5〉에서도 똑같이 나타나고 있다.

왜 이렇게 따뜻한 날에 기껏 올라간 주가가 겨울만 되면 곰 동면하듯이 맥을 추지 못하고 하락하는 것일까?

그것은 눈이 오면 자동차 사고율이 높아지기 때문이다. 겨울에 눈이 오고 도로가 빙판길이 되어버리면 교통사고가 늘어난다. 그러면 보험금 지급이 늘어나기 때문에 실적이 악화되고 이는 주가하락으로 이어지게 된다.

손해율은 보험회사가 고객에게서 거둔 보험료 중에서 교통사고 등이 발생했을 때 피해자에게 지급한 보험금의 비율을 말하는데 손해율은 겨울철만 되면 치솟는다. 삼성화재의 12월 자동차보험 손해율은 평균 107%로 11월 평균 80%보다 무려 27%포인트나 증가하고 다른 보험사들도 대부분 100% 이상의 손해율을 기록한다. 손해보험회사의 손해율은 보통 75% 전후로 맞추는데 100%가 넘는다는 것은 적지 않은 적자가 발생한다는 의미이다.

이처럼 손해보험 관련종목의 주가는 겨울철에는 얼어붙고 눈 녹고 꽃피는 봄이 오면 다시 상승세로 돌아서기를 반복한다. 그래서 이들 종목에 투자할 때는 눈 내리는 계절은 피하는 것이 좋다. 더군다나 '이번 겨울에는 춥고 눈이 많이 내리겠다'는 기상청의 장기예보가 나오고 '몇 년 만의 혹한, 폭설' 등의 날씨정보가 뉴스의 톱을 장식할 때는 손해보험주를 쳐다볼 생각도 하지 않는 것이 정신건강에 좋다.

| 4 | 고령화로 인한 임플란트 수요급증에도 관련종목은 단기조정 있어

평균수명의 연장과 소득증대로 삶의 질을 높이는데 영향이 큰 분야로는 치과(임플란트) 등이 있다. 전 세계적으로 고령화에 따른 노년인구의 지속적인 증가와 4차산업혁명의 생산성 향상으로 늘어난 소득수준 등은 결국 삶의 질을 향상시키고 싶은 욕구로 이어진다. 인간에게 먹는 즐거움은 크나큰 욕구 중의 하나이다. 결국 임플란트 수요는 계속 늘어날 수밖에 없다.

지속적인 임플란트 수요증가로 성장일로를 걷는 오스템임플란트

'오스템임플란트'는 1997년에 치과용 임플란트 제조·판매 및 소프트프로그램 개발 등을 주 영업목적으로 설립되었으며 2007년에 코스닥시장에 상장되었다. 오스템임플란트는 국내 최초의 임플란트 제조회사이며 매출액 기준으로 아시아·태평양 1위, 세계 6위의 임플란트 전문기업으로 70개 국가 이상에서 제품이 사용되고 있으며 24개 국가에 현지법인을 운영 중에 있다.

임플란트 제조회사는 기존에 스위스와 스웨덴, 그리고 미국기업이 주류를 이루었다. 의료기기 시장은 대부분의 분야가 다국적 기업들이 과점체제를 유지하고 있기에 후발주자인 국내기업들은 상대적으로 틈새시장을 찾아야 했다. 국내 최초로 오스템임플란트가 임플란트라는 틈새시장을 발견하고 출사표를 던졌다. 그 결과 이 회사는 국내 임플란트 시장의 1위 기업이 되었고, 글로벌시장 점유율 6위, 아시아시장 1위에 올랐다.

　　2013년 2천억 원을 넘긴 매출액은 4년만인 2017년에는 4천억 원을 넘기면서 2배 성장했고 영업이익과 순이익은 각각 2.5~3.5배 가량 늘어났다. 매년 매출액과 손익이 증가일로의 '꽃 길'만 걷고 있는 것이다. 게다가 국내시장에만 머문 것이 아니라 글로벌시장에 적극적으로 진출해서 해외

〈표 5-3〉 오스템임플란트 주요 재무제표

구분	2013년	2014년	2015년	2016년	2017년(추정)
매출액	2,164	2,386	2,777	3,445	4,091
영업이익	188	288	332	342	435
순이익	79	136	163	203	269

* 단위: 억 원, * 자료: 금융감독원 전자공시시스템(DART)

〈그림 5-6〉 2012년 이후 가파른 상승세를 이어온 주가

* 자료: 대우증권

시장에서의 매출이 더 많은 것이 특징이다. 이런 지속적인 성장세를 바탕으로 2012년 1만 원대에 머물던 주가는 2016년에는 8만 원대를 돌파하기도 했다.

투자유망 종목도 맑은 날과 흐린 날 있어, 흐린 날 기다리면 저점매수 기회

그렇다면 성장성과 수익성이 좋은 종목은 주가가 계속 상승하기에 한번 놓치면 손 놓고 바라만 봐야 할까? 중간에 들어가기에는 너무 오른 듯 해서 부담이 된다. 이럴 때는 어떻게 해야 할까? 유망종목이라고 해서 항상 상승만 하지는 않는다. 맑은 날 있으면 흐린 날도 있는 법. 오스템임플란트 역시 맑은 날이 지속되다 흐린 날을 만난다.

〈그림 5-7〉에서 보듯이 지나친 주가상승에 대한 우려감과 함께 임플란트시장의 성장세가 다소 둔화된다는 전망까지 나오면서 조정국면에 들어간다. 거기에 중국과 '사드' 문제로 갈등이 고조되고 경제보복이 잇따르면서 2016년 초에 8만7천 원대를 찍은 주가는 이후 하락세로 돌아서서 2017

〈그림 5-7〉 조정국면 이후 상승세로 돌아서는 주가

* 자료: 대우증권

년 상반기까지 흘러내리고 있다. 해외매출 중에서 중국이 차지하는 비중이 35%가량 되었기에 단기적인 타격이 커서 실적전망이 어둡게 예측되면서 투자심리가 위축되었다(중국 임플란트 시장점유율은 오스템임플란트가 19%로 1위임).

바로 이때가 저점매수 구간이다. 중국과의 마찰이 평생 갈 수도 없고 이후 문재인 정부가 선거공약에서 임플란트 보험확대를 약속했기에 중장기적으로는 당장의 악재를 충분히 극복할 여지가 있기 때문이다. 결국 조정국면 이후 문재인 정부정책과 중국과의 해빙무드로 주가는 다시 탄력을 받아 상승하고 있다.

단기조정은 있더라도 전 세계적인 고령화로 향후 지속적인 주가상승 가능

글로벌 시장조사업체인 MRG에 의하면 2017년 세계 치과용 임플란트 시장규모는 약 48억8000만 달러로 추정된다. 연평균 8.2%씩 성장해 2023년에는 70억3000만 달러에 이를 것이라 전망하고 있다. 국가별로는 미국이 전 세계의 22%를 차지하는 최대시장이고 독일(12%), 한국(11%), 중국(9%), 일본(9%) 등이 그 뒤를 따르고 있다.

특히 중국은 연간성장률이 20%에 달하면서 시장규모가 급속도로 커지고 있고 매년 30% 이상의 높은 임플란트 수입 신장세를 지속하고 있다. 2016년 한해 동안 중국의 임플란트 수입규모는 2억 달러(한화 약 2200억 원)로 전년대비 32% 증가했다. 그 중에 오스템임플란트를 포함한 글로벌 상위 6대 업체의 비중이 90%에 달한다.

국내 임플란트 시장규모는 2억6천만 달러로 추정되고 연평균 4.2%씩 성장하면서 2023년에는 3억3천만 달러를 넘어설 것으로 전망되고 있다. 특히 문재인 정부의 의료관련 공약이 확대 시행되면서 향후 지속적인 수혜를 볼 것으로 예상된다. 치과용 임플란트는 지난 2014년부터 건강보험 대상에 포함되었고, 2016년에는 급여 적용대상이 75세에서 65세 이상으로 확대되었으며, 2017년 7월부터는 본인부담금이 기존의 50%에서 30%로 줄어들었다.

이런 점에서 오스템임플란트는 중간중간에 조정으로 주가하락 구간은 있지만 장기적으로는 상승세가 예상되고 있다. 투자에 참여할 기회는 얼마든지 있는 셈이다.

| 5 | 중국 영향 많이 받는 엔터테인먼트 관련 종목은 냉탕과 온탕 주의해야

최근 사드 여파 등으로 중국과의 관계가 편치 않은 상황이다. 이럴 때는 다른 산업도 피해를 보지만 한류와 관련된 엔터테인먼트 종목들은 충격을 특히 많이 받는다. 왜냐하면 한류 열풍으로 중국대륙에서 한국 연예인에 대한 인기가 어마어마하지만 반대로 한·중관계가 싸늘해지면 그 타격은 훨씬 크기 때문이다.

드라마 한 편 인기로 관련 종목주가 60~80% 단기 급등

〈해를 품은 달〉(일명 '해품달')은 조선시대 가상의 왕 이훤과 비밀에 싸인 무녀 월의 애절한 사랑을 그린 궁중 로맨스드라마이다. 김수현과 한가인이 주인공인 이 드라마는 2012년 1월 4일 첫 회가 방송되고 난 후 회가 갈수록 인기를 끌었다.

이 드라마를 제작한 회사는 팬엔터테인먼트였고 주인공 김수현은 〈겨울연가〉로 대박을 친 배용준이 최대 주주인 회사 키이스트 소속이었다. 팬엔터테인먼트와 키이스트는 이 드라마가 첫 방송된 2012년 1월 4일 이후부터 상승을 시작했다. 드라마 '해품달'의 시청률이 40%를 돌파하면서 두 종목은 드라마 인기를 업고 상승추세를 이어가서 2월에 고점을 찍으며 1월 초 저점 대비 팬엔터테인먼트는 81%, 키이스트는 62% 상승하며 기염을 토했다. 특히 키이스트는 드라마뿐만 아니라 김수현이 잇따라 의류, 화장품 등 굵직굵직한 광고계약을 터뜨리며 '김수현 효과'를 톡톡히 누렸다.

시간이 지나고 2013년 12월 김수현이 이번에는 전지현과 호흡을 맞춰서 400년 전 지구에 떨어진 외계남 도민준과 철없는 톱스타 천송이의 '달콤 발

<그림 5-8> '해품달' 인기에 덩달아 뜬 제작사와 소속사 주가

<그림 5-9> '별그대' 인기에 주인공 소속사 키이스트 주가도 급등

* 자료: 대우증권

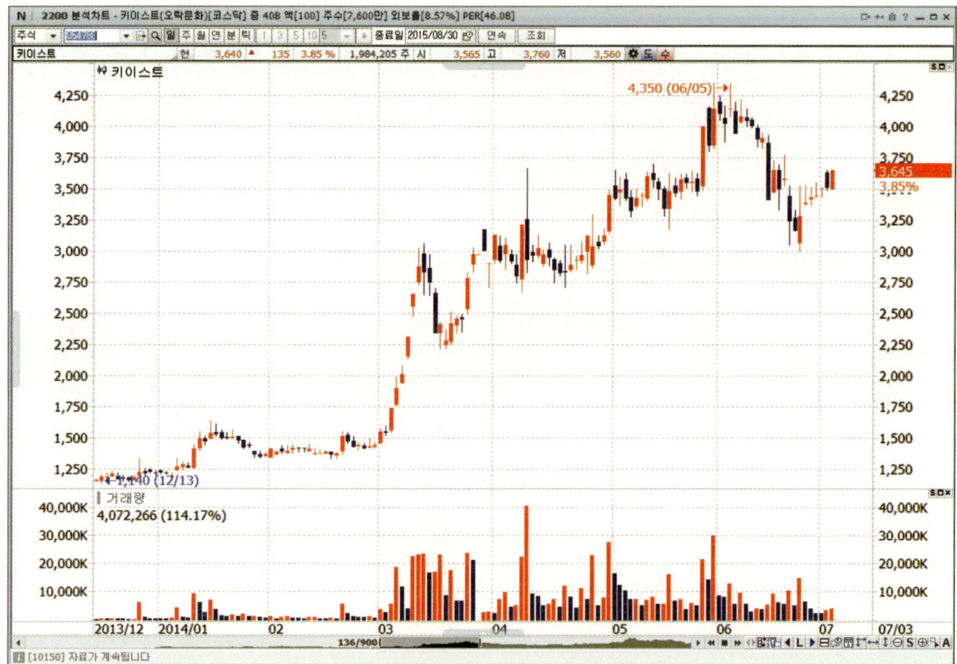

랄 SF로맨스'를 그린 드라마 〈별에서 온 그대〉(일명 '별그대')가 광고되기 시작했다. 드라마는 2013년 12월 18일에 방송을 시작해서 이듬해 2월 27일에 종영했다. 이 기간에 키이스트의 주가는 1천6백 원대의 고점을 찍고 1천4백 원대로 주춤했다.

국내보다 중국에서 이 드라마와 김수현의 인기가 더욱 폭발적이었다. 우리나라보다 엄청나게 큰 시장에서 인기가 폭발한다니 중국시장에서의 돌풍으로 후폭풍이 일 것으로 투자자들이 판단했다.

그 결과 2013년 11월 25일 1140원이던 키이스트의 주가는 상승을 지속해서 이듬해 1월 중순에는 1천6백 원을 넘기면서 40% 상승한다. 이후 주가는 조정을 거치면서 고점을 계속 높여가서 6월 초에는 4천3백 원대를 넘기고 270%대에 달하는 상승을 하면서 중국시장의 규모를 보여주었다. 중국을 비롯한 해외판권 수출과 재방영권 판매 등 부가수익 외에 광고, 행사, 공연 등의 수익이 국내와는 비교도 안 될 정도로 규모가 크기에 한류열풍을 타고 주가도 고공행진을 한 것이다.

아이돌 그룹의 중국인 멤버 한 명의 탈퇴로 휘청거린 주가

에스엠SM은 엔터테인먼트 회사로 아이돌 그룹의 매출로 성공한 회사이다. 2014년 9월 말경에 아이돌그룹인 엑스오EXO의 중국인 멤버 루한의 탈퇴소식이 전해지자 불과 이틀 만에 주가는 3만6천 원대에서 2만7천 원대로 25% 넘게 떨어지면서 시가총액 2천억 원이 공중으로 날아가 버리고 만다. 루한이 회사를 상대로 전속계약효력부존재확인 소송을 낸 직후부터 주가

〈그림 5-11〉 아이돌 그룹 멤버 탈퇴에 출렁거리는 에스엠 주가

* 자료: 대우증권

는 곧바로 하한가로 직행한 것이다. 왜 이렇게 충격파가 큰 것일까?

그것은 엑소가 벌어들이는 매출의 절반이 중국에서 나오고 있었기 때문이다. 중국에서의 콘서트 회수가 30회에 달하고 있었다는 것만으로도 그 사실을 증명하고 있다. 게다가 엑소 멤버 중에서 루한은 자신의 웨이보(중국판 트위터)에 올린 글에 1천3백만 건이 넘는 댓글이 달리며 '웨이보 최다 댓글 포스트'로 기네스북에 등재됐고, 중국에서 진행된 멤버 별 인기투표에서는 무려 1억 표 이상이라는 엄청난 인기를 받는 멤버였다.

이처럼 에스엠의 중추적인 수입원이자 중국매출 비중이 큰 그룹의 가장 인기 있는 중국인 멤버가 탈퇴한다는 것은 큰 타격이 아닐 수 없기에 투자자들이 이를 상당히 심각한 악재로 받아들인 것이다.

이후 이 종목은 이러한 악재를 딛고 다시 반등했다. 하지만 위의 사례에서 보듯이 엔터테인먼트 관련 종목에서 중국과의 문제는 단기적으로는 주가에 큰 악재가 되는 요소라는 것을 알 수 있다.

사드배치 갈등으로 3개월 만에 큰 폭으로 하락한 엔터테인먼트 종목들

2016년 7월 사드배치 발표 이후 중국과의 관계가 급격히 냉각되면서 한류 엔터테인먼트 관련 종목들에게는 또 다른 악몽이 시작되었다. 중국정부가 비공식적으로 콘텐츠 관련 산업계에 한국 연예인의 중국 내 방송활동을 금지하는 '한한령'을 내림에 따라 국내 드라마 및 영화제작사들과의 합작사업 등이 중단, 축소되는 사태가 이어졌다.

2016년 7~9월 약 3개월간 한류 관련 엔터테인먼트 주요 종목들은 −18%~−28%에 달하는 하락을 했다. 이런 냉각된 분위기로 한류 콘텐츠로 수익을 올렸던 국내 엔터테인먼트 기업들의 주가는 사드배치 발표 이후 하락하기 시작해서 아직도 당시 수준을 회복하지 못하고 있는 실정이다.

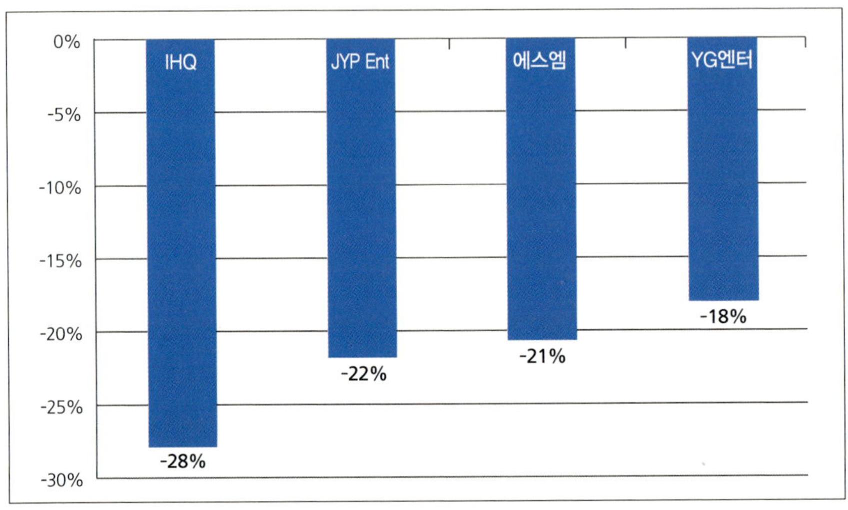

* 자료: 대우증권

이런 싸늘한 분위기는 2017년 하반기부터 중국과의 화해분위기가 조성되면서 그동안 경색되었던 경제·정치교류가 활발해질 조짐을 보이고 있다. 하지만 언제 또 중국과 마찰이 생길지 모르기에 엔터테인먼트 관련 종목은 중국시장에 대한 여파로 주가등락이 심해지는 경향이 있다. 따라서 한류 관련 엔터테인먼트 종목에 투자할 때는 중국시장에 대한 동향파악을 하고 투자에 나서야 한다.

|1| 전기차 시대 필수부품인 콘덴서의 강자 – 삼화콘덴서

삼화콘덴서는 1956년에 설립되어 국내 최초로 전력용 콘덴서를 생산해온 기업이다. 이 회사는 종합콘덴서 제조업을 주 사업으로 영위하고 있으며, 1968년 삼화콘덴서공업(주)로 상호를 변경한 후에 1976년 거래소에 상장했다. 삼화콘덴서는 국내 유일의 콘덴서 종합메이커로서 관계사인 삼화전기가 생산중인 전해콘덴서를 제외한 거의 모든 콘덴서, 즉 전력용 콘덴서 FILM, 단층 세라믹 콘덴서, 적층형 콘덴서MLCC를 생산하고 있다.

4차산업혁명, 전기·전자에 기반한 산업은 콘덴서 먹는 공룡

그런데 왜 콘덴서를 만드는 기업이 4차산업혁명 수혜주로 구분되는 것일까?

콘덴서^{Condenser}는 전기를 저장(충전)하고 사용(방전)하는 부품으로 PC, TV, 휴대폰 등 대부분의 전자제품에 시용되고 있다. 삼화콘덴서는 1985년에 MLCC(적층 세라믹 콘덴서; Multi layer ceramic condenser−전기를 저장했다 필요에 따라 안정적으로 회로에 공급)를 양산하는 등 콘덴서에 특화된 기업이다.

MLCC는 노트북이나 TV에 400~700개, 스마트폰에도 200~300개가 들어가는 등 각종 전자기기에 적지 않은 수량으로 꼭 들어가야 하는 필수적인 부품이다. 이런 MLCC는 자동차에도 약 3천 개 이상이 들어가고 전기차에는 일반적으로 1만 개 이상이 탑재되는 것으로 알려져 있다. 4차산업혁명은 전기·전자 관련 기기들이 기반이 된다. 그러한 기기들에 한두 개도 아니고 수백 개 이상이 들어가니 수요급증은 불 보듯이 뻔하다. 특히나 전기차에는 1만 개 이상이 들어가기에 전기차 시장의 성장은 콘덴서 수요를 폭발적으로 증대시키게 된다. 삼화콘덴서는 바로 그 넘쳐나는 수요를 감당하는 독보적인 기술력을 가진 콘덴서 제조업체이다.

발 빠른 대응으로 시장에서 강자로 등극

MLCC는 스마트폰과 TV 등의 핵심 전자부품인데 최근 들어 자동차분야에서 수요가 급증하고 있다. 삼화콘덴서는 기존의 전자제품에 공급하던 콘덴서 사업을 확장해서 LG전자와 현대모비스 등을 통해 차량용 MLCC를 글로벌 완성차업체에 공급하고 있다. 반도체와 디스플레이 부품 중심이던 콘덴서를 자동차(친환경차)로 확대 적용한 것이다.

이런 노력으로 국내 MLCC 1위인 삼성전기에 이어 2위 업체로 자리잡았다. 일반 차량용 MLCC 수요증가에 더해 엄청난 양의 MLCC를 필요로 하는 전기차 시장의 급속한 성장에 기반해서 앞으로도 가파른 실적 성장세가 예상되고 있다.

〈그림 5-13〉 2010년 이후 하락세를 보인 주가

* 자료: 대우증권

2010년 이후 한동안 주가가 약세를 면치 못한 이유와 투자기회

이 회사는 2010년~2011년에 MLCC관련 설비증설에 따른 자금지출과 감가상각비 등 고정비 증가 및 IT 전방산업 부진 등으로 인해 한동안 실적이 다소 저조하기도 했다. 일반적으로 대규모 설비투자는 일시적인 유동성 부족으로 재무건전성이 악화되는 착시현상을 일으킨다. 이것이 투자자들에 반영되어 주가가 하락한 것이다. 게다가 하필 그 기간에 관련산업의 부진 등이 겹치면서 암흑기를 보냈다. 이 기간이 바로 저점매수로 투자에 나설 수 있는 좋은 타이밍이었다(〈그림 5-13〉 참조).

한발 앞선 설비투자와 자동차분야로의 사업확장이 물 만나 8배나 주가 급등

이후 관련 시장의 급격한 성장과 투자비용의 상쇄, 실적개선 등의 호재가 겹치면서 실적이 크게 개선되었다. 이런 사항은 이 회사의 재무제표를 통해서도 알 수 있다. 〈표 5-4〉를 보면 삼화콘덴서는 매출액이 꾸준히 증가

〈표 5-4〉 삼화콘덴서 주요 재무제표

구분	2014년	2015년	2016년	2017년(추정)
매출액	1,621	1,588	1,725	1,938
영업이익	−38	54	95	183
순이익	−60	29	57	142

* 단위: 억 원, * 자료 : 금융감독원 전자공시시스템(DART)

〈그림 5-14〉 2015년 이후 가파른 상승세를 보이는 주가

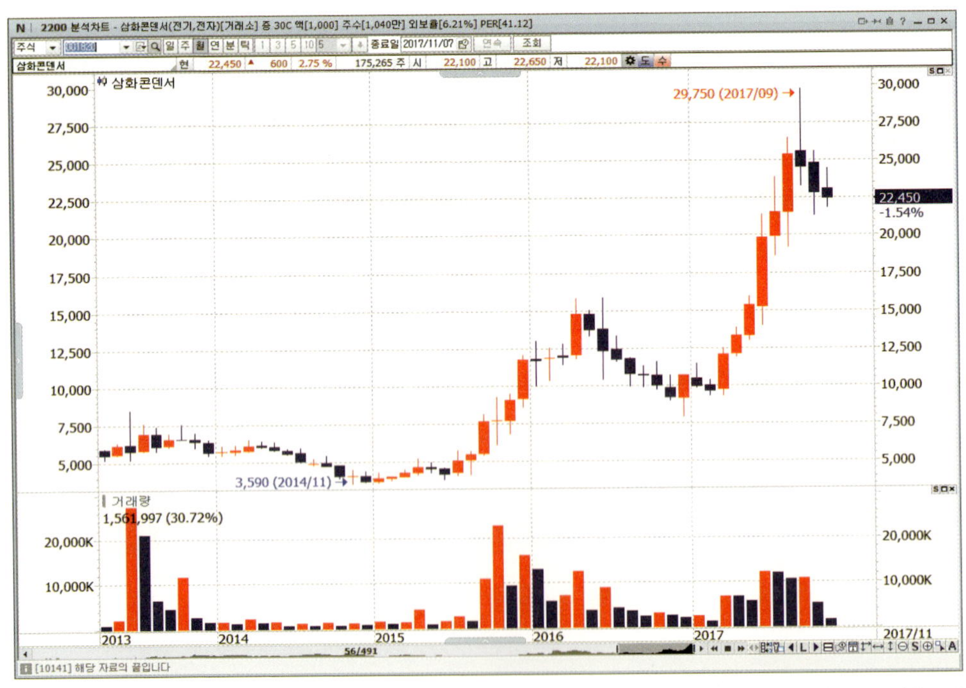

* 자료: 대우증권

하고 있는 추세이다. 특히 영업이익과 순이익이 매출액 증가대비 뚜렷한 상승세를 보이면서 착실히 성장성과 내실을 다지는 모습임을 알 수 있다.

이처럼 시장상황이 우호적으로 바뀌고 실적이 개선되면서 주가는 2015년부터 가파른 상승세를 이어가면서 2017년 9월 한때 3만 원에 육박하는 등 기염을 토했다. 2014년 말 3500원 대비 8배 가량 상승한 셈이다.

2017년 들어서 코스피지수가 급등세를 보이면서 전기차 관련 부품·소재 기업들의 주가가 투자수익률 부문 상위순위를 휩쓸고 있다. 삼화콘덴서는 삼성전자 같은 대형주에 비해 체급이 가볍다. 반면에 세계 각국의 자동차 메이커들이 전기차 투자를 확대해 배터리 관련 업체들의 사업 전망이 힘을 받고 있어서 향후에도 투자유망 종목으로 예상되고 있다.

|2| 스마트팩토리·공장자동화의 첨병인 첨단로봇 제조회사 – 로보스타

'로보스타'는 디스플레이, IT분야 등의 생산공정에 활용되는 산업용 로봇 생산기업이다. 1999년 2월 26일에 산업용 로봇 제조업 등을 주목적으로 설립되어, 2011년 10월 17일 코스닥시장에 상장되었다. 디스플레이, 자동차, 기타 전기전자산업 분야 등의 다양한 제조현장에서 공정 내 자동화 작업을 수행하기 위해 활용되는 산업용 로봇, FPD장비와 IT부품제조장비 등의 제조·판매를 주요 사업으로 하고 있다.

2004년 디스플레이용 정밀 공정장비 기술이전 프로젝트, 2011년 양팔 로봇 기술 국책과제 공동참여 등 로봇분야의 강소強小기업으로 성장하고 있다. 또한 LG그룹이 많은 지원을 아끼지 않는 3차 협력업체로써 중요하게 관리되고 있는 회사이기도 하다.

LG의 기대와 지원을 받는 작지만 강한 협력업체

2017년 9월 7일 구본준 LG부회장, 박진수 LG화학 부회장, 한상범 LG디스플레이 부회장, 조성진 LG전자 부회장 등 LG의 제조부문 계열사 최고경영진과 사업본부장 등 30여 명이 수원에 위치한 3차 협력업체인 로보스타를 방문했다. 직접적으로 관련이 있고 비중이 큰 1차 협력업체도 아니고 3차 협력업체인 이 조그만 회사에 LG그룹 수뇌부가 그것도 수십 명이 한꺼번에 몰려간 이유는 무엇일까?

LG그룹의 수뇌부는 이 자리에서 로보스타가 생산해서 상위 협력업체에 납품하는 장비의 국산화를 통한 상생협력 강화와 향후 추진과제를 논의했다. LG는 상생협력 활동을 가속화해서 협력회사들이 강소기업으로 성장

〈그림 5-15〉 2014년 이후 꾸준한 상승세를 이어가는 주가

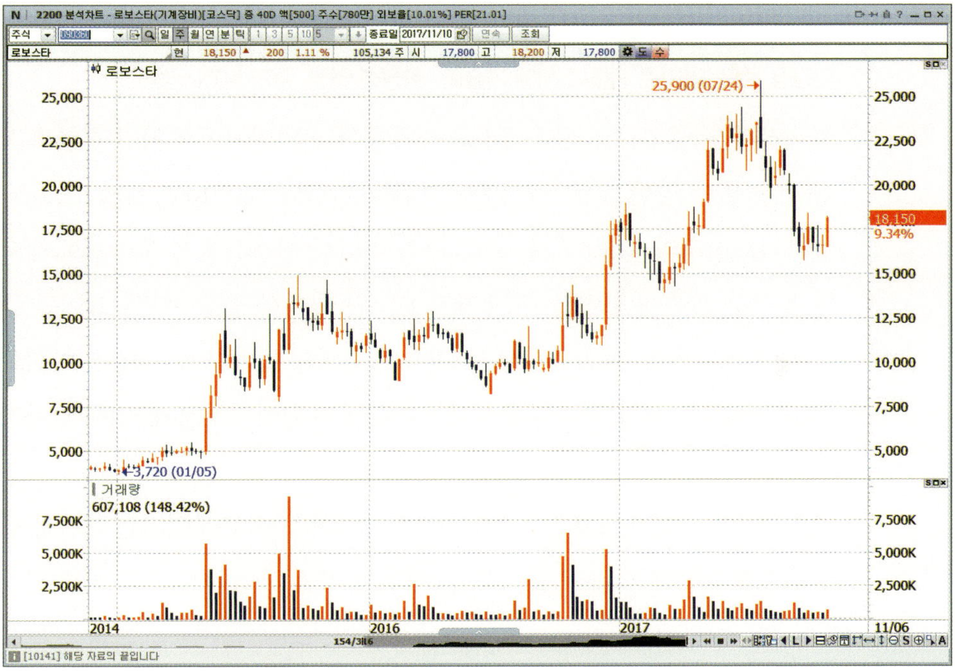

* 자료: 대우증권

할 수 있는 방안을 강구하기 위해 이 회사와 이런 자리를 마련한 것이다.

LG는 1차~3차 구분 없이 핵심기술력을 가진 협력사 지원을 통해 국산화율을 높이는 노력을 해왔다. 이런 노력으로 LG디스플레이의 30개 장비 협력사의 매출은 지난 2007년 1조4천억여 원이던 것이 2016년에는 4조 원 규모로 커졌고 고용규모도 2~8배나 늘었다. 로보스타는 일반인에게는 잘 알려져 있지 않지만 LG와의 상생협력을 통해 장비를 국산화한 후 수출판로를 확대하고 사업확장으로 성장한 대표적인 협력회사 중의 하나이다.

LG그룹과의 이런 돈독한 관계와 기술개발을 통한 성장으로 2014년 3천원 대에서 맴돌던 주가는 2017년 2만5천 원 대를 돌파하기도 하는 등 꾸준

한 상승세를 이어가고 있다.

인간형 로봇 '아미로' 개발소식에 기술력·성장성 인정, 주가 50% 급등

한국기계연구원이 LG전자, 로보스타와 함께 산업현장에서 사람과 함께 작업할 수 있는 양팔 로봇 '아미로AMIRO'를 개발했다고 2016년 10월 17일 밝혔다. LG전자와 로보스타는 2017년까지 양산 시스템을 구축하기로 했다는 뉴스가 시중에 퍼졌다. 이때까지 1만 원 대에서 소강상태를 보이던 주가는 아미로 발표 전후 급등해서 1만4천 원대를 돌파하기도 했다. 아미로라는 로봇의 장점과 의미가 무엇이길래 이렇게 갑자기 50% 가까이 주가가 훌쩍 뛴 것일까?

아미로는 키가 185cm, 양팔을 벌렸을 때 길이가 80cm 정도인 인간형 로봇으로 양손을 자유롭게 움직일 수 있어서 기존 산업형 로봇에 비해 훨씬

〈그림 5-16〉 아미로 개발 발표 전후 급등하는 주가

1만 원대에서 소강상태를 보이던 주가는 아미로 발표 전후 급등해서 1만4천 원대를 돌파함.

* 자료: 대우증권

정밀한 작업을 할 수 있다. 게다가 로봇 본체뿐만 아니라 조작부, 연결케이블 등을 소형·간소화해서 기존의 산업용 로봇에 비해 좁은 작업공간에서도 사람과 함께 작업할 수 있다는 장점이 있다. 그래서 휴대전화나 자동차, 오디오 같은 IT제품 생산공정에 투입되어 조립·포장 등 사람의 움직임과 거의 비슷하게 작업하는 등 다양한 분야에서 활용할 수 있다.

향후 산업용 로봇시장에서 경쟁력 갖춰, 지속적인 주가상승 기대감

최근 일본 ABB사의 '유미YuMi' 등 생산용 양팔로봇 출시가 잇따르는 상황에서 로보스타는 LG전자와 협력해서 양산시스템 구축을 통해 시장선점에 나선다는 전략이다. 아미로는 최대 5kg의 물건을 들고 운반하거나 조립할 수 있다. 현재 시장을 주도하고 있는 일본 ABB사의 유미는 최대 운반능력이 500g 정도에 불과하기에 성능 면에서 충분히 경쟁력이 있다. 양산시 예상 가격도 5천만 원대인 유미와 비슷해서 가격경쟁력에서도 밀리지 않을 전망이다.

로보스타는 최근 매출액과 수익성 지표에서 꾸준한 상승세를 이어왔다. 이에 비례해서 주가도 꾸준한 상승세이다. 이에 더해서 로봇 아미로가 본격적으로 시장에 선을 보이기 시작하는 2018년 이후에는 더 큰 성장세를 이어갈 수 있을 것이다.

〈표 5-5〉 로보스타 주요 재무제표

구분	2014년	2015년	2016년
매출액	970	1,306	1,517
영업이익	20	103	68
순이익	19	93	68

* 단위: 억 원, * 자료 : 금융감독원 전자공시시스템(DART)

|3| 첨단반도체 개발의 기반작업을 지원해주는 전문업체
– 솔브레인

솔브레인은 반도체 및 전자관련 화학재료 제조 및 판매 등을 영위할 목적으로 1986년 5월 6일 (주)테크노무역으로 설립되었다. 2000년 1월 18일에 코스닥시장 상장 후 2011년 (주)솔브레인으로 상호를 변경했다. 이 회사는 반도체 공정용 화학재료, 디스플레이 공정용 화학재료, 2차 전지 전해액 등을 생산하고 있으며 국내의 주요 반도체, 디스플레이 제조사, 2차 전지 제조사에 제품을 공급하고 있다.

솔브레인의 중요한 특징은 반도체 식각액 전문생산 공급업체라는 점이다. '식각(触刻, etching)'은 증착 공정 후 웨이퍼 위로 얹어진 각종 박막을 화학 반응으로 깎아 내는 공정이다. 배선을 위해 구멍을 뚫거나 라인 패턴을 새길 때에 이런 식각공정을 하게 되는데 이때에 사용되는 재료가 바로 식각액이다.

꾸준하게 고점을 높여가며 성장하는 솔브레인의 주가

이 회사는 최근 약 10년간 주가가 꾸준한 상승세를 이어왔다. 물론 중간에 상승과 조정을 거치면서 고점과 저점을 형성하는 전형적인 주가움직임을 보이면서 상승했다. 〈그림 5-17〉에서 보듯이 이 종목은 하락하면 반등해서 신고가를 경신하고 다시 조정을 받아서 주춤하다가 다시 상승하는 패턴을 보이면서 장기적으로는 주가가 우상향을 향하고 있다.

어떤 배경이 이런 주가패턴을 형성하게 만들었을까? 그 해답은 이 회사의 주요제품 매출구성과 시장점유율 자료를 보면 알 수 있다. 주요 생산제품은 반도체재료와 디스플레이재료이다. 이들 재료는 단기적으로는 관련

〈그림 5-17〉 등락을 반복하면서 꾸준하게 고점을 높이는 주가

* 자료: 대우증권

업종의 호황과 불황의 주기에 맞춰서 수익성이 좋았다 악화되었다 했지만 장기적으로는 시장이 크게 성장하면서 매출과 수익 모두 좋아지고 있는 분야이다.

특히 이 회사는 주요제품의 시장점유율이 반도체소재의 경우 80%가 넘고 다른 분야도 30%~40에 이르고 있다. 이와 같은 시장점유율은 결국 장기적으로는 안정적인 매출과 손익구조를 형성할 수 있게 해주고 있다. 이런 배경으로 이 종목의 주가는 단기적인 화끈한 상승은 없었지만 나름 부침을 겪으면서도 꾸준한 상승추세를 이어올 수 있었던 것이다.

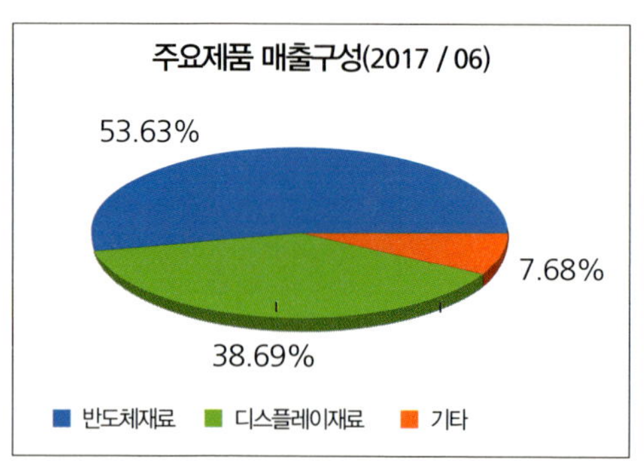
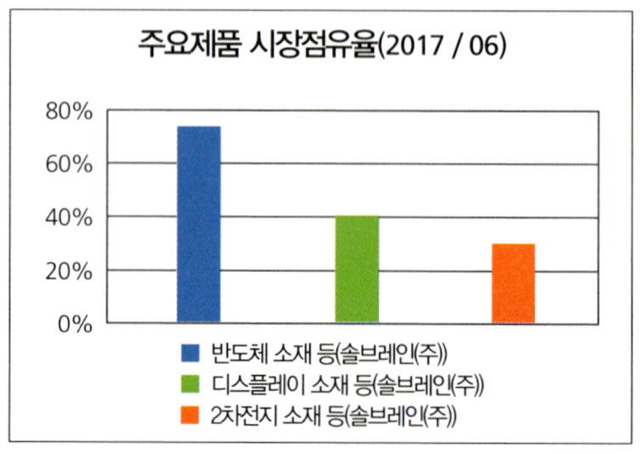

〈그림 5-18〉 솔브레인 매출구성 및 시장점유율

* 자료: 금융감독원 전자공시시스템(DART)

전방산업의 불황 · 활황에 크게 영향 받는 실적과 주가

장기적으로는 꾸준한 성장세가 예상됨에도 불구하고 이 종목은 2016년 7만 원 가까이 상승한 주가가 연말에 들어오면서 4만 원대까지 하락했다.

〈그림 5-19〉 최근 전방산업 위축(하락) → 활성화(상승)에 따른 주가

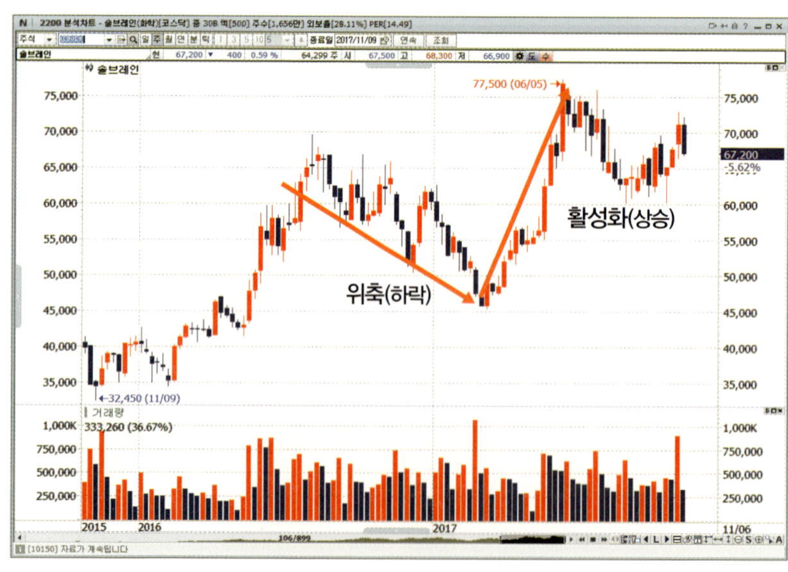

2016년 하반기 전방업종의 위축으로 하락한 지수는 이후 고객사의 대규모 증설로 상승세로 전환되었음.

* 자료: 대우증권

이 구간에서는 매출 단가 인하와 3D낸드 소재 변경에 따른 우려 등이 작용해서 주가가 하락세를 면치 못했다. 하지만 이런 구간은 반대로 저점매수의 기회를 제공하는 계기가 되기도 한다.

이후 2017년에는 이 회사의 주요 고객사들이 신규 3D NAND(3차원 수직구조 플래시메모리)를 증설할 예정이고 DRAM 매출 역시 늘어날 것으로 예상되었다. 특히 메모리 반도체인 낸드플래시 제조방법이 기존 2D에서 3D로 진화하면서 증착과 식각의 공정횟수가 증가되어 반도체 식각액 1위 업체인 솔브레인의 중장기 실적전망을 좋게 만들었다. 실제로 2017년 2분기 들어서면서 반도체시장 호황과 고객회사인 삼성전자 평택라인의 가동이 본격화하면서 실적도 크게 좋아졌다. 이런 상황변화는 당연히 주가상승에 대한 기대심리로 이어져서 주가가 큰 폭으로 상승하고 있다(〈그림 5-19〉 참조). 게다가 앞으로 2~3년간 반도체 업체들의 대규모 증설이 계획되어 있기에 이에 따른 식각 소재 매출이 크게 증가할 것으로 전망된다.

이런 분위기를 반영하듯 이 회사의 최근 4년간 재무제표를 보면 매출액과 영업이익이 꾸준하게 상승해왔고 특히 순이익이 큰 폭으로 상승하면서 내실이 탄탄해지는 것을 확인할 수 있다.

<표 5-6> 솔브레인 주요 재무제표

구분	2014년	2015년	2016년	2017년(추정)
매출액	5,386	6,279	7,225	7,702
영업이익	480	1,011	1,051	1,086
순이익	364	806	745	603

* 단위: 억 원, * 자료 : 금융감독원 전자공시시스템(DART)

삼성전자가 투자하는 회사, 그 자체로도 검증되는 기술력과 사업안정성

2017년 10월 말 삼성전자가 반도체 주요협력사인 솔브레인에 550억 원에 달하는 투자를 단행하기로 결정했다. 삼성전자는 반도체사업의 핵심부품 소재를 공급하는 협력사인 솔브레인과 안정적인 공급관계를 유지하고 차세대 소재도 공동으로 개발하기 위해 지분투자에 나섰다. 이는 전략적 제휴관계를 강화하기 위한 포석으로 풀이되고 있다.

삼성전자가 이런 투자를 단행한 것은 이 회사의 기술력과 제품특성에 기인한다. 주력제품인 인산계 식각액이 확보한 80%에 달하는 점유율(과점적 지배력)과 기술적 진입장벽(단기투자로 바로 따라 잡을 수 없는 기술분야)을 고려하면 앞으로 몇 년간은 독보적 경쟁력을 유지할 수 있는 것으로 평가되고 있다. 이런 점을 삼성전자가 파악하고 안정적인 수급과 기술개발을 협력하기 위해서 일종의 안전장치 차원에서 솔브레인에 투자한 것이다.

이처럼 장기적으로 관련업종의 호황과 삼성전자를 비롯한 고객사에 안정적인 납품이 가능하다는 것을 고려할 때 이 종목의 투자수익 전망은 상당히 밝은 편이다. 장기적으로는 4차산업혁명의 기반인 반도체산업의 성장으로 앞으로도 수혜종목으로 구분되어 성장세가 예상되는 종목이다.

| 4 | 글로벌시장에서도 당당히 어깨를 겨루는 바이오 복제약 전문기업 – 셀트리온

셀트리온은 1991년 설립되어 2005년 코스닥시장에 상장되었으며 단백질 의약품의 연구, 개발 및 제조를 주요 사업으로 하는 기업이다. 생명공학기술 및 동물세포대량배양기술을 기반으로 항암제 등 각종 단백질 치료제를 개발, 생산하는 것을 목적사업으로 하고 있다.

우리나라 바이오의약품 수출실적의 60%를 차지하는 셀트리온

셀트리온은 바이오 복제약 1위 기업으로 2017년 미국과 유럽에서 1조 원의 바이오시밀러(바이오 복제약) 매출을 올릴 것으로 예상되는 기업이다. 이 종목은 최근 지속적인 주가상승으로 시가총액이 13조 원을 돌파하면서 코스닥시장 시가총액 1위에 올라섰다.

이 회사의 주요매출품목 중 다국적 제약사 얀센의 자가면역질환 치료제 '레미케이드'의 바이오 복제약인 '램시마'는 2018년 미국시장 점유율 30%, 로슈의 혈액암 치료제 '리툭산'의 바이오 복제약인 '트룩시마'는 유럽시장 점유율 50%를 목표로 하고 있다. 이 중 램시마는 세계 최초의 단일클론 항체 바이오시밀러이자 자가면역질환 치료제로, 한국식약처[MFDS], 유럽연합 집행위원회[EC], 캐나다, 일본 후생성, 2016년엔 미국 FDA의 판매승인을 획득했다. 램시마의 2016년 수출실적은 6억3569만 달러(약 7377억 원)로 2015년 4억 3932만 달러(약 4970억 원) 대비 45%가량 증가했는데 이는 우리나라 전체 바이오의약품 수출실적 10억 6397만 달러(1조2346억 원)의 절반 이상인 60%를 차지하는 비중이다.

혈액암 치료제 트룩시마[CT-P10]는 2016년 11월 한국식약처, 2017년 2월

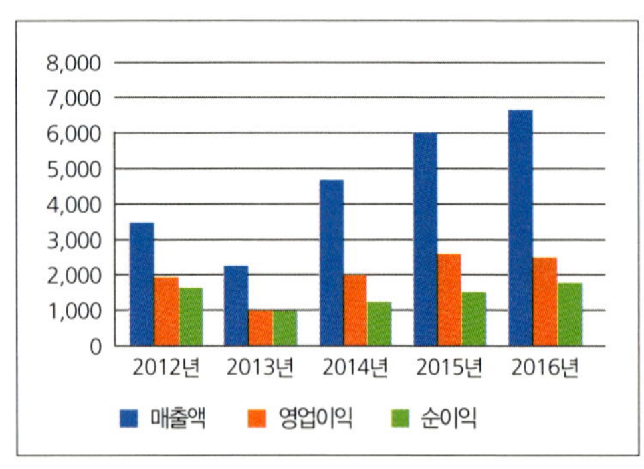

〈그림 5-20〉 셀트리온 주요재무항목과 주가

* 자료: 금융감독원 전자공시시스템(DART)　　　　　　　　　　　* 자료: 대우증권

유럽 EMA에서 판매 허가를 취득해서 2017년 4월부터 유럽 국가에서 판매를 시작했으며, 미국 등 글로벌시장으로 확대될 예정이다.

〈그림 5-20〉에서 보는 것처럼 2012년부터 매출액을 비롯한 주요항목이 꾸준한 성장세를 이어오고 있다. 2012년에 3천억 원대였던 매출액은 2016년에 6천억 원을 돌파하고 2017년에는 1조 원을 가뿐히 넘길 것으로 예상되고 있다. 이런 실적에 힘 입어 2013년에 4만 원 대를 넘나들던 주가는 꾸준한 상승세가 이어지면서 2017년 10월 한때 20만 원을 돌파하면서 5배나 급등했다.

유가증권시장으로 이전상장은 단기적으로 주가에 큰 호재로 작용

특히 2017년 10월 들어서면서 주가는 14만 원대에서 순식간에 급등하면서 20만 원대를 돌파하고 있다(〈그림 5-21〉 참조). 기업실적의 향상으로 주가가 이에 수렴해서 같이 상승하다가 마치 폭죽 터지듯이 활활 타오른 이유는 무엇일까?

코스닥시장에 상장되어 있던 셀트리온은 9월 29일에 유가증권시장으로 이전상장을 한다고 발표했다. 이 발표 이후 소위 말하는 회사 인지도·신뢰

〈그림 5-21〉 유가증권시장으로 이전상장 결정 발표 이후 급등하는 주가

* 자료: 대우증권

도 상승이 기대되어 투자자들이 몰리면서 주가가 급등했다. 유가증권시장으로의 이전상장이 효과 좋은 호재로 작용한 것이다. 이처럼 이전상장에 대한 소식은 단기적으로는 주가에 우호적으로 반응한다.

생산시설 확대로 전 세계 엄청난 시장규모에 도전

이후 셀트리온은 11월 3일 미국 제약사 '박스터'의 위탁생산CMO 사업부문 계열사 '박스터 바이오파마 솔루션BPS'과 바이오시밀러 완제의약품에 대한 위탁생산 계약을 체결했다고 밝혔다. 램시마의 미국시장 점유율이 빠른 속도로 높아지자 미국 내 제품공급 안정성을 확보하기 위해 미국 현지기업에 램시마 완제의약품 생산을 맡기기로 한 것이다. 세계에서 가장 큰 바이오의약품 소비시장인 미국에 생산거점을 확보한 셈이다. 향후에 '트룩시마'와 '허쥬마'가 미국 FDA 승인을 받으면 위탁 생산품목을 확대해 나갈 계획이다.

이 외에도 셀트리온은 2016년 5월, 14만 리터 생산규모의 송도공장을 2021년까지 단계적으로 총 31만 리터 규모로 확충하기로 이사회에서 결의했다. 이에 따라 약 3251억 원을 투자해 5만 리터 규모의 1공장을 10만 리터 규모로 증설하는 한편 12만 리터 규모의 3공장을 신설하기로 했다.

이런 노력은 결국 추가적인 실적향상과 주가상승으로 이어지는 선순환 구조를 만들어 내고 있다.

|5| 국내 최대 음원서비스(멜론)에 AI음악시장 선점 – 로엔

로엔(엔터테인먼트)은 원래 1978년 '서울음반'으로 출발했고 2001년 YBM 서울음반이라는 이름으로 코스닥에 상장되었다. 2005년에는 SK텔레콤에 인수되었고 2008년에 로엔엔터테인먼트로 회사명을 변경했다. 2013년에는 사모펀드PEF인 스타인베스트홀딩스리미티드로 소유권이 넘어갔다가 2016년 카카오의 자회사가 되면서 주인이 바뀌었다.

로엔은 음원시장 점유율 1위인 멜론, 아이유, JBJ 등이 속한 페이브엔터테인먼트, Mnet '프로듀스101' 시즌2 주학년을 포함한 더보이즈의 크레커엔터테인먼트 등을 자회사로 두고 있다. 여기에다 레이블로 플랜에이엔터테인먼트, 스타쉽엔터테인먼트, 킹콩by스타십 등을 운영 중이다.

로엔의 대표적인 매출구조는 음원서비스인 '멜론'이다. 멜론은 2010년 초반 한 곡당 다운받던 시장에서 국내 처음으로 음원 스트리밍(실시간 감상) 서비스를 출시하면서 단숨에 디지털 음원시장 1위로 올라섰다.

스마트폰 보급, 음원 가격인상, 스트리밍 서비스, SK텔레콤의 4박자는 가격급등의 서막

예전에는 온라인에서 PC로 음원을 다운받아 휴대폰으로 다시 옮겨야 했다. 그러다가 스마트폰과 LTE가 보급되면서 휴대폰으로 직접 음악을 다운로드하거나 안정적인 네트워크 환경에서 스트리밍 서비스를 이용할 수 있게 되면서 온라인 음원시장이 지속적으로 커졌다. 게다가 로엔은 국내 이동통신시장 점유율 1위인 SK텔레콤이라는 막강한 고객층을 업고 멜론서비스를 하고 있었기에 가입자 확보가 용이해서 실적성장이 지속될 수 있었다.

<그림 5-22> 박스권이던 주가, 2014년부터 상승추세 시작

* 자료: 대우증권

2010~2013년까지만 해도 1만~2만 원대의 박스권에서 맴돌던 로엔의 주가는 이런 환경변화의 수혜를 입고 2014년부터 본격적으로 상승하기 시작한다. 2015년 상반기에는 10만원 대를 찍으면서 1년 반 만에 5배가량 상승하면서 고공행진을 이어가는가 싶은 분위기를 형성하기도 했다.

투자분위기 위축으로 맞이한 조정국면, 오히려 저점매수 할 매수 타이밍

10만 원대를 찍으면서 고공행진을 이어갈 것 같던 지수는 2015년 하반기 들어서 하락 반전한 후에 박스권에서 횡보를 이어갔다. 로엔에 무슨 일이 있었던 것일까?

* 자료: 대우증권

    당시 음원 징수 개정안 발표지연 및 음원사재기 이슈 등이 나타났고 회사매각 소문이 돌기도 하면서 다소 어수선한 분위기로 투자부위기가 위축되었다. 또한 2016년 1월 카카오에 인수되면서 주가가 10만 원을 다시 찍기도 했지만 이후 카카오와 로엔의 시너지에 대한 우려와 함께 경쟁사들의 공격적인 프로모션, 애플뮤직의 국내 진출 등이 악재로 작용하며 상승세를 이어가지 못했다.

    이런 이유로 주가는 조정국면을 맞으면서 소강상태를 보였다. 하지만 이때가 오히려 저점매수 기회였다. 시장의 부정적인 분위기에 비해 로엔의 실적은 꾸준하게 토대를 견고히 하면서 추가적인 주가상승을 견인할 준비를 하고 있었다.

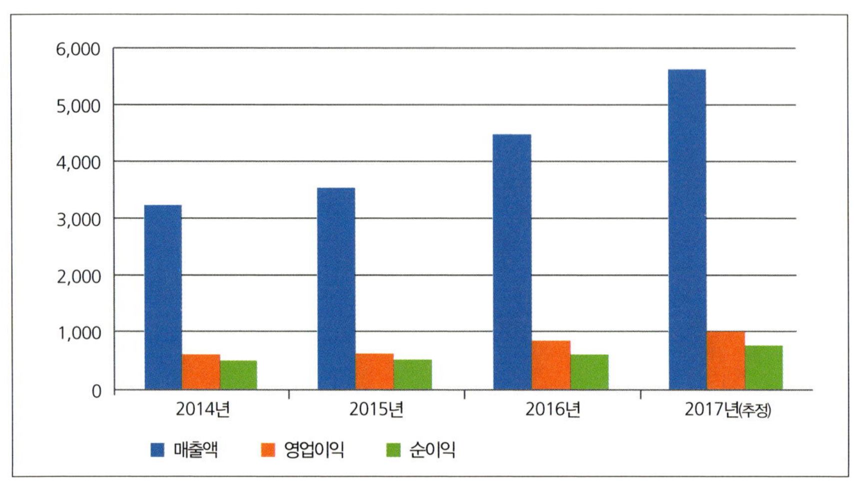

〈그림 5-24〉 매년 큰 폭으로 꾸준한 성장을 하는 로엔 실적

* 단위: 억 원 * 자료: 금융감독원 전자공시시스템(DART)

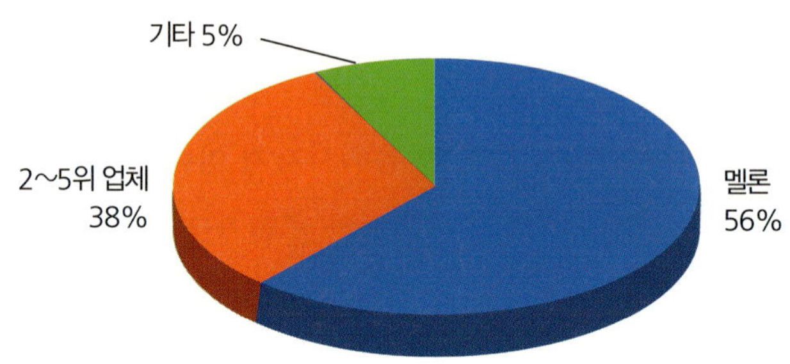

〈그림 5-25〉 로엔의 멜론서비스 음원시장 점유율

* 2~5위 업체: 지니뮤직, 벅스, 네이버뮤직, 엠넷닷컴
* 자료 : 금융감독원 전자공시시스템(DART)

매년 큰 폭으로 오르는 꾸준한 매출신장과 수익창출은 추가상승의 도화선

2016년 1월 인터넷기업 카카오의 자회사가 된 로엔(로엔엔터테인먼트)은 최근 몇 년간 매출액과 영업이익, 순이익 모두 적지 않은 폭으로 꾸준하게 성장하고 있다. 2014년에 3천억 원대였던 매출은 2017년(추정치)에 6천억 원

에 육박하면서 불과 3년 만에 2배에 달하는 성장을 했으며 영업이익과 순이익 역시 1.5~2배로 늘어나면서 외형뿐만 아니라 내실까지 탄탄하게 다지는 성장세를 이어가고 있다(〈그림 5-24〉 참조).

게다가 로엔의 음원서비스인 멜론은 압도적인 시장 1위를 고수하고 있다. 〈그림 5-25〉은 2017년 기준 우리나라 음원시장 점유율이다. 빅5의 음원서비스 중에서 1위인 멜론이 유료가입자 수가 440만 명을 돌파하면서 과반수가 넘는 56%에 달하고 나머지 2~5위 업체인 지니뮤직, 벅스, 네이버뮤직, 엠넷닷컴을 다 합쳐도 38%에 불과해서 멜론에 비할 바가 못 된다.

모회사 서비스인 4천만 명 이상의 카카오톡 이용자를 대상으로 별도가입 없이 멜론의 음악을 듣게 하는 전략이 제대로 먹히면서 이용자수가 급증했다.

앞에서 설명한 것처럼 시장점유율과 실적이 따라주니 주가도 이에 상응해서 2017년에 다시 가파른 상승세를 타기 시작해서 이전 고가인 10만 원을 돌파하고 11만8천 원대를 찍으면서 재차 상승세를 이어가고 있다.

결국 로렌의 주가는 상승 → 조정을 반복하면서 고점을 높여가고 있기에 조정국면에서의 매수타이밍을 제공하고 있다. 2010년에 5천 원을 전후한 가격을 형성하던 주가는 2011년에 2만 원을 돌파한 후 조정국면을 거치고 2014년~2015년 상승의 급물살을 탄 뒤에 2016년 다시 조정을 받고 2017년 들어서 신고가를 경신하면서 11만 원을 전후한 가격대를 형성하고 있다. 2010년 대비 20배가 넘는 상승을 한 것이다.

생산투자가 필요 없는 콘텐츠 매출과 AI 스피커 등 향후 전망도 밝아

로엔의 주요제품 매출구성을 보면 콘텐츠가 82%를 넘고 있다. 제조업에 기반한 업종의 경우 매출액을 늘리기 위해서는 그만큼의 시설·장비투자가 필요하고 생산시설을 확장하는 데는 적지 않은 시간이 필요하다. 반면에

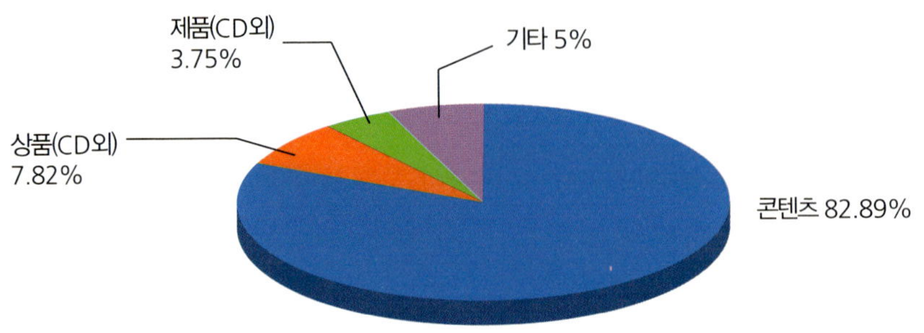

〈그림 5-26〉 로엔 주요제품 매출구성(2017년)

* 자료 : 금융감독원 전자공시시스템(DART)

콘텐츠는 서비스 개념이기 때문에 상대적으로 생산시설 투자비용과 시간 면에서 훨씬 유리하다. 이 점이 바로 로엔이 가지는 장점이다. 제조업에 비해 매출확장에 탄력성이 좋아서 수요증가에 빠르게 대응할 수 있는 것이다. 이는 사업확장과 수익성 증대에 적지 않은 장점으로 다가온다.

멜론은 PC 주요 브라우저, 국내 출시 스마트폰·태블릿PC OS, 스마트 TV, Car Navigation, Wearable Device 등 음악 플랫폼 사업자 중 가장 많은 기기와 운영체제를 지원한다. 음원 이용자가 지불하는 월정액의 40%를 수수료로 받는다. 애플이나 구글 앱스토어에서 유료게임이나 음악을 서비스할 경우 애플이나 구글이 30%의 수수료를 받는 데 비해 10%나 더 받고 있다. 이에 대한 비판의 소리도 있지만 수익성 면에서는 아주 '짭짤한 장사'를 하고 있는 셈이다. 로엔은 멜론의 디지털음원시장의 독점을 바탕으로 음원배급과 제작으로 사업영역을 확장하고 있다.

또한 카카오계정 연동 효과가 나타나면서 가입자당 매출액이 지속적으로 증가하고 있다. 또 인공지능[AI] 스피커나 스마트카 등의 등장으로 인해 서비스를 제공할 수 있는 플랫폼이 늘어나고 있다는 점도 긍정적인 요소로 꼽히고 있다.

|6| 세계적인 반도체업체에 흑연소재 독점 납품
　　　 – 티씨케이

티씨케이는 1996년에 한국도카이카본(주)라는 이름으로 설립되었다. 일본 도카이카본과 국내 반도체 장비회사인 케이씨텍, 승림카본금속 등 3개 회사가 30억 원의 자본금을 공동으로 투자해서 합작으로 회사를 세웠다. 주요 제품으로는 반도체와 태양전지를 만드는 장비의 부품으로 사용되는 인조흑연graphite과 국내 유일하게 국산화에 성공한 LED Chip 생산용 Susceptor, 반도체 장비용 SiC-Ring, SiC-Wafer 등을 제조·판매하고 있다. 2001년에는 상호를 티씨케이로 변경했으며 2003년에 코스닥시장에 상장했다. 이름에서 알 수 있듯이 1918년에 설립된 탄소제품 생산회사인 일본업체 도카이카본이 지분율 35.4%로 최대 주주이다. 2대 주주는 지분율 26.8%인 케이씨텍, 3대 주주는 6.7%인 승림카본금속이다.

4차 산업혁명 기반인 태양광·반도체 제조설비 소재 독점 공급하는 숨은 알짜배기

티씨케이의 주력 사업은 고순도 흑연제품 제조이다. 인공 흑연을 고온으로

〈그림 5-27〉 주요제품 매출구성과 시장점유율

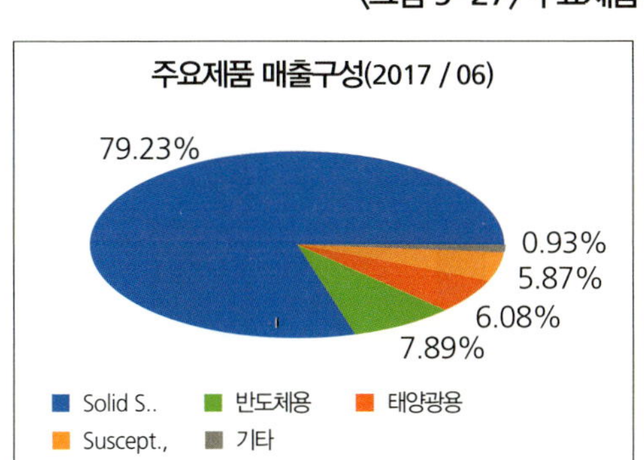

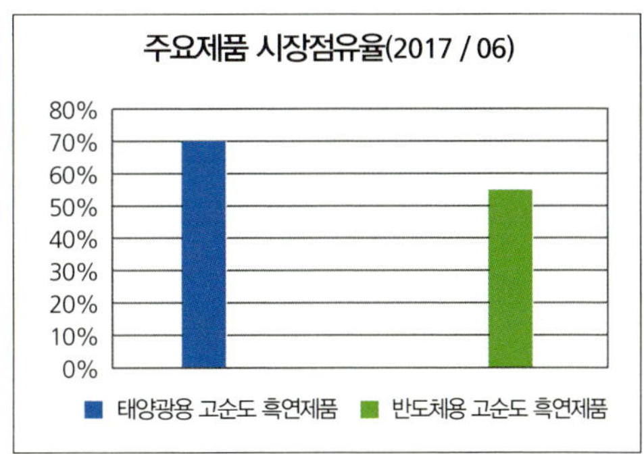

* 자료: 금융감독원 전자공시시스템(DART)

가공해서 반도체와 태양광 제조용 설비에 사용되는 흑연제품 소재를 생산한다. 이 회사의 고순도 흑연제품의 시장점유율은 〈그림 5-27〉에서 보는 것처럼 60%~70%에 달한다.

이 회사는 최근 전방산업인 반도체 호황에 힘입어 반도체 공정부품의 판매가 급증했다. 삼성전자를 비롯해서 미국 1, 2위 반도체 업체인 어플라이드머티리얼즈와 램리서치에 제품을 납품하고 있다.

〈그림 5-28〉에서 보듯이 2014년부터 2017년(추정, 순이익데이터 없음)까지 이 회사는 매출액과 영업이익, 순이익 모두 가파른 성장을 지속해왔다. 게다가 2017년에도 상반기 누적 매출액과 영업이익이 전년 동기 대비해서 각각 26.8%, 38.6%나 증가했고 수주잔고도 200억 원대가 넘어서 실적 호조세가 이어지고 있는 상황이다. 그런데 단지 외형적인 부분만 성장하고 있는 것이 아니라 내실 면에서 알짜배기 장사를 하고 있는 것을 알 수 있다(〈표 5-7〉 참조).

매출증가세 외에 영업이익률과 순이익률이 각각 매출액 대비 20%~30%대를 넘어서면서 엄청나게 '남는 장사'를 하고 있다. 제조업 평균이익

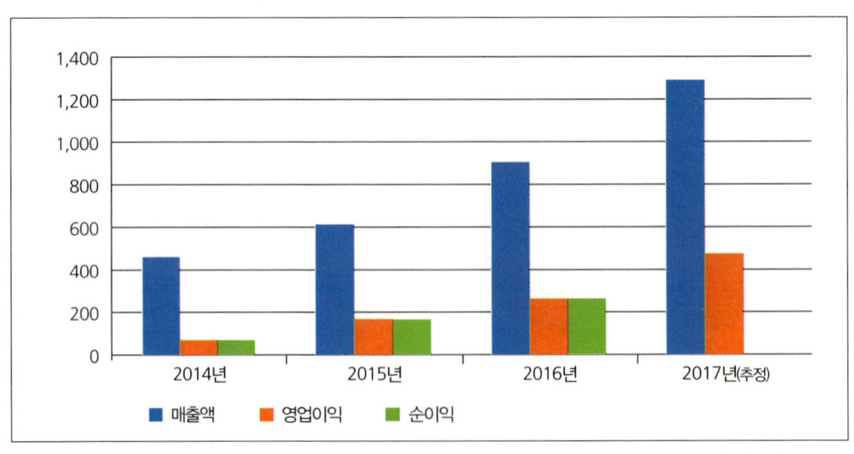

〈그림 5-28〉 티씨케이 주요 재무제표

* 단위: 억 원 * 자료: 금융감독원 전자공시시스템(DART)

률이 평균 5~8%의 한 자리 숫자에서 간신히 유지되고 있는 것을 감안하
면 4~5배나 높은 수준이다.

<표 5-7> 최근 4년간 영업이익률·순이익률

구분	2014년	2015년	2016년	2017년(추정)
영업이익(%)	15.59	25.98	30.67	36.82
순이익(%)	10.50	21.26	25.42	29.46

* 단위: 억 원, * 자료 : 금융감독원 전자공시시스템(DART)

4차산업혁명의 기반을 형성하고 있는 반도체와 태양광 산업의 호황 가
운데 관련 설비에 사용되는 소재를 압도적인 시장점유율로 제공하고 있으
니 속된 말로 '가마니로 돈을 퍼 담고' 있다. 4차산업혁명 수혜주 종목의 일
부는 기업실적이 다소 아쉬워도 미래 성장성으로 인한 투자매력을 갖춘 데
에 비해 티씨케이는 실적과 성장성이라는 두 마리 토끼를 다 거머쥐고 있
는 셈이다.

독점 공급제품의 시설 확장은 기름에 불 붓는 주가상승 기회

이런 이유로 티씨케이는 2015년부터 주가가 가파르게 상승하고 있다.
2015년 초 1만 원 전후에서 형성된 주가는 이후 2016년 들어서 3만 원대
를 돌파하고 있다. 그러다 3월 이후 급등하는 모습을 보이고 있다. 왜 이렇
게 갑자기 상승세가 폭발적인 모습을 보인 것일까?

<그림 5-29>를 보면 그 답을 알 수 있다. 3월 말에 티씨케이는 Sic Ring
(반도체 부품)의 수요 증가로 제품 생산능력 확대를 위해 225억 원을 신규시
설 증설에 투자한다고 공시했다. 자기자본 대비 23.9%에 해당하는 큰 금
액을 들여 투자에 나서겠다는 것이다. 이 제품은 반도체 핵심 공정인 '식
각공정'에 적용되며 세계적으로 티씨케이에서만 제조되고 있는 독점제품

〈그림 5-29〉 신규시설 증설 투자 발표 후 급등하는 주가

* 자료: 대우증권

이다.

매출액과 이익률 성장세가 매우 높은 회사가 독점제품 생산시설을 확장하겠다고 나선 것이다. 시장에 '좌판'을 더 많이 깔겠다고 하니, 이는 '돈을 더 퍼 담아가겠다'는 소리이고 실적상승이 불을 보듯이 뻔한 호재이니 주가상승에 대한 기대감이 높아져서 투자자들이 몰렸다. 그 결과 주가는 4월 말경에 4만5천 원대를 돌파하면서 2015년 초 대비 4.5배나 상승했다. 이 기간에 투자한 투자자는 원금대비 4.5배의 수익을 거두고서 덩실덩실 춤을 추었을 수도 있겠다.

이제라도 투자하면 성공대열에, 경쟁자 등장은 저점매수의 좋은 기회

이 종목을 몰라서 투자기회를 놓친 투자자는 부럽기 그지 없는 상황이 아닐 수 없다. 하지만 아쉬움에 입맛만 다실 필요는 없다. 기회는 항상 또 오

〈그림 5-30〉 경쟁사 진입 우려로 주가하락(저점 매수 기회)

2016년 5월부터 경쟁사 진입에 대한 우려로 주가가 연말까지 하락함. 이때가 저점매수 기회였음. 2017년 들어 반등하면서 저점 대비 2배 상승함.

* 자료: 대우증권

는 법이다. 바로 저점매수의 포인트가 있다.

4만5천 원을 넘고 승승장구하면서 끝간 데 없이 상승할 것 같던 주가는 2016년 5월부터 하락세로 전환되어 연말까지 줄줄이 흘러내려서 3만 원대가 붕괴되고 있다(〈그림 5-30〉 참조). 티씨케이에 도대체 무슨 일이 있었던 것일까?

경쟁사가 시장에 진입한다고 알려지면서 이에 대한 우려로 주가가 하락한 것이다. 하지만 경쟁업체는 제조공법과 적용분야가 달라서 티씨케이가 입는 직접적인 피해는 거의 없었다. 게다가 같은 기술력을 확보하려면 최소 몇 년이 걸리는 것으로 알려지면서 2017년 들어서 주가는 다시 상승세로 전환되고 있다. 2016년 말 3만 원대가 무너진 저점 대비 2배 가까운 6만 원 대를 넘보는 수준까지 올라섰다(〈그림 5-30〉참조).

티씨케이의 사업영역이 전문적인 분야여서 아직 일반 투자자들이 관심을 갖고 있지 않지만 외국인과 기관투자자들은 높은 관심을 보여서 이미 적지 않은 투자수익을 올렸다. 그렇다면 뒤늦게 뛰어드는 개인투자자들은 '뒷북'이 되지는 않을까?

이제부터라도 4차산업혁명으로 실적과 성장이라는 두 마리 토끼를 잡고 투자수익이라는 열매를 맺어줄 숨은 알짜배기 종목에 관심을 가지고 투자에 나서도 늦지 않다. 위의 티씨케이 사례처럼 4차산업혁명 관련 수혜주도 매일 상승만 하는 것은 아니라 다른 종목들처럼 호재와 악재가 이어지고 상승과 하락을 반복하면서 투자자들에게 위기와 기회를 동시에 제공하고 있다. 상승과 조정, 저점 매수와 고점 매도의 기회는 항상 있는 것이다.

| 7 | 세계 최대의 항공우주기업 보잉이 2대 주주인 회사 – 휴니드

휴니드는 1968년에 대영전자공업으로 출범해서 2000년에 휴니드테크놀러지스로 사명을 변경했다. 주요 제품은 방산 및 민수 통신장비, Software, 전술시스템, SI 등이고 주요 고객은 방위사업청, 육·해·공군, ADD, 국방기술품질원, 기간 통신사업자 등으로 굵직굵직한 국방관련 국·공기업이다. 1991년에 증권거래소에 상장했다.

　구체적인 사업내용을 보면 대용량 전송장비, 광중계기, 차량용 휴대전화단말기, ADSL장비 등을 설계 제작하여 한국의 무선통신시장 발전에 선도적인 역할을 해온 기업이다. 특히 지난 40년간 HF·VHF·UHF 무전기 등 군 전술통신망의 핵심장비들을 공급해왔다. 안정적인 성장기반 확대를 위해 항공분야사업에도 진출하고 있으며 이의 일환으로 소형 무장·민수 헬기사업, 한국형 기동헬기 사업, 사단정찰용 UAV사업에 참여하고 있다. 최근에는 무선통신 분야의 핵심역량을 바탕으로 차기 군전술통신망, 데이터 링크, C3N(지휘, 통제, 통신, 네트워크 중심사업), 전투체계 분야 등으로 사업을 확장했다. 매출구성은 방산·해외사업 97.13%, 민수사업 2.87% 등으로 구성되어 있다.

보잉사가 2대주주인 회사, 왜 세계최대의 항공우주기업이 투자했을까?

이 회사의 지분구조를 보면 2017년 4월 기준 미국의 보잉사가 이 회사의 지분 11.7%를 가지고 있다. 휴니드는 2006년 9월 세계 최대의 항공우주기업 미 보잉사로부터 투자를 유치해서 보잉이 이 회사의 2대주주가 되었다. 보잉은 휴니드로부터 단순히 부품납품을 받는 차원을 넘어서 기술력과 성

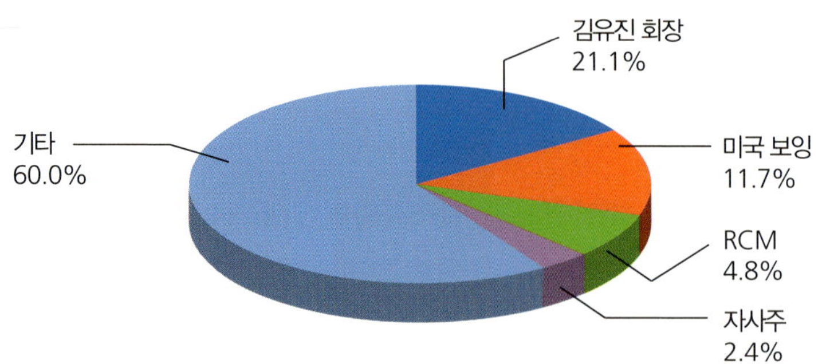

장가능성을 보고 아예 지분투자를 해서 전략적인 제휴관계를 맺은 것이다. 이를 통해서 양사는 기술인력 연수, 업무교환 프로그램, 공동 마케팅을 통해 장기적인 파트너십을 추진해 나가고 있다. 또한 휴니드테크놀러지스는 보잉과의 협력을 바탕으로 세계적인 수준의 경영 및 품질기준을 확보해서 성장하려는 비전을 가지고 있다.

장기적으로는 상승, 단기적으로 상승과 조정을 반복하는 독특한 이유가 있다

휴니드의 주가는 3천 원을 전후한 가격대에서 오르내리다가 2014년부터 가파르게 상승해서 2016년에는 한때 1만8천 원대를 넘어서기도 한다. 그런데 자세히 보면 이 종목은 주가가 올랐다가는 조정을 받고 다시 고점을 돌파하고 나면 또다시 조정을 받고 하면서 다분히 규칙적으로 등락을 반복하면서 상승하고 있는 것을 알 수 있다. 장기적으로는 상승을 하는데 단기적으로는 왜이렇게 시소게임처럼 사이 좋게(?) 오르내리기를 하는 것일까?

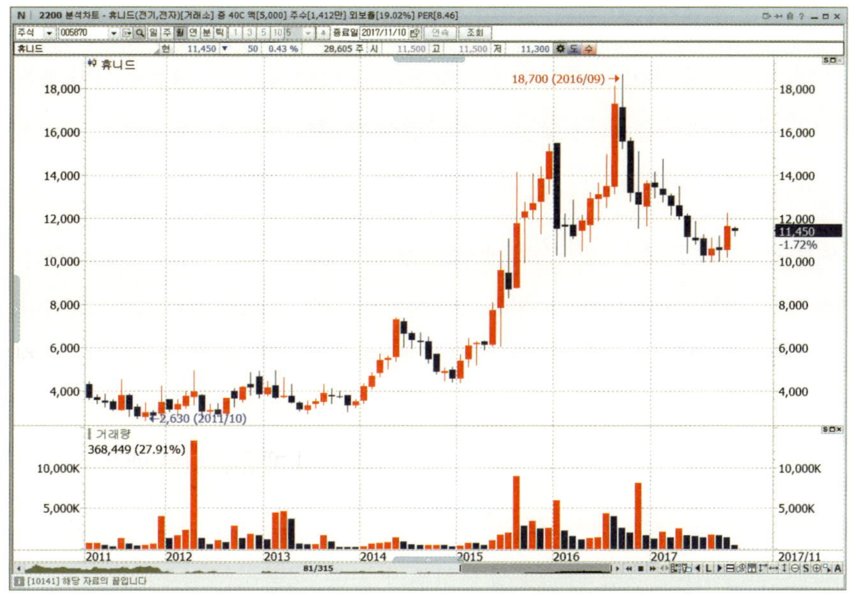

〈그림 5-32〉 상승과 조정을 반복하면서 꾸준히 고점을 높이는 주가

* 자료: 대우증권

〈표 5-8〉 휴니드 최근 주요 재무제표

구분	2014년	2015년	2016년	2017년(추정)
매출액	403	605	1,789	1,779
영업이익	4	21	188	184
순이익	16	12	179	183

* 단위: 억 원, * 자료: 금융감독원 전자공시시스템(DART)

방산업체들은 납품이 끝나면 연구개발R&D시즌에 들어가기 때문에 주기적으로 매출 낙폭이 커진다. 이에 따라 매출 상승기에 맞춰졌던 인건비나 판관비 등 불필요한 비용을 줄이는 과정이 필요하고 이 기간의 수익성도 다소 악화되는 경향이 있다. 이 회사의 최근 주요 재무제표를 보면 비시즌이라 할 수 있었던 2013~2014년 주춤했던 매출과 수익성이 계약수주가

이어지는 2016년 들어서면서 매출은 3배 이상, 영업이익은 7~10배 불어나고 있는 것을 알 수 있다(〈표 5-8〉 참조).

게다가 원래 개인투자자 비중이 높은 코스닥과 달리 유가증권시장에 상장된 회사임에도 최근 주체별 거래비중을 살펴보면 개인의 비중이 상당히 높아진 추세이다. 사업특성상의 기복이 있는 데다 원래 방산주로 구분되어 있어서 북한 이슈에 따라 가격 오르내림이 많았는데 개인투자자들이 몰리니 심리적인 부담으로 단기적인 가격변동이 심하게 나타나고 있는 것이다.

따라서 이 종목은 상승과 조정시기에 저점 매수와 고점 매도의 단기 매매차익 실현의 기회를 본의 아니게 주기적으로 제공해주고 있는 셈이다.

상승과 조정으로 매수·매도 타이밍은 언제나 존재

휴니드는 2016년 2월 산업통상자원부와 공동 개발하는 수직이착륙 무인항공기에 들어가는 통신 기술개발에 성공했다. 이어서 3월에는 방위사업청과 1116억 원 어치의 전술정보통신체계[TICN] 초도 물량 공급계약을 체결하면서 향후 안정적인 매출성장세의 토대를 다졌다. 이는 2015년 매출(605억 원) 2배에 달하는 물량을 한번에 수주한 셈이다. 전술정보통신체계는 국방부가 개발하는 지휘통제체계 구축사업인데 2023년까지 정부예산 5조 4000억 원이 투입되는 초대형 프로젝트다. 이 회사는 이런 대규모 계약을 수주하면서 향후 영업이익 증가로 인한 흑자전환 구조의 토대를 다질 수 있게 되었다. 또한 7월에는 미국 보잉에 100억 원이 넘는 전기전자 시스템 공급계약을 체결했다.

이런 계약발표가 쏟아지면서 이 종목은 지속적인 상승을 해서 2016년 9월 초에 1만8천 원대를 넘어서면서 과열양상을 띠기도 했다. 이후에 과도한 상승에 대한 조정과 국내정세 불안, 북핵 리스크 등이 터지면서 방산업체로서의 악재를 경험하면서 주가가 흘러내린다. 이 조정국면은 2017년

〈그림 5-33〉 단기적인 상승과 조정 때의 매매타이밍

* 자료: 대우증권

상반기까지 이어졌다.

이후 하반기 들어서 다시 기술개발과 수주계약 등이 연이어 성사되면서 주가도 재차 상승 국면에 접어들고 있다(〈그림 5-33〉 참조). 2017년 10월 23일 휴니드는 프랑스 기업들과 기술협력으로 KUH(수리온 헬기) 비행조종컴퓨터FCC/APM의 국산화를 완료했다. 비행조종컴퓨터는 항공기는 물론 제자리 비행 등 정밀한 비행조종제어가 필요한 헬기에 가장 핵심적인 항공전자장비다. 해외업체들이 기술이전과 외부생산을 꺼려하는 품목이기도 하다. 그런 장비를 휴니드가 해외 원청업체의 까다로운 생산·품질관리 규격을 통과하고 품질 및 프로세스 인증을 획득해서 국산화 양산제품을 SED사에 수출하기로 한 것이다.

이런 성과에 이어서 세계군용 무인항공기 시장의 선두업체인 미국 제너럴 아토믹스General Atomics사와 공동 기술개발 및 사업협력을 위한 양해각서

를 체결하고 기술협력을 통해 무인기항공기 분야 핵심기술 공동개발 및 생산협력사업을 추진하기로 했다. 제너럴 아토믹스는 미국 국방부 산하 미사일방어국MDA과 무인기를 이용한 탄도미사일 탐지·요격 연구를 진행하고 있는데 여기에 휴니드가 기술협력을 통해 무인기 분야의 핵심기술을 공동개발하기로 한 것이다.

또한 세계 3D프린팅 시장에서 독보적 위상을 확보하고 있는 독일 EOS와 항공방산분야 3D프린팅 기술과 사업개발 협약을 체결했다. 3D프린팅은 플라스틱과 금속 등 다양한 소재를 인쇄하듯 층층이 쌓아 다양하고도 복잡한 형상의 제품을 구현해 내는 기술이다. 인공지능AI, 사물인터넷, 빅데이터 등과 더불어 4차산업혁명에 중요한 역할을 담당할 것으로 기대되고 있다. 3D프린팅 기술은 1980년부터 기술개발이 시작됐으나 2010년 이후 응용기술 발전이 본격화되고 있다. 항공방산 분야 특히 보잉, 에어버스, GE 등 글로벌 기업에서 관련 기술 개발과 제품 적용을 확대하면서 시장이 급속하게 성장하고 있다.

memo

memo

부동산/재테크/창업

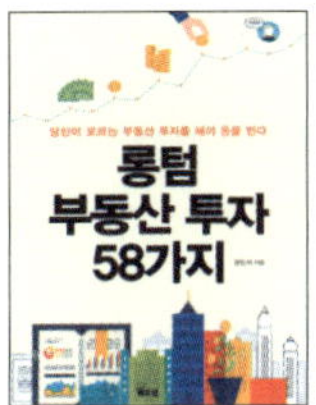

롱텀 부동산 투자 58가지

장인석 지음 | 17,500원
348쪽 | 152×224mm

이 책은 현재의 내 자금 규모로, 어떤 위치의 부동산을 언제 살 것인가에 대한 탁월한 분석을 펼쳐보여 준다. 월세탈출, 전세탈출, 무주택자탈출을 꿈꾸는, 건물주가 되고 싶고, 꼬박꼬박 월세 받으며 여유로운 노후를 보내고 싶은 사람들을 위한 확실한 부동산 투자 지침서가 되기에 충분하다. 이 책은 실질금리 마이너스 시대를 사는 부동산 실수요자, 투자자 모두에게 현실적인 투자 원칙을 수립할 수 있도록 해줄 뿐 아니라 실제 구매와 투자에 있어서도 참고할 정보가 많다.

나의 꿈, 꼬마빌딩 건물주 되기

나창근 지음 | 15,000원
302쪽 | 152×224mm

'조물주 위에 건물주'라는 유행어가 있듯이 건물주는 누구나 한 번은 품어보는 달콤한 꿈이다. 자금이 없으면 건물주는 영원한 꿈일까? 저자는 현재와 미래의 부동산 흐름을 읽을 줄 아는 안목과 자기 자금력에 맞춤한 전략, 꼬마빌딩을 관리할 줄 아는 노하우만 있으면 부족한 자금을 충분히 상쇄할 수 있다고 주장한다. 또한 액수별 투자전략과 빌딩 관리 노하우 그리고 건물주가 알아야 할 부동산지식을 알기 쉽게 설명한다.

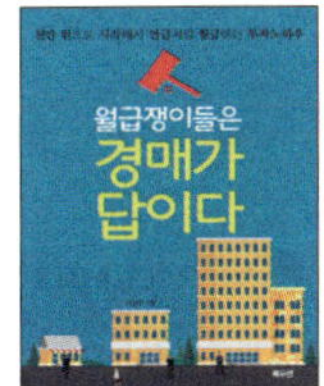

월급쟁이들은 경매가 답이다
1,000만 원으로 시작해서 연금처럼 월급받는 투자 노하우

박갑현 지음 | 14,500원
264쪽 | 152×224mm

경매에 처음 도전하는 직장인의 눈높이에서 부동산 경매의 모든 것을 알기 쉽게 풀어낸다. 일상생활에서 부동산에 대한 감각을 기를 수 있는 방법에서부터 경매용어와 절차를 이해하기 쉽게 설명하며 각 과정에서 꼭 알아야 할 중요사항들을 살펴본다. 경매 종목 또한 주택, 업무용 부동산, 상가로 분류하여 각 종목별 장단점, '주택임대차보호법' 등 경매와 관련되어 파악하고 있어야 할 사항들도 꼼꼼하게 짚어준다.

초저금리 시대에도 꼬박꼬박 월세 나오는
수익형 부동산

나창근 지음 | 17,000원
332쪽 | 152×224mm

현재 (주)기림이엔씨 부설 리치부동산연구소 대표이사로 재직하고 있으며 [부동산TV], [MBN], [한국경제TV], [KBS] 등 방송에서 알기 쉬운 눈높이 설명으로 호평을 받은 저자는 부동산 트렌드의 변화와 흐름을 짚어주며 수익형 부동산의 종류별 특성과 투자노하우를 소개한다. 여유자금이 부족한 투자자도 전략적으로 투자할 수 있는 혜안을 얻을 수 있을 것이다.

주식/금융투자

북오션의 주식/금융 투자부문의 도서에서 독자들은 주식투자 입문부터 실전 전문투자, 암호화폐 등 최신의 투자흐름까지 폭넓게 선택할 수 있습니다.

고양이도 쉽게 할 수 있는
가상화폐 실전매매 차트기술

박대호 지음 | 20,000원
200쪽 | 170×224mm

이 책은 저자의 전작인 《암호화폐 실전투자 바이블》을 더욱 심화시킨, 중급 이상의 투자자들을 위한 본격적인 차트분석서이다. 가상화폐의 차트의 특성을 면밀히 분석하고 독창적으로 체계화해서 투자자에게 높은 수익률을 제공했던 이론들이 고스란히 수록되어 있다. 이 책으로 가상화폐 투자자들은 '코인판에 맞는' 진정한 차트분석의 실제를 만나 볼 수 있다.

암호화폐 실전투자 바이블
개념부터 차트분석까지

박대호 지음 | 20,000원
200쪽 | 170×224mm

고수익을 올리기 위한 정보취합 및 분석, 차트분석과 거래전략을 체계적으로 설명해준다. 투자자 사이에서 족집게 과외강연으로 유명한 저자의 독창적인 차트분석과 다양한 실전사례가 성공투자의 길을 안내한다. 단타투자자는 물론 중장기투자자에게도 나침반과 같은 책이다. 실전투자 기법에 목말라 하던 독자들에게 유용할 것이다.

조한준 지음 | 20,000원
192쪽 | 170×224mm

ICO부터 장기투자까지 가상화폐
가치투자의 정석

이 책은 가상화폐가 기반하고 있는 블록체인 기술에 대한 이해를 기본으로 하여 가상화폐를 둘러싼 여러 질문들과 가상화폐의 역사와 전망을 일목요연하게 다뤄준다. 그러면서 최근의 투자자들에게 가장 요원한 주제인 왜 가치투자를 해야 하는지, 가치투자는 어떻게 해야 하는지, 대형주, 소형주 위주의 투자와 ICO투자의 유형으로 나누어 집중적으로 분석해준다.

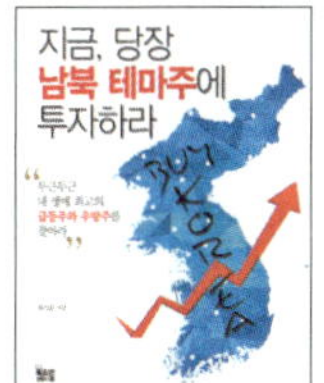

최기운 지음 | 20,000원
312쪽 | 170×224mm

지금, 당장 남북 테마주에 투자하라

최초의 남북 테마주 투자 가이드북. 투자는 멀리 보고 수익은 당겨오자. 이 책은 한번 이상 검증이 된 적이 있던 남북 관련 테마주들의 실체를 1차적으로 선별하여 정리해 준 최초의 가이드북이다. 이제껏 급등이 예상된 종목 앞에서도 확실한 회사소개와 투자정보가 부족해 투자를 망설이거나 불안함에 투자적기를 놓친 많은 투자자들에게 훌륭한 참고자료가 될 것이다.

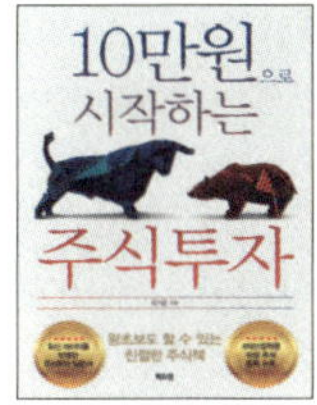

최기운 지음 | 18,000원
424쪽 | 172×245mm

10만원으로 시작하는 주식투자

4차산업혁명 시대를 선도하는 기업의 주식은 어떤 것들이 있을까? 이제 이 책을 통해 초보투자자들은 기본적이고 다양한 기술적 분석을 익히고 그것을 바탕으로 향후 성장 유망한 기업에 투자할 수 있는 밝은 눈을 가진 성공한 가치투자자가 될 수 있다. 조금 더 지름길로 가고 싶다면 저자가 친절하게 가이드 해준 몇몇 기업을 눈여겨보아도 좋다.

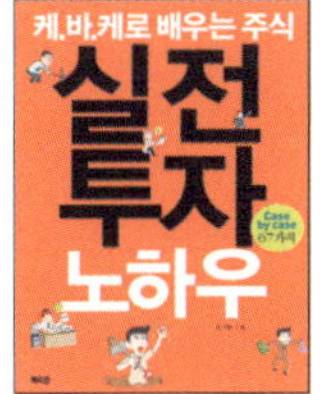

최기운 지음 | 15,000원
272쪽 | 172×245mm

케.바.케로 배우는 주식
실전투자노하우

이 책은 전편 『10만원 들고 시작하는 주식투자』의 실전편으로 주식투자 때 알아야 할 일목균형표, 주가차트와 같은 그래프 분석, 가치투자를 위해 기업을 방문할 때 다리품을 파는 게 정상이라고 조언하는 흔히 '실전'이란 이름을 붙인 주식투자서와는 다르다. 주식투자자들이 가장 알고 싶어 하는 사례 67가지를 제시하여 실전투자를 가능하게 해주는 최적의 분석서이다.

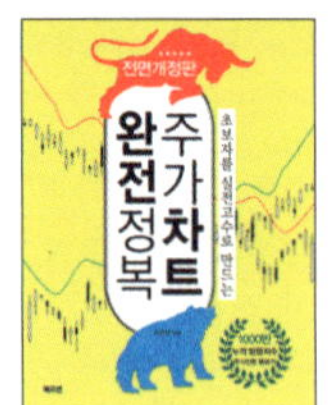

초보자를 실전 고수로 만드는
주가차트 완전정복

이 책은 주식 전문 블로그 〈달공이의 주식투자 노하우〉의 운영
자 곽호열이 예리한 분석력과 세심한 코치로 입문하는 사람은
물론 중급자들이 놓치기 쉬운 기술적 분석을 다양하게 선보인
다. 상승이 예상되는 관심 종목 분석과 차트를 통한 매수매도타
이밍 포착, 수익과 손실에 따른 리스크 관리 및 대응방법 등 주
식시장에서 이기는 노하우와 차트기술에 대해 안내한다.

곽호열 지음 | 19,000원
244쪽 | 188×254mm

현명한 당신의
주식투자 교과서

경력 23년차 트레이더이자 한때 스패큐라는 아이디로 주식투자
교육 전문가로 불리기도 한 저자는 "기본만으로 성공할 수 없지
만, 기본 없이는 절대 성공할 수 없다"고 하며, 우리가 모르는
'기본'을 설명한다. 아마도 이 책을 보고 나면 '내가 이것도 몰랐
다니' 하는 감탄사가 입에서 나올지도 모른다. 저자가 말해주는
세 가지 기본만 알면 어떤 상황에서도 주식투자를 할 수 있다.

박병창 지음 | 18,000원
288쪽 | 172×235mm

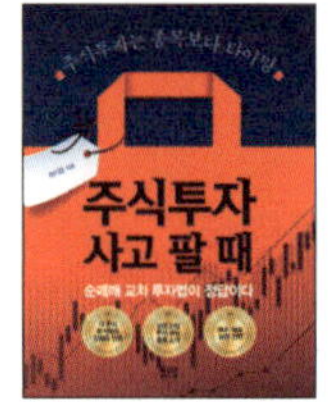

주식투자
사고 팔 때

〈순매매 교차 투자법〉은 단순하다. 주가에 가장 큰 영향을 미치
는 사람의 심리가 차트에 드러난 것을 보고 매매하기 때문이다.
머뭇거리는 개인 투자자와 냉철한 외국인 투자자의 순매매 동
향이 교차하는 곳을 매매 시점으로 보고 판단하면 매우 높은 확
률로 이익을 실현할 수 있다.

최기운 지음 | 17,000원
256쪽 | 172×235mm

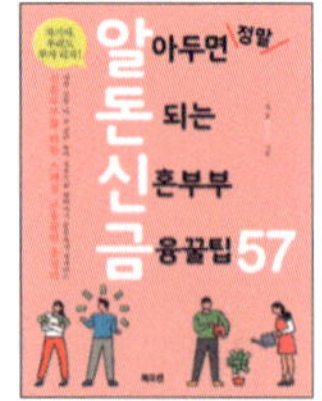

알아두면 정말 돈 되는
신혼부부 금융꿀팁 57

신혼여행 5가지 금융 꿀팁부터 종잣돈 1억 만들기, 통장 나눠
서 관리하기, 주택정책, 청약통장 바로 알기, 카카오페이 같은
간편결제 이용하기, 신용카드, 자동차 보험, 실손보험 똑똑하
게 골라 가입하기, 맞벌이 부부 절세와 공제혜택 등 신혼부부
나 직장인이 한 번쯤 챙겨봐야 할 지혜의 선물.

권호 지음 | 15,000원
328쪽 | 133×190mm